Friedrich Wilhelm Hackländer

Werke: Das Soldatenleben im Frieden

Teil 1

Friedrich Wilhelm Hackländer

Werke: Das Soldatenleben im Frieden
Teil 1

ISBN/EAN: 9783743620537

Hergestellt in Europa, USA, Kanada, Australien, Japan

Cover: Foto ©ninafisch / pixelio.de

Manufactured and distributed by brebook publishing software (www.brebook.com)

Friedrich Wilhelm Hackländer

Werke: Das Soldatenleben im Frieden

F. W. Hackländer's

Werke.

Erste Gesammt-Ausgabe.

Vierter Band.

Stuttgart.
Verlag von Adolph Krabbe.
1863.

Das Soldatenleben im Frieden.

Erstes Kapitel.
Die Einkleidung.

Wenn ein jugendliches Gemüth natürlichen Muth besitzt, eine etwas lebhafte Phantasie und einigen Leichtsinn, und viele edle Bücher gelesen hat, als da sind Spieß und Kramer und andere, so kann es unmöglich glauben, daß jenes großartige, geharnischte Zeitalter mit dem blanken Rüstzeug, mit den wallenden Federbüschen und und den schönen Damen auf lichtbraunen Rossen so gänzlich vom Erdboden verschwunden sein solle. Hat einen das Schicksal, wie mich, hinter den Ladentisch in ein kleines Städtchen geworfen, wo es kein Militär gibt, so kann es ihm gar leicht ergehen wie mir.

Der Soldatenstand war für mich derjenige, in welchem die alte Ritterzeit fortlebte, in dem noch der kriegerische Geist, das frische lebendige Leben der Herren und reisigen Knechte des Mittelalters zu finden war. Nur das Thal, in dem unsere Stadt lag, schien mir entgeistert und öde; hinter den Bergen, die es begrenzten, da mußte es anders sein. Unfehlbar gab es dort noch dichte Wälder, wo böse Drachen auf den vorüberziehenden Wanderer lauerten, und stille Seen, an denen weißgekleidete Jungfrauen, die Hände ringend, auf Erlösung aus den Klauen des furchtbaren Riesen harren, welcher sie an langer goldener Kette gefesselt hält.

Einmal in meinem Leben hatte ich zwei Offiziere gesehen. In diesen beiden Personen concentrirten sich nun alle meine Begriffe von der jetzigen Ritterschaft. Ich war Augenzeuge, wie einer derselben mit wallendem Federbusch, klirrendem Säbel, mächtigen Sporen und gewaltiger Reitpeitsche, eine junge Dame mit der graziösesten Handbewegung und den kühnen Worten: „Verlassen Sie sich ganz auf mich," durch eine Schaar kläffender Hunde führte. Diesen setzte meine Einbildungskraft an die Ufer jenes Sees; ich sah, wie der Riese vor seinem gewaltigen Schnurrbarte und wüthenden Blicke die Flucht nahm, und er die Dame befreite mit den Worten: „Vertrauen Sie mir Ihre Ehre und verlassen Sie sich ganz auf mich."

Nun hatte meine Phantasie unglücklicherweise einen Anhaltspunkt. Ja, sie lebte noch fort, jene edle Zeit, noch gab es einen Stand, dessen Bestimmung es war, die Unschuld zu schützen, das Recht zu vertheidigen und mit flammendem Schwerte drein zu schlagen. In meinem kaufmännischen Herzen keimten verderbliche Saaten. Warum gab mir das Schicksal das farbige Band der Elle statt der schwarzen Zügel eines muthigen Rosses in die Faust! warum mußte ich anstatt Riesen mit der Länge des Schwertes, Band und Zeug mit jenem unpoetischen Werkzeuge messen! Zur Speisung solcher gefährlichen Gedanken las ich alle Ritterromane und Kriegsgeschichten die mir in die Hände fielen. Rellstabs 1812 hat viel an mir verschuldet.

Ich erfuhr, daß es außer Fußvolk und Reiterei auch Artillerie gebe. „Kanonen!" das Wort schlug kühn an mein Ohr; ich sah sie dahinfliegen, mit muthigen Pferden bespannt, ich belagerte ein Schloß und sandte meiner Geliebten, welche dort in einem Thurm gefangen war, einen rosenfarbigen Liebesbrief vermittelst einer Bombe, in welche ich ihn vorsichtig gesteckt hatte. Ich sang beständig:

Die Einkleidung.

Burgen mit hohen,
Dräuenden Zinnen,

und als eines Tages Straßenjungen an unserm Laden ein Fenster eingeworfen hatten, entgegnete ich meinem Prinzipal auf seine Frage in der größten Zerstreuung: „Den Schuß that die große Feldschlange hinten am Saum des Waldes." — Ich fing allen Ernstes an, Plane zu machen, wie ich mich dem verhaßten Stand nach beendigter Lehrzeit entziehen und frei, d. h. königlicher Kriegsknecht werden möchte. Dazu kam noch, daß eines Tags eine Abtheilung Artillerie durch unsere Stadt zog, und dies brachte mich vollends von Sinnen. Die muthig schmetternde Musik, das fröhliche Aussehen der Reiter, welche das Geschütz wie eine geheiligte Person umgaben, das dumpfe Dröhnen desselben auf dem Pflaster, alles das regte mich unbeschreiblich auf. Einer der Unteroffiziere erkannte unser Ladenmädchen, das vor der Thüre stand; es war seine Cousine. Er warf sein Pferd aus der Reihe und sprengte kühn und stolz an uns heran, um dem Mädchen die Hand zu drücken; sie wechselten einige Worte und er jagte wieder vor sein Geschütz, daß das Pflaster Funken sprühte. Das Mädchen war den ganzen Tag stolz gehoben, und wir standen dabei in „unsers Nichts durchbohrendem Gefühle."

Einige Meilen von meinem Wohnort war die nächste Garnisonsstadt, wo mir ein alter Vetter, ein Obristlieutenant außer Dienst, lebte, mit welchem ich beschloß, Rücksprache zu nehmen. Ich bat um Urlaub und reiste eines Sonntag Morgens dahin ab. Mein Verwandter nahm mich sehr freundlich auf; ein kleines Männchen mit einem scharf markirten Gesicht, welchem die hoch empor gezogenen Augenbrauen etwas sehr Gebietendes gaben. In der Schlacht bei Pirmasens kommandirte er ein Infanterieregiment, und da versperrte ihm eine neidische Kartätschenkugel den Weg zum ferneren Aavancement. Er trug meistens einen grünen Ueberrock, graue Beinkleider mit breiten rothen Streifen, um den Hals den russischen St. Annenorden erster Classe und in der Hand eine große silberne Tabaksdose, auf welcher sein Familienwappen gravirt war. Er war ein gemüthlicher alter Herr, besonders wenn er in seinem Zimmer saß und von seinen Feldzügen erzählte. Um ihn lagen auf allen Tischen und Stühlen kriegswissenschaftliche Werke und Schlachtpläne; an den Wänden hing eine Masse Säbel und Pistolen, auf welche er bei seinen Erzählungen beständig hinwies; den Säbel hatte er bei jenem Scharmützel, diese Pistole anderswo hauptsächlich in Thätigkeit gesetzt; in der Ecke stand das Modell einer kleinen Schanze, mit Kanonen garnirt, in deren Original er sich ein paar Tage tapfer gehalten; auch zeigte er gern jene Kartätschenkugel, die er in einem Maroquinkästchen verwahrte. Ihm eröffnete ich nun meinen Wunsch, die kaufmännische Laufbahn zu verlassen und den edlen Stand eines Vaterlandsvertheidigers zu ergreifen.

Obgleich ihm dieser Entschluß sehr gefiel, denn in seinen Augen galt nur der Soldat etwas, setzte er mir doch wohlmeinend die Schwierigkeiten auseinander, im jetzigen Zeitpunkte zu avanciren. Aber was vermögen Vernunftgründe über ein jugendliches Herz, welches einen Vorsatz mit heißer Liebe empfangen und mit glühender Phantasie ausgebildet hat! Ich beschwor den Vetter, mir die Einwilligung meines Vormunds und die nöthigen Papiere zu verschaffen. Der alte Herr versprach mir endlich, das Seinige zu thun, und ich kehrte in meinen Laden zurück.

Eine Woche später empfing ich von meinem Vormund einen nichts weniger als freundschaftlichen Brief, worin er mir mit kurzen, aber kräftigen Worten auseinander setzte, ich sei ein Taugenichts, ihm sei es einerlei, ich möge immerhin zum Kalbsfell schwören. Zugleich sandte er mir die nöthigen Papiere, um in der Artillerie auf Avancement zu dienen, als: seine schriftliche Einwilligung, eine Erklärung, wie viel ich monatlich zusetzen könne, meinen Taufschein und ein Attestat, daß ich in meinem frühern Leben mit der wohllöblichen Polizei nie in Conflict gerathen. Diese Documentensamm-

Die Einkleidung.

lung vervollständigte ich durch ein Zeugniß des Kreisarztes, welches mich körperlich gesund und zum Kriegsdienste tüchtig erklärte, und mit einem Schein vom Gymnasium, daß ich Sekunda absolvirt habe. Darauf packte ich meine Habseligkeiten zusammen, nahm von dem Principal und meinen Collegen, welche mir neidisch nachsahen, Abschied, und drückte dem Ladenmädchen die Hand, indem ich ihr die inhaltsschweren Worte zuflüsterte: „es wird eine Zeit kommen, wo — —" Dann fuhr ich nach D., der Garnisonsstadt, wo mein Vetter wohnte, unter dessen Aegide ich zum Tempel des Ruhms aufzufliegen gedachte. Ich war sechszehn Jahre alt.

Meine Aufnahme hing vom Ermessen des Brigadeobristes ab. Dieser lag nicht hier in Garnison, sondern besuchte D. nur von Zeit zu Zeit, um die hier stationirte Artillerie zu inspiciren, und zu diesem Zwecke wurde er glücklicherweise morgen erwartet.

Ueber den Obrist v. T. erzählte man sich eine Masse von Anekdoten. Er hatte von der Pike auf gedient, war in den letzten Kriegen avancirt und ein tüchtiger Soldat, aber seine Grobheit kannte keine Grenzen. Sein bloßer Anblick jagte den untergeordneten Offizieren und Gemeinen Schrecken ein, und wenn es hieß, der Obrist v. T. ist in der Stadt, so sah man am Benehmen und Anzug des Militärs gewiß nicht das geringste Dienstwidrige. Er war sehr groß, breit geschultert, und besaß eine ungeheuere Körperkraft; so hatte er einst, als vier Kanoniere auf einer schlammigen Wiese ihr Geschütz zum Aufprotzen nicht rasch genug herumdrehten, dieselben weggeschleudert und es, mit Einer Hand den Protzring fassend, allein emporgehoben und herumgewendet. Sein rothes Gesicht sah beständig zornig drein, obgleich er es so böse nicht meinte; er war im Ganzen sehr gutmüthig, quälte die Soldaten nicht aus Laune, sondern forderte nur die größte Ordnung, genaues Richten und die möglichste Schnelligkeit in den Bewegungen. Der größte Theil der Soldaten sah das Vernünftige dieser Forderungen ein und liebte ihn, trotz der Unmasse von Donnerwettern, die seinem Munde entströmten. Während des Manövrirens dictirte er für den kleinsten Fehler dem drei, jenem acht und vierzehn Tage Arrest, und auch auf sechs Wochen kam es ihm im Zorn nicht an. War jedoch nach dem Exercitium zum Apell geblasen und sein Adjutant las ihm die Liste der Strafen vor, die er am Morgen dictirt, so stieg er mit einem gewaltigen Fluche vom Pferde, lief unter den Kanonieren herum, die ermüdet um ihre Geschütze lagerten, und wenn keine zu groben Fehler vorgefallen waren, schrie er mit seiner Donnerstimme: „Na, ik will euch Millionen Hunden noch eenmal eene vollkommene Amnestie angedeihen lassen." Nun wären aber auch alle Kanoniere für ihn durch's Feuer gelaufen; sie drängten sich in solchen Augenblicken um ihn herum und hörten vergnügt die Strafpredigt an, die er ihnen hielt, während er frühstückte. Behufs letztern Geschäfts ritt ihm gewöhnlich ein Bedienter nach, der eine Flasche Rum, Geflügel, oder sonst kaltes Fleisch in einer großen Jagdtasche trug. Eines Morgens forderte der Obrist von seinem Burschen das Frühstück; dieser reichte ihm die Flasche, war aber so unglücklich, ein gebratenes Feldhuhn, nachdem er es aus dem Papier gewickelt, in den Sand fallen zu lassen. Darüber gerieth der Mann in eine unbeschreibliche Wuth, ein Strom von Donnerwettern ward von einem Schlag auf des Burschen Tschako begleitet, welcher ihm denselben bis über die Ohren herabdrückte; dann endigte er seine lange Tirade mit den Worten: „Nu det Fleisch voll Sand is, kannst du't selbst fressen." Nach einigen Minuten, während welcher der Soldat in Folge der gewaltigen Ohrfeige regungslos dagestanden, wagte er es, seinen Tschako langsam empor zu rücken. Der Obrist stand eine Strecke von ihm, trank aus seiner Flasche und aß ein Stück Brod dazu, warf aber dabei dem Burschen von Zeit zu Zeit verstohlen einen Blick zu. Dieser, aufgemuntert durch die Sticheleden seiner Kameraden, welche um ihn standen, hob das Hühnchen auf, blies den Sand weg und wollte eben damit zum Munde, als es ihm der Obrist mit den Worten aus der Hand riß: „Wenn et wirklich im

Die Einkleidung.

genießbaren Zustande is, so kann it et selbst zu mir nehmen." Zur Entschädigung des Burschen aber beorderte er eine Marketenterin, demselben ein Frühstück zu reichen. — Die seinen und geschniegelten Offiziere nannten dergleichen Scenen, wenn sie unter sich waren, gemein und unpassend. Die meisten waren überhaupt gegen den Obrist sehr eingenommen; dies kam aber vorzüglich daher, daß er den Soldaten vor den Plackereien der jungen Herrn schützte, welche, meistens in aristokratischen Sphären aufgewachsen, den gemeinen Mann wie eine Sache behandelten.

Morgen also sollte ich diesem Manne vorgestellt werden, und in der bangen Erwartung schloß ich die Nacht fast kein Auge. Kaum ließen sich die ersten Strahlen der Sonne blicken, so stand ich auf und spazierte einige Stunden umher, den Kopf voll großer, herrlicher Plane für die Zukunft. Um neun Uhr holte ich meinen alten Obristlieutenant ab, welcher mit dem Obrist bekannt war und mich demselben vorstellen wollte. Wir trafen im Vorsaal des Gasthofs zwei junge Leute, welche sich ebenfalls dem Kriegsdienste widmen wollten, der eine war eine große dürre Gestalt mit unangenehmer Fistelstimme, der Andere eine kurze, gedrungene Figur. Letzterer ward durch einen Adjutanten zuerst in das Zimmer des Obristen gerufen und kam bald mit freudestrahlendem Gesicht zurück; man hatte ihn angenommen und einer sechspfündigen Batterie zugetheilt. Nun kam der Lange an die Reihe, und dieser trat nach kurzer Frist als zwölfpfündiger Kanonier aus dem Cabinette. Mir schlug das Herz mächtig, als nun der Adjutant meinen Namen rief.

Der Obrist saß auf einer Tischecke und rauchte gewaltig, er trug die Uniform, auf dem Kopfe einen Federhut, und neben sich hatte er eine große Masse Papiere liegen, worauf er das linke Bein legte. Er war bei guter Laune, lachte, als ich hereintrat, und sagte zu meinem Vetter und dem Abtheilungschef, die neben ihm standen: „Wenn det so fortgeht, meine Herren, so kann ich bald meine ganze Brigade aus lauter so Windbeuteln completiren." — Ich hatte mich bestmöglichst herausgeputzt; im Frack, mit hoher Halsbinde und noch höherem Kragen ging ich mit zierlichen Schritten auf ihn zu. Nachdem er mich einige Minuten von oben bis unten betrachtet, sagte er: „Sie sind mir freilich gut empfohlen, haben auch Ihre Papiere in bester Ordnung beigebracht, aber ich muß Ihnen doch gestehen, daß Sie zur Artillerie, besonders zur reitenden, verdammt schwach sind, auch haben Sie noch nicht das erforderliche Alter. Sechszehn Jahre!" Ich entgegnete ihm freimüthig: „Herr Obrist, dies sind zwei Fehler, welche sich mit jedem Tage bessern. Ich habe Lust und guten Willen, und die werden, hoff' ich, meinen Mangel an Körperkraft in der ersten Zeit ersetzen." Er lachte und erwiderte: „Ja, aber ich fürchte nur, wenn ich Sie nicht mit Stricken an das Geschütz festbinden lasse, wird Sie der Wind umpusten." Darauf nahm er nochmals meine Papiere vor und blätterte darin, während ich ihn bat, gefälligst einmal den Versuch zu machen. „Nun," sagte er endlich, „wir wollen es denn zusammen probiren. Merken Sie sich aber vor Allem drei Dinge, welche ich in meiner Brigade will gehandhabt wissen: det is erstens Ordnung, zweetens Ordnung und drittens Ordnung: nur dies kann den Dienst aufrecht erhalten und begreift alles andere in sich. Gehen Sie mit Gott in die Artilleriekaserne zum Wachtmeister Löffel und sagen ihm, sein Obrist mache ihm sein Compliment und schicke ihm eine Kleinigkeit. Adieu, Herr reitender Artillerist." — Berauscht von meinem Glück, machte ich eine Verbeugung und wandte mich nach der Thüre, aber der Obrist rief mir nach: „Wenn ich später die Ehre habe, Sie wieder zu sehen, möchte ich gern die hohe Halsbinde und die Vatermörder vermissen."

Ich ging in die Kaserne und stellte mich dem Wachtmeister vor. Er besah meine geringe Figur mit nicht sehr zufriedenem Blicke, murmelte etwas von zu vielen Freiwilligen, schwerem Dienst, zu schwachem Körperbau, dann rief er einem jungen Manne, welcher am Tische saß und schrieb: „Bombardier, bringen Sie den

Die Einkleidung.

jungen Mann zum Quartiermeister, er soll ihm die Montirungsstücke anpassen."

Der Bombardier ging mit mir durch einen langen Corridor; endlich betraten wir Nr. 66, ein großes Gemach, einen geheiligten Raum, deßwegen auch, als der erste seines Geschlechts, kurzweg, „die Kammer" genannt, wie das erste Buch der Welt auch nur Bibel heißt. — An diesem Orte werden sämmtliche bessere Waffen und Kleider verwahrt. Hier hing nummerweise geordnet die ganze felddienstmäßige Ausrüstung, vom Hufnagel der Trainpferde bis zum neuen Borstwischer der Haubitze, vom Sprungriemen an der Hose bis zum warmen Tuchmantel. Bricht Krieg aus, so können sich alle Kanoniere und Pferde der alten Lumpen und Geschirre, welche sie im gewöhnlichen Leben tragen, entledigen, können nackt zur Kammer hereinmarschiren und wohlgerüstet wieder herausgehen.

Mich ergriff eine heilige Scheu, ein erhebendes Gefühl, als ich in diesen Tempel trat; ich hätte die blanken Waffen und strahlenden Uniformen an mein volles Herz drücken mögen; da tauchte der Quartiermeister hinter einem großen Haufen von Mänteln hervor. Mein Bombardier sprach: „Herr Quartiermeister, das Dutzend (nämlich Freiwilliger) ist voll;" worauf der Andere erwiderte: „Nun, so haben wir zu elf Stockfischen einen Pickling." — Vor der Einkleidung ward ich gemessen; man kennt das Instrument hiezu, wie es auf jedem Paßbureau steht. Ich stellte mich auf den Tritt, der Quartiermeister nahm den beweglichen Schuh und ließ ihn so unsanft auf mein Haupt fallen, daß ich mich erschrocken etwas zusammenkrümmte. Er lachte und erklärte mir sehr ruhig, er thue dies, um das richtige Maß zu bekommen, weil die jungen Herren sich gewöhnlich länger streckten, als sie wirklich wären; praktisch, aber nicht angenehm, denn mir that der Kopf weh. Nun ward ich angezogen, aber Alles war mir zu groß und weit, und wie ich vollständig ausgerüstet dastand, sah ich aus wie die Kinder

Erstes Kapitel.

auf dem bekannten Kupferstich, welche mit den Waffen ihres Vaters Soldaten spielen. Außer Tschako, Uniform, Reithose, Säbel, Stiefeln mit Sporen, belud er mich noch mit Mantelsack, Pistolen, Putztasche, Mantel, und führte mich in diesem Aufzug lachend zum Wachtmeister zurück, welcher sich nicht weniger an mir ergötzte. Ich ward sofort auf die Stube Nr. 64 gebracht, welche ich mit einem Unteroffizier und zehn Kanonieren bewohnen sollte, aber sogleich von da in die Schneiderstube geführt, wo mir meine Kleider angepaßt werden sollten.

Als ich auf mein Zimmer zurückkehrte, fand ich meine neuen Collegen, welche sich meiner sämmtlichen Waffen bemächtigt hatten, in voller Arbeit, dieselben zu putzen. Das ganze Rüstzeug sah aber auch abscheulich aus; man glaube ja nicht, daß einem Recruten blanke Armaturstücke von der Kammer geliefert werden, zumal einem Freiwilligen; einem solchen wird das Rostigste und Unsauberste gegeben, was zu finden ist; er kann da gleich sein Meisterstück machen. Ich, der nicht wenig in Verlegenheit gewesen wäre, hätte ich zum erstenmal meine Waffen selbst putzen sollen, war höchlich erfreut, sie in so guten Händen zu finden. Ich bezeugte den Herren Kameraden meinen Dank für ihre Gefälligkeit und wollte mich über meine Sporen hermachen, welche noch roth an den schmutzigen Stiefeln saßen; doch der Kanonier mit dem größten Barte sagte zu mir: „Lassen Sie nur stehen, wir reinigen das in wenig Augenblicken. Doch," setzte er mit sehr ernster Miene hinzu, „man hat Ihnen da verdammt schmutziges Zeug hingehängt, und ich fürchte, ohne Branntwein wird's schwerlich ganz blank; auch könnte etwas Butter nicht schaden, um später die Säbelklinge und die Pistolen einzuschmieren; doch wäre ein Stück Wurst eben so gut." Ich erklärte mich bereit, für Schnaps, Butter und Wurst zu sorgen, und zog einen Thaler heraus. Sogleich schickte er damit einen fort und sagte freundlich: „Wenn Sie sich ein wenig in der Stadt umsehen wollen, so finden Sie bei Ihrer Zurückkunft die Sachen im besten Zustande." Ich

Die Einkleidung.

befolgte diesen angenehmen Rath, und als ich nach einigen Stunden zurückkam, fand ich meine Waffen blank und sauber auf dem Gerüste. Meine Kameraden saßen um den Tisch in lauter Fröhlichkeit, alle in einem Zustande, der deutlich verkündete, daß sie nicht allen Schnaps zum Putzen verbraucht. Vor dem Bette, das man mir angewiesen, hing, wie an den übrigen, ein zierliches Täfelchen, auf welchem mit großen Buchstaben zu lesen war: „H. Kanonier," und dies drückte mich. Eine gute Weile betrachtete ich es und sprach oft meinen Namen und nunmehrigen Titel „Kanonier" halblaut vor mich hin; ich fühlte, ich war etwas in der Welt geworden.

Am folgenden Morgen sollte ich dem Kapitän vorgestellt werden. Ich kann seinen wahren Namen nicht hersetzen, und so mag er Feind heißen, denn er ist, weiß Gott, nie mein Freund gewesen. Die Freiwilligen konnte er überhaupt nicht leiden, denn es waren meistens junge lustige Leute, welche außer dem Dienst nicht gerade immer thaten, was recht war. So gingen wir selten in der groben Dienstuniform, sondern hatten eigene feine Kleider; wir trugen nicht immer die vorschriftsmäßige schwere Säbelgurte; eine zierliche von weißem Glanzleder dünkte uns zum Spazierengehen zweckmäßiger. Auch war es dem Kapitän Feind sehr fatal, wenn wir in dem Kaffeehause, wo er ein Glas Zuckerwasser trank, ein Flasche Wein ausstachen, was wir sehr häufig thaten, um ihn zu ärgern.

Eine gute Stunde mußte ich in dem Zimmer des Wachtmeisters warten, ehe der Hauptmann erschien. Der steife Halskragen des Kollets, der meinen Hals zum ersten Male, und sehr fest umschloß, trieb mir das Blut in den Kopf, und ein Spiegel, in welchen ich zufällig blickte, zeigte mir, daß ich ein sehr rothes Gesicht hatte. Dies schien dem Kapitän aufzufallen, welcher mittlerweile eingetreten; denn seine erste Frage war, nachdem er mich eine Zeit lang mit verschränkten Armen betrachtet: „Wir scheinen diesen Morgen bedeutend stark gefrühstückt zu haben." Diese Phrase führte er beständig im Munde; er wollte damit sagen, er glaube, man habe

Zweites Kapitel.

stark Branntwein getrunken. Ich erwiderte der Wahrheit gemäß, ich habe noch gar nichts zu mir genommen; er warf mir einen bösen Blick zu und sagte: „Wir wissen das besser." Ich verbeugte mich und schwieg, er fuhr fort: „Sechszehn Jahre alt?" — „Ja wohl, Herr Hauptmann." — „Man sagt: zu befehlen, Herr Hauptmann." — „Zu befehlen, Herr Hauptmann." — „Sie scheinen mir sehr schwach zu sein." — „Zu befehlen, nein, Herr Hauptmann." — „Ich weiß das besser." Darauf wandte er sich zum Wachtmeister: „Der Unteroffizier Dose soll ihn zu seinem Beritt nehmen und exerciren."

So lautete die erste Unterredung mit meinem Chef, von der ich eben nicht sehr erbaut war. Ich hatte gehofft, er werde theilnehmend nach meinen früheren Verhältnissen fragen, mir seine Freude ausdrücken über meine Liebe zum Militärstande und dergleichen. Von alle dem nichts. Am sonnenhellen Horizonte meiner Phantasie stiegen einige dunkle Wölkchen auf. Ach! wie bald sollte sich mein Himmel nächtig schwarz überziehen!

Zweites Kapitel.
Das Exercitium. — Der Apell.

Ich sollte den ersten Unterricht im Exerciren zu Fuß erhalten, wozu mich der Wachtmeister auf den Kasernenplatz führte und mich daselbst mit wenigen Worten meinem Lehrmeister, dem vom Kapitän zu diesem Dienst bezeichneten Unteroffizier Dose übergab. — Dieser Mann war der längste in der ganzen Batterie: ein neunzölliger. Mit dieser ungemeinen Körperlänge und einer Figur, welche oben so breit war wie unten, sah er in der Uniform von weitem einem

Das Exercitium. — Der Apell. 19

bunten Uhrgehäuse nicht unähnlich. Sein Gesicht bewahrte beständig einen ernsten Ausdruck, und doch bemühte er sich stets, witzig zu sein, sogar gegen seinen Kapitän und andere Offiziere, was ihm manchmal schlecht bekam; in seinen Freistunden machte er Gedichte. So war der Herr Unteroffizier Dose; dieses „Herr" setzte er seiner Charge und seinem Namen in Augenblicken vor, wo der Hauptmann nicht in der Nähe war; denn Letzterer hatte ein für allemal streng erklärt, in seiner Batterie sei er der einzige und wahre Herr. Dies war aber mir sehr gleichgültig, für mich war Dose auch ein Herr, und aus schlagenden Gründen. Trat ich Morgens mit den Worten bei ihm an: „Herr Unteroffizier Dose, ich melde mich zum Exerciren," so war er bedeutend herablassender, als wenn ich schlechtweg dem Unteroffizier Dose die Meldung machte.

So standen wir denn auf dem Exercirplatz, wo ich, wie sich mein Lehrmeister ausdrückte, zum Menschen gemacht werden. Seinem Katechismus nach war ein gewöhnlicher Rekrut wenigstens zu drei Viertel Vieh; ich, als Freiwilliger, hatte das Glück, unter die Halbmenschen gezählt zu werden; er gestand mir sogar einige Lebensart zu, da ich von einem Bittern, den wir gemeinschaftlich tranken, nur ein Sechstel genoß und ihm das Uebrige ließ.

Die Uebung begann und ich nahm mich zusammen. „Stillgestanden!" — Ich fuhr zusammen, wie vom Blitz gerührt, und stand wie ein Pfahl; das war getroffen. „Sehen Sie," erläuterte Dose, „kommandire ich jetzt: rührt euch! so darf der Soldat den rechten Fuß vorsetzen und die Glieder bewegen, doch beileibe nicht sprechen; sage ich dann wieder: stillgestanden! so müssen Sie nicht nur dieses Kommandowort buchstäblich ausführen, ich muß ein Zusammenfahren, ein Erschrecken bei Ihnen wahrnehmen, das mir beweist, daß Ihnen die Wichtigkeit dieses Moments nicht entgangen. Das Wort Stillgestanden haucht den Gliedern die Seele ein, macht den zügellosen, ungeregelten Haufen zu Soldaten; also: Stillgestanden!"

Zweites Kapitel.

Ich stand da, eine unfertige Statue, und der Unteroffizier fungirte als Bildhauer vor mir. Er besah mich scharf, trat einen Schritt zurück, ging um mich herum und bemerkte in gehöriger Entfernung die Mängel meiner Stellung, welche er alsdann mit kunstfertiger Hand verbesserte, indem er mich bald einen Zoll links oder rechts wog, bald meine Schulterblätter zurückzog, jetzt mein Gesicht durch einen sanften Druck u••• •••Kinn zur Anschauung des Himmels geeignet machte, b•••••••• Hände herumzog und die kleinen Finger mit der roth•••••••meiner Hose in Berührung brachte. Letzteres schien ihm un•••gänglich nothwendig zu sein. „Finger an Hosennaht!" wurde beim Exerciren unter den andern Kommando's sehr häufig e•••••oben. Meine Stellung am ersten Tage gefiel ihm nicht übel. — „Rührt euch!" — Mein rechter Fuß zuckte vor, ich du•••• •••er ein Vieh sein, Dose's Lieblingsausdruck für Rekruten •••••••lieth und Glied.

So fing ••n praktisches Militärstudium an. Jetzt schritt mein Lehrmeister ••• theoretischen, und dazu gab er eine Vorrede oder Einleitung, ••• nicht so schlimm war. „Wie in den Exercirstunden," so ungefähr b•••nn er, „das Wort Stillgestanden dem Körper des Soldaten ••e geringste Bewegung verbietet, so ist das Wort Subordina••on im engeren Sinne ganz dasselbe Kommando für den Geist, ••• besonders für die Sprache. Subordination heißt eigentlich gar nichts, als: das Maul gehalten; denn wenn ein Soldat weder muckst, noch raisonnirt, selbst nicht in Gedanken, d. h. keine verdrießliche Geberde macht, so hat er Subordination. Das einzige Wort, das Sie allenfalls sprechen dürfen, und wenn Ihnen ein Offizier sagte: „Sie sind ein Esel; das ist: „zu befehlen," damit ist die Sache abgemacht. Dies ist aber, und besonders bei euch jungen Herren, die schwierigste Aufgabe; das kann nie schweigen oder doch wenigstens eine höfliche, bescheidene Antwort ertheilen; sondern meistens sind sie etwas lose im Maul, und das schlägt gewöhnlich übel für sie aus; ich könnte Ihnen viele Beispiele erzählen.

Das Exercitium. — Der Apell.

Da hatten wir vor nicht langer Zeit einen Freiwilligen, der hieß Laufer; er hatte was gelernt und hätte es vielleicht zum Offizier bringen können, denn es war ein gewichster Kerl, der einem was weiß machen konnte; doch trieb er gar zu viel Unsinn. Er trat in denselben Verhältnissen bei uns ein, wie Sie, als Offizierspflanze, wollte Lieutenant werden. Der hatte nun sein erstes Kommisbrod noch nicht aufgegessen, und steht eines Morgens hinter der Front, um dem Exerciren der Batterie zuzuschauen. Was geschieht? Unser Herr Adjutant kommt zufällig daher, sieht meinen Musjeu stehen und fährt ihn ein bischen barsch an; er hatte das grobe Sprechen so in der Gewohnheit, meinte es aber so böse nicht; es sollte ihm nur ein Ansehen geben. Das thun viele Offiziere, deren Herz wirklich zu weich wäre, eine Fliege umzubringen. Also der Adjutant fragte: „Wer ist Er?" — Anstatt nun zu sagen: „Herr Lieutenant, wenn der Herr Lieutenant befehlen, bin ich der Kanonier Laufer von der sechspfündigen reitenden Batterie und stehe hier auf Befehl des Herrn Hauptmanns und sehe dem Exerciren zu," plagt ihn der Teufel und er antwortet: „Herr Lieutenant, Er ist ein persönliches Fürwort." Der meint, der Laufer habe ihn nicht verstanden und fragt nochmals; da fängt das Bürschchen gar an französich zu sprechen: „Herr Lieutenant, Er ist ein pronomen personalis." Da hätten Sie den Spektakel hören sollen, der Adjutant schreit von Arrest. Standrecht, Festung, und der Freiwillige, weiß Gott, lacht noch obendrein dazu. Wir Alle hören das, der Hauptmann läßt halten, rühren, und schon ist auch mein Lieutenant da und zeigt den Laufer an. Der wird vor die Kompagnie gerufen, und denken Sie, erklärt mit unglaublicher Frechheit, es sei ihm gar nicht in den Sinn gekommen, den Herrn Lieutenant zu beleidigen! Wie impertinent schon das Wort beleidigen, als wenn ein ordinärer Rekrut einen Herrn Lieutenant beleidigen könnte! Er habe geglaubt, man wolle ihn in der deutschen Sprache examiniren. Der Hauptmann, der gerade bei Laune war, wandte sich um und lachte; der Adjutant lief erbost fort und meldete die Sache dem Major. Der Laufer kam gut weg, man hat wenigstens nichts mehr davon gehört, aber geschadet hat es ihm doch. Bald nachher ward er versetzt, und der Adjutant hat schon dafür gesorgt, daß er zu keinem Examen kam, darum — „Stillgestanden!"

So auf einmal? Trotz der eben gehörten Regeln über die Unbeweglichkeit, konnte ich doch nicht umhin, ein wenig seitwärts zu schielen. Warum fing Dose so plötzlich wieder an zu exerciren? Aha, da oben lehnte ein geblümter Schlafrock im Fenster, und in demselben stak der Herr Wachtmeister, der aus einer langen Pfeife rauchend meinen Uebungen zusah. Nun strengte ich mich doppelt an, hing in einem Winkel von wenigstens sechszig Graden vorne über, hob den Kopf so hoch, daß ich bequem den Hahn auf dem Thurme der nahe liegenden Garnisonskirche sehen konnte; ich stand wirklich meisterhaft und machte einigemal rechts, links um, wobei ich niedertrat, daß mich der Absatz schmerzte. Aber der Wachtmeister an seinem Fenster nickte huldreich und lachte wohlgefällig; da wagte es der Unteroffizier, in die Höhe zu sehen und dem wichtigen Manne im Schlafrock zu versichern, ich mache meine Sachen schon ziemlich gut, worauf jener sofort befahl, für heute den Unterricht abzubrechen. Wir fielen nun aus dem ernsten steifen Tone des Dienstes in einen leichten, bequemen und verfügten uns zu Madame Linksen, deren Restauration mir der Unteroffizier nicht genug rühmen konnte.

Ich stellte mir vor, so ein militärisches Kaffeehaus werde eine große Halle sein, wo das Kriegsvolk, an langen Eichentischen sitzend, bei vollen, blankgescheuerten Kannen, sich wohl sein läßt, und ringsum an den Wänden Waffen hängen; mir schwebte so etwas von einem Rittersaal vor. Meine Phantasie hatte mir wieder einen schlimmen Streich gespielt. Madame Linksen war die Frau des Feuerwerkers und hatte hinsichtlich der Reinlichkeit den Vorrang vor allen andern Etablissements in der Kaserne. Man glaube aber deßhalb ja nicht, daß es wirklich in ihrer Wirthschaft reinlich und ordent-

lich zugegangen. Nur ein ausgepichter Soldatenmagen oder ein
unschuldiger Neuling konnten hier tägliche Kunden werden. Madame
Linksen war dafür bekannt, daß sie den meisten Kredit gab, aber
auch den größten Profit nahm; besonders wußte sie sehr gut uns
jungen Leuten das noch vorräthige Geld aus der Tasche zu locken,
den Aufenthalt in ihren vier Wänden erträglich, sogar angenehm
und in Ermanglung eines besseren zuletzt unentbehrlich zu machen.
Erschien ich in den ersten Monaten meiner Dienstzeit, wo ich noch
bei Kasse war, an der Thüre ihres Zimmers, und es mochte noch so
voll darin sein, so ward mir sicher ein Plätzchen eingeräumt. Madame warf entweder ihren kleinen Sprößling vom ehelichen Bette
und bot es mir als Sopha an, oder sie blickte mit prüfendem Auge
umher, schlug im Geist ihr Rechnungsbuch auf und sah nach, welcher
von den Dasitzenden bei ihr am tiefsten in der Kreide war. Dieser
mußte weichen, und hatte er guten Ton, so erhob er sich freiwillig
auf den bedeutsamen Wink ihres Auges; man konnte dann glauben,
er sei des Sitzens müde; war er aber ein Harthöriger, so kam es
der Madame Linksen nicht darauf an, ihm ihr Anliegen mit Worten
bekannt zu machen.

In diesem Café militaire waren Morgens zwischen zehn und
eilf Uhr sämmtliche Geld oder Kredit habende Gourmands und
Fashionables der Batterie zu finden. Es gehörte zum guten Ton,
hier um diese Stunde einen Bittern zu vier Pfennigen, ein Bröd-
chen mit Wurst zu acht Pfennigen, kurz ein Frühstück im Betrag
von einem Silbergroschen zu sich zu nehmen und dabei bedeutend
über Dienst, Offiziere, Pferde und gehabte Abenteuer zu raisonniren.
Die Jungen und Unerfahrenen, wie ich, verhielten sich dabei ganz
leidend und lauschten aufmerksam den wichtigen Worten, die dem
Munde der Langgedienten entfielen. Bänke und Stühle waren besetzt, sogar auf Tisch und Bett lagen die Völker; der Tschako hing
nachläßig auf einem Ohr und wurde durch die Schuppenketten, welche
man zwischen die Zähne nahm, festgehalten; der Säbel zwischen den

Zweites Kapitel.

Beinen diente dem gesenkten Haupte zur Stütze. So saß die Gesellschaft beisammen, plaudernd, lügend und aufschneidend. Der eine war am Morgen mit einem Offizier, den er nicht leiden konnte, zusammengerathen, und wenn man seiner undeutlichen Erzählung, und beim plötzlichen Abbrechen derselben seiner vielsagenden Handbewegung, verbrämt mit einem zufriedenen Lächeln, glauben wollte, so hatte er seinem Vorgesetzten wenigstens Ohrfeigen angeboten. Ein Anderer war in der vergangenen Nacht in einem Wirthshause gewesen, hatte da Alles kurz und klein geschlagen, war durchgebrannt, dann einer Patrouille in die Finger gefallen, hatte sie in die Flucht geschlagen, und zu guter Letzt noch den Posten am Kasernenthor, der ihn arretiren wollte, umgerannt. Einer überbot den Andern im Bericht von Heldenthaten. So saß, sprach, fluchte und lachte Alles durcheinander, bis endlich gegen elf Uhr ein Trompetenstoß ganz anderes Leben in die Versammlung brachte. Draußen versuchte der Trompeter du jour sein Instrument, ließ es leise ertönen, um das Signal zum Apell gleich darauf richtig und rein blasen zu können, und augenblicklich war die Sitzung aufgehoben; jeder brachte seine Waffen und Kleider in Ordnung, bezahlte sein Genossenes oder gab der Madame einen bedeutenden Wink, und sowie das Signal erscholl, stob Alles in der größten Eile auseinander und begab sich auf den Sammelplatz der Batterie zum Apell.

Der Apell ist für einen Militär, besonders von der leichten Art, wozu wir jungen Leute fast alle gehörten, eine penible, kitzliche Viertelstunde. Man kann auf sie vollkommen das bekannte Sprichwort anwenden: „Es ist nichts so fein gesponnen ꝛc." Alles kommt beim Apell an die Sonne. Es ist der Moment, wo der Hauptmann und die Offiziere nichts Wesentliches zu thun haben und deßhalb die Fehler und Unordnungen, welche in der Kompagnie begangen worden, ruhig überdenken, rügen und bestrafen, sowie neue Mängel auffinden können. Hatte etwa ein Unglücklicher unter uns einen abgerissenen Knopf durch ein noch so künst-

· **Das Exercitium. — Der Apell.** 25

liches manoeuvre de force ersetzt, d. h. den Hosenträger und die
Hose vermittelst eines Bindfadens zusammengeknüpft (der Ausdruck
manoeuvre de force, womit wir etwas der Art bezeichneten, kommt
daher, weil der Artikel in unserem Artillerieleitfaden vom Zusam-
menflicken zerbrochener Geschützstücke ebenso überschrieben ist), und
war der Schaden noch so sehr verborgen und beim Exerciren oder
Retten am Vormittag durchaus nicht bemerkt worden, beim Apell
entdeckte ihn sicher einer der herumspürenden Offiziere und zog den
Betreffenden vor die Batterie zu gebührender Strafe. Hatte einer
am Morgen aus Mangel an Lust zum Exerciren sich krank gemel=
det, hatte er sogar den Doktor überlistet und von ihm ein Zeugniß
erpreßt über bedeutenden Katarrh oder schlimme Kolik, beim Apell
wurde der Kranke dem Kapitän gemeldet, welcher sich sofort durch
den wachthabenden Unteroffizier theilnehmend nach ihm erkundigen
ließ, eigentlich aber, um zu erfahren, ob sich der Patient wirklich
in seinem Bette oder doch auf seiner Stube befinde. Meldete nun
der Diensthabende, der Kranke sei im Revier nicht zu finden, wehe
ihm! Befand sich dagegen der Kranke auf seiner Stube, so mußte
er gewöhnlich vor der Kompagnie erscheinen, und kam dann mei=
stens in einem alten zerrissenen Stubenmantel und Pantoffeln, um
sich über seinen Zustand vernehmen zu lassen.

Eines Tages hatte sich ungefähr ein Dutzend krank gemeldet,
worüber der Hauptmann beim Apell ein gewaltiges Geschrei er=
hob und den Diensthabenden in größter Eile hinaufjagte, sie sammt
und sonders auf den Hof zu bringen. Der Unteroffizier ging, kam
aber sogleich mit dem Bescheid zurück, sämmtliche Kranke seien in
ihren Betten und weigerten sich, in ihrem Zustande sich der Luft
auszusetzen. Neues Fluchen von Seiten des Kapitäns und der
Befehl, die Kranken auf der Stelle hieher zu bringen; bei dem
Worte hieher zeigte er vor sich auf die Erde, und der Unter=
offizier, ein pünktlicher Mensch, hakte ruhig seinen Säbel los, und
machte, ungefähr da, wo der verlängerte Finger des Kapitäns die

Erde berührt hätte, ein Kreuz und wollte gehen. Ein donnerndes Halt des Offiziers hielt ihn zurück. „Was soll das Zeichen, Herr?" Der Unteroffizier entgegnete ganz ruhig, um dem Befehl des Herrn Hauptmanns genau nachzukommen, habe er sich die Stelle bemerkt, wo er die Krauten hinbringen solle. Der unglückliche dienstfertige Mensch! ihm hatte am Morgen nicht geträumt, daß er sein Mittagsbrod, und Brod im eigentlichen Sinne des Worts, im Arrest verzehren sollte. Fünf Minuten nach obigem Vorfalle führte man den Diensthabenden nach Nr. 7½; so hieß der Kürze halber das Militärgefängniß, weil es diese Nummer führte.

Dergleichen Auftritte, Arrestverleihungen ꝛc. waren die gewöhnlichen Zugaben zum Apell, dem wir deßhalb auch täglich ungemein ängstlich entgegensahen; denn das Unglück schreitet schnell, und unser Hauptmann besaß ein ganz kleines rothes Büchelchen, worin jeder, besonders wir Freiwilligen, ein eigenes Conto hatte, worauf er alles Unordentliche und Dienstwidrige eintrug. Dieses zog er täglich zu Rathe und sah nach, wer durch viele Kreuze und Bemerkungen zur Strafe reif sei: dann griff er mit der rechten Hand in seine Uniform, sah gen Himmel und sann nach, wie viel Tage er diesem oder jenem vergönnen solle, an dem Orte, wo da ist Heulen und Zähnklappern, über Vergangenheit und Zukunft nachzudenken. Den rechten Fuß setzte er vor und begann mit demselben allerlei uns wohlbekannte Bewegungen zu machen. Stieß er z. B. mit dem Absatz auf den Boden, so war dies ein untrüglicher Sturmbote, und wehe, wem der Wind in's Takelwerk fuhr! Fing der Kapitän an, mit seinem Fuße aufzuhauen, so standen besonders die, welche ein schlechtes Gewissen hatten, gerade gestreckt, wie die Kerzen, und ein Eingeweihter konnte an ihrer vorzüglichen Haltung die Größe ihres Debet im Buche des Kapitäns ermessen.

Sah er nun auf unsern Gesichtern die allgemeine Anstrengung, ihm zu gefallen, und die Furcht, ihm zu mißfallen, und war er gerade bei guter Laune, so drohte er mit dem Finger, als wollte er sagen: ich werde nächstens unter euch treten und fürchterliche Musterung halten. Damit hatte es dann für heute sein Bewenden; wollte er aber im andern Falle mit einem anbinden, so bot ein ungeputztes oder bestaubtes Sporurad einen schönen Haken dazu.

„Herr, wann sind Ihre Stiefeln zum letzten Male geputzt worden?" — „Heute Morgen, Herr Hauptmann," lautete es zurück. — „Herr, das ist eine dicke Lüge! lassen Sie sich nicht auf fahlem Pferde ertappen! Ich kenne Sie, Sie sind ein Schmierfinke." — „Aber, Herr Hauptmann, heute Morgen —" — „Herr, wollen Sie schweigen? oder Sie soll das Donnerwetter erschlagen! Wachtmeister, notiren Sie den Mann wegen Unreinlichkeit und Widersprechen drei Tage auf's Holz!" (eine Variante für Arrest). Dann hielt er noch einen langen Sermon, lud einigemal den Blitz ein, uns gelegentlich auf die Köpfe zu fahren, und entfernte sich mit klirrenden Schritten.

Die eigentliche Bestimmung des Apells ist, einmal am Tage vollständig die ganze Kompagnie zu versammeln, um zu sehen, ob auch alle noch hübsch vorhanden sind, zu welchem Zweck nach der Liste jeder bei seinem Namen gerufen wird und sein Dasein durch ein lautes „Hier" anzeigt; die Fehlenden werden natürlich bestraft. Der Wachtmeister gibt darauf als Organ des Kapitäns den Befehl für die nächsten vierundzwanzig Stunden, und die ganze Sache kann, wenn nicht Intermezzos wie die oben beschriebenen einfallen, in einer Viertelstunde abgemacht sein; wir hatten aber das Glück, beinahe jedes Mal zwischen zwölf und ein Uhr eine ganze Stunde in der brennenden Sonnenhitze oder Winters in der Kälte zu stehen.

Mein erster Apell, dem ich heute beiwohnte, ging ziemlich gelinde vorbei. Der Hauptmann Feind kam einige Male an mich heran, drückte mir die Schulterblätter zusammen, hob meinen Kopf in die Höhe und murmelte dazu beständig: „Stellung! Stellung!" Einige meiner Kameraden fragte er, ob sie heute morgen nicht sehr stark gefrühstückt, war aber im Ganzen sehr gnädig. Auch lernte ich heute die übrigen Offiziere der Batterie kennen. — Von diesen Herrn ein andermal.

Drittes Kapitel.
Die Reveille. — Der Stall. — Unterricht.

Die erste Nacht, welche ich in der Kaserne zubrachte, schlief ich herzlich schlecht. Der frisch gestopfte Strohsack gab dem Druck meines Körpers durchaus nicht nach; auch hatte ich in der Nacht mehrmals einen und denselben Traum. Mir war, als ruhe ich auf einem Hügel, den ich, wie man das in der Jugend wohl thut, hinab zu rollen versuchte. Dies gelang anfangs vortrefflich; doch im Thal angekommen, stieß ich mit dem Körper an einen Baumstamm, der im Wege lag, erwachte und sah zu meiner Verwunderung, daß ich aus dem Bette gefallen war. Dies begegnete mir mehrere Male, weßhalb ich denn gegen drei Uhr beschloß, nicht mehr zu schlafen. Auch ermunterte mich der Gedanke: heute wirst du zum ersten Mal in die Mysterien des Stalldienstes eingeweiht. Guter Gott! ich sollte sie nur zu genau kennen lernen, diese wahren Mysterien. Um vier stand ich auf und erwartete sehnsüchtig das Signal, welches mich zu den Pferden hinab rief, jenen Geschöpfen, die ein tapferer Ritter als sein zweites Selbst achten, lieben, putzen und füttern muß. Endlich erklang die Trompete; die ganze Stube gerieth in Aufruhr, und ich war der Erste auf dem Gang, wo ich eben noch sah, wie der Hornist im bloßen Hemde da-stand und das Signal blies. Dann schlüpfte er wieder in seine Stube zurück, um sich noch ein paar Stunden in's warme Bett zu legen. Das gefiel mir nicht am Trompeter, dem Manne, der im Feld der

Die Reveille. — Der Stall. — Unterricht. 29

Erste sein muß, muthig, gewandt. Was kann er nicht Alles durch einen einzigen Trompetenstoß ausrichten! Und er hatte nicht einmal eine Hose an, als er sein Signal vortrug! Erkannte denn der Mann gar nicht seine hohe Stellung? Wenn ich mir sonst einen Trompetenstoß vorstellte, so mußte er von einem Manne ausgehen, mit gewaltigem Barte, gewappnet, den Säbel an der Seite, einem Mann, würdig, daß eine ganze Schaar tapferer Männer dem Hauch seines Mundes folgte. Wieder eine Seifenblase, die mir zersprang! Ich konnte den Trompeter ohne Hose lange nicht vergessen; aber nicht lange, so sah ich gar Manches nackt und blos, was aus der Entfernung so glänzend und elegant erscheint.

Im Stalle empfing mich mein Unteroffizier Dose nach seiner Gewohnheit mit einer feierlichen Anrede, welche er aber aus einem Buche ablas. Er sprach von der Wichtigkeit des Stalldienstes, wie der Kavallerist ohne Pferd kein Kavallerist, item gar nichts sei, wie der Reiter darum für sein Pferd die größte Sorgfalt haben müsse ꝛc. Er übergab mir darauf das Buch, aus dem er gelesen, das von außen und innen sehr an die klimatischen Einflüsse des Stalles und der Wachtstube erinnerte, wobei er mir sagte, es sei von einem unserer höheren Offiziere verfaßt, welcher auch schon viele patriotische Lieder gedichtet. Man kann kein barockeres Werk sehen. Das erste Kapitel handelte vom Putzen und Reinigen der Pferde und fing wörtlich also an:

§. 1. „Sieh, mein liebes Pferdchen, das ist der Mann, der dich putzen und pflegen soll. Er wird jeden Morgen um fünf Uhr (im Winter um sechs Uhr) zu dir kommen, zuerst die Streu, auf welcher du die Nacht über geschlafen, draußen im Hofe ausbreiten, damit dieselbe trockne, dann wird er deine Halsterketten kurz binden und §. 2 das Putzen sub a) mit der Striegel beginnen ꝛc." Das ganze Buch bestand größtentheils aus Paragraphenzeichen, Titeln und Nummern. In der Vorrede war gesagt, die resp. Batteriechefs möchten gütigst darauf halten, daß vorliegendes Buch jeder

Drittes Kapitel.

Kanonier seinem Pferd zuweilen vorlese, wodurch nicht nur die Kenntniß des Dienstes befördert, sondern auch der Mannschaft Gelegenheit geboten werde, sich im Lesen zu üben.

Ich steckte das Buch in die Tasche und der Unteroffizier ging mit mir im Stalle umher, zeigte mir vorerst dessen Einrichtung und forderte mich auf, den andern Kanonieren genau zuzusehen, damit ich Nachmittags, denn es wird täglich zweimal geputzt, mein Pferd selbst besorgen könne. In einem Militärstalle ist ein recht lustiges Treiben, die Reinlichkeit, die überall herrscht, der gepflasterte, rein gewaschene Fußboden, die saubern Latierbäume, welche ein Pferd vom andern absondern — Alles sehr artig. Der eine Kanonier pfiff, ein anderer sang, hier zankten sich ein Paar um einen Halmen Streu. Dazu das Schütteln und Schnauben der Pferde, das Wiehern der kitzlichen, wenn sie unter dem Bauche gestriegelt werden — es ist ein recht lebendiges Bild. Mein Unteroffizier blieb mit mir vor einer langbeinigen Stute stehen, welche er mir als ein Schlachtroß vorstellte. Dabei spuckte er aus und sprach: „Das ist der Krokus, eines der vornehmsten Pferde der ganzen Christenheit. Sie sehen, daß es mich kennt, weil es den Kopf nach mir wendet. Doch Krokus," fuhr er fort, „wende dich wieder um; sonst wenn der Herr Hauptmann Feind kommt, wird er sagen: wir scheinen stark gefrühstückt zu haben." Kaum hatte er diese Worte gesprochen, es war wahrhaftig wie ein Theatercoup, so klopfte ihm der Kapitän, welcher unterdessen leise eingetreten war, eigenhändig und ziemlich derb auf die Schulter, indem er sagte: „Hören Sie, Unteroffizier Dose, es kommt mir vor, als hätten wir wirklich heute Morgen besonders stark gefrühstückt." Dose stand wie angedonnert und stotterte einige unverständliche Worte, auch ich war ziemlich betroffen, und wurde es noch mehr, als mir der Kapitän mit scharfem Tone sagte: „Es wäre mir lieber, wenn ich Sie bei Ihrem Pferde getroffen hätte." Ich schlich mich leise weg, nahm Striegel und Kartätsche und fing an, meinen braunen Wallachen zu bearbeiten.

Die Reveille. — Der Stall. — Unterricht.

Jeder Mann muß von seinem Roß zwölf Striche herunterputzen, einen Fuß lang und einen Zoll dick. Das will heißen: den weißen Staub, welcher mit der Kartätsche vom Pferde geputzt wird, streicht man in die Striegel und klopft ihn aus dieser in Strichen auf den Boden. Es gehört viel Uebung und Kraft dazu, diese Quantität Staub von einem Pferde täglich zweimal herunter zu bringen, und die Faulern in der Batterie halfen sich zuweilen damit, daß sie die Striche von Kalk formirten und so die scharf controlirenden Unteroffiziere hintergingen. Ich konnte trotz aller Mühe, und obgleich mir schon in der ersten Viertelstunde der Schweiß vom Gesichte lief, nicht mehr als acht Striche zu Stande bringen, womit sich denn auch Dose für heute zufrieden erklärte und mir erlaubte, auf meine Stube zu gehen.

Nachdem ich hier eine halbe Stunde geruht, mußte ich, wie gestern, zum Exerciren, dann zum Apell und Abends um sechs Uhr in den Vortrag, auf den ich sehr begierig war. Es ist dies eine Unterrichtsstunde, in welcher ein Offizier den Soldaten aus einem kriegswissenschaftlichen Lehrbuche, bei uns dem früher erwähnten Artillerieleitfaden, eine Vorlesung hält, und sich nachher durch Fragen über das eben Vorgetragene überzeugt, ob auch etwas in den Köpfen der Zuhörer hängen geblieben. Er ward auf einer von unsern Stuben vom Lieutenant von R. gehalten, welcher ein ziemlich gnädiger Herr war, nur etwas stolz. Wenn er hereintrat, hütete er sich sorgfältig, in irgend eine Berührung mit dem Mobiliar unserer Stube zu kommen. Sein Bursche mußte ihm einen Stuhl nachtragen, auf welchen er sich setzte. Darauf drehte er die Spitzen seines Bartes, rümpfte die Nase und begann stets mit den Worten: „Es riecht aber hier gar zu sehr nach schlechtem Tabak." Er räusperte sich, roch an einem Bouquet, welches er mitgebracht, und nahm heute das erste Kapitel des Leitfadens vor, welches von der Eintheilung der Artillerie im Allgemeinen handelt. So erfuhr ich denn, daß eine Brigade von einem Oberst kommandirt werde

Drittes Kapitel.

und drei Abtheilungen habe, deren Chef jedesmal ein Major sei, und welche aus fünf Batterien bestehe, einer reitenden, einer zwölfpfündigen, zwei sechspfündigen und einer Festungskompagnie; jede Batterie habe acht Geschütze, als: sechs Kanonen und zwei Haubitzen. Ferner trug er vor, das Gewicht der Kanonenkugel sei stets gleich ihrer Benennung, eine sechspfündige Kugel z. B. wiege sechs Pfund, aber bei den Granaten und Bomben sei es anders u. s. w. Das Alles und dergleichen mehr lernte ich im ersten Vortrage. Ich bemerkte dabei, daß fast die Hälfte meiner Kameraden selig entschlafen war und sie auf die an sie gerichteten Fragen, durch einen Rippenstoß ihres Nebenmannes erweckt, die seltsamsten Antworten gaben, was aber auch zuweilen bei den wachenden vorfiel.

Ich habe während meiner Dienstzeit Gelegenheit gehabt, Subjekte kennen zu lernen, welche, von Mutterwitz überflossen, alle lustigen Streiche mitmachten, sobald es aber darauf ankam, etwas zu lernen und zu begreifen, unbegreiflich bornirt waren. So erinnere ich mich, wie ein gewisser Kanonier nicht behalten konnte, daß das Schießpulver aus Salpeter, Schwefel und Holzkohlen bestehe. Alle angewandte Mühe war vergebens; in diesem Augenblick wußte es der Mensch, und fragte man ihn einige Stunden später, so nannte er meistens zwei dieser Stoffe, ohne sich auf den dritten besinnen zu können. Die Offiziere und der Kapitän hatten sich alle erdenkliche Mühe gegeben; es half nichts. Da hörte der alte Obrist v. T. von dem Menschen und wollte sich selbst von dieser Originalität überzeugen. Er ließ sich den Kanonier vorstellen und fragte ihn: „Mein Sohn, sage mir, woraus denn det Pulver so eegentlich besteht?" Jener blieb stumm; v. T. erklärte ihm, es sei aus Salpeter, Schwefel und Holzkohlen zusammengesetzt, und forderte ihn auf, ihm nun diese drei Artikel zu nennen. Der Kanonier stotterte: „aus Holzkohlen, Schwefel —" und stockte. Auf's Neue sagte ihm der Oberst die Bestandtheile vor, und diesmal nannte jener: „Salpeter, Schwefel" und hatte die Kohle vergessen. Nach=

dem sich dies so mehrere Male wiederholt hatte, glaubte v. T., der Mann sei verlegen, weil ihn sein Oberst in eigener Person examinirte, er nahm also seinen Federhut ab und sagte: „Stelle dir einmal vor, ich sei nicht der Oberst v. T., sondern dein guter Kamerad, der Kanonier T., und komme nun ganz freundschaftlich zu dir, klopfe dich auf die Schulter und sage: Mein lieber Kamerad, thu mir doch den Gefallen und sage mir, woraus das Pulver besteht. — Was würdest du antworten?" Da öffnete der Kanonier seinen Mund und entgegnete mit ziemlich verdrießlichem Tone: „Dann würde ich sagen, Kamerad T., das weißt du besser als ich." Der Oberst stand von ferneren Versuchen ab und entfernte sich mit lautem Lachen.

So verlebte ich einige Wochen, lernte zu Fuß exerciren, Wendungen machen, den Säbel gebrauchen, im Stall von meinem Pferde zwölf Striche putzen, es satteln und zäumen, und sollte nun zum Reiten selbst schreiten. Hierin erhielt ich mit den übrigen Freiwilligen Unterricht vom Lieutenant L. Dieser war in jeder Hinsicht, als Soldat wie als Mensch, ein achtungswürdiger und liebenswerther Mann. Sollten ihm vielleicht diese Blätter zu Gesicht kommen, so sage ich ihm hiemit meinen herzlichsten Gruß und besten Dank für die Nachsicht und Güte, die er statt Hochmuth und kleinerlicher Quälerei zu meiner und meiner Kameraden Erziehung verwandte. Alle, welche damals und später unter ihm dienten, werden sich dankbar seiner erinnern, wenn es mir auch nicht erlaubt ist, den Namen dieses Braven auszuschreiben. Es ist einem Offizier so leicht, sich die Liebe seiner Untergebenen zu erwerben. L. war im Dienste sehr streng, aber er war gerecht und brauchte seine Vernunft. Freilich ist es eine Aufgabe, welche viel Geduld erfordert, einen rohen Haufen, meistens Bauern und Handwerker, umzuformen, ihn gehorsam, ordentlich, kurz zu Soldaten zu machen. Aber es geht schon, wenn man die Sache nur recht angreift. Die jungen Herren, von der Kriegsschule kommend, haben in ihren Heften und wissen vielleicht auch auswendig, was sie mit einer Kompagnie anzufangen

Drittes Kapitel.

haben, wenn es galt, die Evolutionen durchzumachen. Sie wissen vielleicht die fertige Maschine zu brauchen; sie zusammenzusetzen, jedes Rad, jeden Stift auszubilden, scheint ihnen auch eine leichte Sache, aber sie können es doch nicht. Mit Gewalt, mit jugendlicher Heftigkeit fahren sie über den rohen Stoff her und glauben, es bedürfe nur einiger zierlich geführten Hammerschläge, und das unförmliche Eisen bilde sich zur elastischen Feder, zum Triebwerk der Maschine: aber im Gegentheil; es will ruhig und besonnen angegriffen sein, langsam ausgefeilt und sorgsam angepaßt. Ein ungestümes Anstürmen auf den einzelnen Mann fruchtet nichts; mit einer Fluth von Schimpfworten, mit unzeitigen Strafen und Quälereien kann man in einer Stunde mehr verderben, als in einem halben Jahre wieder gut zu machen ist. Der Rekrut will ruhig behandelt und sorgfältig unterrichtet sein, und das verstand Lieutenant L. Ging eine Sache zum ersten Male nicht, so ließ er sie zum zweiten, zum dritten Male machen, ohne großmäulig zu räsonniren, und nur dann erfolgten harte Worte und nachdrückliche Strafen, wenn durch die Fehler böser Wille oder Eigensinn blickte. Da höre man aber Offiziere, wie ich deren manche kennen gelernt. „Auf mein Kommando: Auf! Ihr hebt euch mittelst beider Arme die linke Hand in die Mähne gefaßt, die rechte auf die Croupe des Pferdes gestützt, mit geradem Körper an demselben in die Höhe und bringt auf das zweite Wort: Gesessen! das rechte Bein gestreckt über die Croupe, wobei euch nur die rechte Hand als Stütze dient." Da sollte es jeder Mann nach ein- oder zweimaligem Probiren genau so machen, denn im Buche stand ja, es müsse so sein. Daß aber die Sache langsam und mühselig gelernt sein will, fiel den gelehrten Herrn nicht ein. Was für complicirte Schimpfworte konnte man in solchen Stunden hören! Waren die Herrn Lieutenants recht gut gelaunt, so bedienten sie sich, mit mancherlei Variationen, eines Ausdrucks, der vom alten Oberst v. L. ausging. Dieser hatte einmal von einem Kanonier, der langsam und schwer-

Die Reveille. — Der Stall. — Unterricht.

fällig zu Pferde stieg, gesagt: „Das erinnert mir an die Kuh, welche uf enen Appelbohm klettern wollte."

Blieb es allein bei Worten, so konnte man schon zufrieden sein; aber zuweilen sprach die große Peitsche, mit welcher der Offizier in der Mitte der Bahn herumfuchtelt, auch ihr Wörtchen mit. Nicht daß gerade damit zugeschlagen wurde, nein, Dank sei es den humanen Bestimmungen, körperliche Mißhandlung ist strenge verboten und wird, wenn eine Klage hierüber bis zu einer gewissen Potenz d u r c h d r i n g e n kann, hart geahndet. Aber man spricht z. B.: „das Pferd geht einen faulen Trab," und versetzt demselben einen Streich über die Flanken; trifft dabei die Peitsche unglücklicherweise die Beine und den Leib des Reiters, was kann man dafür? Auf diese Art habe auch ich, nachdem der gute Lieutenant L. nicht mehr bei uns war, manche Schmarre erhalten. Doch genug hievon. — Nach und nach schälte ich mich mit Hülfe meines Unteroffiziers, der mir auch das Exerciren mit dem Geschütz beibrachte, aus der rohen Hülse eines Rekruten und ward eigentlicher Kanonier. Von den romanhaften Gedanken, mit welchen ich eingetreten, war in meinem Kopfe nicht viel mehr vorhanden. Ich lernte einsehen, daß der jetzige Militärstand ein Organismus ist, bei dem es darauf ankommt, wer am besten schweigen kann, seine Knöpfe am saubersten putzt und das Lederzeug recht weiß macht. Alles Andere, die schönen Gesinnungen, Tapferkeit und Hochherzigkeit, was ich mir früher so sauber ausgemalt, wird wahrscheinlich im Frieden auf der Kammer bewahrt und nur in Kriegszeiten heruntergegeben.

- Eines Tages, beim Apell, eröffnete uns der Hauptmann, der Stab der Brigade, das ist, der Oberst mit seinen Adjutanten, Schreibern u. s. w. sei durch allerhöchste Bestimmung von seinem bisherigen Garnisonsorte M. zu uns nach D. verlegt worden. Der Herr Oberst v. T. würde also jetzt beständig unter uns sein, weßhalb wir uns beim Ausgehen der größten Propretät zu befleißigen und alles Dienstwidrige streng zu vermeiden hätten. Wir sollen z. B.

Drittes Kapitel.

mit keiner offenstehenden Uniform gehen, keine weiße Weste unter derselben sichtbar werden lassen, vor Allem keine hohen Halsbinden tragen, weil der Oberst namentlich diese drei Dinge mehrmals strenge untersagt und mit schwerer Arreststrafe bedroht habe. „Sollte sich jedoch einer betreffen lassen," schloß der Kapitän seine Rede, „und bestraft werden, so setze ich ihm auf jeden Fall noch einige Tage zu. Doch hoffe ich, keiner von meiner Kompagnie wird mir dazu Veranlassung geben. Die Freiwilligen haben mich doch auch verstanden?"

Bald nach dieser Ankündigung erschien der Oberst und verherrlichte seinen Einzug durch eine große Parade, auf welcher er erschrecklich brüllte und fluchte. Besonders Kleinigkeiten wußte er heute verzweifelt genau zu finden. So war an der Kinnkette meines Pferdes ein kleiner Rostfleck, so klein, daß ich ihn selbst nicht bemerkt hatte; den entdeckte er und hielt mir eine donnernde Rede, in welche er eine Einladung auf vierzehn Tage Arrest sehr lockend zu verflechten wußte. In der Art ging es die ganze Reihe hinunter. Einer hatte die Hufe seines Pferdes nicht sorgfältig geschwärzt, jener den Sattel etwas zu weit nach hinten gelegt, und ward dafür mit dem Titel „Millionenhund" belegt. Nach der Revue besichtigte der Oberst die Stuben, Ställe und übrigen Räume der Kaserne, wobei Alle, die irgend etwas zu verantworten hatten, in nicht geringe Verlegenheit kamen. Zu diesen gehörte auch Dose, welcher die Futterkammer der Batterie unter Aufsicht hatte. Ich unterstützte ihn in diesem Amte getreulich, führte das Buch über Abgang und Zuwachs und schrieb den jedesmaligen Bestand von Hafer und Heu auf große schwarze Tafeln, welche zu diesem Zweck im Lokal aufgehängt waren. Dies war ein großer Speicher, der an einen alten Thurm stieß. Die Kaserne war früher ein Kloster gewesen und beherbergte eine Unzahl von Ratten und Mäusen, zu deren Vertilgung Dose eine tüchtige Katze angeschafft hatte. Zum selben Zwecke war auf dem Boden eine Eule, die ich eines Tages

Die Reveille. — Der Stall. — Unterricht.

im Thurm gefangen, an einer langen dünnen Kette am Fuß befestigt. Die kleinen Jäger hatten auch bald unter dem Wildprete bedeutend aufgeräumt. Aber Dose war jetzt in nicht geringer Verlegenheit, wohin er die beiden Thiere, von denen der Hauptmann nichts wußte, während der Besichtigung flüchten sollte. Sie auf unsere Stube zu nehmen, war nicht rathsam, denn man war nicht sicher, wo der Oberst anfing. Ich rieth ihm kurz und gut, sie ruhig auf dem Boden zu lassen; die Eule schlafe immer und die Katze werde sich klugerweise verkriechen. Auch hatten wir keine Zeit mehr, andere Anordnungen zu treffen, denn schon schritt der Oberst, umgeben von seinem Stabe, auf unser Lokal zu: bereits hörten wir seine klirrenden Schritte und seine tiefe Stimme auf der Treppe. Dose murmelte die Meldung, die er zu machen hatte, noch einigemal halblaut vor sich hin: „Herr Oberst, die Futterkammer der Batterie, Nummer — Bestand: 118 Scheffel Hafer, 1000 Pfund Heu; täglicher Abgang 16 Scheffel, 120 Pfund Heu." Die Thüre öffnete sich, der Oberst trat ein. Dose ging ihm entgegen und meldete sehr gut für sein Alter. Der Oberst sah sich überall um, schien zufrieden mit der Anordnung der Futterhaufen und wollte eben umkehren, als die unglückselige Eule, wahrscheinlich durch den Glanz der Epauletten und Säbel aus dem Schlummer gestört, von ihrer Dachsparre herabflatterte und dadurch auch die Katze beunruhigte, welche mit lautem Miauen in einen andern Winkel des Speichers sprang. Der Oberst sah sich um und sprach: „Nu, wat is denn det für eene Ordnung, det sich uf eenem königlichen Futterboden allerhand Onthier ufhält? wat is det, Unteroffizier?" Dose entgegnete mit banger Stimme: „Es sind hier sehr viele Mäuse, Herr Oberst, und da ist die Katze und die Eule —" — „Oho," fiel ihm T. lachend in die Rede, „um die Mäuse zu fangen? Nu, ik muß det loben." Der Hauptmann, der auf einen gewaltigen Lärm gefaßt war, rührte sich jetzt, da er sah, wie alles so gut ablief, und sprach: Ja wohl, Herr Oberst, ich habe diese Thiere ein-

Drittes Kapitel.

fangen lassen, um den Speicher von den Mäusen zu säubern, worauf v. T. im Herabgehen antwortete: „Det is janz jut und ik bin damit zufrieden." Dose aber war es nicht, sondern spuckte aus, als wir allein waren, und sagte zu mir: Sehen Sie, so geht es in der Welt. Wie der Hauptmann sieht, daß unsere Acquisition der beiden Mäusejäger wohlgefällig aufgenommen ist, raubt er uns die Ehre der Erfindung, aber ich versichere Sie, er soll in Zukunft etwas für die Unterhaltung derselben bezahlen." Wirklich mußte ich unter das nächste Verzeichniß über zerbrochene Besenstiele und Schippen setzen: „An Ernährungskosten der Thiere, welche der Herr Hauptmann einfangen ließen, so und so viel, indem das frühere Futter dieser nützlichen Geschöpfe, die Mäuse, bedeutend abgenommen."

Seitdem der alte Oberst in unserer Stadt residirte, konnte man sich nicht genug in Acht nehmen, um nicht auf die eine oder andere Art von ihm abgefaßt zu werden. Von Morgens früh bis Abends spät war er auf den Beinen und fand sich meistens ein, wo man ihn am allerwenigsten erwartete. Oft stand er nach dem Zapfenstreich in einem Winkel des Kasernenhofs und beobachtete, ob viele zu spät hereinkamen. Er hatte ein merkwürdiges Talent, Menschen wieder zu erkennen, und wenn er sie einen Augenblick oder bei Nacht gesehen hatte. So kam eines Abends zwischen eilf und zwölf Uhr ein Freiwilliger lustig und guter Dinge aus einem Weinhause und traf an einer Ecke, wo eine Laterne brannte, auf den alten T. Ihn sehen, umwenden und davon laufen, war das Werk eines Augenblicks. Der Oberst lief ihm eine Strecke nach, konnte aber den Schnellfüßigen nicht einholen. Am andern Mittag beim Apell sah man ihn überall herumspüren, ohne daß er den Schuldigen von gestern Abend entdeckte, welcher zufällig wegen Schreibereien, die er für den Hauptmann zu besorgen hatte, heute vom Dienst dispensirt war. Er ließ sich Alle, welche in den Rapporten, als zu spät gekommen, gemeldet waren, vorstellen; jener war nicht darunter. End-

Die Reveille. — Der Stall. — Unterricht.

lich trat er zu den Adjutanten, um den Parolebefehl auszugeben, wobei er seine Augen überall umherschweifen ließ. Kaum hatte er einige Worte diktirt, als er plötzlich den Kreis der Offiziere durchbrach, unter die Corridors stürzte, welche das Gebäude umgaben, und da jenen Unglücklichen, der zufällig in Schlafrock und Pantoffeln herabgekommen war, am Zipfel des Gewandes ergriff und auf den Hof schleppte. Der Arme, der sich in seinem Negligé zwischen den Offizieren in vollem Kostüm, mit dem ängstlichsten Gesicht traurig genug ausnahm, erhielt nebst einer langen Strafpredigt einige Tage Stubenarrest und war froh, so gut davon zu kommen. Der Oberst aber sprach mit seiner Donnerstimme, daß man es in dem ganzen Gebäude hörte: „Oho, mir entlooft keener; ik kenne sie doch alle wieder."

Oft war er schon am frühen Morgen in der Kaserne, um zu sehen, ob Alles zu gehöriger Zeit in den Stall ging; besonders paßte er den Offizieren auf und holte sie nicht selten aus dem Bett, wenn sie ihm gar zu lange blieben. Eines Morgens setzte draußen auf dem Gang der Trompeter zum Signal an, hatte aber kaum zwei Töne geblasen, so brach er mit einem Mißlaut ab und stieß ein klägliches Geschrei aus, welches die fluchende Stimme des Obersten accompagnirte. Alles lief vor die Thüre. Da hatte der Trompeter wieder, wie gewöhnlich, im bloßen Hemde sein Signal blasen wollen, war aber vom Oberst erwischt und derb geschüttelt worden; drauf hatte er ihn am Hemd ergriffen, um ihn so zum Wachtmeister zu transportiren. Es war äußerst komisch anzusehen, wie der gewaltige Mann mit dem armseligen Trompeter den Gang hinabflog: ein kleines Boot, von einem sprühenden Dampfschiffe in's Schlepptau genommen. Der Trompeter bekam drei Tage Mittelarrest und blies künftig seine Signale im vollständigen Kostüm.

Viertes Kapitel.
Die Wache. — Der Arrest.

Die Zeit war herangekommen, wo ich meine erste Wache thun sollte, zu der ein Rekrut von seinen Kameraden mit großen Feierlichkeiten eingeweiht wird, welche hauptsächlich darin bestehen, daß er die ganze Mannschaft der Wache den Tag über mit Bier, Brod ꝛc. bewirthet. Er bekommt dafür auch den besten Posten zugetheilt. Ich fügte mich in dieses Herkommen und sollte dafür zum erstenmal am Hause des Obersten stehen, was ein sehr gelinder Posten sein sollte. Der Wachtmeister und mein Unteroffizier hatten mich gehörig instruirt. Der Oberst wohnte in einem Hause, welches vor der Thüre einen kleinen Garten hatte, wo das Schilderhaus stand und in welchem ich auf und ab marschiren konnte. Ich zog um drei Uhr Nachmittags auf, und der Kamerad, den ich ablöste, meldete mir, der Herr Oberst sei nicht zu Hause, was die Schildwache immer wissen muß. In der ersten halben Stunde gefiel mir das Wachestehen. Ich spazierte in dem Garten auf und ab, besah mir die Blumen, summte ein Lied vor mich hin und bildete mir ein, ich sei ein bedeutender Mann im Staate geworden. Bald aber fing die Zeit an mir lang zu werden; ich zählte die Knöpfe meiner Uniform, die Hühner, welche um mich herumliefen, und die Tauben auf den benachbarten Häusern; ich maß das Gärtchen nach allen Richtungen und gestand mir, Schildwache stehen sei doch kein sehr beneidenswerthes Loos.

Da trat die Frau Oberstin an die Hausthüre; es war eine vornehme Dame aus einem adeligen Geschlecht. Sie sprach zu mir mit sehr feiner Stimme: „Kanonier, sieh auch ein wenig nach den Hühnern, damit sie nicht auf den Blumen herumtreten." Das schien mir eine eigene Zumuthung. Ich, als Ehrenwache vor die Thüre

Die Wache. — Der Arrest.

meines Chefs gestellt, sollte mich so weit herablassen, die Hühner zu bewachen! Dies erwägend, nahm ich meine feinste Stellung an und entgegnete der Dame: „Frau Oberstin, es thut mir leid, aber meine Instruktion besagt nur —" Doch weiter hörte mich die Gnädige nicht an, sondern ging in's Haus zurück, ohne mich ferner eines Blickes zu würdigen. Ich dachte: auch gut, und machte wie früher meine Gänge, trat zuweilen an die Fenster der Küche und wechselte dann und wann einige Worte mit dem Kutscher, welcher an einem derselben stand und Stiefeln putzte. Endlich fragte ich ihn, ohne gerade viel dabei zu denken: „Johann, kommt der Alte bald zurück?" Ich meinte den Obersten; aber o Himmel! kaum hatte ich diese Worte gesprochen, als sich über mein Haupt ein sichtbares Gewitter, in der Person des Alten selbst, entlud. Er lag oben im Fenster, hatte meine Rede vernommen und brüllte herab: „Oho, wohl ist der Ole da; wird aberst bald herunter kommen, Ihm en Bisgen den Hals zu brechen, Er Millionenhund!" Ich prallte an mein Schilderhaus, zog den Säbel fest an die Schulter und regte mich nicht. Der Alte mußte indessen zur Hinterthüre hereingekommen sein. Mein Herz pochte heftig; es verging eine peinliche Viertelstunde, noch eine, und es nahte die Zeit, wo die Ablösung jede Minute erscheinen konnte, und die wohl nie ein Soldat so sehnlich erwartet hatte, wie ich in diesem Augenblick. Die Uhr schlug fünf, da polterte es die Treppe herab und der Oberst trat mit seinem großen Federbusch aus dem Hause, gerade vor mich hin. Ich präsentirte so schön, wie ich es in meinem Leben nicht gemacht hatte. Er sah mich genau an, musterte mit finsterem Blick meinen Anzug, und weil er bemerkte, daß Alles in der besten Ordnung war, legte sich sein Zorn etwas; er sagte blos: „Och so'n Freiwilliger, so'n Windbeutel! Ja, ja, die Hühner fortjagen, det is den jungen Herrn zu viel, aberst uf'm Posten zu sprechen, zu fragen, ob de Ole bald kommt, det können se. Na, ich bedanke mir für die gütige Erkundigung, will sie mir aberst in Zukunft verbeten haben." Damit ging er und mir rollte ein Stein vom Herzen. So war ich denn zum zweitenmale seinem Zorne entronnen; aber das Schicksal wollte, daß ich nach einigen Tagen wieder mit ihm zusammengerieth, wo es mir nicht so gut erging.

Es war uns Freiwilligen sehr unangenehm, daß wir unsere eigenen feinen Uniformen nicht mehr offen tragen und darunter eine propere weiße Weste zeigen durften, auch immer mit dem schweren Dienstsäbel gehen sollten, statt des eigenen leichten, mit der schön lackirten Kuppel, wie ihn die Offiziere trugen. An einem unvergeßlichen Sonntage berieth ich mich mit einigen Andern, ob wir es nicht wieder einmal wagen sollten, uns im vollen Glanz aller dieser verbotenen Gegenstände, wozu noch die sehr streng verpönte hohe Halsbinde kam, welche aber zu einem feinen Anzuge gehörte, in der Stadt sehen zu lassen. Es wurde viel dafür und dagegen gesprochen. Einer meinte, man könnte ja sorgfältig umherspähen und bei der geringsten Gefahr rechts und links davon laufen. Ein Anderer rieth, man sollte sich bis vor die Stadt durch entlegene Gäßchen schleichen, welcher letztere Vorschlag als der beste angenommen wurde. So zogen wir Nachmittags aus der Kaserne, auf's Beste geschmückt, jeder hatte ein unerlaubtes Kleidungsstück angezogen, der eine schwarze Beinkleider, ein Anderer eine feine Kuppel, ein Dritter eine ungeheuer hohe Halsbinde mit starrendem Kragen; ich trug das Collet aufgeknöpft und eine weiße Weste darunter. So wandelten wir mit ziemlicher Angst durch einige Straßen, scharf um uns herspähend; doch plötzlich blieb der Erste stehen und brach in den Schreckensruf aus: „Da kommt der Oberst!" Verschwunden waren alle die schönen Vorsätze, ihm zu entfliehen. Wir standen beim Anblick seines wackelnden Federbusches festgebannt, wie der Wanderer, wenn er eine giftige Schlange sieht, und machten Front. Ich versuchte eilig mein Collet zuzuknöpfen; der mit der Halsbinde stand gerade an der Seite, woher der Oberst kam, und war so der ersten Ansicht bloßgestellt! er hatte jedoch die Geistesgegenwart und

Die Wache. — Der Arrest.

eben noch so viel Zeit, die Binde an der Seite des Halses, welche zuerst gesehen wurde, hineinzustopfen, was im Gegensatz zur andern, wo sie himmelhoch emporragte, höchst sonderbar aussah. Wir standen, der Oberst kam heran, bemerkte anfänglich nicht das Dienstwidrige unseres Anzugs, denn er sagte: „Nu, die jungen Menschen sehen recht flott aus, ik liebe det." Einer meiner Kameraden hat mir später gestanden, er habe in diesem Augenblick gebetet: „Lieber Gott, laß den Oberst an uns vorübergehen;" aber er ging nicht vorüber, sondern mit einemmal lagerte sich ein finsterer Ernst auf seinen Zügen; die Ader auf seiner Stirn schwoll, er bemerkte den stehen gebliebenen Theil jener Halsbinde und zog ihn noch höher, dem Unglücklichen beinahe bis über die Ohren.

„Oho, wat is denn det, Millionenhund!" schrie der Oberst, „und Ihm," er wandte sich zu mir, „Ihm guckt ja das Hemd aus der Hose!" Ich schaute erschrocken hinunter. O weh! in der Eile hatte ich das Collet schief zugeknöpft und die weiße Weste lugte verrätherisch hervor. — „Nun," fuhr der Oberst fort, „ist et nich das Hemd? nich?" — „Nein, Herr Oberst," stotterte ich, „meine Weste!" — „So? ene Weste? Nu, ik will euch bewesten! Und der da trägt eine dienstwidrige schwarze Hose! Ihr seid mir ein schönes Corps! Und der vierte der noblen Gesellschaft trägt ene Kuppel wie sie sein Oberst nicht trägt. Marsch in die Kaserne! Ik will euch dahin begleiten!"

Wir mußten gehorchen und er führte uns zum Wachtmeister, der nicht wenig über diesen Aufzug erstaunt war. Die ganze Kaserne gerieth in Aufruhr, Alles sah zu den Fenstern heraus, wie wir ankamen; denn der Oberst fluchte in einem fort über den Hof die Treppe hinauf. Er machte kurzen Prozeß; wir erhielten wegen dienstwidrigen Anzugs vierundzwanzig Stunden Mittelarrest, welche Strafe, da es Sonntag war, gleich an uns vollzogen wurde. Der Wachtmeister schrieb einen Zettel an die Verwaltung des Arrestlokals, worauf unsere Namen prangten und der uns einen freund=

Viertes Kapitel.

lichen Empfang sicherte. Wir mußten unsere schlechtesten Kleider an=
ziehen und ein Stück Brod, 2 Pfund schwer, welches für einen Tag
reichte, unter den Arm nehmen. Es ist das einzige Nahrungsmittel,
das nebst Wasser dort genossen wird.

Arrest! Militärarrest! O es ist etwas Fürchterliches! Hat ein
edler Mensch an einem Tage kein gutes Werk gethan, so denkt er,
der war verloren in einer Lebenszeit; aber er hat ihn doch verlebt,
diesen Tag, in Luft und Sonnenschein. Spricht ein Spitzbube am
Abend, während er eine harte Brodrinde mit Mondschein genießt:
„Auch wieder unnütze vierundzwanzig Stunden mitgemacht, nichts
profitirt!" schweig' Elender! du hast doch den blauen Himmel gesehen,
dich an der milden Luft erfreut! konntest dich in Gras und Blumen
legen und von vergangenen besseren Dingen träumen! Kommt der
Kettengefangene nach Hause und wirft sich seufzend auf die harte
Pritsche, so murmelt er: „Habe wieder ein neues Tagewerk in den
Abgrund geschleudert, der meine ganze Lebenszeit verschlungen hat!"
Aber hast du nicht Menschen gesehen? Hat nicht das Licht der
Sonne deine Ketten vergoldet! Haben sich nicht tausend Gegenstände,
die dich bei der Arbeit umgaben, an die Last deiner Stunden ge=
gehängt! sie vom Zeitrade rasch abwickelnd. Aber der Tag, den ich
im Militärarrest verbringe, ist todt und schwarz, ich habe ihn nicht
verlebt; er ist eine Lücke in meinem Leben! —

In mehreren Thurmgewölben, welche über einander liegen, sind
hölzerne Käsige gebaut, in jedem sechs= bis acht, drei Fuß breit,
fünf lang und vielleicht acht Fuß hoch. Ueber der Thüre, welche
nach Art der Menageriekasten mit zwei Riegeln verschlossen wird,
ist ein vergittertes Luftloch von einem Fuß im Quadrat. Die
Thüre des Kastens ist jedoch so angebracht, daß sie von den Fen=
stern des Gewölbes abgekehrt ist, daher jene Oeffnung fast gar kein
Licht gibt. Das Mobiliar besteht aus der Pritsche, einem Brett,
welches beinahe den ganzen Raum einnimmt und an der einen
Seite festgemacht ist, ferner aus einem Wasserkrug und einem Ei=

mer. Das ist der **Militärarrest**. Die leichteste Sorte ist der **gelinde Arrest**, wobei der Gefangene statt der Pritsche einen Strohsack hat und täglich warmes Essen bekommt. Diesen Arrest haben auch diejenigen Soldaten, welche eines Verbrechens halber in Untersuchung sitzen, wodurch für den, der blos wegen eines leichten Vergehens hieher gebracht wird, viel Unannehmliches entsteht. Es ist mir vorgekommen, daß ich in diesem gelinden Arrest mit Dieben, einmal sogar mit einem Mörder zusammensaß. Der **strenge Arrest** endlich ist ein Lokal, in welches kein Strahl des Tageslichtes fällt, das weder Pritsche noch Strohsack hat, wo also der Gefangene auf dem Fußboden schlafen muß. Er wird meistens durch kriegsgerichtliches Erkenntniß ertheilt, für schwere Vergehen in Portionen von drei Tagen bis sechs Wochen. Ich habe nie die Ehre gehabt, persönliche Bekanntschaft damit zu machen. Ferner befinden sich in einem Militärgefängniß noch einige Kammern, deren Wände und Fußboden mit scharfkantigen Hölzern besetzt sind, die sogenannten **Latten**. Sie werden indessen nicht mehr gebraucht, höchstens in ganz seltenen Fällen, wenn z. B. einer der Kettengefangenen sich Widersetzlichkeiten gegen seine Wachen erlaubt.

Unser Militärgefängniß wurde, wie schon früher bemerkt, Nummer 7½ genannt und stand unter Aufsicht eines alten Invaliden von der Infanterie, der sich Herr Inspektor schimpfen ließ. Wir nannten ihn im gewöhnlichen Leben den Onkel; auch hatte man ihm den Titel Rattenkönig gegeben, wegen der Masse dieser Thierchen, welche mit den Soldaten in Nummer 7½ unter seinem Kommando standen. Dieser Rattenkönig war ein alter, mürrischer Kerl. Die kleine gebrechliche Figur mit einem Gesicht, welches stets ein boshaft lächelnder Zug markirte, war in einen blauen Invalidenrock gehüllt; auf dem Kopf trug er eine weiße Nachtmütze, welche bei seiner Gewohnheit, im Sprechen mit dem Kopf zu nicken, beständig vornüber wankte. Dazu hustete er beim dritten Wort und es war seine Seelenlust, wenn einer von uns Freiwilligen seinen

Viertes Kapitel.

Arrest benutzte. Bei unserer Ankunft lächelte er bedeutend und sagte: „Ha, neue Namen! hä — soll euch bei mir gefallen! — Ich will euch in den Thurm setzen, wo die Eulen pfeifen, in die Spitze unter das Dach; da ist viel frische Luft! hä, hä!" Er untersuchte, ob wir keine verbotenen Gegenstände, als Branntwein, Butter oder dergleichen Lebensmittel bei uns trugen, und brachte uns darauf in eines der Gewölbe, wovon ich oben sprach, öffnete die Kasten und hieß uns eintreten. Beim Anblick des Lokals konnte ich mich nicht enthalten, auszurufen: „In dieses Hundeloch!" Dies nahm er aber sehr übel und entgegnete zornig: „Hä hä! der Grünschnabel! will es besser haben, als andere ehrliche Menschen! Nur hinein! nur hinein!" Ich gehorchte und die Riegel wurden vorgeschoben.

Es war ungefähr fünf Uhr. Die Zeit schlich entsetzlich langsam; von einer Viertelstunde zur andern, welche ich alle deutlich schlagen hörte, däuchte mir eine Ewigkeit. Ich ging in meinem Käfig herum; mit zwei Schritten war ich von einem Ende zum andern, und ich habe diesen Raum wenigstens tausendmal gemessen. Wie gern hätte ich jetzt die Hühner der Frau Oberstin bewacht! Zuweilen nahm ich mein Brod zur Hand, dann setzte ich mich auf die Pritsche, trank Wasser, stand wieder auf. Horch, die Uhr schlägt! Erst wieder ein Viertel! Ich versuchte zu schlafen, aber die Glieder schmerzten mich schon nach den ersten Minuten auf dem harten Holze, kurz, ich langweilte mich entsetzlich. Doch so lange der Tag dauerte, ging es noch an; denn obgleich es in dem Kasten so dunkel war, daß man die Farbe der Kleidungsstücke nicht unterscheiden konnte, so hatte man doch einen Schimmer von Licht, und es war allenfalls möglich, in dem Gefängnisse auf und ab zu gehen, ohne sich den Kopf zu zerstoßen. Auch hörte man zuweilen von der Straße her ein dumpfes Gemurmel, Sprechen, Lachen der Vorübergehenden, das Kommando der Wache, wenn sie ablöste, lauter Kleinigkeiten, welche indessen die Zeit doch etwas tödteten. Doch wie

Die Wache. — Der Arrest.

sich die Nacht herabsenkte, es immer dunkler, endlich stockfinster ward, als der Lärm auf den Straßen schwieg und rings Todtenstille herrschte, da wurde es rein unerträglich. Obendrein war es ziemlich kühl; ich lief auf und ab, wie der Bär in der Menagerie, ebenso brummend, wobei ich die Arme vor mich hielt, um zu fühlen, wann ich an die Wand kam. Ich dachte an meine Sünden, und daß ein hübsches junges Mädchen in diesem Augenblicke bei jedem Geräusch an ihrer Thüre den Schirm der Lampe, bei der sie saß, emporhob und mich zu hören glaubte. Ihr zu Liebe hatte ich mich geputzt und dafür meine Wohnung in Nummer 7½ erhalten. — Ich machte es, wie Jean Paul anräth, wenn man nicht schlafen kann, ich zählte bis in die hunderttausend; ich conjugirte unregelmäßige Zeitwörter, bis ich ganz verwirrt ward. Meine Phantasie forcirend, begann ich den Kerker mit verschiedenen Bequemlichkeiten auszumalen: eine Lampe, welche von der Decke hing, beleuchtete mit zauberischem Licht ein kleines Tischchen, worauf einige Flaschen Wein und Beefsteaks standen, an die Stelle der Pritsche dachte ich mir ein schwellendes Ruhebett, auf welches gelagert ich diese Herrlichkeiten genoß. Aber ein Biß in mein schwarzes Brod entzauberte mich; ich saß auf dem Brette und die Dunkelheit gaukelte vor mir her in seltsamen Gestalten.

Auf einmal rasselte die Trommel vor der Wache; an entfernten Punkten der Stadt hörte man den Zapfenstreich blasen; also neun Uhr, und so hatte ich denn noch acht volle Stunden zu genießen, ehe der Tag kam. Ich machte Anstalten zum Schlafen, legte mir ein zusammengewickeltes Taschentuch unter den Kopf, kauerte auf der Pritsche wie ein Igel zusammen, und deckte mein Kollet, welches ich ausgezogen hatte, über Brust und Arme, weil es so mehr wärmt. Nach vielmaligem Umändern meiner Lage schlief ich endlich ein und träumte schrecklich. Ich machte ein ganzes Heldenleben durch, ich kämpfte mit Riesen, fiel in tiefe Abgründe, wo ich Schlangen, wilde Thiere und Gespenster erwürgte. Plötzlich fahre ich aus dem Schlafe auf, besinne mich. Gott sei Dank! nach dem, was ich im Traume Alles gethan, muß ich lange geschlafen haben; in kurzer Zeit wird mir ein schönes Morgenroth tagen. Neben mir höre ich etwas plätschern: ein Mäuslein ist in meinen Wasserkrug gefallen; ich befreie es von dem gewissen Tode, wofür es mich in den Finger beißt. In stiller Ergebung setze ich mich auf die Pritsche, bewege meine Glieder, die vom langen Liegen ganz steif geworden sind, und harre geduldig —, bis eine Uhr schlagen wird, damit ich erfahre, ob bald der Morgen kommt. Horch! eins, zwei, drei vier — es sind Viertel; und welche Stunde? — eins, zwei — schon zwei Uhr? — drei — das ist schön! — vier — nun, Gott sei Dank; — fünf — ich springe auf — sechs — unmöglich! da müßte es heller sein! — sieben — oh weh! sollte es erst zwölf Uhr sein! — acht — neun — zehn — Ich sinke entsetzt zurück. Zehn Uhr! gerechter Himmel! erst zehn Uhr! ist es möglich? ich habe nur eine einzige Stunde geschlafen? Aber es war nicht anders; eine Uhr schlug nach der andern — alle nur zehn.

Ich wiederholte jetzt das Manöver mit dem Zudecken und Zusammenkriechen, wie früher, wünschte mir die Haut des gehörnten Siegfrieds, seufzte viel und schlief am Ende wieder ein. Ich träumte dies und das; mehrmals wäre ich beinahe in einen reißenden Strom gestürzt, denn ich fühlte im Halbschlummer stets, wenn ich durch eine Bewegung im Schlaf in Gefahr war, von der Pritsche zu fallen, und klammerte mich dann an das Holz fest. Auf einmal aber wurde mein Traum düster, unheimlich! ich war nicht mehr der lustige Freiwillige, den eine weiße Weste in den Kerker gebracht, nein! mein Athem konnte kaum die Brust erheben, so schwer drückte ein Mord darauf: ich war ein Mörder, und dies meine letzte Nacht. Schon dämmerte der Morgen, schon klirrten die Gewehre der Wachen, welche mich zum Tode führen sollten. Die Riegel an der Thüre rasselten zurück — ich fuhr wirklich empor, durch eine plötzliche Helle erweckt, die mir scharf und schmerzend in die Augen

Die Wache. — Der Arrest.

drang. Die Thüre meines Kastens ward geöffnet, vor derselben stand die Wache, an ihre Flinte gelehnt und der Inspector Rattenkönig trat herein. Er krähte: „Grünschnabel — hä! — will er aufstehen, der Grünschnabel!" — „Was soll's?" entgegnete ich heftig, „laßt mich schlafen!" — „Ei sieh doch! hä —" sprach jener, „ich bin der Herr Inspector und untersuche die Lokale, ob auch Alles in gehöriger Ordnung ist — hä. — So, mein Söhnchen, das Kollet ausgezogen? — Darf das sein? Hätte wohl Lust, den Grünschnabel der Kommondantur zu melden, und die Kommondantur spaßt nicht — hä — gibt drei Tage Mittelarrest, daß die Seele pfeift! Gleich das Kollet anziehen! — Und hat auch auf die Erde gespuckt, der Grünschnabel — hä! — Wozu is der Eimer da?" — Damit lief er so schnell hinaus, als seine alten Beine erlaubten, schob die Riegel vor und ich saß wieder im Dunkeln. — Heute, wo ich dies schreibe, ist der Rattenkönig todt, und jetzt wäre es mir noch weit unheimlicher, dort im Arrest zu sitzen. Ich fürchte, er geht um und schleicht in der Mitternacht hüstelnd längs aller Käfige, im alten Invalidenrock, mit der weißen Nachtmütze über dem vertrockneten Gesicht.

Die Nacht ging zu Ende, wie alles in der Welt zu Ende geht. Aus einem neuen Halbschlummer, in den ich gesunken, erweckte mich das Lärmen der Reveille auf allen Punkten der Stadt. Nie habe ich einen Morgen mit größerer Freude begrüßt. Um sechs Uhr wurden unsere Käfige durch den Oukel geöffnet, und wir durften, von Wachen umgeben, in einem kleinen vergitterten Hofe eine Viertelstunde lang frische Luft schöpfen. Die Gesellschaft, welche

Viertes Kapitel.

durch die Leiden eines mehrtägigen Arrestes noch defekter gewordenen Uniform durcheinander. Die Beinkleider ohne Träger hingen der Bequemlichkeit halber herunter und zeigten ein gelbes Hemd mit unzähligen kleinen Blutflecken. Von Natur frische Gesichter schimmerten, da sie während des Arrestes selten gewaschen wurden, in's Dunkelgraue, die Haare flatterten verwildert um den Kopf, ebenso der Bart, denn Kamm und Scheermesser sind verpönte Gegenstände. Während dieser Morgenassemblee schienen aber die Leiden der vergangenen Nacht rein vergessen. Da wurde gescherzt und gelacht; Bekannte trafen sich und erzählten einander, was sie hierhergebracht, wobei sich auswies, daß sie alle gleich unschuldig waren. Die Wasserkrüge wurden neu gefüllt, und als nach Ablauf der bestimmten Zeit der Onkel mit einem bedeutenden Winke in den Hof trat, folgten ihm Alle und zogen sich in ihre Cabinette zurück.

Von jetzt an verging mir die Zeit viel geschwinder. Ich war ja auf dem Berge und wandelte dem Thale der Erlösung entgegen. Endlich kam die Stunde der Befreiung: der Inspector trat in unser Gewölbe, rief uns mit Namen auf und öffnete die Thüren unserer Käfige. Ha, mit welcher Wollust schlürfte ich die milde Luft des Frühlingstages ein! und ganz ohne Schranken wäre meine Lust gewesen, hätte uns der Rattenkönig nicht ein finsteres Gespenst auf den Weg gegeben mit den höhnischen Worten: „Hä! hä! werde hoffentlich das Vergnügen baldigst wieder haben, Sie zu bewirthen."

Mit meiner Ausbildung ging es indessen rasch vorwärts. Mein geschmeidiger Körper lernte besonders das Reiten und Voltigiren mit Leichtigkeit. Ich sprang sogar von hinten über den Mantelsack in den Sattel und gewann mir dadurch so ziemlich die Gunst meines Kapitäns. Mein Unteroffizier betrachtete meine Evolutionen und Exercitien mit freudestrahlendem Gesicht. Offiziere wie Kameraden nannten mich wegen meiner kleinen Figur und der zuweilen sehr kindischen Streiche, die ich machte, nur „das Kind". Mein Muth-

Die Wache. — Der Arrest.

wille war, wenn auch nicht stadt-, doch batteriekundig, und wenn irgendwo eine Neckerei vorgefallen war, so pflegte mein Freund, der Lieutenant L., seinen Schnurrbart zu zupfen und zu sprechen: „Na, da wird wieder das Kind die Hand im Spiel gehabt haben!" Nachdem ich so sechs Monate gedient, geschah das Außerordentliche, daß ich, obgleich noch nicht siebzehn Jahr alt, zum Bombardierexamen zugelassen wurde. Der Bombardier ist die unterste Charge in der Artillerie. Er hat Unteroffiziersrang in der Armee und ihm liegt im Felddienst und im Kriege das Richten des Geschützes ob. Er muß lesen, schreiben, die vier Species rechnen können, etwas Mathematik verstehen, muß bei allen Arten von Geschütz exerciren, Munition anfertigen, schadhafte Lafetten 2c. herstellen können, ferner wissen, wie man ein Pferd beschlägt, besonders aber sich stets ordentlich betragen haben. Noch vier andere wurden mit mir zu gleicher Zeit examinirt. Wir bestanden Alle ziemlich gut und wurden einige Wochen darauf zu Bombardieren ernannt, bei welchem Akte der Oberst v. T. mir die Geschichte mit der weißen Weste noch einmal vorhielt. Wir bekamen das Zeichen unseres Ranges, eine goldene Tresse an jedem Aermelaufschlag genäht. Ich werde des glorreichen Tages stets gedenken, wo ich als Chargirter zum erstenmale auf der Straße ging und beständig meinen Arm in die Höhe hob, damit jeder gleich sehen könne, ich sei etwas geworden. Ich fühlte mich nicht wenig, als einige Kavalleristen bei mir vorbeigingen und mich vorschriftmäßig grüßten; ich fing wirklich an, etwas zu werden, denn wer's erst zum Bombardier hat gebracht, steht auf der Leiter zur höchsten Macht.

Da mit meinem Avancement meine militärische Ausbildung nun beendigt war, so schließt hiemit ein wichtiger Abschnitt meines Militärlebens. Es war unterdessen Sommer geworden und die Zeit rückte heran, wo wir die jährlichen Schießübungen begannen, zu welchem Zweck sich die ganze Brigade auf einer großen Haide bei W. versammelte, welches ungefähr zehn Stunden von unserm

Garnisonsorte lag, und auf den Dörfern um die Stadt Cantonirungsquartiere bezog. Die Protzen wurden mit scharfer Munition bepackt, die Geschütze kriegsmäßig beladen, und an einem schönen Morgen rückte die ganze Batterie aus, der Oberst v. T. an unserer Spitze, der sehr gut gelaunt war, wie meistens, wenn es zu Feldübungen ging. Kaum hatten wir die Stadt im Rücken, so erlaubte er, daß gesungen wurde. Wir setzten uns in den Sätteln bequem, ließen dem Pferd die Zügel, lüfteten den Tschako und begannen unser Leiblied:

> Wie ziehen wir so fröhlich
> Mit Sang und Klang hinaus!
> Beschirmet ist ja immer
> Des Artilleristen Haus.
> Es schreckt uns nicht
> Des Feindes Uebermacht,
> Wir führen ja den Donner
> Der heißen Schlacht.

Fünftes Kapitel.
Marsch und Einquartierungs-Leiden.

Aber nicht den ganzen Tag wurde so gesungen und gelacht. Es war im Juli, und die Hufe unserer Pferde wirbelten dicke Staubwolken von dem durch die glühende Sonne ausgedörrten Boden empor. Unsere roth verbrannten Gesichter gingen allmälig in die Farbe der Chaussee über, einem gelblichen Weiß, das auch Kollet, Waffen und Pferde überzogen hatte. Der Mund wurde

Marsch und Einquartierungs-Leiden.

trocken und die Stimme, wie Dose richtig bemerkte, sehr rostig. Man rückte seinen Tschako bald vom rechten Ohr auf's linke, und suchte sich vor dem Drucke dieses bei uns so unendlich schweren Möbels bald durch ein untergelegtes Sacktuch, bald durch die loser geschnallten Schuppenketten, einige Erleichterung zu verschaffen. Hie und da machte einer eine vergebliche Anstrengung, aus der geleerten Feldflasche noch einige Tropfen zu ziehen; aber umsonst, denn die Kraft ihrer Lenden war versiegt, ein Wort, dessen Wahrheit auch heute Morgen der Oberst von T. oder vielmehr dessen Reitknecht sehr schwer empfand; denn obgleich dieser eine unmenschlich große Korbflasche voll Rum zur Tränkung seines Chefs mitgenommen hatte, so war sie doch schon um 10 Uhr geleert und an den sonderbar ängstlichen Blicken, womit der Bursche jedesmal das Gefäß aus den Händen seines Obersts zurücknahm und gegen die Sonne hielt, um den Inhalt überschauen zu können, hatte ich bemerkt, daß der Durst des Herrn mit den Ideen des Dieners über denselben nicht im Einklang stand. Aus diesem Mißverständniß entwickelte sich ein gräuliches Donnerwetter, das dem armen Burschen so gegen zehn Uhr heute Morgen auf den Tschako gefahren kam. Da hatte der Oberst, nicht ahnend, daß der Vorrath zu Ende sei, die Hand rückwärts gehalten und gesagt: „Friedrich, gib mir die Flasch, ik will 'mal enen nehmen." Und als der Friedrich die Flasche nicht gab, sondern nur einige verlegene Worte stotterte, sahen wir, wie das Gesicht unseres Chefs erst röthlich wurde und dann, als der Bursche sich ein Herz faßte, und ihm eröffnete, die Flasche sei leer, in's dunkelblaue überging. Er warf sein Pferd herum, und während er dem Friedrich durch einen gewaltigen Schlag den Tschako bis über die Ohren in den Kopf drückte, hielt er ihm eine lange Rede, deren Grundtext ungefähr die Worte waren: „Wie ik sehe, du Millionenhund, bist du ein schlechter Kerl, der seinen Chef zu Grunde richten will;" worein er eine Einladung auf einen vierzehntägigen Arrest sehr gut zu verflechten wußte. Mir that

Fünftes Kapitel.

wirklich der arme Oberst mit seinem Durst leid, und da ich Anstands halber auch eine Flasche voll Liquer an meinen Sattelknopf gehängt hatt., aus der ich jedoch nicht trank, da mir aller Schnaps von jeher widerstanden, so hätte ich gern dem Alten meinen ganzen Vorrath überlassen; doch wäre es allem Respekt zuwider gewesen, wenn ich mich meinem Chef genähert und ihm die Flasche angeboten hätte. Ich dachte in meiner Unschuld, ich brauchte ihn nur darauf aufmerksam zu machen und er würde mich schon selbst darum bitten. Dies glaubte ich sehr klug angefangen zu haben, indem ich die Flasche in die Hände nahm und mich stellte, als tränke ich daraus, und sie recht nahe dem Auge des Obersten, der zufällig nicht weit von mir ritt, im Sonnenglanze spielen ließ. Auch konnte ich dabei nicht unterlassen, zu ihm hinzuschielen, begegnete aber einem Blicke, der mir nichts weniger als freundschaftlich oder wohlwollend vorkam. Mir schien, als habe er alle meine Manipulationen bemerkt, aber wie ich später mit Schrecken einsah, ganz anders ausgelegt, als ich sie in meiner Gutmüthigkeit erdacht hatte. Auch Dose, der, wo er konnte, mein Schutzgeist war, hatte bemerkt, daß mir der Alte ähnelnde, zornige Blicke zuwarf, und flüsterte mir zu: „Er hat was auf Sie: entweder fangen Sie gleich sein Leiblied an zu singen, wissen Sie das, wo der eine Vers aufängt:

Da sprachen die Herren Hausknechte ꝛc.

oder drücken Sie sich sachte hinter mich, daß ich neben ihn komme; ich will ihn schon anlaufen lassen." Ungeachtet ich im Augenblick nicht mußte, was ich dem Oberst gethan haben konnte, wollte ich doch diesen zweiten Vorschlag befolgen, und suchte mein Pferd langsam zurückzuhalten. Aber da kam ich schön an: v. T. hatte alle meine Bewegungen beobachtet, und kaum hatte ich eine kurze Bewegung halb links ausgeführt, so donnerte er mich an: „Nu, nu, wo will denn der Herr Bombardier hin? Hoho, hoho? Ik hab schon die Unordnung an det Sattelzeug bemerkt. Sehen Se male

Herr Hauptmann Feind, ist der Mann wohl heute Morgen von seinem Unteroffizier revidirt worden? He! Nein sag' ich Ihnen! Da sehen Se die Mantelschnallen, die sitzen nicht mal in einer Linie. Der ganze Mensch ist in einer gewaltigen Confusion — Abgesessen! — Ik will ihm lehren ordentlich satteln. Der junge Herr laufen bis in's Quartier zu Fuß. Ja, dem alten Oberst entgeht nischt!" Während er nach dieser Predigt in ein höhnisches Gelächter ausbrach, stieg ich doch ruhig und mit dem vergnügtesten Gesichte von der Welt von meinem Rosse, obgleich es eben kein angenehmes Manöver war, mit der schweren Reithose und dem langen Säbel in dem Staub herumzuspringen, daß ich eine dicke, weiße Wolke aufrührte, worin ich wie die Engel auf einem Raphael'schen Gemälde aussah. Auch nahm ich mir erst die Zeit, meine Feldflasche vom Sattel zu nehmen, um mit vielsagendem Blick auf den Alten einen tüchtigen Schluck gegen mein Gefühl daraus zu thun, und es war mir nun klar geworden, er hatte geglaubt, ich wolle ihn nach dem Vorfall mit dem Bedienten mit meiner gefüllten Flasche nur zum Besten haben. Das war mir gewiß nicht eingefallen, und es that mir in meiner Seele weh, so verkannt zu werden. Meine Fußreise dauerte übrigens nicht sehr lange, denn schon nach einer Viertelstunde sahen wir das Städtchen M. vor uns liegen.

Bei einer Windmühle, nicht weit von dem Städtchen, wurde Halt gemacht und die Quartiermeister erschienen, um den verschiedenen Batterien die Nachtquartiere anzuweisen. Die unsrige, sowie alle reitenden, wurden in die benachbarten Dörfer vertheilt; nur ich, der ich in diesem Augenblicke das Glück hatte, beim Regimentsschreiber einige Schreiberdienste zu verrichten, wurde, da er mich zu diesem Zweck um sich haben wollte, zum Stab in die Stadt gelegt. Als der Park arrangirt und die Batterie auseinander in die Quartiere gezogen war, blieb der Oberst mit seinen Adjutanten und den Wachtmeistern zurück, um den Befehl für den folgenden Tag auszugeben. Ich durfte auch nicht fort; doch zog ich mich von dem Ge-

Fünftes Kapitel.

strengen in einige Entfernung zurück, mußte mich ihm jedoch bald wieder nähern; denn er stieg von seinem Pferde, und rief, sich rings umsehend: „Nu, wer hält denn so egentlich meinen Gaul?" Sein Reitknecht war mit dem Gepäck schon zur Stadt gezogen, und da außer den Offizieren sonst Niemand in der Nähe war, so mußte ich, ich mochte wollen oder nicht, herbei, und ihm sein Pferd halten. Wohlweislich hatte ich an dem meinigen die Sattelschnallen gleich bei der Ankunft wie nach der Schnur geordnet und nicht umsonst; denn sobald er mir seinen Zügel in die Hand gegeben, ging er rings um mich herum, und bemerkte gleich, daß ich meine Schnallen gerichtet hatte. Sein Gesicht nahm einen wohlwollenden Ausdruck an und er sagte: „Nu, uu, wenn man nur seinen Fehler retouchirt, det liebe ich." Dies machte mir Muth, ihm, als er einen Augenblick darauf einen Bürger fragte, ob nicht in der Nähe ein gutes Wirthshaus sei, aus dem man einigen Rum könne holen lassen, nochmals, jetzt aber mit deutlichen Worten meine Flasche anzubieten. Er sah mich überrascht an, und als ich ihm kurz hinzusetzte: schon früher habe ich ihm, da sein Vorrath ausgegangen sei, den meinigen anbieten wollen, es jedoch nicht gewagt, da schien aus dem rothen Meere seines Gesichts eine gelinde Rührung aufzutauchen, und es war mir sehr erfreulich, daß er durch den Inhalt der Flasche, den er alsbald ergründete, meine guten Gesinnungen für ihn ebenfalls ergründen konnte. Ich glaube, wir schieden als die besten Freunde, denn indem er mir die Flasche zurückgab, sagte er: „Ik bin Sein wohlwollender Oberst!" Und das wollte viel heißen.

Auf meinem Quartierbillet stand: Straße: Mühlenstraße; Haus: Nr. 18. Herr Kaufmann N. N. bekommt einen Mann und ein Pferd einen Tag lang mit oder ohne Verpflegung; das „ohne" war aber ausgestrichen, wonach ich verpflegt werden mußte. Doch hatte mir mein guter Dose allerhand nicht sehr erbauliche Geschichten von diesen Verpflegungen erzählt, mich auch, nachdem er mir eine Masse Verhaltungsregeln gegeben, mit sichtbarer Rührung entlassen und

Marsch und Einquartierungs-Leiden. 57

gesagt: „Sakerment, wenn der verfluchte Schmierer nicht wäre," — damit meinte er den Regimentsschreiber — „so hätte ich Ihnen ein gutes Quartier verschafft; jetzt müssen Sie aber für sich selbst sorgen. Beißen Sie sich nur gehörig mit den Bürgern herum; freiwillig geben sie nichts Gutes. Vor Allem hatte er mir eingeschärft, ich solle mich nur ja nicht aus dem Hause, auf welches mein Billet laute, unter dem Vorwande, man habe keinen Platz, in ein anderes Quartier legen lassen, wo mehrere Soldaten wären; denn da käme man zu Leuten, die für die fünf Silbergroschen, die per Mann täglich bezahlt würden, von andern Bürgern, denen die Einquartierung eine Last sei, sie übernehmen. Sie wollten dann an diesen fünf Silbergroschen wenigstens vier verdienen und wie eine Verpflegung zu einem Silbergroschen ausfallen müsse, könne ich mir denken. Mit diesen guten Lehren im Herzen hatte ich den festen Vorsatz gefaßt, auf jeden Fall in mein Quartier, Mühlenstraße Nr. 18, zu bringen, und wenn man vor die Hausthür einen ganzen Berg von Vorstellungen und Gründen lagern würde. So ritt ich durch die Straßen des Städtchens, alle Hausnummern betrachtend und über denselben zu den Fenstern hinaufsehend, aus denen manch' niedlicher Mädchenkopf blickte; einige waren so hübsch, daß ich wohl gewünscht hätte, hier sei Mühlenstraße Nr. 18. Endlich kam ich an's Ziel, und es war ein Haus, das mir von außen recht gut gefiel; nur wollte es mir nicht einleuchten, daß an allen Fenstern die Läden zugemacht waren, und ich hätte schon gefürchtet, es sei unbewohnt, wenn nicht an der Thüre ein Bedienter in Livree gewesen wäre, der mich fragend ansah. Mit vielem Anstand schwang ich mich von meinem Pferde und reichte ihm mein Billet. Er las es durch und sagte mir ruhig: „Ja, das ist ganz richtig; doch müssen Sie sich ausquartieren lassen; denn die Herrschaft ist seit zwei Tagen in's Bad gereist, und man hat nur vergessen, es auf der Polizei anzuzeigen. Doch kann es Ihnen gleich sein, ich bringe Sie zum Vetter der Herrschaft, auch ein sehr gutes Haus." Ei, dachte ich und freute mich sehr, jetzt gleich schon die Ermahnungen meines Dose in Ausführung zu bringen. Ich versuchte dem Domestiken gegenüber eine imponirende Stellung einzunehmen, was mir aber nicht ganz gelang, denn mein Säbel, auf den ich mich hierbei nothwendig stützen mußte, um mir das gehörige Ansehen zu geben, war für mich zu lang zu diesem Manöver. Aber ich blitzte ihn an, und griff, wie es Dose in ähnlichen Fällen that, an die Stelle, wo ich einen Bart hätte haben können.

„So," sprach ich, „mich ausquartieren zum Vetter Ihrer Herrschaft? Na, das wird wohl so ein Vetter sein, der die Soldaten für fünf Silbergroschen verpflegt. Nicht wahr? Hier steht auf meinem Billet Nr. 18, Mühlenstraße, und da werde ich bleiben."

Sehr ruhig entgegnete mir der Bediente: „Wenn Sie auf der Straße bleiben wollen, so kann mir das schon sehr gleichgültig sein; doch ist der Vetter meiner Herrschaft keiner, der Soldaten um fünf Silbergroschen in's Haus nimmt."

„Entweder in dies Haus oder in keins," sagte ich zu dem Lakaien in sehr gereiztem Tone. „Hör' Er, guter Freund, ich bin Bombardier bei der sechspfündigen reitenden Batterie Nr. 21, und habe nicht Lust, mich mit Ihm herumzuzanken."

Ich stieg auf mein Pferd, wandte mich im Sattel noch einmal um und setzte noch hinzu: „Jetzt gleich werd' ich auf's Rathhaus gehen und mir schon Recht verschaffen."

„Sehr gut," meinte jener und schloß die Hausthüre von außen; „aber ich möchte doch den jungen Herrn ersuchen, unser Haus erst anzusehen und dann erst auf's Rathhaus zu reiten. Es könnte doch vielleicht so gut sein, wie hundert andere, die man Ihnen anweisen möchte."

Doch hatte ich schon mein Pferd gewandt und ritt die Straße hinab gegen das Rathhaus, wo ich die Sache anzeigte, und mußte endlich, trotz allen Protestationen meinerseits, doch ein anderes Quartierbillet nehmen. Ich weiß Straße und Nummer nicht mehr, doch machte ich sie bald ausfindig, und stieg vor diesem Hause, was auch nicht übel aussah, zum zweiten Mal vom Pferde, schellte, und wer mir die Thür öffnete, war der Bediente aus Nr. 18. Mich ärgerte das, doch dieser lächelte und schien einige witzige Bemerkungen über meine Zurückkunft von sich geben zu wollen. Doch verbat ich mir in kurzen Worten allen Scherz und verlangte nach dem Stall. Er führte mich zu einem, der gar nicht übel aussah, und in dem ich neben den Wagenpferden des Hausherrn meinen Rappen in einen bequemen Stand stellen konnte. Der Stallknecht kam und half mir absatteln und putzen, was ich heute, da mein Bursche bei der Batterie draußen blieb, selbst hätte besorgen müssen. Er erbot sich, aus dem Magazin meine Fourage zu holen, was mir sehr lieb war; denn ich wäre doch nicht gern mit einem großen Bunde Stroh und Heu und einem Sack Hafer durch die Straßen gelaufen. Zur Schlafstelle wurde mir ein Bett in einem Verschlag neben dem Stalle angewiesen. Es war neben zwei andern, die der Stallknecht und Bediente einnahmen. Ich wollte gegen diese Kameradschaft protestiren; doch die beiden, welche mich natürlich ganz für ihres Gleichen ansahen, meinten gutmüthig, ich solle mich durchaus nicht geniren, wir würden schon gute Freundschaft halten, und sie machten sich für eine Nacht nichts daraus, mit einem Fremden in einem Zimmer zu schlafen.

O, Dose! dachte ich, unterdrückte einen tiefen Seufzer, lief, sobald ich im Stalle fertig war, auf die Straße, um unter meinen Bekannten nachzusehen, wie es ihnen ergangen sei. Glücklicherweise stieß ich auch wenige Schritte vom Hause auf einen derselben, Namens R., der schon im vollen Witz herumflankirte. Dieser R. war ein aufgeweckter, munterer Junge, dem nichts lieber war, als einen tollen Streich mitzumachen. Wir nannten ihn nur den Weißkopf, seines ganz hellblonden Haares wegen, eine Naturgabe, die oft an ihm und uns zum Verräther wurde. Denn hatten wir die Bürger etwas gequält und wurden denuncirt, so antworteten sie meistens auf die Frage: ob sie keinen von uns beschreiben könnten: „Ja wohl, Herr Havermann, der eine hat ganz weißes Haar." Da wußte denn unser lieber Feind genug, winkte erst dem R., dann mir und noch einem andern, Namens G. — Gott hab den letztern selig, er studir: jetzt in Berlin Thierarzneikunde! — stellte uns dem An-kläger vor, und in den meisten Fällen wurde dieses würdige Kleeblatt freudig wieder erkannt.

Dem Weißkopf theilte ich nun mit, ich müsse mit zwei Kerls in einem engen Verschlag schlafen und bat ihn um seine Meinung, ob da nichts zu machen sei. Er überdachte die Sache einen Augenblick, schnippte dann mit den Fingern in der Luft, und bat mich, ich sollte ihn nur gewähren lassen, nur einige Minuten auf der Straße herumspazieren und dann nach Hause zurückkehren. Es schien ihm ganz leicht zu sein, mir ein besseres Logement zu verschaffen.

Ich schlenderte die Gasse hinab und bemerkte, als ich mich an der Ecke umwandte, daß R. ruhig auf mein Haus lossteuerte. Nach einer Viertelstunde kehrte auch ich dahin zurück, und sah durch die geöffnete Hausthüre, daß der Bediente mit einer jungen, ziemlich hübschen Dame im Gang stand und neugierig eine Karte betrachtete, die letztere in der Hand hielt. Doch gab sie dieselbe bei meinem Eintritt dem Diener und schlüpfte in ein Zimmer zur linken Hand. Ich trat näher und mein neuer Schlafkamerad übergab mir die Karte mit einem etwas ehrerbietigeren Blick, als ich seit unserer Bekanntschaft an ihm gewöhnt war, jedoch mit der schüchternen Frage: ob die Karte auch wohl für mich bestimmt sei? Ein junger Militär mit sehr blonden Haaren habe nur gefragt, ob nicht ein Bombardier, der ungefähr so und so aussähe, hier im Quartier läge, und dann seine Karte mit dem Bescheid zurückgelassen, er würde in einer Viertelstunde wieder vorkommen. Ich betrachtete das Papier und mußte auf die Lippen beißen, um nicht laut aufzulachen. Wo mochte der Weißkopf das wohl wieder aufgegabelt haben? — „Graf Weiler" stand darauf in zierlicher Schrift, ein Name fremd meinem Ohr, wie seine Absicht meinem redlichen Herzen. Daß ich die Karte mit der Aeußerung: „Ah, von meinem Freund Weiler!" leicht hinnahm, kann jeder denken; dann ging ich nach dem Stalle; der Bediente sah mir nach und trat zur Dame in's Zimmer.

Nach einer halben Stunde, ich hatte sie dazu benutzt, um aus meinem Mantelsack eine eigene Hose, Kollet ꝛc. zu nehmen und mich bestens zu schmücken, schellt es am Hause; ich lauschte an der Thüre, von wo ich die Hausflur übersehen konnte, und vernahm die Stimme meines Freundes, welcher fragte, ob Baron von Stein jetzt zu Hause sei, und in seiner kurzen Manier befahl, ihn mir zu melden. Der Bediente entgegnete darauf mit halb leiser Stimme, ob ich ein Baron von Stein sei? und öffnete dem Weißkopf ein Zimmer rechts, er wolle mich rufen; doch R. entgegnete ihm: er könne mich besser in dem meinigen aufsuchen, und folgte dem Bedienten, der zögernd voranging. Die Dame öffnete ihre Thüre im Gange, sah ihm nach und einen Augenblick darauf traten die Beiden in meinen Verschlag. Ich ging dem Welschkopf entgegen und sagte ihm so unbefangen als möglich: „Lieber Graf, es thut mir leid, daß ich Sie in so sonderbaren Umgebungen empfangen muß; auch war ich eben im Begriff zum Bürgermeister zu gehen und wiederholt um ein neues Quartier zu bitten. Sehen Sie sich dieses Loch an, ich bin überzeugt, meine Burschen draußen bei der Batterie sind gegen mich elegant logirt."

R. zuckte die Achseln, und sah mit einem verächtlichen Blick erst das ganze Zimmer, dann den Bedienten von oben bis unten an. „Es ist doch wahrhaftig lächerlich," fuhr ich fort, „daß mich die Leute hier, die doch in ihrem großen Hause sicher ein Zimmer frei haben, in die Stallkammer legen. Nicht wahr, ganz lächerlich? Lachen Sie doch, Graf!"

„Vraiment," sagte R., und wollte sich in elegant nachlässiger

Stellung auf einen Stuhl fallen lassen; doch gelang ihm das nicht vollkommen, denn dieses Möbel, von Holz und dreibeinig, war ziemlich klein, so daß er die rechte Figur nicht herausbringen konnte. Doch streckte er seine Beine so weit als möglich auseinander und vor sich hin und sagte nochmals: „Vraiment, sehr lächerlich! Lachen Sie doch, Baron!" Und wir Beide, allen Zwangs entbunden, platzten heraus, daß die Pferde zusammenfuhren.

Der Bediente stand dabei und sah mit einem ziemlich dummen Gesicht bald den Einen, bald den Andern an. Ich glaube, seine Gedanken hatten sich in unsere Grafschaften verlaufen und es dauerte einige Minuten, ehe er sie wieder in den Stall zurückbringen konnte. Dann machte er eine linkische Verbeugung, sagte etwas von Irrthum, Herrschaft sagen und schob sich zur Thüre hinaus.

„Jetzt fort!" rief der Weißkopf, „komm, nimm meinen Arm, wir gehen etwas spazieren, und wenn du zurückkehrst und hast kein anderes Zimmer und gehörige Bedienung, so will ich verflucht sein, morgen alle Pferde der ganzen Batterie zu putzen!" —

Auf der Flur, sobald er glaubte, die Hausleute könnten ihn hören, schrie er mir noch mehrere Male zu: „Ja, Baron, das ist sehr ridicule, sehr ridicule!" wobei er den berlinischen Dialekt nachzuahmen suchte.

Wir schlenderten einige Stunden in der Stadt herum, besuchten alle Kaffeehäuser und trieben in den Straßen die ordinären Witze, die man sich in den Jahren erlaubt; frugen z. B. in einem Eisenladen nach dem Preise des feinsten Cattuns, und einen Schuhmacher, was der Beschlag eines Pferdes per Fuß koste, kamen auch zuweilen an den Unrechten, wo es dann einen Austausch von Grobheiten und unfeinen Redensarten gab. Ach, es war eine glückliche Zeit, als man noch halbe Tage auf den Gassen flankiren konnte, ohne zu ermüden, und bei einem Pfeifenladen Stunden lang in tiefes Ansehen versunken stand. — Sie ist dahin!

Es fing an zu dunkeln, als ich mich von dem Weißkopf trennte und nach meiner Wohnung ging. Die Hausthüre stand offen, und ich wollte in meinen Verschlag gehen, als mir der Bediente entgegen trat und mich bat, ihm in den ersten Stock zu folgen, wo ein Zimmer für mich bereit sei. Es wäre heute Mittag nur ein Versehen gewesen, man bäte um Entschuldigung und dergleichen mehr, schwatzte er, worauf ich ihm nichts antwortete und mich mit einem ganz ernsten Gesicht, obgleich ich kaum das Lachen verbeißen konnte, in ein anständiges Zimmer führen ließ, wo schon ein kleiner Tisch gedeckt stand und ein paar Weinflaschen zwischen zwei brennenden Kerzen mir entgegen glänzten. Ich setzte mich, und als mir der Bediente ein gutes Abendessen servirte, trank ich in der Stille einige Gläser Rheinwein auf die Gesundheit des Weißkopfs, dessen Einfall meine Lage so gebessert hatte. Bald kam er auch selbst, um mir die Last zu erleichtern, zwei Flaschen allein austrinken zu müssen, und mich noch zu einer abendlichen Promenade einzuladen. Vor meiner Wohnung stießen wir noch auf vier Andere von der Batterie und vereinigten uns gemeinschaftlich, auf Abenteuer auszugehen.

Von unserem Garnisonsorte her waren wir es noch gewohnt, bis zum Zapfenstreich herumzuschlendern und auf den Straßen zu ulken — ein unübersetzbares Wort, das vom Singen auf der Gasse bis zum Schilderverhängen und Fenstereinwerfen alle möglichen Scandale in sich schließt. Doch dachten wir in unserem Uebermuthe heute Abend nicht daran, daß unser Garnisonsort eine große Stadt, und W., wo wir uns eben befanden, ein kleines Nest sei und voll Offiziere liege, die uns aus allen Ecken belauern könnten. Leichtsinniger Weise wußte sogar keiner von uns, in welchem Hause der Alte lag, was man auch von außen nicht sehen konnte, denn er pflegte auf dem Marsch seine Ehrenposten gleich fortzuschicken; eine Unwissenheit, die uns theuer zu stehen kam. Von jeher war es unser größtes Vergnügen gewesen, wenn wir in den dicken Reithosen mit großen Sporen und dem schweren Säbel durch die

Straßen zogen, etwa zu fünf oder sechs wie heute, in pleno in eines der stattlichsten Häuser, wo die Thüre während der Abenddämmerung noch nicht verschlossen war, zu dringen und, ohne ein Wort zu sprechen, alle Treppen hinaufzusteigen bis in den Giebel oder so hoch wir sonst gelangen konnten. Gewöhnlich kamen bei dem gelinden Getrappel, das wir hierdurch verursachten, Bediente mit Lichtern heraus, die, wenn sie uns so keck hinauf gehen sahen, in dem Wahne standen, wir wollten einen Besuch machen, und uns stillschweigend folgten. Oben im Hause wurde gehalten und einer fragt die nachfolgenden Bedienten, die uns erwartungsvoll umstanden: „Lieber Freund, wohnt hier nicht ein gewisser Herr Müller?" und bei dieser Frage wandten sich Alle und jeder suchte ein Stück Treppengeländer zu erhaschen, um die Pointe des Streichs mit mehr Gewandtheit und Sicherheit ausführen zu können; denn kaum hatten die Bedienten, wie es sich von selbst verstand, verneint, so machten wir die Säbel vom Haken der Kuppel los, ließen die Spitzen der Scheiden auf den Boden niederfallen und rasten die Treppen mit solch' entsetzlichem Spektakel und Geschrei hinab, daß alle Bewohner des Hauses erschrocken aus ihren Zimmern kamen, um die Ursache dieses gräßlichen Lärmens zu erfahren. Schon öfter hatten wir dies gethan, und waren immer mit heiler Haut auf die Straße gekommen, obgleich uns mehrere Male allerlei verdächtiges Geschirr nachflog.

Doch heute wollte es ein tückisches Schicksal anders. Wir kamen bei unserem Umherstreifen an ein ansehnliches großes Haus; es war wie gebaut zu unserem Vergnügen, hatte vier Stockwerke, durch welche breite schöne Treppen liefen, alle mit Lampen hell erleuchtet, und die Thüre stand sperrweit offen. Diese Gelegenheit war zu schön, um sie vorbeigehen zu lassen. Ungeachtet ich die Stufen zum erstenmal mit einer gewissen Beklemmung erstieg, ich wußte nicht warum, schämte ich mich doch umzukehren, und wanderte deßhalb getrost vor den Andern her. Wir kamen glücklich in

Marsch und Einquartierungsleiden.

den ersten Stock, wo sich ein Lakai nach unsern Wünschen erkundigte. Doch war es eine Hauptregel bei diesem Unternehmen, nie auf eine Frage zu antworten, sondern stillschweigend und eilfertig empor zu steigen. Der Diener, da er keine Antwort bekam, folgte uns kopfschüttelnd bis zur Speicherthüre, wo wir Halt machten, wandten und ich ihm mit der größten Ruhe sagte: „Hier soll ja ein gewisser Herr Müller wohnen. Weiß Er vielleicht dessen Zimmer, mein Freund?" Der Bediente stand da mit seinen Lichtern und sah uns recht dumm an; antwortete aber treuherzig: „Nein, ihr Herrn, das muß ein Irrthum sein," worüber wir in ein schallendes Gelächter ausbrachen, die Säbel fallen ließen und die wilde Jagd die Treppen hinabstürmten, die, recht breit und gewölbt, unter unsern Säbeln und Sporen entsetzlich krachten und stöhnten. — Im Hinaufsteigen der Erste, war ich natürlich im Herabsteigen der Letzte. Auch blieb mir mein Säbel einen Augenblick im Geländer der Treppe hängen, so daß meine Kameraden schon auf der untersten Treppe rasteten, während ich noch auf der zweiten war. Um ihnen nachzukommen und aus dem Hause hinaus, denn es fing mir an unheimlich zu werden, da sich überall Thüren öffneten und von oben eine Menge Bedienten mit Lichtern hinter mir drein kamen, sprang ich die zehn Stufen der zweiten Treppe auf einmal herab, und stand plötzlich wie angedonnert; denn unten im Hause wurde eine Stimme laut, die ich zu meinem größten Entsetzen für die des alten T., unseres Obersten erkannte.

„Ho ho!" brüllte er, „seh 'mal ener diese nignutzigen Millionenhunde! Euch sollen je gleich tausend Schock Donnerwetter uf eure Köppe fahren! Ho ho! ene ganze Bande! Ik will euch Randal schlagen! — Still gestanden! Muss' sich ener — und ich thu' etwas, wat mir morgen nicht lieb wär'! Friedrich schließ die Thür ab und schick auf die Parkwache, es soll en Unteroffizier und drei Mann hieher kommen! Standrecht, Standrecht sollt ihr mir haben!"

Fünftes Kapitel.

Wie ich nach dem schnellen Herabstürzen der Treppe so plötzlich zum Stehen gekommen war, weiß ich nicht, doch stand ich hinter einem Treppenpfosten eine Sekunde lang regungslos, und drückte meinen Säbel fest an die Brust, damit mich dessen Klirren nicht verrathen könne. Oben die Bedienten, unten der Oberst. Wohin sollte ich mich wenden. Ich sah mich rings nach einem Versteck, nach einem Loche um, ein rusiges Kaminloch wär' mir der Eingang zum Himmel gewesen, da seh' ich neben mir eine Thüre, in welcher wie ich bemerkte, leis' ein Schlüssel herumgedreht wird; dann öffnet sie sich ein wenig und ein Lichtstrahl fällt durch die entstandene Spalte auf mein Gesicht; in meiner großen Angst werfe ich mich gegen das Gemach; ich fühlte, als ich versuchte, hineinzubringen, von innen einen schwachen Widerstand, der aber bei meinem kräftigen Anstürmen nachließ, dann schrie eine Stimme laut auf und ich stand in einem netten Zimmerchen zwei Mädchen gegenüber, die halb entkleidet sich bei meinem Eintritt schnell zu verbergen suchten. Eine zog die Bettdecke über sich, die Andere verbarg ihren leichten Anzug, Corsett und Unterrock, unter einem großen Kleidervorhang. Rasch riegelte ich die Thüre von innen zu, und sagte so leise wie möglich: „Ich bitte Sie um Gotteswillen, verrathen Sie mich nicht. Nur einen Augenblick lassen Sie mich hier, ich verspreche Ihnen, ruhig an der Thüre stehen zu bleiben." Die beiden antworteten mir nichts und schienen in noch größerer Angst zu sein als ich; denn ich sah trotz Bettdecken und Vorhang, wie sie zitterten und kaum zu athmen wagten. Ich horchte gegen die Thüre. Unten fluchte der Oberst noch immer, und jetzt, ja wahrhaftig jetzt zählte er: — „Zwei, drei, vier, fünf, nur fünf? und es sollen doch sechs gewesen sind. Wo steckt der H.? denn det der och zu dieser Bande gehören muß, ist mir zu wahrscheinlich? Wo de Raben sich versammeln, fehlt de Krähe och nicht." — Meine Kameraden schienen ihm etwas geantwortet zu haben, doch zu leise, als daß ich's verstand. Aber verrathen hatten sie mich nicht, denn der Oberst brüllte wieder: „So so, kene sechs? Na, ik will ihn doch schon finden. Mein Friedrich hat sechs gezählt, und sechs muß ich haben, oder en Donnerwetter — Johann, Friedrich, sucht mir enmal durch alle Treppen und Zimmer. Na, der Hausherr wird mir det schon erloben und Dank wissen, wenn ich solch Gesindel such auszurotten. — Und ich will euch ausrotten, wenn och nicht physisch, doch für einige Zeit moralisch." — Darauf hörte ich, wie von allen Seiten Zimmer geöffnet wurden und die Bedienten Treppe auf, Treppe ab sprangen, endlich nahten sich auch schwere Tritte der Thüre, hinter welcher ich ängstlich erwartete, was meine beiden gezwungenen Beschützerinnen mit mir anfangen würden. — Es klopfte leise und sprach draußen: „Mamsell Emilie — Mamsell Bertha!" Keine gab Antwort, doch zogen sie ihre recht hübschen Köpfe aus dem Versteck und blickten sich fragend an. Ich legte meine rechte Hand auf's Herz und schaute so bittend zu ihnen hinüber, wie mir nur möglich war. Es klopfte wieder: „Ich soll Sie fragen, ob Sie nicht gehört hätten, daß Jemand in ein Nebenzimmer gelaufen sei. Man suche eine fremde Person, die sich im Hause versteckt habe." Der edle Domestik hatte doch zu viel Zartgefühl, um direct zu fragen, ob Jemand in ihrem Zimmer sei. Jetzt war für mich der entscheidende Augenblick gekommen. Entweder hatte sich mein Unglück in Glück verwandelt, und ich durfte noch eine kleine Weile in einem Zimmer bei den hübschen Mädchen bleiben, oder sie lieferten mich ohne Gnade aus, ich kam auf die Pritsche, in Arrest, Gott weiß, wie lange! Doch nein! sie lieferten mich nicht aus. Nach einer peinlichen Sekunde, in der ihre Augen eifrig mit einander zu sprechen schienen, schüttelte die hinter dem Vorhang leise den Kopf, worauf die Andere kaum vernehmlich sagte: „Ich weiß von nichts" — „Verzeihen Sie," sprach der draußen, und ich hörte, wie er sich von der Thüre entfernte. In der Freude meines Herzens konnte ich mich nicht enthalten, beiden einen Kuß auf die möglichst ehrerbietige Art zuzuwerfen.

Das Nachsuchen im Hause hatte natürlich für den Oberst kein

Resultat geliefert, und die Bedienten kamen, einer nach dem andern die Treppen herunter und meldeten ihm, man habe nichts gefunden; ein Bescheid, den er jedesmal mit einigem Fluchen und Raisonniren hinnahm. Und ich glaubte schon aus verschiedenen Aeußerungen merken zu können, das Gewitter, welches sich über mich zusammen gezogen, werde sich über dem Haupt Friedrichs entladen, von dem der Oberst nun meinte belogen worden zu sein. „So so," schrie er, „sechs!" Oho, da hast du wohl deine Ogen in einer Bierkneipe gelassen! Wo sind die sechs? Ik will die sechse haben. Er Millionenhund wagt es, Seinem Herrn und Oberst wat vorzulügen? — Sechse — als wenn's mit fünf von diesen Galgenstricken nich schon mehr als zu viel sei! Nu? Ik werde ihn besechsen, ja besechsen." Wäre der Friedrich ein rechtschaffener Kerl gewesen und nicht der beständige Aufpasser und Angeber, so hätte ich mich sicher gemeldet, und ihn von dem Ungemach, das ihn bedrohte, errettet. Doch so dachte ich, daß für die manchen Unbilden, die er uns schon zugefügt, eine Nacht Arrest nicht zu viel wäre. Auch waren meine unglücklichen Freunde gewiß sehr erbaut, wenn ihn der Alte mit auf die Wache schickte, was ihm auch nicht ausblieb. An der Thüre wurde eine Stimme laut, über die ich mich nicht irren konnte. Es war die des Unteroffiziers Herrschaft, der in seinem gewöhnlichen Tone, dem weinerlichsten von der Welt — es war eine eigene Art von diesem Manne, Alles, was er zu sagen hatte, selbst die lustigsten, muntersten Dinge mit einem gewissen Schluchzen der Stimme hervorzubringen, als erzähle er die fürchterlichste Geschichte — dem Obersten die Meldung machte: „Auf Befehl des Herrn Oberst mit drei Mann von der Parkwache," worauf ihm der Alte erwiderte: „Hier übergebe ich Ihnen fünf Vagabunden, die die ehrlichen Leute im Schlaf stören, und denen ik dafür die Nachtruhe auch für einige Zeit verderben will. Die behalten Sie auf die Wache, und" — fuhr er lauter fort, „behandeln sie als Untersuchungsarrestanten. Ik will Standrecht über sie halten lassen, ja Standrecht. Euch soll

en Donnerwetter" — Hier verlor sich seine Stimme in ein gelindes
Murmeln, einem verziehenden Gewitter nicht unähnlich, und mit
dem Ton, den er annahm, wenn er ironisch sein wollte, fuhr er
fort: „und hier ist noch ener, mein geliebtester Bedienter Friedrich,
der sich untersteht, seinen Herrn und Obersten anzulügen; den setzt
mir die Nacht uf Mittelarrest, ja ja, uf Mittelarrest."

„Herr Oberst," entgegnet ihm H., „unsere Parkwachtstube ist so
klein, daß sie unmöglich alle diese Arrestanten aufnehmen kann. Befehlen der Herr Oberst vielleicht" —

„Oho," sagte der, „ja, da hab' if eine gute Idee, lassen Se
die Wache in ihr Quartier abziehen und besetzen Sie bis morgen
früh alle Posten mit dieser liebenswürdigen Gesellschaft."

„Aber der Bediente des Herrn Oberst hat keine Uniform."

„So bleibt er als Arrestant in die Wachtstube, bis um fünf;
dann schicken Se ihn mir wieder zu. If will die sechse voll haben,
ja die sechse."

Unteroffizier H. marschirte nun mit seinen Gefangenen ab, und
kaum waren sie vor der Thüre, so hörte ich deutlich die Stimme
des Weißkopf, der ein altes bekanntes Lied zu singen anfing, dessen
Text er so abänderte:

> Er mußte wohl den sechsten haben,
> Und sollt' er'n aus der Erde graben.

Auch der Oberst mußte diesen Gesang noch gehört haben, denn
während er mit dem Hausherrn und einigen Andern, die wahrscheinlich zur Abendgesellschaft dagewesen und von dem eben erzählten
Intermezzo zurückgehalten waren, die Treppe herauflstieg, hörte ich
ihn sagen: „Ja, sehen Se, meine Herren, nu haben Se gehört,
wie if den Jungens die beste Ermahnungen und Reden gehalten
habe, und det hilft Alles nischt. If schick sie in Arrest und kaum
drehen sie sich 'rum, so fangen sie an zu singen. Aber if will dem
R. det Singen schonst noch legen."

„Ach, Herr Oberst," ließ sich jetzt eine Damenstimme vernehmen, „verzeihen Sie doch den jungen Leuten, die in ihrem Uebermuth etwas zu weit gegangen sind."

„Ja," sagte ein Anderer, „sie sind wahrscheinlich von guter Familie, haben Geld und in ihrer Lustigkeit des Guten etwas zu viel gethan. Nu, wir haben alle unsere Streiche gemacht. Nicht wahr, Herr Oberst?"

„Ja wohl, ja wohl," sagte dieser. „Aber wenn ik unter meinem alten General so in en reputirliches Haus eingebrochen wäre, so wäre ik uf die Festung spaziert. Allens mit Unterschied."

„Denk dir, Louise," setzte ein Dritter hinzu, „der mit den weißen Haaren ist ein junger Graf Weiler, wahrscheinlich ein Sohn des Regierungsraths in W., der" —

„Wat sprechen Sie da?" unterbrach hier die Stimme des Alten recht grob die Bitten, die zum Besten meiner unglücklichen Kameraden laut wurden. „En Graf Weiler in meiner Brigade, da bitt' ik sehr um Entschuldigung. Es muß en Irrthum vorwalten."

„Aber, Herr Oberst, erlauben Sie," antwortete jener, „der junge hübsche Mann mit den sehr blonden Haaren hat heute Nachmittag in meinem Hause eine Karte zurückgelassen, auf der deutlich stand: Graf Weiler."

„Und wenn ik fragen darf," sagte der Alte halb lachend, „wat wollte denn egentlich der Herr Graf bei Ihnen, eine Visite oder so etwas?"

„Nein," sprach jener, „mir galt der Besuch nicht, sondern einem andern jungen Militär, der heute bei mir einquartirt wurde, einem Baron von Stein, wie er sich nannte."

Jetzt brach von T. in ein entsetzliches Lachen aus. Lachen war es eigentlich nicht zu nennen, nein, er wieherte, so daß meine beiden Schutzengel, die nicht darauf gefaßt waren, wie ich, zusammenfuhren. „Hahaha!" brachte er hustend heraus, „Graf Weiler, Baron Stein! Der Baron, das ist sicher der H. Na, ik will

Ihnen nur erklären, daß die beeden Jungens wieder enen von ihren schlechten Witzen gemacht haben. Aber ik kenne diese Geschichten."

Der Andere fing nun an und erzählte, wie es mir diesen Nachmittag in seinem Hause ergangen und daß mir wirklich nur der Graf und Baron ein besseres Zimmer verschafft hätte, da er mich anfangs für einen ganz gewöhnlichen Kanonier gehalten und zu den Bedienten gelegt hätte. Zwischendurch lachte der Oberst beständig, und ich hörte ihn noch durch die jetzt wieder verschlossene Thüre des Salons manchmal in die Worte ausbrechen: „Nu, ich werde det den Jungens nicht nachhalten. Es sind freilich Galgenstricke, aberst wenn sie mir nur keine schlechten Streiche machen. — Nu, ik werde sehen, ob noch einmal Gnade für Recht passiren kann."

Während dies über mich draußen verhandelt wurde, stand ich noch immer an der Thüre, den beiden Mädchen gegenüber, deren Verlegenheit von Minute zu Minute stieg. Keine wagte sich, halb angezogen, wie sie waren, sehen zu lassen, und die ganze Nacht konnte ich doch nicht hier bleiben, obgleich es mir erwünscht genug gewesen wäre. Hatten sie mich einmal errettet, so mußten sie auch auf meine gänzliche Befreiung aus der Höhle des Löwen denken. Dergleichen schienen sie auch zu überlegen; denn die unter der Bettdecke sagte ganz leise zur andern: „Du, Bertha, was machen wir?" — welche antwortete: „Ich weiß nicht," worauf beide wie aus einem Munde leicht hinseufzten: „Ach, wenn wir nur angezogen wären!"

„Meine Damen," sagte ich so sanft wie möglich, „es gibt im Menschenleben Augenblicke, wo man durch Verhältnisse in Umstände verwickelt wird, die, wenn sie vergangen, nur noch eine Erinnerung wie an einen Traum zurücklassen; Verhältnisse, zu denen man nach dem gewöhnlichen Lauf der Dinge Jahre gebraucht hätte, können sich im Augenblicke knüpfen. So erging es mir. Vor einer Stunde hatte ich noch nicht die Gunst des Schicksals erfahren, Ihre Bekanntschaft zu machen, und stehe jetzt schon so nahe, so traulich vor Ihnen." Hier sah ich, wie die hinter dem Vorhang sich noch fester

Fünftes Kapitel.

hineinwickelte. „Lassen Sie mich ausreden; vielleicht noch einige Minuten, und ich trete aus dem Zauberkreise und halte morgen das Ganze für ein Mährchen, aber," setzte ich bedeutend hinzu, „für ein köstliches Mährchen, an dem sich nur mein Herz ergötzen darf, und das, erführe es ein Dritter, allen Reiz verloren hätte."

Die unter der Bettdecke wollte sprechen, brachte es aber nur zu einem gelinden Husten und Räuspern, und ich fuhr in meiner Tirade fort: „Schenken Sie mir deßhalb Ihr ganzes Vertrauen, sprechen Sie zu mir nur ein Wort, damit ich weiß, ob Sie mir sehr zürnen und wie ich es anzufangen habe, um Sie von meiner lästigen Gegenwart zu befreien."

So leise ich mich auch durch einen Umweg über Menschenverhältniß, Traum und Schicksal glaubte näher geschlichen zu haben, mußte ich doch noch eine halbe Viertelstunde warten, ehe Mamsell Emilie unter der Bettdecke her zu mir sprach; doch machte sie auch Umwege, und viel holperichtere, als ich, denn sie kam ohne Zusammenhang bei manchem: Ach, O, Ja, und einer ganzen Legion Hm's vorbei, ehe sie mir sagte: „Wir — wir — haben — Sie — hm! deßwegen — hm! hm! — nicht verrathen — weil unser Bruder — auch — Soldat ist, und — zuweilen — wenn er erzählt — wie — er — auf Urlaub kommt — auch solche — du — du — hm! dumme Streiche — macht — und deßwegen — darum — so —"

„So — haben wir —" fiel jetzt die Andere ein — „Sie — nicht verrathen — und wollen — auch sehen — wie wir Sie — ohne Aufsehen fortbringen können — denn hier im Hause — können Sie — doch nicht bleiben — das sehen Sie ein."

„Ja — das werden Sie einsehen," setzte Emilie schnell hinzu.

„Freilich muß ich das einsehen," entgegnete ich sehr leise.

„Aber Emilie," sagte die eine, „Ja, Bertha," die andere, „wenn wir nur angezogen wären."

Meine Blicke, die ich mehrmals durch das Zimmerchen spazieren ließ, hatten sich jedesmal auf zwei Sessel niedergelassen, die neben

mir an der Wand standen, und worauf die schönsten Sachen in
malerischer Unordnung lagen, als: zwei schneeweiße Corsettchen,
zierliche Morgenüberröcke, einige Paar Strümpfe in der liebens-
würdigsten Nachlässigkeit und dergleichen kleine Geschichten mehr.
Kaum waren nun jene Seufzer wegen des Ankleidens zum zweiten
Mal erklungen, so deutete ich auf die beiden Stühle und bat, ganz
über meine Person zu verfügen, wenn ich Ihnen von diesen Sachen
etwas darreichen könne. Zuerst bekam ich keine Antwort; nach einigen Augenblicken sagte die Eine: „Ja, aber schnell!" und die
Andere setzte hinzu: „Aber schnallen Sie Ihren Säbel ab; es wäre
schrecklich, wenn der auf den Boden fiele und vielleicht gehört würde."
Rasch stand meine Waffe an der Wand, ich packte die beiden Ueber-
röcke auf meinen Arm und trug sie mit leisen Schritten zu den
Mädchen hin, wobei ich das Vergnügen hatte, sie zweimal aus-
wechseln zu müssen, und während ich mich umdrehte, um die Pantoffeln zu holen, schlüpften beide hinein und stellten sich zum ersten
Mal meinem Blicke ganz dar. Es waren allerliebste, hübschgewach-
sene junge Mädchen. Die eine huschte zur Thüre hin, legte ihr Ohr
an's Schlüsselloch und lauschte.

„Es ist jetzt Alles ruhig," sagte sie nach einigen Augenblicken,
„und wir können wagen, Sie fortzubringen. Willst du mitgehen,
Bertha, oder soll ich?" setzte sie fragend hinzu. — „Ach, geh' du
nur," entgegnete die Andere. „Wenn dich im allerschlimmsten Fall
auch Jemand sähe, so würde man doch eher alles Andere denken,
als die Wahrheit. Aber ich — würde man nicht wieder glauben,
ich hätte — ich wäre — nein, nein, geh' du nur!"

„So hören Sie denn," sagte die Erste wieder, „und merken
Sie genau, wir haben noch eine Treppe bis unten, dann gehen wir
um die eine Säule links und steigen nach vier oder fünf Schritten
wieder einige Stufen hinab. Ich öffne eine Thüre und Sie schleichen an der Mauer links, drücken sich aber dicht an diese Mauer,
damit Sie nicht gesehen werden, bis zum Hofthor, das nicht ver-

Fünftes Kapitel.

schlossen ist, gehen hindurch und dann ebenso nahe an der Gartenmauer rechts vorbei, wo Sie zu den Windmühlen am Eingange des Orts gelangen; von da werden Sie den Weg schon finden. Nun kommen Sie!"

„Hu!" sagte Bertha, „mir ist so angst," und meine kleine Führerin seufzte tief auf. „Und Ihren Säbel, den müssen Sie umschnallen und festhalten, damit er uns nicht verräth. Und nun eilen Sie sich, eilen Sie sich!"

Sie reichte mir die schwere Waffe hin, und wie ich mich bemühte, die Kuppel um den Leib zu schnallen, faßte sie drängend mit ihren Händen an das weiße Leder, als wolle sie mir helfen. So standen wir uns einen Augenblick sehr nahe gegenüber, und ich sah ihr beinahe zu tief in die schönen blauen Augen. Sie öffnete behutsam die Thüre und winkte mir. Ich trat einige Schritte weiter in's Zimmer gegen die Andere und bot ihr mit wenigen Worten des Danks meine Hand, die sie zögernd annahm. Dann folgte ich der kleinen Emilie. Leicht huschte sie die Treppe hinab, die jetzt, wie das ganze Haus, in tiefem Dunkel lag. Ich bemühte mich, ihr ganz geräuschlos nachzugehen. Doch war ich boshaft genug, unten an der Säule zu thun, als wüßte ich den Weg nicht mehr zu finden. Ich fragte sie leise: „Wo sind Sie, mein Fräulein?" — „Mein Gott, hier," entgegnete sie, „da, kommen Sie nur." Ahnungsvoll griff ich vor mich in das Dunkel und erhaschte wirklich ihre hübsche, weiche Hand, die sie mir entgegenstreckte. Aber ach, der Weg, den wir noch zurücklegen mußten, war so kurz, denn trotzdem, daß ich meine Schritte so klein wie möglich machte, waren wir mit neun und einem halben an die Hausthüre gelangt. Emilie öffnete. Ich weiß nicht, mir war die Brust eng zusammengeschnürt, als sie versuchte, ihre Hand aus der meinigen zu ziehen. Der Nachtwind trug aus dem Garten hinter dem Hause einen würzigen Duft von Rosen und Jasminblüthen an mein Gesicht, welches sie dem Herzen hinabsandte, zu lauter Liebesgedanken umgewandelt — noch eine einzige Minute — und ich schlich durch das Hofthor längs der Gartenmauer zur Windmühle, an deren weißem Gemäuer ich mich einige Minuten niederließ und zwischen Wachen und Träumen philosophirte:

Unser Lebensfaden, eine Blumenguirlande, wird von Genien gehalten und bewacht, die aber, in ihrer Beweglichkeit, bald hierhin bald dorthin springen und so unser Leben in steter Unruhe erhalten. Auch streift ihr muthwilliges Spiel manche Blume ab, und mit den abgefallenen suchen sie, mitleidig wie sie sind, ein anderes, ganz kahles Gewinde auszuschmücken. Bald ziehen sie die Guirlande zu stark an, und verursachen uns Schmerz, bald schweben sie mit ihr in Lust und Freude herum — doch zuweilen, und das ist sehr gefährlich, entschlüpft ihren Händen das eine Ende, flattert im Unermeßlichen herum, und verwickelt sich nicht selten um eine andere Guirlande. Freilich suchen die Genien, besonders wenn ihnen die Farben der Blumen nicht recht zusammenzupassen scheinen, das Verwirrte aufzulösen, aber bevor es ihnen gelingt, knickt manche Blume, und mancher schöne Blüthenkelch wird entblättert. — Die Unachtsamen! Heute Abend hatten sich wieder zwei Fäden ineinander verschlungen. — Der alten Windmühle durfte ich vertrauen. — An der Hofthüre hatte ich die kleine hübsche Emilie auf den Mund geküßt und dabei einen leisen Druck auf meinen Arm gefühlt.

So mochte es ungefähr zwölf Uhr geworden sein. Ich erhob mich, um mein Haus aufzusuchen. Trotzdem ich traurig an meine Kameraden dachte, konnte ich mich doch nicht enthalten, über unser Abenteuer zu lachen, und sang im Heimweg halblaut vor mich hin:

Kühn ist das Mühen,
Herrlich der Lohn,
Und die Soldaten
Ziehen davon.

Nach einigem Umhersuchen fand ich mein Quartier, schellte aber wohlweislich nicht, sondern stieg über die Mauer und schlich nach

Fünftes Kapitel.

dem Stall, wo ich mich ein paar Stunden neben meinem Rappen in's Stroh legte.

Kaum graute indessen der Morgen, so war ich auch schon munter und der Stallknecht wunderte sich nicht wenig, mich schon so früh beim Putzen meines Sattelzeugs zu finden. Auch meinte er, wir seien ja auf dem Marsch und da brauche nicht Alles so rein und blank zu sein. Doch wußte ich sehr gut, warum ich Säbel und Kupferwerk sorgfältig wie zur Parade putzte, und mit einem nassen Schwamme die Löcher im Lederzug glättete. Kam ich heute auf den Sammelplatz, und der Oberst, der mich natürlich noch von gestern her im Verdacht hatte, wollte sich an mir reiben, so sollte er wenigstens lange suchen, ehe er etwas Dienstwidriges an meinen Waffen fand. Auch der Stallknecht half mir, und wie ich gegen fünf Uhr mein Pferd gesattelt hatte und es aufmerksam besah, fand ich nichts daran auszusetzen. Man rief mich zum Frühstück. Als ich in's Haus ging, stand unter der Thüre ein Herr im Schlafrock, der mit einer Stimme, die mir bekannt schien, und mit ziemlich spöttischem Ausdruck dem Herrn Baron von Stein einen guten Morgen wünschte, den ich mit größtmöglichster Herablassung erwiderte. Nach einer halben Stunde schwang ich mich auf mein Pferd und ritt der Windmühle zu, auf welchem Weg ich an dem Hause von gestern Abend, an dem Unglückshause vorbei mußte. Ich bog um die Ecke, und sah vor der Thüre desselben die Pferde des Obersten stehen, und er selbst — dies kam mir sehr ungelegen, — trat gerade aus der Hausthüre, wie ich dieselbe erreicht hatte. Ich setzte mich auf meinem Pferde zurecht, faßte die Zügel so schön als möglich und ließ meine rechte Hand ganz vorschriftsmäßig am Sattel herunterhängen. v. T. sah mich an, und ich glaubte schon glücklich vorbei zu sein, als er mir zurief: „Na, Bombardier H., halten Sie 'mal enen Augenblick." Ich wandte mein Pferd auf ihn zu, flog aus dem Sattel und stand wie der Blitz zur linken Seite, mit der rechten Hand den Zügel fassend. Der Alte ging um mich herum, befah Alles ganz genau, und fand, Gott fei Dank! nichts in Unordnung. Auch fah er ziemlich gut gelaunt aus. „Wahrscheinlich en gutes Quartier gehabt?" fragte er mich. „Und enen guten Stall?"

„Zu Befehl, Herr Oberſt."

„Früh zu Hauſe geweſen, Herr Bombardier? Oder och mit gewiſſen Andern herumflankirt?"

„Zu Befehl des Herrn Oberſt war ich von acht Uhr an zu Hauſe," log ich, ohne eine Miene zu verziehen, ſchaute aber ſchüchtern an dem Hauſe empor, wo ſich ein Fenſter öffnete, der Kopf der kleinen Emilie ſichtbar wurde, aber im Augenblick wieder verſchwand.

„Ja, ja," lachte der Alte, „nach meinem Befehl ſollte det wohl ſind; aber ik weeß ganz kurioſe Geſchichten. Der Herr Baron von Steen, ja, ja, ik weeß Allens, nu, nu, ik hoffe, det Pferd wird och aus der Baronie fouragirt haben. War det Futter gehörig?"

„Zu Befehl, Herr Oberſt, das gelieferte gut, die blinde Fourage noch beſſer."

„Na, Bombardier H., ſitzen Se 'mal uf," ſagte er, „ik will von de blinde Fourage nichts wiſſen. Und det ſage ik Ihnen, wenn Se mal enen kriegen, ſo muß ich ihn ganz beſonders anlaſſen. Pah! mit det blinde Fouragiren. Wir ſind nicht in Feindesland. — Nu, ik freu mich, dat det Pferd gut ausſieht. Aufg'ſeſſen! Marſch!"

Ich wagte noch einen ſcheuen Blick zu den Fenſtern des Hauſes hinaufzuſchicken, ſah aber Niemand. Wer mochten wohl die beiden Mädchen geweſen ſein! Meine Eitelkeit ſagte, Töchter des Hauſes, wogegen meine Vernunft einige beſcheidene Zweifel aufſteigen ließ. Die Töchter würden wahrſcheinlich mit in der Geſellſchaft geweſen ſein und noch nicht in ihrem Zimmer. Aber die ſorgſame Mutter mochte ſie vielleicht nicht mit den Offizieren in Berührung bringen wollen; und doch wäre zu den Töchtern nicht der Bediente gekommen, und hätte gefragt: „Mamſell Emilie, Mamſell Bertha!" ſon-

Fünftes Kapitel.

dern die Mama selbst. Vielleicht Verwandte des Hauses oder ein paar Kammermädchen? ich mochte das Letztere nicht glauben. Hätte ich nur heute morgen meinen Stallknecht gefragt! doch hielt mich die Furcht ab, die Mädchen zu verrathen. Unter diesen Betrachtungen kam ich auf den Sammelplatz, und hatte weiter nichts ausgeklügelt, als daß es für mich ein paar allerliebste Mädchen, ein paar rettende Engel gewesen waren.

An der Windmühle waren schon die meisten Batterien versammelt; die fahrenden Artilleristen spannten ihre Pferde ein, und die Unteroffiziere untersuchten Protzen und Laffettenkasten, ob Alles noch in der gehörigen Ordnung sei. Auch Dose war damit beschäftigt; doch sah ich, wie er jeden Augenblick seinen langen Hals herumdrehte, alle Ankommenden musterte und etwas zu suchen schien, wahrscheinlich mich, und so war es auch. Ich ritt zu ihm hin, um mich bei ihm zu melden, stieg ab und nahm meinen Platz bei der Kanone ein.

„Sakrement,"; fing Dose leise zu mir an, und ich bemerkte, daß er sehr mißmuthig aussah. „Ihr habt da gestern wieder schönes Zeug angegeben. Herrschaft hat's dem Kapitän heute Morgen gleich gesteckt und auch gesagt, daß einer der fünf Arrestanten während der Nacht erzählt, auch Sie seien dabei gewesen. Nehmen Sie sich ja vor dem Feind in Acht, er ist gestern und heute fuchswild. Ich habe auch schon meine achtundvierzig Stunden Arrest am Hals."

„So," entgegnete ich ihm, „wofür denn? weßwegen?"

Doch ich konnte seine Antwort nicht mehr anhören, denn schon trat der Hauptmann Feind mit einem Gesichte auf mich zu, das mir nichts Gutes weissagte.

„Warum," fragte er böse lächelnd, „melden sich der Herr Bombardier nicht bei mir, anstatt hier zu stehen und zu schwatzen?"

„Herr Hauptmann, ich komme" —

Er betrachtete mich von oben bis unten, doch da meine Waffen alle in Ordnung und gut geputzt waren, so suchte er einen andern Haken. Da ich eben vom Pferde gestiegen war und mich natürlicher Weise einige Augenblicke später beim Abmarsch der Batterie wieder aufsitzen mußte, so ließ ich meinen Säbel am Kuppel hängen und nahm ihn nicht in die Hand, wie er mit mir sprach. Darauf blieb sein Blick haften.

„Wissen Sie nicht, wie man seinen Säbel zu halten hat," fuhr er fort, „wenn man mit dem Vorgesetzten spricht?"

„Zu Befehl, ja, Herr Hauptmann."

„Hören Sie, Herr, mir scheint, Sie haben heute Morgen wieder einmal zu stark gefrühstückt. Wachtmeister — Auch ist mir von dem großen Scandal erzählt worden, bei dem Sie, Herr, natürlich auch betheiligt waren. — Wachtmeister Löffel!"

Der Gerufene trat näher und ich wußte bei diesem Eingang schon, wie weit ich für heute war; denn der Hauptmann Feind steckte seine Hand unter's Collet und begann mit dem Fuß auf die Erde zu treten.

„Wachtmeister, dieser Mann hier — notiren Sie" — sprach er so langsam wie möglich und mit einer unnachahmlichen Malice, „kommt in W. drei Tage auf's Holz bei Wasser und Brod wegen nächtlichem Unfug auf der Straße."

„Aber, Herr Hauptmann," entgegnete ich.

„Aber, Herr Bombardier," sagte er höhnisch, „drei Tage Mittelarrest. Herr, Sie soll ein Donnerwetter erschlagen! Ich will Ihnen schon den Weg zu den Epauletten versperren!"

Ich stand wie angedonnert. Nach diesem freundlichen Morgengruß wandte er sich von mir und bestieg sein Pferd! denn neben der Windmühle ließen sich mehrere weiße Federbüsche sehen, und von allen Seiten gallopirten die Offiziere dahin, um ihren Rapport zu machen. Der Oberst v. T. kam so eben an, und ritt von den Abtheilungs-Kommandanten und Adjutanten begleitet, freundlich lachend zwischen den Batterien umher. Wie waren diese

Fünftes Kapitel.

beiden Vorgesetzten, der Feind und unser Alter, von einander verschieden! Jener, die Malice selbst, strafte ohne Herz, kalt und grausam, ohne sich dabei zu ereifern. Dieser war mürrisch, unendlich grob, strafte auch, aber gewöhnlich erst, nachdem er sich so ereifert hatte, daß es uns leid um ihn that. Doch war er meistens gerecht und pflegte oft zu sagen: „Nu, sitzt man die drei Tage, ik würde euch schon pardonniren; aberst Ordnung muß sind." Deßwegen wären wir aber Alle für den Mann in den Tod gegangen.

Bei dem Obersten meldeten nun zuerst die Abtheilungs-Kommandanten, und die meisten schienen die wichtige Meldung gemacht zu haben: es sei nichts vorgefallen; denn v. T. legte zuweilen, ohne eine Miene zu verziehen, seine Hand grüßend an den Federhut, und ritt langsam auf unsere Batterie zu. Dann kamen die Hauptleute und Alles blieb ruhig, bis unser lieber Feind, den der Oberst wegen vielerlei Ursachen, so auch wegen des ewigen Verklagens und Strafens nicht recht leiden konnte, seinen Morgengruß darbrachte. Dose und ich paßten genau auf, was der Oberst für eine Miene machen würde, denn daß uns der Kapitän noch obendrein bei ihm anzeigen werde, war gewiß. Jetzt hielt von T. sein Pferd an, und ich hörte ihn sehr laut sagen: „Nun, mit det ewige Strafen bei dieser Batterie! Was is denn da wieder passirt? Ik will doch enmal sehen, Se nennen mir da wieder eine ganze Litanei von Namens, die ik nich alle behalten kann. Na, was hat denn der Unteroffizier Dose, den ik doch als einen ziemlich ordentlichen Menschen kenne, begangen?" Bei diesen Worten stieg er mürrisch vom Pferde und trat an unser Geschütz.

„Herr Oberst," ferirte der Feind, Hand an den Tschako, „als die Batterie heute Morgen zusammentrat, sah ich zufällig in dem Vorrathswagen dieses Unteroffiziers nach, und fand in demselben einen unserer Fouragiersäcke, die gestern alle leer waren, voll Haber. Auf meine Frage, woher die Fourage sei, hatte der Mann die Verwegenheit mir vorzulügen, die Kanoniere hätten von der gestrigen Ration das, was heute Morgen noch in der Krippe gelegen, zusammengescharrt und in den Sack gethan. Aber, Herr Oberst, ich kann ihn herholen lassen, es ist mehr, als gestern im Ganzen geliefert wurde. Ich diktirte dem Unteroffizier achtundvierzig Stunden Mittelarrest."

„Hm! so! so!" entgegnete von T. „Aber man weiter! Wat hat denn so egentlich der Trompeter gethan, von dem Se mir vorhin sagten? Lassen Se mal vortreten. Hierher, mein Sohn!"

Einem unserer Trompeter hatte ich heute Morgen angesehen, daß er kein gutes Gewissen hatte; denn er blinzelte beständig nach dem Oberst hin, und seine Sachen waren gerade so ausnehmend sauber geputzt, wie die meinigen. Jetzt, wo der Alte sich nach ihm erkundigte, streckte er sich lang und begegnete gleich dem suchenden Blick des Hauptmanns, der ihm mit einer gebieterischen Handbewegung befahl, näher zu treten. Der Trompeter war ein sehr hübscher, schlank gewachsener Kerl, und trug die Decoration der Unteroffiziere, denn er diente schon an zehn Jahren und sah, wie er nun dem Oberst gegenüber stand, gar nicht mehr so verlegen aus, wie früher, sondern schaute dem Alten recht keck in's Gesicht. Sein schwarzer, sehr langer Schnurrbart, den er gewöhnlich gegen die Vorschrift zierlich zuspitzte und wichste, hing ihm heute, wie es von T. am liebsten sah, über den ganzen Mund, die Lippen und das halbe Kinn verdeckend.

„Nun," fuhr ihn der Alte an, „was hat Er denn wieder angegeben? Dient schon eine gute Zeit und kann die Narrenstreiche noch nicht lassen. Doch ik hoffe, er hat bei Seiner Maskerade, von der ik durch Seinen Herrn Hauptmann etwas gehört habe, nur enen schlechten Witz ausführen wollen. Wie war die Geschichte?"

„Herr Oberst," erzählte der Trompeter, „gestern Abend, nachdem ich in mein Quartier gegangen war, mein Pferd abgesattelt und gehörig verpflegt hatte, sitze ich kaum in der Stube, da tritt der Kanonier Müller herein und beklagt sich, er habe ein gar zu schlechtes Quartier, auch fast nichts zu essen bekommen, und trotz dem, daß das Haus seines Bauern sehr groß wäre, sei ihm ein schmutziger Winkel hinter der Treppe zum Schlafen angewiesen worden, und dabei bat er mich, weil ich doch schon länger diente und die Sache besser verstände, ich möchte ihm doch helfen, daß ihn der Bauer etwas besser tractire. Ja, sehen Sie, Herr Oberst, und da bin ich mit ihm hingegangen, und hab' dem Wirth etwas scharf in's Gewissen geredet, und – dann – ja" –

Feind griff an seinen Tschako und sagte: „Erlauben, Herr Oberst, der Trompeter beging die außerordentliche Frechheit, auf seinen Tschako einen weißen Federbusch zu stecken und an die Schwalbennester auf seinem Collet Fransen von Goldpapier zu nähen."

„So," sagte von T., „Er hat auf seinen Hut einen Federbusch gesteckt, wie ihn Sein Oberst trägt?"

„Zu Befehl, nein," erwiderte der Trompeter, „er war nur von Papier."

„Dann," referirte der b.. e Feind weiter, „ist dieser Mensch in das Quartier des Kanonier Müller gegangen, hat gewaltig geflucht und unter einer Masse von Schimpfwörtern dem Bauern auseinander gesetzt, er sei der Hauptmann der Batterie und habe gehört, man lege seine Kanoniere in's Hundeloch unter die Treppe. Augenblicklich soll er ihm die Zimmer seines Hauses zeigen, unter denen er eins aussuchen werde."

Dem Oberst fuhr ein kleines Lächeln wie ein Blitz über die Züge, doch hörte er gleich wieder mit ernster Miene zu.

„Der arme Bauer," erzählte der Hauptmann weiter, „schließt in der Angst seines Herzens, weil ihm der Trompeter mit dem Säbel droht, seine Wohnung auf, und die beiden saubern Gesellen suchen sich das beste Gemach aus, wo sie das Sattelzeug und ganze Gepäck des Kanonier Müller hineinschleppen und der Bauer mußte

obendrein noch einen Krug Bier bringen, den sie auf das Wohl
Seiner Majestät unseres allergnädigsten Königs austrinken. Doch
kommt dem Hauswirth die Sache ein wenig verdächtig vor, und,
nachdem sie die beiden entfernt haben, geht er zum Wachtmeister,
der in einem Nebenhofe liegt, und erzählt ihm das Vorgefallene,
wodurch es sich natürlich gleich aufklärte. Ich ließ den Trompeter
und Kanonier holen und dictirte Beiden drei Tage Mittelarrest."

„So, so, hm, hm!" sprach der Oberst wieder und sein Gesicht,
das sich bei der Erzählung des Hauptmanns Feind aufgeklärt
hatte, wurde bei der Erwähnung der drei Tage Arrest so mürrisch,
wie früher. Er rückte seinen Federhut auf's rechte Ohr. „Nu,
nu," fuhr er heraus, „und wat hat denn der Dritte gethan, von
dem Sie gesprochen. Ik globe, es war der Bombardier H. Kommen Sie hierher, Bombardier! der hat ja in der Stadt gelegen,
wat is mit dem?"

„Wie mir heute Morgen der Unteroffizier Herrschaft meldete,"
fuhr der Feind fort, „haben der Herr Oberst gestern Abend fünf
junge Freiwillige auf die Parkwache geschickt, weil sie sich nächt=
lichen Straßenunfug zu Schulden kommen ließen, und da einer von
diesen während der Nacht äußerte, der Bombardier H. sei ebenfalls
dabei gewesen, aber entkommen, so habe ich ihm, denn ich kenne
den Mann und weiß, daß er bei einer ähnlichen Gelegenheit nie
fehlt, auch drei Tage Mittelarrest zuerkannt."

Nach dieser Anlage schaute ich erwartungsvoll zum Alten em=
por, der mit einem gewaltigen Ruck seinen Federhut wieder auf das
linke Ohr brachte, den Säbel auf die Erde stemmte und einen ge=
linden Zorn zu bekämpfen schien.

„Hören Se, Herr Hauptmann Feind," sprach er so ruhig als
möglich, doch sahen wir zu unserer großen Freude, daß er an sich
halten mußte, um nicht grob zu werden; „ik will ihnen unter uns
sagen, dat mir det ewige Strafen durchaus nicht gefällt, überhaupt
bei solchen Gelegenheiten wie die drei erwähnten, und wenn der

84 Fünftes Kapitel.

Oberst von T. ein gut Wort einlegt, so wird der Trompeter, sowie der Unteroffizier Dose nur eine Strafwache erhalten, und der Bombardier H. gar nischt, denn if, der alte T., Commandeur von die siebente Brigade, sage Jhnen, det er nich bei die fünf gewest ist. Hören Se, Herr Hauptmann Feind, er war nich bei die fünf, und wenn er och dabei war, so bekommt er doch keene drei Tage Arrest; denn if, sein Oberst, habe sie alle pardonnirt, weil sie nur einen dummen Streich gemacht haben, und zwei dumme Streiche verzeihe if viel lieber als eine Nachlässigkeit. Ordnung muß sind."

Wir sahen uns alle mit verklärtem Blicke an; jedem rollte ein Stein vom Herzen. Der Alte griff an seinen Federhut und wandte sich an einen Commandeur der Abtheilung.

„Herr Oberst-Wachtmeister, lassen Se uffsitzen und abmarschiren."

Dann bestieg er sein Pferd, und ritt, von seinen Adjutanten und Ordonnanzen gefolgt, aus den Batterien, nach dem freien Platze an der Windmühle, um die Abtheilungen bei sich vorbei defiliren zu lassen.

Auch der Hauptmann Feind bestieg sein Roß, wobei er Dose und mich mit einem bösen Seitenblick beehrte, zog den Säbel und commandirte: „An die Pferde — Stille gestanden" — Mit einem Male stockte jetzt die noch vor einem Augenblick so lebhafte Bewegung an allen Geschützen, die Stückknechte traten zu ihren Pferden, den Kantschuh in der linken Hand, die Reiter hinter die Kanonen und Haubitzen — keiner rührte sich. Für mich war dieser Augenblick immer der angenehmste und interessanteste gewesen. Wenn Alles in Ordnung war, das Pferd gehörig gesattelt und gepackt, alles kleinliche Nachsuchen nach Rostflecken am Säbel u. s. w. hinter uns lag, wenn das Pferd ungeduldig trat, und ich mich nur hinaufschwingen durfte, um ein Reitersmann zu sein; dann war ich mit den Pistolen am Sattel und dem Säbel an der Seite ein wirklicher Krieger; kein Soldat, dessen Hauptbeschäftigung es ist, nach Zählen rechts- und linksum zu machen und das Lederzeug zu

Marsch und Einquartierungs-Leiden.

pußen. Dies war der einzige Augenblick, in welchem mir das Soldatenleben noch in dem Lichte erschien, in dem ich es in meinen früheren romantischen Träumen erblickt hatte. Besonders heute Morgen beim Abmarsch war ich sehr froh gestimmt. Vor uns lag das Manöver, von dem mir Dose so viel Schönes erzählt hatte, sowie von der Annehmlichkeit, einmal vier Wochen bei den Bauern zu liegen, natürlich auf einem schönen großen Hofe, wo man sich Abends in's Gras unter die jungen Aepfel- und Birnbäume legte und dem melodischen Läuten der heimkehrenden Heerde zuhorchte; hinter mir waren die verfluchten drei Tage Mittelarrest, die mir der gute Feind gegönnt; unter mir das bethaute duftende Gras; über mir der blaue Himmel, und in meinem Herzen der Kuß der hübschen, lieben Emilie. — „Aufgesessen!" das Wort fuhr zündend in meine Träume. Ich flog in den Sattel — „Marsch!" — und als die Trompeter munter die Melodie: „Frisch auf, Kameraden, auf's Pferd! aufs Pferd!" schmetterten, fühlte ich mich ganz glücklich und pfiff dieselbe Weise laut für mich hin: doch nicht lange, denn unser Wachtmeister Löffel, das Echo des Kapitäns, der mich ebensowenig leiden konnte, wie dieser, ritt an mich heran, drehte seinen Schnurrbart und sagte in nicht sehr liebevollem Tone: „Hören Sie, Herr, Ihnen wird man das Pfeifen doch noch einmal legen." Schnee an einem Frühlingsmorgen. Ich konnte mich im jugendlichen Uebermuth nicht enthalten, dem dicken Wachtmeister ganz ruhig zu antworten: „Meinen Sie mich? Ganz recht, heute ist Dienstag." Er antwortete nichts darauf, doch zog er sein Notizenbuch hervor, und schrieb etwas hinein, was er später dem Kapitän zeigte, der eine Bewegung mit Kopf und Hand machte, als wollte er sagen: „Ich will das schon arrangiren!" Und er arrangirte es auch so, daß mir der Abtheilungs-Commandeur bei der nächsten Parade für einen kleinen Riß in meinem Futterbeutel drei Tage Mittelarrest gab. Ländlich, sittlich!

Durch Staub und Sonnenhitze, abwechselnd bald singend, bald

Fünftes Kapitel.

lachend, bald mürrisch und fluchend, zogen wir durch die einförmige
Pappelallee der Landstraße, und es mochte ungefähr zwei Uhr geworden sein, als wir

„wie ein Gebild aus Himmelshöhen"

den Stabsquartiermeister auf seinem magern Schimmel mit der
mächtigen Brieftasche unter dem Arm bei einer Biegung der Straße
auf uns zutrotten sahen. Jedes Gesicht klärte sich auf und selbst
die Pferde schienen des langen Marschirens müde; denn als der
alte Oberst vorn an der Spitze sein Halt donnerte, bedurfte es nur
eines gelinden Zupfens an den Zügeln, um sie gleich zum Stehen
zu bringen. Der Mann mit der Brieftasche öffnete dieselbe, und
herausspazierte Dorfschaft um Dorfschaft, in die unsere Batterien
zu liegen kamen; ein Theil der Brigade nach der Festung W., die
eine Batterie hierhin, die andere dorthin, und da die Dörfer in
hiesiger Gegend meistens nur aus einigen Höfen bestehen, so blieb
auch fast keine einzige Batterie beisammen, sondern beinahe jedes
Geschütz hatte seinen eigenen Hof oder sein Dorf. Das unsrige
hieß Fettenweiden, ein Name, der unserem Dose sehr zu gefallen schien,
indem er hoffte, etwas von der fetten Weide müsse auf's Quartier
übergegangen sein; doch leider weit gefehlt: es war entsetzlich mager. Der Alte hielt uns noch von seinem Roß herunter, wobei
er beide Arme in die Seite stemmte, eine Rede über gutes Verhal-
ten, Ordnung in den Quartieren und Sorgsamkeit auf Waffen und
Monturen, wovon wir aber bei dem allgemeinen Scharren der
Pferde und Klirren der Geschirre nur einzelne Worte und Aus-
drücke, die den dumpfen Baß seiner Stimme wie Blitze durchschnitt-
ten, verstanden, besonders sein „denn ich sage euch, Ordnung muß
sind!" das er heute sehr häufig anwandte. Auch der Kapitän Feind,
von dem wir uns leider trennen mußten, denn er lag in einem andern Dorfe, hielt uns zum Abschied noch eine Rede voll Moral.
Seine liebenswürdigen Redensarten waren um den alten Text vom

zu starken Frühstücken gewickelt. Endlich waren wir erlöst. Dose ließ aufsitzen und nach einer halben Stunde gelangten wir zur fetten Weide, fünf bis sechs kleinen Häusern, die am Rande der Halde lagen, auf der die Manöver abgehalten wurden. Doch hatten wir auf der andern Seite einen dichten Eichenwald, den ein kleiner Bach von den Höfen trennte, und im Hintergrund stiegen schlanke Pappeln und Tannen auf, zwischen denen ein schönes gelbes Gebäude durchblickte, das Landhaus eines Grafen R., bei dem unser Abtheilungs-Commandeur im Quartier lag.

Dose's Gemüth, das der Anblick der kleinen Häuser etwas niedergebeugt hatte, wurde erfrischt durch den grünen Wald, den Bach, und das Palais im Hintergrunde. Er vertraute, daß er fühle, wie die Poesie bei ihm zurückkehre, versprach mir fest, mich nächstens mit einigen Gedichten zu überraschen, und träumte, während wir unsere Pferde durch eine große Mistpfütze in einen schlechten Stall ziehen mußten, von Waldpromenaden, Nachtigallen, murmelnden Quellen und dergleichen, und sagte mir: „Ach, es gibt für mich nichts Poetischeres, als Verse zu machen!"

Sechstes Kapitel.

Standquartier. — Marketender.

Der Stall, romantisch am Ufer einer Mistpfütze gelegen, genügte kaum den allerbescheidensten Ansprüchen, die man in Cantonirungen an dergleichen Lokale machen kann. Wir hatten unsere vier Pferde, meines, das des Unteroffiziers und die zweier Kanoniere, unserer Bursche, nothdürftig untergebracht. Wir traten in's Haus, und ich war nun gespannt auf Dose! denn er hatte mir

Sechstes Kapitel.

Achtsamkeit auf seine Mienen und Reden geboten, damit ich lerne, wie man es anzufangen habe, um sich bei den Bauersleuten in Respekt zu setzen. Die Frau kam uns an der Thüre entgegen und hinter ihr stand der Bauer, einen weiten Kratzfuß machend, wobei er seine Mütze abnahm. Sie jedoch pflanzte sich in freier Haltung vor uns auf, die Herrscherin, und fragte ziemlich barsch nach unserem Quartierbillet. — Da steckte Dose seine Hand unter's Collet und begann mit dem Fuße heftig auf die Erde zu treten, ungefähr wie es unser Kapitän Feind in wichtigen Momenten zu thun pflegte. Dann begann er der Frau eine Rede zu halten, von der ich jedoch nur einzelne Worte verstand, obgleich ich so ziemlich in Dose's Redensarten eingeweiht war, und ich nicht nur seine Stallmaximen auf's Genaueste kannte, sondern auch bei allen Ergüssen seiner Poesie, sobald ich die drei ersten Worte gehört hatte, das Ende zum Voraus wußte. Er sprach vom beschwerlichen Kriegsdienst, von mühsamer Beschützung des Vaterlandes, sehr häufig hörte ich die Worte Patriotismus und Preußen; er verstieg sich sogar bis zu Deutschlands Einheit, und schloß ungefähr so: wenn er auch ein Ostpreuße sei, müsse man ihn doch hier am Rhein als Vaterlandsvertheidiger mit offenen Armen empfangen.

Der Frau erging es bei dieser Rede nicht besser, als mir; sie sah bald Dose, bald mich und die beiden Kanoniere hinter mir an, und wüßte wahrscheinlich heute noch nicht, was sie ihm antworten sollte, wenn nicht der Bauer, der mehreremale wohlgefällig mit dem Kopfe genickt, uns Allen aus der Verlegenheit geholfen hätte. Er stieß das Weib ziemlich heftig in die Seite und sagte zu ihr, als sie sich unfreundlich nach ihm umwandte: „Verstehst du denn die Herren nicht? Sie wollen hier bei uns gut essen und trinken." — Ich mußte über die Naivetät des Bauers herzlich lachen; aber Dose, der sich nicht aus dem Concept bringen ließ, war durch diese Aeußerung gerührt und deklamirte mir, während wir nach der Stube gingen:

— Was kein Verstand der Verständigen sieht,
Das ahnet in Einfalt ein kindlich Gemüth.

Die Frau, welcher die unverstandene Rede Dose's, sowie seine Figur sehr imponirte, fragte für den Augenblick nicht weiter nach dem Quartierbillet und gab uns, nachdem ihr Gemahl unsere Gefühle gedolmetscht, die Versicherung, darüber sollten wir uns beruhigen, wir würden mit ihnen an Einem Tisch und aus Einer Schüssel essen. — Sehr schmeichelhaft! Aber die Frau hatte leider die Wahrheit gesagt; alle Mahlzeiten, während der ganzen Dauer unseres Aufenthaltes, bestanden im wahren Sinne des Wortes nur aus Einer Schüssel, die sich mit einigen Variationen täglich zweimal wiederholte. Morgens war die Schüssel mit einer Art Mehlbrei angefüllt, worin einige Kartoffeln und Bohnen schwammen; Nachmittags dagegen, wenn wir von den Schießübungen zurückkamen, enthielt die Unvermeidliche dasselbe, nur daß die genannten festern Bestandtheile vorherrschend waren und der Mehlbrei nur eine Art Brühe darüber bildete.

Dieser Eintritt in unser Cantonirungsleben wischte sogleich eine ziemliche Menge des glänzenden Staubes ab, den Dose's Aeußerungen darauf gestreut, besonders nachdem uns die Wirthin das Nachtlager gezeigt hatte. Es bestand aus einem Alkoven in der Hausflur, der keinen andern Aus- und Eingang hatte, als eine Elle über dem Boden ein Loch von drei Fuß im Gevierte, daß ich anfänglich für die Thüre eines Wandschranks hielt. Als es Abend wurde und wir uns hineinlegten, kam uns das Lager so spaßhaft vor, daß wir lange Zeit vor Lachen nicht einschlafen konnten. Dose, sonst ein so großer Wagehals, getraute sich nicht, in den Kasten zu steigen, ehe er das Terrain genau recognoscirt hatte. Unserer vier sollten diesen Raum einnehmen, und wir fanden ihn dafür gerade groß genug. Er war an zehn Fuß lang und ebenso breit, auf dem Boden mit Stroh bedeckt, darüber einige große Federbetten gebreitet. Wir vier standen ausgezogen hintereinander vor der Oeffnung, und

Sechstes Kapitel.

Dose als unser Chef stieg mit seinen langen Beinen bequem hinein. Da aber der Boden im Innern etwas tiefer war, als außen, verlor ich bei meiner kleinen Statur, als ich reitend in der Oeffnung saß, das Gleichgewicht und fiel meinem Vorgesetzten auf den Leib. Den beiden Kanonieren erging es nicht besser, so daß wir im Alkoven auf einem großen Haufen übereinander lagen.

Daß in Dose ein General verloren gegangen sei, daran hatte ich nie gezweifelt, und in diesem kritischen Augenblick zeigten sich seine großen Eigenschaften: Kaltblütigkeit und Energie, wieder recht deutlich. Er forderte von der Wirthin mit seiner Stentorstimme ein Licht, richtete sich dann mühsam auf und theilte, obgleich er gebückt stehen mußte, mit vieler Würde die Plätze aus. Ich kam neben ihn zu liegen, die beiden Kanoniere uns so gegenüber, daß ihre Beine fast an unsere Knie reichten. Dose hatte mit vieler Einsicht diese Einrichtung getroffen, weil wir nur eine einzige Decke besaßen, die obendrein etwas zu klein war. Legten wir uns Alle nebeneinander, so war vorauszusehen, daß sie sich in der Nacht durch die Bewegung des Einen oder des Andern verschieben mußte, was so nicht leicht möglich war; wir hielten das obere Ende fest, die beiden Kanoniere das untere, wodurch die Decke wie ein Trommelfell ausgespannt wurde.

Dose, der die Humanität besaß, fast alle seine Befehle mit triftigen Gründen zu belegen, erzählte uns vor dem Einschlafen aus seinem früheren Leben eine Geschichte, weßhalb er sich scheue, in einem Bette mit vielen Leuten nebeneinander zu schlafen. Ich will den Leser mit der Vorrede, die er immer anbrachte, verschonen und gleich beim Kerne anfangen. „Wir waren," erzählte er, „mit der ganzen Batterie einstens bei einem Durchmarsch in ein kleines Dorf gelegt worden, wo auf jedes Haus acht bis zehn Mann kamen. In meinem Quartier waren neun Mann, die sich auf zwei Betten vertheilen mußten. Ich, damals noch Bombardier, wurde als Vorgesetzter mit vier Kanonieren in ein Bett gelegt; der Unteroffizier

nahm mit den drei übrigen das andere. Unser damaliger Geschützführer, Gott habe ihn selig! hatte nämlich die sehr richtige Ansicht,
die Kanoniere, wenn es möglich sei, selbst im Bett nicht ohne Aufsicht zu lassen. Obgleich mein Bett sehr breit war, fand es sich
doch, daß wir nicht anders als auf der Seite liegen konnten, zu-
sammengeschachtelt wie die Löffel in einem Löffelkörbchen. Ich hatte
den rechten Flügel und die weise Einrichtung getroffen, daß Alle
sich nach meinem Commando zugleich auf die andere Seite legen
mußten, zu welchem Zwecke ich zuweilen während der Nacht die
Commando's zu rechts- und linksum gab. Einmal jedoch verstand
der linke Flügelmann schlaftrunken das Commando falsch und machte
die entgegengesetzte Wendung. Ihr könnt euch denken, daß die
ganze Linie in die größte Confusion kam. Mein Rufen nach Ordnung half nicht mehr; die schwache Bettlade konnte den gewalt-
samen Evolutionen nicht widerstehen, brach mit lautem Gepolter
auseinander, und wir lagen auf der Erde. Das Sonderbarste bei
der Sache war aber, daß, nachdem wir die Betttrümmer bei Seite
geschafft und das Bettzeug auseinandergezogen hatten, jeder mit
Verwunderung bemerkte, daß er besser liege als vorher. Ich versichere euch," schloß Dose, „es geht nichts über die Erfahrung."

Die Haide, auf der die Schießübungen abgehalten wurden,
hatte eine Erstreckung von mehreren Stunden. Der Boden war
ziemlich hart, an den meisten Stellen eben, und das ganze Terrain
von dichten Tannenwäldern eingeschlossen, zwischen denen die Dörfer lagen, in welchen sich die Brigade vertheilt hatte. Bei der Einrichtung dieser Haide zu unserem Schießplatze hatte man, was beim
Militärdienst sonst so selten vorkommt, sich bemüht, das Angenehme
mit dem Nützlichen zu verbinden. Auf der einen Seite befand sich,
aus Rasen und Erde aufgeführt, das Modell einer Bastion nach
Vauban, das als Ziel für die schweren Geschütze und leichten Mör-
ser galt; daneben befand sich eine kleine Redoute, in welche man
schwere Bomben warf, und rechts und links von diesen Werken

Sechstes Kapitel.

waren zwei Scheiben aufgestellt, jede sechs Fuß hoch und an hundert Fuß lang, entsprechend der Ausdehnung eines Bataillons Infanterie. Die weißen Wände waren durch schwarze senkrechte Striche, je zwei Fuß voneinander, abgetheilt, um bei Kartätschenfeuer genauer sehen zu können, wie viele Kugeln auf die Person kämen. Hinter diesen Werken dehnte sich die Halde etwa noch eine Stunde weit aus. Dort befand sich eine andere große Erhöhung von Sand, der Kugelfang genannt, wo sich die Kugeln, die über die Ziele hinausflogen, einbohrten und später ausgegraben wurden. Diese Anstalten waren das Nützliche bei der Sache.

Das Angenehme befand sich ungefähr tausend Schritt von der Bastion, nämlich die Standplätze für die Batterien, für die Marketender und die Bier- und Weinbuden. Hier war der eigentlich poetische Theil des ganzen Manövers. Ein Platz von ungefähr vierhundert Fuß im Gevierte war mit Akazien bepflanzt worden, die einen nothdürftigen Schatten gaben. In der Mitte stand auf einem kleinen Hügel die Wachthütte der verschiedenen Artillerieparks; ein stattlicher Vierundzwanzigpfünder, aus Blech geschnitten, zeigte als Fahne auf dem Dache die Richtung des Windes an. Um diesen Hügel lagen Interimsbauten, einfach aus Brettern aufgeführt, theils für Laboratorien eingerichtet, theils zur Aufbewahrung der Munition, sowie, etwas entfernt, verschiedene Pulverschuppen. Ein Brunnen mit sehr klarem Wasser, der neben der Wachtstube stand, gab das wohlfeilste, unschuldigste Getränk.

Ebenso gut organisirt, wie die Brigade selbst, und ebenso abgetheilt in schwere und leichte Batterien, war das Marketender- und Verpflegungskorps. Die Unteroffiziersweiber, die Kommisweiber, nach dem technischen Ausdruck, bildeten die leichten, reitenden Batterien. Sie umschwärmten uns mit ihren Tragkörben oder kleinen Ziehkarren den ganzen Tag, und einige der couragirtesten brachten sogar während des Schießens Gläser mit Branntwein und dergleichen bis an die Geschütze. Andere hatten unter die Akazienbäume

Standquartier. — Marketender. 93

kleine Tische gestellt, wo sie in den Ruhestunden ihre Artikel verkauften, die sich hier schon bis zu einem Glase Bier ausdehnten, wogegen die ebengenannten leichten Truppen nur Branntwein mit in's Feld nahmen. Die schwere, solide Festungsartillerie hatte sich etwa hundert Schritt hinter der Wachtstube in langer majestätischer Reihe gelagert. Dies waren Lieferanten aus der Stadt, die meistens vollständige Buden gebaut hatten, in denen sie für baares Geld an Eß- und Trinkwaaren abgaben, was ein Soldatenherz nur erfreuen kann. Um Kunden anzuziehen, hatte jeder seine Bude mit einem saftigen oder pikanten Namen geschmückt. Besonders die Aufschrift einer Bude: „zum nassen Schwamm," hatte Nachahmer gefunden. Es gab da einen Comparativ, und Einer, um den Andern den Rang abzulaufen, nannte seine Bude sogar „zum allernassesten Schwamm." Daneben prangte „der lustige Kanonier," sowie „der flotte Kanonier." Letztere Benennung war dem alten Oberst stets ein Dorn im Auge. Da er gleich am ersten Tage geboten, dieses Schild abzunehmen, und dadurch die Bude gleichsam in Verruf gethan hatte, erfreute sie sich des größten Zuspruchs und die Benennung „zum flotten Kanonier" pflanzte sich um so mehr fort. So oft der Alte mit seinem Schimmel auf die Haide kam, hielt er ein paar Sekunden vor der Bude still und pflegte stets einige böse Worte zu murmeln, als: „Ik will det nich leiden! Ik will keenen flotten Kanonier, oder een Donnerwetter! —" Dabei bewies er eine so merkwürdige Consequenz, daß er Alle, die er aus dem flotten Kanonier herauskommen sah, von Weitem auf das Genaueste musterte, und wehe, wenn er an einem Solchen etwas Dienstwidriges fand. Man hatte sich sehr in Acht zu nehmen, ihm auf diesem bösen Platze zu begegnen; es war, als wolle er ihn zu einer Art Schädelstätte machen und dadurch in schlimmen Geruch bringen.

So stand einst ein unglücklicher Hornist vor dieser Bude und sah den Oberst nicht, der plötzlich hinter ihm aus dem Gebüsch heraustritt. Der Aermste hatte dadurch gegen die Regeln des An-

Sechstes Kapitel.

zugs gefehlt, daß er fein Horn am langen Riemen, der fich daran
befindet, über der Schulter trug, während er es ordonnanzmäßig um
daſſelbe herumgewickelt haben mußte. Der Oberſt ſah dies, ſtieg
flugs vom Pferde, näherte fich dem Horniſten, faßte mit ſeiner kräftigen Hand plötzlich den Riemen, zog ihn ſtark an und hatte ſo
den Kanonier wie in einer Schlinge gefangen. Unter einer Fluth
von Flüchen ſchwang er ihn wie einen Kreiſel um ſich herum.
„Seht mir eenmal Euer den Herrn an!" ſchrie er. „If, ſein Oberſt,
hab' ihm befohlen, dat Riemenzeug zu ſchonen, und der nignutzige
Blechpfeifer amuſirt ſich, et ſyſtematiſch zu ruiniren! Ha, Millionenhund! du biſt wohl och euer von die flotte Kanoniers? If will
euch beflotten? Wem gehörſt du ſo egentlich? Bei welcher Batterie biſt du?" — „Bon der ſiebenten Fußbatterie, Herr Oberſt."
— „So, ſo," wandte ſich der Alte zu einem der herbeigekommenen
Offiziere, „von Ihrer Batterie, Herr Hauptmann M.? Sie com-
mandiren die flotten Kanoniers? Na, geben Sie dieſem eenmal
vierundzwanzig Stunden Mittelarreſt. — Een Donnerwetter!"

Der Oberſt war durch dieſes gewaltſame Manöver ſo außer
Athem gekommen, daß er ſeine Rede abbrechen mußte. Er ging
lange mit großen Schritten vor dem „flotten Kanonier" auf und
ab und drohte mit der Fauſt; aber alle Gäſte hatten ſich durch
eine Hinterthüre längſt geflüchtet, und der Eigenthümer war im
Zweifel, ob er nicht, wie vor einem Gewitterſturm, Fenſter und
Thüren ſchließen ſollte.

Eine andere Bude hieß „zur brennenden Lunte" und eine ſolche
hing beſtändig an einem Stück Holz vor der Thüre. Auch dieſe
erfreute ſich nicht der Gunſt des Oberſten: denn er pflegte zu ſagen:
„Et will mir ſo egentlich nich gefallen, det man en königliches
Kriegsmaterial ſo vor einem Wirthshauſe ufhängt." — Ferner hieß
eine Bude „zum Herrn Lieutenant," wo ſich viele Offiziere verſam-
melten. Neben dieſer hatte ein Spekulant die ſeine „zum Herrrn
Lieutenant von" getauft; doch machte er nicht viel Glück, da in

Standquartier. — Marketender.

der Brigade nur wenige Adelige waren. Die Bude, wo sich der Oberst am meisten aufhielt und die darum Ehren halber auch vom Offizierskorps stark besucht wurde, hieß „zur lustigen Marketenderin."

Unsere Uebungen fingen, wie immer, auch diesmal an einem Samstag und mit Aufführung der Batterien gegen die obengenannte Bastion an. Diese Arbeiten verrichtet man während der Nacht, in Kriegszeiten, um, durch die Dunkelheit geschützt, den feindlichen Kugeln nicht so ausgesetzt zu sein, in Friedenszeiten, um das Arbeiten im Dunkeln zu lernen. Der Samstag wird gewählt, damit die Leute am folgenden Tag ausruhen können.

Es war Nachmittags drei Uhr, als wir die fetten Weiden verließen, um uns bei dem nächsten größern Dorfe, wo der Kapitän lag, mit der Batterie zu vereinigen, und nach der Haide zu marschiren. Wir waren natürlich ohne Waffen und Pferde. Im Artilleriepark ward zuerst ein großer Apell gehalten, und dann erhielten sämmtliche Truppen Erlaubniß, sich bis zum Einbruch der Nacht auf ihre eigene Faust zu belustigen. Bald kam auch der Oberst auf seinem kleinen Schimmel, vom Kommandanten und mehreren andern Offizieren der Festung begleitet, und stieg bei der lustigen Marketenderin ab. Dies that er überhaupt täglich, und wer von uns ein reines Gewissen hatte, ging ebenfalls dahin und lagerte sich auf dem Rasen vor der Bude; denn der Oberst gab uns gar oft ein Schauspiel zum Besten. Wenn er gut gelaunt war, konnte er über die geringsten Dinge so furchtbar lachen, daß man es durch das ganze Lager hörte. Zuweilen nahm er auch etwas von den Marketenderinnen, welche die Buden umschwärmten, und unterhielt sich mit ihnen. War er dagegen schlecht aufgelegt, so setzte es nicht selten entsetzliche Donnerwetter. Eine eigene feinere Mütze z. B. bemerkte er dann schon aus weiter Ferne und faßte den sich unbesorgt Nähernden plötzlich.

Unter den Offizieren, die ihn heute aus der Stadt begleitet, waren zwei merkwürdige Exemplare. Der eine war ein Oberst von

N., von dem man sich erzählte, daß Alles an seinem Körper falsch sei. Daß er sich schnürte, konnte nicht bezweifelt werden, und einer seiner Bedienten hatte einmal gesagt, seine Beinkleider und Uniformen seien so stark wattirt, daß sie, wenn er dieselben ausgezogen, aufrecht stehen bleiben. Der Mann war schon hoch in den Fünfzigen, aber noch ausnehmend eitel. Kenner behaupteten, sein schwarzes Haar sei ursprünglich stark roth gewesen und werde von Zeit zu Zeit gefärbt. Daß bei Sonnenschein ein fataler Goldschimmer darauf lag, kann ich selbst bezeugen. Nie in meinem Leben sah ich eine frischere Gesichtsfarbe, als bei diesem Oberst; man behauptete aber, sie sei in Paris fabrizirt. Auch färbte er sich die Augbrauen und malte sich zu Zeiten eine blaue Ader auf die Stirn. Er war Kommandant in einer unserer größeren Festungen, in welcher ich auch einige Zeit lang gelegen, und gegenwärtig hier in W. auf Urlaub. Wir wußten bei Regenwetter oder scharfer Luft gleich, woher der Wind wehte, wenn wir nur den Oberst von N. ansahen; er stellte sich beständig so, daß ihm Wind und Regen nicht in's Gesicht schlugen, was den schönen Zeichnungen auf demselben sehr geschadet habe müßte. Mit unserm Alten stand er jetzt in ziemlich gutem Verhältnisse, obgleich sie früher einmal in C. einen harten Strauß mit einander gehabt hatten.

In einem der Festungswerke nämlich, das die Artillerie schon seit mehreren Jahren besetzt hielt, waren große Vorräthe an Werg aufgehäuft, die der eine unserer Unteroffiziere bei der Ablösung vom andern übernahm, ohne sie genau abzuwiegen. Eines Tags jedoch wurde dieses Werg der Infanterie übergeben, und der übernehmende Corporal wog in seinem Diensteifer Alles genau nach und fand ein Deficit von acht Pfund Werg. Dies wurde dem Kommandanten gemeldet, und da derselbe die Artillerie von jeher nicht leiden konnte, dictirte er dem Artillerieunteroffizier mit der größten Ruhe drei Tage Arrest. Dieser, ein alter, gedienter Mann, der bei unserm Oberst v. T. besonders in Gunst stand, trug demselben die Sache vor: wie leicht bei einer

großen Masse nach Jahren acht Pfund fehlen könnten. I. versprach
ihm, die Sache zu arrangiren. Bei der Parade ging er auf den
Kommandanten zu, und wir, die wir umherstanden, waren auf die
Verhandlungen sehr gespannt. Von jeher hatten sie im Dienste
kleine Händel gehabt, und wir Alle wußten, daß unser Alter, der
derbe, ehrliche Mann, jenem wegen seines gezierten Wesens nie besonders gut war. I. begann: „Herr Oberst von R., ik wünsche
Ihnen einen guten Morgen." — „Guten Morgen, Herr Oberst." —
„Ich hab' es mißfällig vernommen, Herr Oberst, dat Sie wieder
enmal enen von meinen Unteroffizieren wegen einer großen Kleinigkeit Arrest gegeben haben." — „Herr Oberst, dies sind Dienst-
sachen, welche am besten auf dem gewöhnlichen Weg der Eingaben
abgemacht werden."

Unser alter Oberst fing an, ungeduldig zu werden: „Ja, wat
Eingaben! det kenne ik schon! Papier und nischt wie Papier. Aberst
ik möchte Ihnen gern ein gutes Wort für meinen Unteroffizier sagen; denn ik versichere Ihnen, Herr Oberst von R., daß er im
Dienst gerad ein Mann ist wie wir Beede, Herr Oberst." — „Ich
bedaure sehr, Herr Oberst, aber des Beispiels wegen —" — „Ja
wat bedauern! deß macht mir meinen Kohl nich fett." — „Herr
Oberst es ist unmöglich." — „So? is et unmöglich! Ja, es is man
sehr bequem, so immer uf die Artillerie rumzureiten." — „Herr
Oberst, ich weiß nicht, aber —" — „Ja, Herr —" unser Alter war
schon so in Eifer gekommen, daß er zwischen diesem „Herr" und dem
nachfolgenden „Oberst" eine lange, zornige Pause machte — „Oberst,
ik weß och nur so viel, dat der Mann um die lumpige Kleinigkeit
nich in Arrest kommt; ik werde det Werg bezahlen." — „Bitte recht
sehr, Herr Oberst, von bezahlen kann keine Rede sein; es ist nicht
der Sache, sondern der Ordnung wegen." — „Ho ho!" rief unser
Alter, ik weß och, was Ordnung ist! Um det Werg is es Ihnen
zu thun, um det Werg! Ik will et Ihnen nur im Vertrauen sagen,
ganz im Vertrauen;" bei diesen Worten warf er die Hände auf den

Sechstes Kapitel.

Rücken und brüllte furchtbar über den Platz hin: „Ik weß wohl, dat es gewisse Herrn gibt, die uf det Werg so erpicht sind: sie stoppen sich die Uniformen damit uf." Wir Alle, die wir dastanden, mußten uns gewaltig zusammennehmen, um nicht laut aufzulachen. — Oberst L. rannte einmal um den Platz herum, trat dann vor unsere Batterie und rief dem Kapitän zu: „Der Unteroffizier S. geht noch in dieser Stunde auf Kommando nach B." — Er wurde richtig nicht bestraft; aber zwischen den beiden Obersten kam es zu argen Händeln, die, wenn man sich nicht von mehreren Seiten hineingemischt hätte, mit einem Duell geendigt haben müßten.

Der andere Offizier, dessen ich oben erwähnte, war ein sehr alter Mann, ein Major von Ente. Er hatte die Feldzüge in den neunziger Jahren gegen die Franzosen mitgemacht, war darauf im Jahr 1816 verabschiedet worden und lebte von einer kleinen Pension in C. Bei feierlichen Gelegenheiten, wie am Geburtstag des Königs, oder wenn auf der Durchreise von hohen Personen Parade abgehalten wurde, holte der Major von Ente regelmäßig seine Uniform hervor und schmückte sich auf's Beste. Er pflegte in solchen Fällen den Degen, anstatt denselben ordonnanzmäßig perpendikulär herabhängen zu lassen, horizontal anzustecken, wie die Stutzer in der Zopfzeit. Die ganze Figur des kleinen gebückten Mannes mit den ernsten Zügen und der altmodischen Uniform ward durch die sonderbare Art, seine Waffe zu tragen, noch komischer, und so oft er bei einer Parade erschien, lief ein beifälliges Gemurmel durch die Reihen der Offiziere. Er stellte sich gewöhnlich in der Suite des Commandirenden auf, wobei ihn die jungen Offiziere in einem großen Zirkel umgaben, damit jeder die sonderbare Figur des alten Mannes im Auge behielt.

Ehe ich meine militärische Laufbahn angetreten, befand ich mich eines Tages in C. und strömte mit einer Menge Neugieriger auf den großen Exerzierplatz, um eine Parade anzusehen, die der Prinz A. bei seiner Durchreise abhielt. Die ganze Garnison war in Colonnen aufgestellt; vor der Front hielt der General, von einer zahlreichen Suite umgeben, in deren Mitte sich auch heute, wie immer, der Major von Ente befand, in voller Uniform mit dem horizontalen Degen. Der Prinz erschien; doch kaum hatte die Parade begonnen, als die Feierlichkeit des militärischen Aktes durch einen sonderbaren Zufall gestört wurde.

Ein Offizier der paradirenden Reiterei besaß einen wunderschönen Pudel, den er bei solchen Gelegenheiten in's Zimmer einschloß. Das Thier war aber durch einen Zufall entkommen, und trieb sich bei der Suite herum, um seinen Herrn zu suchen. Der Pudel, der gewohnt war, vor dem Offizierkorps seine Künste zu produziren, trieb auch heute seine Possen, stellte sich auf die Hinterbeine, tanzte und wartete auf. Seine Hauptforce jedoch bestand darin, über einen vorgehaltenen Stock oder Degen zu springen. Auf einmal bemerkt der Hund den herausfordernden Degen des Majors von Ente, läuft hinzu und springt mit einem großen Satz darüber weg. Die Offiziere, die das sehen, lachen laut. Der Hund hiedurch aufgemuntert, kehrt zurück und springt bellend zum zweiten und dritten Mal über den Degen. Die höheren Offiziere werden aufmerksam und lachen ebenfalls. Der arme Major, der nicht weiß, was hinter seinem Rücken vorgeht, dreht sich um, und wendet so den aufgestellten Truppen die Degenspitze zu. Der Hund in seiner Lustigkeit folgt der Bewegung und zeigt den Truppen ebenfalls seine Geschicklichkeit. Die Offiziere im Glied lachen zuerst, Unteroffiziere und Gemeine folgen, eine Kolonne steckt die andere an, und wie der Prinz die Geschichte sieht und in ein lautes Gelächter ausbricht, stimmt die ganze Garnison mit ein. Man mußte für einen Augenblick rühren lassen.

Das Schlimmste bei der Sache war, daß die Einwohner von G., die bekanntlich mit einem Bonmot gleich bei der Hand sind, vom Major erzählten, dies sei das erstemal, daß er Jemand habe über die Klinge springen lassen. Von der Zeit an erschien er nie mehr in Uniform, besuchte aber noch immer in Civilkleidern alle

Sechstes Kapitel.

Paraden und Manöver. Und so war er auch heute mit auf die Haide geritten, um dem Batteriebau zuzusehen.

Indessen war die Zeit unserer Ruhe verstrichen. Der Tag neigte sich zu seinem Ende und von allen Seiten riefen die Signalhörner die Kanoniere zusammen. Im Ganzen sollten heute Nacht fünf Batterien gebaut werden: eine Mörserbatterie, eine Ricochettebatterie, zwei Batterien für schwere Belagerungsgeschütze und eine für schwere und leichte Haubitzen. — Die Hauptsache bei jeder Batterie ist natürlich die Brustwehr, die dazu dient, Geschütze und Kanoniere vor den feindlichen Kugeln sicher zu stellen. Bei Mörser- und Haubitzbatterien, die ihr Geschoß im Bogen über die Brustwehr hinaussenden, ist sie gewöhnlich von Rasen und Erde aufgeführt; bei Kanonenbatterien aber, wo der Schuß durch Einschnitte geradeaus geht, besteht sie aus Erde, die von allen Seiten mit Faschinen und Schanzkörben bekleidet ist.

Kaum war es so dunkel geworden, daß man die Gegenstände auf der Haide nicht mehr genau unterscheiden konnte, so trat die zum Bau bestimmte Mannschaft jeder Batterie zusammen und die Offiziere schlichen sich vor, um die Linien auf dem Boden abzustecken. Die Mannschaft ist unterdessen abgetheilt worden; einige stehen bei den Schanzkörben, andere bei den Faschinen, um auf das gegebene Zeichen gleich anfangen zu können. Die Hämmer zum Einschlagen der Pfähle sind mit Filz umwickelt und alle Kommando's werden ganz leise gegeben, damit der Feind in der Festung nichts merke. Mein guter Dose, der eine Wand der Batterie zu bauen hatte, theilte mich nicht den Arbeitern zu, sondern ließ mich mit einigen andern Freiwilligen im Depot zurück, um das Material zu bewachen.

Jetzt erschallte durch die ganze Linie das Commando zum Angriff der Arbeit. Die erste Reihe der Soldaten mit Schanzkörben stürzte so eilig wie möglich vor; sie richteten ihr Material an der bezeichneten Stelle auf, ergriffen dann ihre Schippen und Hacken, und füllten ihre Körbe mit Erde, um sogleich eine, wenn auch nur schwache Brustwehr zu haben. Nachdem diese eine Zeit lang gearbeitet hatten, liefen sie zurück und wurden durch eine andere gleiche Anzahl abgelöst.

Es macht einen eigenen Eindruck, dieser Arbeit zuzusehen. Alles geht so still und geheimnißvoll zu; man hört die Schläge nur leise und dumpf auf die Pfähle fallen, die Schippen und Haken rascheln, und dazwischen tönen die Kommandoworte zum Antreiben der Arbeiter mit gedämpfter Stimme. Es war mir, als seien in der Mitternachtsstunde nächtliche Geister aufgestiegen und bauen an einem geheimnißvollen Werk. Die Geschwindigkeit, mit der eine solche Brustwehr wächst, ist wirklich fast zauberhaft. So eben war noch der glatte Boden da, jetzt ragt schon ein fünf Fuß hohes Werk, wenn auch nur in den ersten Anfängen, empor. — Durch die ganze Umgebung, durch das geheimnißvolle eifrige Arbeiten kommt man ganz in die Idee hinein, als liege man wirklich vor einer feindlichen Festung, wo der Bau der Batterien, mag er noch so leise betrieben werden, meistens von den Belagerten bemerkt wird, die ihn dann auf unangenehme Art zu stören suchen. Oft sahen wir erwartend die Bastion an, die sich fern auf der Haide in dunkeln Umrissen unsern Blicken zeigte, und meinten, jetzt müsse dort ein Blitz auffahren und die Belagerten schicken uns eine Leuchtkugel oder Fallschirmrakete zu, um zu sehen, was es hierunten gebe. — Wenn man in der Festung nicht schon am Tage durch Verrath oder sonst woher weiß, wo die Belagerer ihre Batterien aufrichten werden, und die Geschütze nicht schon im Voraus dahin gewendet hat, eine Richtung, die man festzuhalten sucht, indem man längs der Räder Balken nagelt, so fangen die Belagerten in der Nacht an, Leuchtkugeln zu werfen, die das Terrain auf vier-, fünfhundert Schritte weit taghell erleuchten. Dann folgt ein Kartätschenregen, und wehe den armen Arbeitern, wenn die Brustwehr nicht schon so hoch gestiegen ist, daß sie sie einigermaßen schützt.

Wir hatten unsere Mäntel auf einen Haufen getragen und la-

Sechstes Kapitel.

gen zu vier behaglich da und sahen dem Spektakel zu. Die Nacht wurde indeß sehr dunkel, und da wir bald nichts mehr sehen konnten und nur das dumpfe Scharren und Klopfen der Arbeiter hörten, ließ das Interesse an der Sache, das uns bisher warm und munter gehalten, nach und die kalte Nachtluft fing an, uns lästig zu werden. Erst deckten wir uns mit den Mänteln zu und versuchten zu schlafen, dann hielten wir einen Kriegsrath, in dem der einstimmige Beschluß gefaßt wurde, da das Material, welches wir zu bewachen gehabt hatten, nach und nach abgeholt worden war, uns hinter die Coulissen des Artillerieparks, das heißt in eine der Buden zurückzuziehen. Nur einige waren diese Nacht geöffnet, worunter wir nach kurzer Ueberlegung „die lustige Marketenderin" wählten. Das Innere dieser Bude war nämlich in zwei Theile getheilt und hatte auch zwei Ausgänge. Man konnte sich also, im Fall sich einer der Offiziere blicken ließ, durch die eine oder die andere Thüre retten: denn es war nichts weniger als erlaubt, sich während des Batteriebaus zu entfernen. So leise wie möglich schlichen wir von unserm Platz und kamen glücklich aus dem Bereich der Arbeiter, obgleich wir mehrere Male angerufen wurden. Waren die Offiziere oder Unteroffiziere, die uns bemerkten, weit genug entfernt, so antworteten wir ihnen gar nicht, und hie und da, wo uns einer der Depotslieutenant in den Weg trat, hatten wir die beisten Ausreden zur Hand: bald hatten wir Erlaubniß auszutreten, bald mußten wir hier und dort etwas holen. Daß wir uns einzeln zur lustigen Marketenderin stahlen, kann man denken; aber in kurzer Zeit waren wir dort Alle glücklich beisammen. Hier traten uns anfänglich neue Schwierigkeiten in den Weg. Den ersten Schrecken verursachte uns der Federhut und der Säbel des alten Obersten, die in der einen Stube auf dem Tisch lagen, er hatte sie zurückgelassen, um die Batterien in der Feldmütze zu inspiciren und beim Herumschleichen weniger erkannt zu werden. Vorher aber hatte er der Wirthin eingeschärft, keinem Kanonier während der Nacht das Geringste zu verabreichen. Anfangs weigerte sie sich auch, das Gebot zu übertreten, und erst nachdem wir ihr Mitleid erregt und ihr vorgestellt, wie erbärmlich wir frieren, gab sie nach.

Wir waren alle vier ganz junge Bursche, keiner über siebzehn Jahre alt, diese unsere Jugend erweichte ihr strenges Herz und machte, daß sie uns einen vortrefflichen Punsch bereitete. Natürlich blieb es nicht bei einem Glase, und wir waren schon an der fünften und sechsten Auflage dieses vortrefflichen Getränks, als wir die Thüre des vordern Zimmers aufgehen hörten und — man kann sich unsere unangenehme Ueberraschung denken — die Stimme des Hauptmanns Feind vernahmen, der laut nach der Wirthin rief. Diese, welche uns Freiwilligen, die wir viel bei ihr verzehrten, weit geneigter war als dem ganzen Offiziercorps, erschrack nicht weniger und winkte uns mit der Hand, ruhig zu sein, während sie in das vordere Zimmer trat. Sie wußte so gut wie wir, daß, wenn uns der böse Feind entdeckte, drei Tage Arrest uns gewiß waren. Es war eine gute Person, die Wirthin zur lustigen Marketenderin, auch von keinem üblen Aeußern, eine untersetzte Figur in den Zwanzigen, mit einem frischen Gesicht und einem außerordentlichen Mundwerk. Man sagte unserem Alten nach, er protegire sie nicht umsonst so außerordentlich.

Wenn wir nicht sogleich die Flucht ergriffen, so geschah es nur, weil wir recht gut wußten, der Hauptmann Feind sei mit eben so wenigem Rechte hier wie wir, denn auch er durfte die Batterie nicht verlassen. — Trotzdem richtete er sich im Nebenzimmer recht häuslich ein, hatte seine Mütze abgelegt und bat die Wirthin in äußerst freundlichem Tone, sie mögte doch die Thüre vorne zuschließen, damit er nicht überrascht würde! es wäre ihm nicht lieb, wenn der Oberst zufällig käme. Dieser müsse dann zur andern Thüre herein, während er durch die vordere entwischen könnte. Wir bedankten uns im Stillen herzlich für die Güte unseres Batteriechefs, uns so dem ersten Anlauf bloß stellen zu wollen, und griffen schon nach unsern Mützen, um uns zu entfernen, als einer, der durch die Holzwand sah, uns winkte, näher zu treten. Der Hauptmann Feind bemühte sich im Nebenzimmer, gegen die Wirthin den Liebenswürdigen zu machen. Er faßte sie am Kinn und fing schon an, aus dem kalten ceremoniösen Sie und der förmlichen Rede: Frau Wirthin, in das zarte, weiche Du überzugehen, und nannte sie beim Vornamen Margaretha, den er in Gretchen umwandelte. Wir mußten an uns halten, um nicht laut aufzulachen; mir aber kam plötzlich ein verwegener Gedanke. Ich wußte sehr gut, wie schlecht der Feind mit unserm Alten stand, und daß er um Alles in der Welt hier nicht von ihm hätte ertappt werden mögen. Ich nahm den Säbel des Obersten leise vom Tisch, setzte zum Ueberfluß den Federhut schief auf's Ohr, und obgleich mich meine Kameraden mit ängstlichen Geberden abzuhalten suchten, begann ich derb aufzutreten und hustete und räusperte einigemale, so tief es meine Stimme nur erlaubte, genau so, wie es der Oberst zu machen pflegte, wobei ich den Säbel klirrend nachschleifen ließ. Wie ein Hase, der von weitem das Gebell der Hunde hört, flog der Feind nach der Thüre und verschwand augenblicklich. Auch die Wirthin blickte erstaunt auf und erst als wir die Thüre öffneten und hineintraten, brach sie mit uns in lautes Gelächter aus. Aber das Sprichwort: wer Andern eine Grube gräbt u. s. w., bewährte sich an uns wieder einmal recht traurig. Während wir im Uebermuth bei offenen Thüren diese Possen trieben, hörten wir plötzlich die Stimme des Alten, der sich mit einigen Offizieren rasch der hintern Thür näherte. Gerechter Gott! er war obendrein gerade schlecht bei Laune; denn er fluchte entsetzlich und wir hörten deutlich die Worte: „Ja, ik sage Ihnen, Herr Major, ik will den Leuten det schon vertreiben — En Donnerwetter!" Ich machte eine Bewegung nach der vordern Thüre zu stürzen, war aber so verwirrt, daß ich den Hut auf dem Kopf behielt. Meine Kameraden waren so vom Schrecken gelähmt, daß keiner entsprang, sondern Alle mir zurufen: „Wirf den Feder-

Standquartier. — Marketender. 105

Hut weg! wirf den Federhut weg!" Doch zu spät; der Alte mit
dem Major A., seinem Adjutanten, und, das fehlte noch, dem
Hauptmann Feind selbst, der sich listiger Weise der Suite angeschlossen hatte, traten rasch durch das hintere in's vordere Zimmer.

Die Pause, während welcher mein sonderbarer Anblick die
Zunge des Obersten fesselte, war der schrecklichste Moment in meinem Leben. So wüthend habe ich ihn niemals wieder gesehen.
Er griff nach der linken Seite, und ich glaube, es war ein Glück
für uns, daß er seinen Säbel nicht bei sich hatte. — „Mene Waffe!
mene Waffe!" schrie er, „und men Hut! in so unreputirlichen Händen! det is en Verbrechen! An menen Säbel ist det Port d'Epée
Seiner Majestät, und wer det mißbraucht, kann nur durch en Kriegsgericht bestraft werden. Herr Major, lassen Se mal die Wache kommen. Margareth, enen Stuhl! Ik versichere Sie, mene Herren, det
hat mich angegriffen!"

Der Alte ließ sich einen Augenblick nieder und trank ein großes Glas Grog, das ihm die Wirthin unaufgefordert reichte. Ich
hatte natürlich den Hut abgenommen, hielt ihn aber noch, sowie
den Säbel in der Hand. Ich war wie versteinert; dies brachte ihn
nach kurzer Ruhe wieder zu einem neuen Ausbruch von Wuth. —
„Menen Hut dahin;" schrie er, „oder et gibt en Unglück!" — Fast
alle Offiziere gaben sich Mühe, ihn zu beschwichtigen, und einer
der Adjutanten nahm mir Hut und Säbel ab; unser Feind aber
war boshaft genug, ihn noch mehr aufzureizen, indem er äußerte,
er habe beständig mit uns wegen dergleichen Streichen zu thun,
und Freiwillige, wie wir, schaden der Ordnung in der ganzen Batterie. Aber der gute Feind hatte sich durch diese Aeußerung auf
doppelte Art selbst geschadet. Erstens sagte ihm der Oberst mit
grimmigem Blick: „Herr Hauptmann Feind von die sechspfündige
reitende Batterie Nro. 21, et is aber doch sonderbar, dat gerade
nach dieser Batterie alle solch Volk zusammenströmt; sie muß dazu
ene besondere Anziehungskraft haben!" Ich aber, empört durch

Sechstes Kapitel.

diese Anklage unseres Kapitäns, vergaß alle Rücksichten; eine unabsehbare Reihe von Arresttagen war uns doch einmal gewiß. Da ich wohl wußte, wie man unsern Alten anzureden hatte, trat ich fest vor ihn hin, sah ihm starr in die Augen und erzählte ihm, warum wir es gewagt hätten, seinen Hut zu mißbrauchen. Obgleich er mir während meiner Rede noch manches Donnerwetter und manchen Millionenhund zuschickte, befahl er mir doch kein Stillschweigen und ließ mich zu Ende kommen; den Namen des Offiziers jedoch, der im Nebenzimmer gewesen sei, nannte ich nicht. Er wurde neugierig, ihn zu erfahren, und theilte, während er mir die größeren Blitze zukommen ließ, auch zuweilen ein kleines Wetterleuchten dem Offiziere zu, der es gewagt, seine Batterie zu verlassen. Es that mir leid, daß ich es der guten Margarethe nicht erlassen konnte, und ziemlich umständlich auch von den kleinen Scherzen berichten mußte, die jener sich mit ihr erlaubt. Unser Feind stand wie auf Kohlen.

„So, so!" fing der Alte wieder an, „det is die saubere Geschichte? und ik will schon herauskriegen, wer der Herr Offizier gewesen is. Margareth, sag Se mer de Warheet, oder ik werde die Bude zur lustigen Marketenderin zuschließen lassen, weil Sie gegen meine Befehle gehandelt und dem jungen Volke hier Getränke verabreicht hat." — „Ach, Herr Oberst," entgegnete die Wirthin, „ich kann ja nichts dafür, wenn mir die Herren Offiziere und Soldaten in die Bude kommen." — „Nu ja," sagte der Alte, „wer war der Offizier?" — „Ach, Herr Oberst, es war der Herr Hauptmann Feind!" — „So?" sprach der Oberst und dehnte dieses „so" unendlich lange, während er den Hauptmann Feind von oben bis unten musterte! „also der Herr Hauptmann Feind! Och von die reitende Batterie Nr. 21." — Der Feind wußte nichts zu antworten und stotterte nur einige Worte her. Die Wache kam indessen und wir wurden bis auf weiteren Befehl in den Artilleriepark geführt, um nachher zum Arrest nach der Festung W. gebracht zu werden.

Hinter uns wurde wieder die Stimme des Obersten laut, die crescendo in ein fürchterliches Donnerwetter ausbrach, das wahrscheinlich unserem Feind auf den Kopf fuhr.

Die Batterien waren jetzt größtentheils fertig, nur das äußere Ansehen wurde hie und da verbessert, hier der Boden etwas geebnet, dort noch ein paar Pfähle in einen Schanzkorb geschlagen. Die meisten Kanoniere waren beschäftigt, die Bohlen, auf welche die Geschütze zu stehen kommen, mit großen hölzernen Nägeln am Boden zu befestigen. Eine solche Unterlage von schweren Brettern wird allen größeren Geschützen gegeben, weil sie ohne dieselbe beim Rücklauf den Boden zu sehr aufreißen würden. Der Himmel war ganz klar und färbte sich im Osten purpurroth. Es wurde heute gewiß ein schöner Tag; aber vor uns lag ein recht trauriger. Wie hatten wir uns gestern Abend auf den Morgen gefreut, wenn die Batterien fertig sein würden und, mit Kanonen und Mörsern bespickt, uns einen Anblick böten, wie wir ihn noch nie gehabt. Ach, wir sahen von alle dem fast nichts mehr. Wir spähten nur nach dem Oberst, der durch alle Batterien ritt und sie auf's Genaueste ansah. Es that uns sehr leid, daß alle Arbeiter, auch mein Dose, unter dem Zorn leiden mußten, den wir in ihm erregt; denn der Alte schüttelte beständig den Kopf, und mehreremale hörten wir ihn laut rufen: „Det is ene schlechte Geschichte, ene janz miserable Arbeet!"

Kurz darauf riefen die Signalhörner die Batterien zusammen, und der Befehl für den folgenden Tag wurde ausgegeben, der für uns lautete: wir sollten zunächst nach der Festung W. in den Untersuchungsarrest gebracht werden, der Oberst wolle Standrecht über uns halten lassen. — Bei Sonnenaufgang trennten sich die Batterien, jede ging in ihr Standquartier zurück; Dose wollte mir noch einige Worte sagen, doch der Hauptmann Feind, der es nicht unterlassen konnte, uns noch eine Strafpredigt zu halten, verscheuchte ihn. Als seien wir die größten Verbrecher, mußten wir abgeson-

Sechstes Kapitel.

tert von der Batterie marschiren, und hinter uns ritten die Ordonnanzen des Obersten, ein paar Unteroffiziere, in völliger Bewaffnung.

Anfangs waren wir sehr niedergeschlagen, doch bald siegte der natürliche jugendliche Muth, und wir fingen an, uns durch lustige Einfälle gegenseitig aufzuheitern. Der Oberst, nachdem er in der unglücklichen Bude zur lustigen Marketenderin noch einen soliden Trunk zu sich genommen, verlor auch seine üble Laune und sprach, während er neben den Kanonieren ritt, die theils müde von der Arbeit, theils mißmuthig durch das beständige Raisonniren des Alten schweigend nach Hause zogen, zuweilen freundlich mit ihnen und munterte sie zum Singen auf, was sie sonst immer thaten. Heute jedoch wollte keiner den Anfang machen; Alle marschirten ruhig dahin; es herrschte ein so guter esprit de corps in der Brigade, daß wir armen Arrestanten die sonstige Fröhlichkeit diesen Morgen nicht aufkommen ließen. Bei jedem Andern als unserm Oberst wäre es für uns rathsam gewesen, recht zerknirscht einher zu schreiten, mit gesenktem Kopfe, als habe uns die Größe unserer Schuld gänzlich zu Boden gedrückt; wir wußten aber recht gut, daß er so etwas nicht leiden konnte, und marschirten deßhalb recht flott und munter vor den Andern her.

Als einmal der Alte etwas zurückgeblieben war und am Ende der Truppen ritt, steckten wir uns eine Cigarre an; doch sollte uns heute nichts hingehen. Der Oberst sprengte vor, und ehe ich meine Cigarre wegnehmen konnte, hatte er sie schon erblickt. Ich machte mich auf ein neues Ungewitter gefaßt, doch hatte sich der Zorn des gutmüthigen Mannes sogar gegen uns bereits etwas gelegt, und er begnügte sich, mir zuzurufen: „Eigentlich soll einem Arrestanten nicht erlobt sein, Tabak zu rochen." Es soll ihm eigentlich nicht erlaubt sein; dies dolmetschten wir, als wolle er es für diesmal erlauben, und rauchten wacker darauf los. Da wir wußten, welche Freude es ihm machte, wenn die Kanoniere auf dem

Heimwege munter waren und sangen, so stimmten wir vier Arrestanten aus voller Kehle eines seiner Leiblieder an, und es dauerte nicht lange, so fielen alle Batterien ein. Es ist ein bekanntes Lied und beginnt:

Es steht ein Wirthshaus an dem Rhein,
Da kehren die Soldaten ein.
Frau Wirthin schenkt vom besten
Ulrichsteiner Fruchtbranntwein,
Und setzt ihn vor den Gästen.

Da wir einmal im Zuge waren, ging es in Einem fort mit Lachen und Singen bis nach W. Auf dem Glacis wurden die Batterien entlassen und die Kanoniere konnten in ihre Quartiere gehen. Wir mußten mit unserer Leibwache durch die Stadt, um bis auf Weiteres in Arrest gebracht zu werden. Da, nach der uns bekannten Einrichtung in solchen mildthätigen Anstalten nichts als Wasser und Brod verabreicht wird, so veranlaßten wir die uns befreundeten Unterofiziere, daß sie mit uns in eines der Wirthshäuser auf dem Marktplatze gingen, wo wir in aller Eile und Heimlichkeit vorerst ein kleines Frühstück verzehrten. Endlich war keine Zeit mehr zu verlieren; sie mußten uns abliefern. Die Sonne war in aller Pracht und Herrlichkeit aufgegangen und die Einwohner der Stadt W. erwachten allmälig. Hier öffnete sich ein Fensterladen, dort eine Thüre, und die Dienstmädchen gingen mit ihren Krügen an den Brunnen, um Wasser zu schöpfen. Es war schrecklich, diesen herrlichen Sonntag und wer weiß wie viele Tage noch sollten wir im dumpfen Arrest zubringen! Als wir vor's Haus traten, fuhr eine elegante Reisekalesche mit vier Postpferden vor. Wir vier in schlechten Jacken und dahinter die Ordonnanzen zu Pferd mußten die im Wagen aufmerksam gemacht haben. Ich hörte, wie Jemand den Kellner fragte, was dies für Leute seien, und wie er antwortete: Arrestanten von der Artillerie. Was ging die im Wagen unsere Geschichte an! Ich konnte mich nicht enthalten, einen unfreundlichen Blick hinein zu werfen. Aber, Gott im Himmel wen sah ich? Ja, sie war es! im Wagen saß neben einem dicken, ältlichen Herrn meine Bekanntschaft aus D., die kleine hübsche Emilie. Entsetzlich! sie hatte mich erkannt, ich sah es ihr an. Ich machte, daß ich fortkam; in diesem Aufzug, als Arrestant, konnte ich beim größten Eigendünkel nicht glauben, daß ich ihr gefalle.

Die Formalität des Einspinnens, mit welchem technischen Ausdruck wir den Augenblick des Einsperrens bezeichneten, ging hier ungefähr vor sich, wie im ehrwürdigen Lokal Nr. 7½ in C., nur daß der hiesige Aufseher einen Akt derselben, das Untersuchen, ob man verbotene Eß- und Trinkwaaren bei sich führe, nicht mit so raffinirter Grausamkeit betrieb, wie der Rattenkönig glorreichen Andenkens. Dafür hatte ihm aber auch die öffentliche Meinung eine weit niedrigere Charge ertheilt als jenem; man nannte ihn nur den Wanzenmajor, weil die niedlichen, aber für uns äußerst lästigen Thierchen die Räume hier ebenso stark bevölkerten, wie die Ratten das Lokal in C. Der Major fragte nur oberflächlich, ob wir nicht Verbotenes bei uns führten, und da wir natürlich diese Frage verneinten, retteten wir einige Flaschen Rum und sonstige Effekten, die wir kunstreich zwischen Stiefel und Reithose verborgen hatten. „Die Kultur, die alle Welt beleckt" — es sollte eigentlich heißen: befleckt — hatte sich glücklicherweise hieher noch nicht so weit erstreckt, daß, wie in unsern andern Garnisonen, die Militärgefängnisse nach dem pennsylvanischen Absperrungssysteme eingerichtet waren; vielmehr wurde uns ein großes Gemach angewiesen, worin eine mächtige hölzerne Pritsche eine ganze Wand einnahm und zum Liegen einlud. Die Fenster waren zwar hoch über dem Boden und vergittert; aber das schlugen wir nicht hoch an. Waren wir doch von der Nachtwache und dem Marsche nach W. sehr ermüdet, so daß wir wohl ein gutes Stück des Tages schlafen konnten, und die übrigen Stunden konnten wir ja verplaudern.

Als ein gutes Zeichen sahen wir es an, daß uns der alte Oberst nicht in den Untersuchungsarrest hatte bringen lassen, wo wir allerdings Matratzen und warmes Essen gehabt hätten, aber dafür auch vor uns ein Kriegsgericht, hinter welchem folgt „Heulen und Zähnklappern." So kamen wir vielleicht mit drei Tagen Mittelarrest davon; ein Standrecht dagegen hätte uns wenigstens zu vierzehn Tagen oder drei Wochen verurtheilt. — Es war sehr gut, daß ich mich aus meiner frühesten Jugend noch des Spruches erinnerte: „Ein gut Gewissen ist ein sanftes Ruhekissen"; dies war auch wahrhaft das Einzige, worauf wir heute unser Haupt legen konnten, und nicht lange, so lagen wir auch Alle in tiefem Schlaf. — Wir mochten einige Stunden geschlafen haben, als uns das Rascheln der Schlüssel aufweckte. Schlaftrunken fuhren wir von der Pritsche auf und sahen den Adjutanten des Obersten in der Thüre stehen, der mit lachendem Gesicht zusah, wie wir an unsern verschobenen Kollets herumarbeiteten, um uns in einigermaßen anständiger Haltung vor ihm aufpflanzen zu können. Das heitere Aussehen des Lieutenants M. wälzte mir eine ganze Ladung Steine vom Herzen; denn er war nicht wie viele seiner Herren Kameraden, die nur dann ein freundliches Gesicht machten, wenn sie uns Freiwillige recht „in die Dinte reiten" konnten. Ich hatte mich nicht getäuscht, Lieutenant M. sagte uns, der Oberst sei diesen Morgen sehr vergnügt nach Hause gekommen, weil der Bau sämmtlicher Batterien in der Nacht so ausgezeichnet gut ausgefallen; er habe, nachdem er einige Stunden geschlafen, die gute Laune beibehalten, weßhalb er, der Adjutant, es gewagt, ihn an uns zu erinnern und um eine Milderung unserer Strafe zu bitten. Nu sah ich den alten Oberst im Geiste lebhaft vor mir, wie er bei diesem Antrag im Zimmer auf- und abging und vor sich hinmurmelte: „„Et sind Millionenhunde! wenn sie man nich immer so gottlose Streiche anfingen! Doch it will für dies eue Mal noch sehen, wat wir thun können." Ja, so hatte er diesen Morgen gesprochen und uns nach kurzem Bedenken gänzlich pardonnirt; doch mit dem Zusatz: „det se sich aber uf'm Fleck in die Cantonirungen scheeren und sich nicht mehr hier in M. herum treiben."

Man kann sich denken, mit welcher Freude wir die Verkündigung dieses Gnadenakts anhörten, und ich konnte mich nicht enthalten, dem Wanzenmajor, den man nach dem bedeutenden Corps, das er hier commandirte, wenigstens zum Obersten hätte avanciren sollen, herzlich für gute Herberge zu danken. Gott! wie viel menschenfreundlicher als der Rattenkönig war dieser Mann. Er bat sich nicht einmal die Ehre unseres Besuchs für ein andermal aus.

Wir verfügten uns augenblicklich in den Gasthof am Markt, wo wir am Morgen gefrühstückt, und in meinem Herzen schimmerte ein kleiner Hoffnungsstrahl, daß vielleicht die Kalesche und in ihr die kleine Emilie noch daselbst zu finden sein möchten. Doch der Markt war leer, d. h. es war keine Equipage dort zu sehen, aber zu unserem Verdruß in ganzen Schaaren Militär- und Civilpersonen, die den schönen Sonntag zum Spazierengehen benützten. Erstere sahen an unserem Anzug gleich, woher wir kamen, und fanden nichts Besonderes daran; sie wußten wohl, wie leicht man sich einen Platz in Nr. Sicher verschafft. Die Anderen dagegen waren nicht civil genug, dasselbe zu denken, sondern blieben stehen und sahen uns erstaunt und lachend nach; besonders die jungen Mädchen im Sonntagsstaat machten sich über unsere schlechtgeputzten Köpfe lustig.

Im Gasthofe nahmen wir ein kleines Mahl ein und bestellten einen Wagen, der uns nach den Cantonirungen zurückbringen sollte. Ich schlich mich vor die Thüre und fragte einen der Bedienten des Hauses, wohin wohl die Equipage gefahren sei, die diesen Morgen gegen sechs Uhr hier vor der goldenen Sonne die Pferde gewechselt; aber der Herr Hausknecht, als er einen Gemeinen in sehr schlechter Uniform vor sich sah, steckte seine Hände in die Tasche und ging, ohne mich einer Antwort zu würdigen, pfeifend von dannen.
— Es war auch eine vermessene Idee von mir, mich als Soldat

Standquartier. — Marketender.

nach einer Extrapost mit Vieren zu erkundigen. Selbst wenn ich ein Herr Lieutenant gewesen wäre, hätte mir ein routinirter Kellner vielleicht Antwort gegeben, aber doch den Kopf geschüttelt.

Das bestellte Fuhrwerk, ein stattlicher Wagen mit zwei guten Pferden, kam vor das Haus, und wir setzten uns stolz hinein. Doch ließen wir das Verdeck erst vor der Stadt zurückschlagen und legten uns dann recht bequem in die Ecken. Nachdem wir über unsere Freiheit eine Weile gejubelt und gesungen, langweilte uns das langsame Fahren durch den tiefen Sand und die öde Gegend, und wir schliefen alle vier fest ein.

Plötzlich weckten mich einige lautgerufene Worte. Ich fuhr in die Höhe, und wen erblickten meine Augen? Am Wagenschlag hielt zu Pferde unser lieber Hauptmann Feind und hinter ihm der dicke Wachtmeister Löffel. Ersterer machte mir ein Gesicht, so grimmig, daß ich es in meinem Leben nicht vergessen kann, und der Anblick Beider erregte in mir ungefähr das Gefühl, wie wenn man von wilden Thieren träumt, unter die man gerathen und denen man nicht mehr entgehen kann. Wie zwei erboste Tiger auf dem Sprung sahen uns die beiden guten Freunde an. Meine Kameraden erwachten auch, und wir Alle waren so bestürzt, daß erst die einladende Stimme des Feindes: ob man nicht wisse, was man zu thun habe, wenn man seinem Hauptmann begegne, uns aus unserer Erstarrung emporriß und wir sofort aus dem Wagen sprangen, um dem Guten, den kleinen Finger an der Hosennaht, unsere Honneurs zu machen, wobei ich nach der Vorschrift meldete: „vier Freiwillige von der und der Batterie aus dem Arrestlokal in W. entlassen." — „Und wer hat Ihnen die Erlaubniß gegeben," entgegnete der Feind in seiner äußerst langsamen, boshaften Manier, „sich in einen Wagen zu setzen, und, anstatt zu Fuß nach Hause zu gehen, wie es sich für entlassene Gefangene ziemt, vornehm nach den Cantonirungen zu fahren, gerade als wollten Sie Ihre Vorgesetzten verhöhnen?"

Wir konnten darauf nichts antworten und schwiegen stille, wie es bei solchen Gelegenheiten am besten ist. Der Feind, der sich gewaltig ärgerte, steckte die Hand unter's Kollet; da er aber mit dem Fuß nicht auftreten konnte, wie er im Zorne pflegte, drückte er ihn heftig gegen das Pferd, das diese Bewegung falsch verstehen mochte und einen plötzlichen Satz machte, wodurch der Hauptmann jetzt auch körperlich aus der Contenance kam. „Wachtmeister Löffel," schrie er diesem zu, der als der Diener seines Herrn genau wußte, was jetzt kommen würde, und sein Gedenkbuch schon aus der Tasche gezogen hatte, „notiren Sie die saubere Geschichte. Wir wollen die Herrn dem Oberst melden, und daß der Wagen wieder nach der Stadt zurückfährt, versteht sich von selbst. Den Anmaßungen dieser jungen Herrn wollen wir doch so viel wie möglich ein Ziel stecken."

Unser Kutscher, dessen Wohlwollen wir uns vor der Abfahrt durch eine Flasche Wein erworben hatten, und der bisher diesen Verhandlungen lächelnd zugehört und nur bisweilen einem von uns mit dem Auge gewinkt hatte, fragte den Hauptmann mit der gleichgültigsten Miene von der Welt, ob er seinen Wagen meine? In diesem Falle bedaure er, seinem Wunsch nicht entsprechen zu können; er sei von der Frau Prinzipalin beauftragt, die Herren nach den fetten Weiden, nach Feldern und Langenwiesen zu führen, und wenn sie neben dem Wagen zu Fuß hergehen wollen, sei ihm das einerlei; er müsse aber thun, was ihm die Frau befohlen. Der Hauptmann Feind, der wohl wußte, daß er, besonders als Offizier, mit diesen Leuten nichts ausrichte, versuchte es nicht einmal, sich auf's hohe Pferd zu schwingen, sondern setzte unserm Wagenlenker so deutlich wie möglich auseinander, was wir in verwichener Nacht Alles begangen und wie groß die Frechheit sei, daß wir uns jetzt oben drein noch nach Hause wollten fahren lassen. Aber umsonst, der Bursche war ebenfalls Soldat gewesen und sagte dem Feind ganz trocken: dergleichen Sachen gehen ihn nichts an und er müsse nun einmal seine Stationen abfahren. Was war zu thun? Der Feind, der wohl wußte, daß wir, sobald wir ihm aus den Augen waren,

Standquartier. — Marketender. 115

unsern Wagen wieder besteigen würden, war so klug, deßhalb kein
ferneres Gebot ergehen zu lassen, und begnügte sich mit der Bemerkung, daß er die Geschichte schwer ahnen werde. Der Wachtmeister notirte etwas eifrig in seine Schreibtafel und Beide ritten
ihres Weges. Wir kletterten in den Wagen, einer von uns, der
aber nicht bei meiner Batterie war, fing laut an zu singen:

Es ritten zwei Reiter zum Thore hinein, hurrah!
und wir dachten ungefähr wie der alte Miller in Kabale und Liebe:
„da ich doch einmal in's Zuchthaus muß," und sangen:

„So leben wir, so leben wir, so leben wir alle Tage
Bei der allerflottesten Feldbatterie."

Unser Kutscher hatte sich bei diesem Intermezzo ungemein amüsirt; er erzählte uns viel von seiner militärischen Laufbahn, und
wie er auch manchmal im Arrest gesessen, versteht sich von selbst,
ganz unschuldig. Ich kam noch bei guter Zeit nach den fetten
Welden, glücklicher Weise aber nach dem Mittagsmahl. Ich ver-
abschiedete mich von meinen Kameraden, um, nachdem ich mich
besser gekleidet, meinen poetischen Dose aufzusuchen, der im Wald
und Feld herumstrich.

Siebentes Kapitel.

Eine Cantonirungs-Idylle.

Der Sonntagnachmittag in den ländlichen Quartieren gewährt
dem Soldaten zur Manöverzeit die angenehmsten Stunden. Der
Sonntagmorgen dagegen ist gewöhnlich noch langweiliger als jeder
andere, der auf der Haide zugebracht wird, denn da wird die ganze
Batterie in das Dorf consignirt, wo der Hauptmann liegt, gewöhnlich mit Lederzeug, Waffen und sonstigem Geräthe, nicht sowohl,

Siebentes Kapitel.

um die Sachen zu untersuchen und das Fehlende zu ergänzen, als vielmehr um dem Soldaten auch an diesem Tag etwas zu thun zu geben. Besonders unser Hauptmann hatte eine eigene Force darin, diese Sonntagsapelle, die uns Allen ein Dorn im Auge waren, durch allerlei Mittel in die Länge zu ziehen. Meistens waren aber um die Mittagsstunde diese Untersuchungen beendigt, und wir kehrten in unsere Dörfer zurück, wo sich dann jeder auf eigene Faust belustigte, so gut er konnte. Die Soldaten zogen dann ihre besseren Uniformen an, rüsteten ihre Pfeifen und spazierten zwischen den Häusern und Baumgärten umher oder gesellten sich zu der Jugend des Dorfs auf den Tanzböden, wo es aber nicht selten zu Scenen der Eifersucht und zu Händeln kam.

Im Quartier angekommen, erfuhr ich, mein Herr Unteroffizier sei schon vor einer Stunde durch den Garten gegen den Wald gegangen, wo ich ihn wahrscheinlich noch finden würde. An den Mauern und Hecken, die das Gut des Grafen R. umgeben, vorbei, gelangte ich an einen kleinen Bach, der, zwischen Moos und niederem Gesträuche verdeckt, aus dem Walde kommt. Mich mußte Alles trügen, oder ich fand meinen Dose, wenn ich das Ufer dieses Wassers verfolgte. Schon das Wort Waldbach hatte einen ungeheuern Reiz für ihn; aber einen wirklichen zu sehen, an den Ufern desselben in Poesie schwelgen zu können, so gut war es ihm lange nicht geworden. Nach einer kleinen halben Stunde kam ich auf einen freien Platz, wo der Bach etwas breiter wurde und recht klar und freundlich bei einer Gruppe großer Tannen und Eichen vorbeifloß. Richtig, da lag mein Vorgesetzter; seine lange, dünne Figur, die er behaglich ausgestreckt, hätte man für einen umgehauenen Stamm halten können.

— ein entlaubter Stamm: doch innen
Im Marke lebt die schaffende Gewalt.

Er hatte sein blasses Haupt auf den rechten Arm gestützt und schien in seinem Buche zu lesen. Wenn ich sage in seinem, so meine ich

Eine Cantonirungs-Idylle.

damit keines, das er selbst verfaßt, sondern eines, das er beständig mit sich herumführte, die Geschichte von der schönen Magellone, die er, wie er sich schon seit vielen Jahren vorgenommen, in Versen umarbeiten wollte. So viel er auf sein Dichtertalent hielt, und so oft er von den Werken sprach, mit denen er einst die Welt in Erstaunen setzen wollte, so hatten sich doch, Gott sei Dank! die Arme der Druckerpresse nur ein einziges Mal geöffnet, um seine poetischen Erzeugnisse aufzunehmen: der allgemeine Anzeiger der Stadt C. hatte einst eine Charade von ihm gegeben. Dies reichte jedoch vollkommen hin, ihm den Kopf zu verrücken. Er wollte seitdem nur mit schönen Geistern umgehen, wozu er uns natürlich nicht rechnete; aber um seine Poesien anzuhören, dazu waren wir ihm gut genug. Namentlich war sein Gedicht: „auf der Wacht" — es hatte, wenn ich mich recht besinne, nicht weniger als sechsunddreißig Strophen — uns zur Strafruthe geworden. Statt es wie Demosthenes zu machen und am brausenden Meer, oder wenigstens am Rhein, seine Deklamirübungen anzustellen, mußten wir ihm dazu herhalten. Ich namentlich habe das Stück wenigstens vierzigmal angehört.

Da lag nun mein Dose und las; sein Haupt reichte bis an einen der Tannenstämme, die nicht gerade dicht am Wasser standen, und doch hätten seine Fußsohlen, bei einer andern Richtung der Beine, das jenseitige Ufer des Baches erreicht. Ich trat, eine bekannte Melodie pfeifend, zu ihm; er blickte auf, und so sehr er sich über mein plötzliches Wiedersehen freute, bemerkte ich doch, daß sich ein melancholischer Zug auf sein Gesicht gelagert hatte. Auch die faulen Bewegungen, womit er seine Glieder von einer Seite auf die andere legte und das Haupt gähnend auf den linken Arm brachte, zeigten mir an, daß er entweder über einen großen Gedanken brütete, oder daß ihm etwas Unangenehmes begegnet war. Schon seit lange hatte er sich alles Fluchen als unpoetisch abgewöhnt und dagegen eine gewisse Nonchalance angenommen, die ihm nobel und schön däuchte, uns aber gewaltig lächerlich vorkam.

„Es ist traurig," begann er mit leiser Stimme, „daß Sie meinen Anleitungen so wenig Ehre machen und durch Ihre leichtfertigen Streiche fast jede Woche einmal in Arrest kommen oder hart daran vorbeischweben, oder besser gesagt, daß der Arrest wie das Schwert des Damokles stets über Ihrem Haupte aufgehängt ist." — „Ja, lieber Dose," antwortete ich, „es thut mir wirklich leid, daß die Staffeln zum Tempel des Ruhms für meine ungelenken Füße so glatt sind und ich immer hinstürze; aber ich versichere Sie, die Nacht bin ich wieder einmal ganz unschuldig dazu gekommen. Was konnten wir dafür? unsere Wache bei den Baumaterialien hörte ja von selbst auf, als diese fortgeschafft waren." — „Nun ja," erwiderte Dose, „ich will für dieses Mal nichts sagen. Der wachthabende Unteroffizier wandelt immer längs einem Abgrunde, den emporgewachsene Disteln verdecken. Sie werden sich der Stelle aus meinem Gedichte erinnern, die folgendermaßen ungefähr dasselbe sagt" — „Um Gotteswillen, lieber Dose, keine Poesie! Erzählen Sie mir lieber, was diesen pikant melancholischen Zug hervorgebracht, den ich über Ihre Züge gelagert sehe."

Dose lud mich mit einer Handbewegung ein, neben ihm Platz zu nehmen, und als ich mich in das Moos gestreckt, sagte er mit affektirt leiser Stimme: „Sie fanden mich in Gedanken über die Poesie dieses Lebens. Es ist doch in dem materiellen Zustande unseres Seins oder Nichtseins wenig von diesem reinen Prinzip zu finden. Das Traurigste aber an der ganzen Sache ist, daß die wenigsten Leute Sinn für Poesie haben, sonst könnten sie durch geringe Kleinigkeiten ihr armes Leben doch wenigstens in etwas damit ausschmücken. Ich dachte so eben an meine Geburt, an meine Taufe, die, was an sich poetisch genug war, kurze Zeit nach der Hochzeit meines Vaters stattfand. Warum wurde ich gerade in Norddeutschland geboren, wo die Leute in gewissen Provinzen die unglückliche Wuth haben, von zehn Knaben wenigstens einen Friedrich Wilhelm, und von den übrigen neun auch noch fünf oder sechs

Friedrich zu nennen? Leider bekam auch ich den sehr unpoetischen Namen Friedrich Dose. Das hat mich von jeher gekränkt. Könnte ich nicht eben so gut Max, Emil, oder wie der große Feldherr: Eugen heißen? Denken Sie: Eugen Dose! Lange hab ich daran gedacht, mir einen andern Vornamen beizulegen, aber die gemeinen Seelen würden dies lächerlich finden, weßhalb ich heute auf eine andere Idee gekommen bin. Man könnte ja den Namen Friedrich in einer andern Sprache geben, und da habe ich denn mit Hülfe des Schulmeisters heute Morgen einige Lexika's nachgeschlagen. Auf Französisch Frédéric — schmeckt zu sehr nach dem Oeuvres posthumes des alten Fritze, den ich doch nicht nachahmen will; — auf Hebräisch: Solomon Dose; da könnte man meinen, ich sei ein Jude; das ist Alles nichts. Aber russisch, russisch! Ich versichere Sie, in Rußland ist, abgesehen von der Knute, viel Poesie zu finden. Wissen Sie, wie zart Friedrich auf Russisch heißt? — Dose richtete sich bei diesen Worten in die Höhe und sah mich feierlich fragend an. „Feodor heißt es; nicht Fedor, sondern Feodor. Thun Sie mir die Liebe und nennen Sie mich künftig Feodor Dose."

Ich muß gestehen, so viel Poesie rührte mich. Ich drückte seinen langen Oberkörper an mein Herz und sagte ihm, so schmelzend es mir möglich war: „Theuerster Feodor!" — Dose streckte sich sehr befriedigt wieder unter den Baum, nahm das Buch, das vor ihm lag, und zeigte mir das Titelblatt desselben. Da hatte er mit Bleistift hineingeschrieben: „In hochdeutsch gereimte Verse gebracht von Feodor Dose."

Eine halbe Stunde lang hielt ich es bei ihm aus und hörte all den Unsinn geduldig an, der dem ersten leidenschaftlichen Ausbruch seiner Poesie folgte, und da es für heute doch nicht mehr möglich war, ihn auf ein vernünftigeres Kapitel zu bringen, so empfahl ich mich, um meinen Spaziergang fortzusetzen. Eine Strecke von ihm wandte ich mich noch einmal um und erfreute ihn mit

Siebentes Kapitel.

einem lauten: „Adieu, mein Feodor!" eine Aufmerksamkeit, die er mit einer sehr herablassenden Bewegung der Hand belohnte.

Wenn ich zum erstenmal in einer Gegend bin, ist es mein erstes und angenehmstes Geschäft, das Terrain zu recognosciren. Man trifft da so zufällig auf Kleinigkeiten, die einen freundlich ansprechen und die Phantasie, besonders beim langweiligen Manöverleben, angenehm beschäftigen. Am Bach aufwärts gehend, wollte ich ihn links überspringen, um über die Hecken des Parks, der zum Gute gehörte, das Innere desselben etwas zu übersehen, als ich rechts im Gebüsch einige Schüsse hörte. Ich wandte mich der Gegend zu und erreichte bald einen freien Platz, wo ich einige meiner Kameraden fand, die sich am Abhange eines Hohlwegs eine kleine Schanze erbaut hatten, nach der sie mit Kanönchen und Pistolen schossen. Es war ein allgemeiner Jubel, die Schanze hatte Schleßscharten, in welchen sie kleine Brettchen aufgestellt, die als Scheiben dienten. Ich belustigte mich einige Augenblicke mit ihnen und wandte mich dann wieder zum Bache zurück.

Eine kleine, grün angestrichene Brücke, die sich meinen Blicken darbot, lud mich viel zu angenehm ein, auf ihr den Bach zu überschreiten, als daß mich der herrschaftliche Park, der gleich hinter derselben anfing und hier ein offenes Thor hatte, davon abgeschreckt hätte. Vielmehr trat ich hinein; im schlimmsten Falle konnte mich ein grober Gärtner wieder hinausweisen. Ich ging mit innerem Wohlbehagen über die reinlichen Kieswege, die von hohen dichtbelaubten Bäumen umgeben waren und hie und da um saftiggrüne Rasenplätze mit leuchtenden Blumenkörbchen in der Mitte umherliefen. Als ich in den Park trat, überschlich mich der Gedanke, ich thue Unrecht, ein fremdes Eigenthum zu betreten, und ich wunderte mich über mein Herz; war es doch in ähnlichen Fällen früher nie so bedenklich gewesen; auch stand ja an der Thüre keine Tafel mit der Inschrift: „Verbotener Eingang." Ich überredete mich leicht, wie es mir Niemand verwehren könne, durch ein geöffnetes

Thor in einen Park zu treten, indem ich ja durch mein stilles Um-
herwandeln Niemanden Schaden zufügen könne. Es war mir so
wohl hier zwischen den frischen Bäumen und duftenden Blumen.

Der Aufenthalt im Arrest ließ mir sonst immer für einige Tage
ein unangenehmes, drückendes Gefühl zurück. Wenn man in den
dunkeln Käfigen sitzt, kann man sich kaum selbst überreden, daß es
eine Kleinigkeit ist, die einen hierher gebracht. Mir wenigstens war
es oft, als sei ich ein arger Verbrecher, und dieses Gefühl, wie gesagt, verfinsterte mir wie ein Nebel noch Tage nachher meine Umgebung. Doch heute wie ich in den Garten trat, ward mir ganz anders
zu Muth. Langsam schlenderte ich unter den Bäumen umher und
kam an eine Stelle, wo man den Bach in den Park und in ein
rundes Marmorbecken geleitet hatte, das allem Anschein nach zum
Bad diente. Dichte Taxushecken umgaben das Bassin und die
Zweige waren so fest zusammengewachsen, daß kein Blick hindurch-
zudringen vermochte. Oben hatte man über die Laubwände Latten
gelegt, die mit Reben, Rosen und Gaisblatt überzogen, eine schöne
Laube bildeten. Ein kleines in den Taxus gehauenes Pförtchen,
dessen hölzerne Thüre offen stand, führte in dieses heimliche Rund.

Ich trat hinein, und war es die schwüle Sommerluft oder das
klare Wasser im weißen Becken, mich wandelte plötzlich die Lust an
zu baden und da ich leider in meinem ganzen Leben einen gefaßten
Entschluß nie lange überlegt habe, schob ich flugs den Riegel an der
Thüre vor und fing an mich auszukleiden. Doch ging ich zur Vorsicht noch einmal rings an den Wänden herum und horchte nach allen
Seiten, ob nicht Schritte oder sonst Geräusch von nahenden Menschen
zu vernehmen sei. Aber Alles war ruhig und still. Der heiße Nachmittag schien nicht nur die Menschen in den kühlen Zimmern festzuhalten, selbst die Vögel hatten sich versteckt und nur hie und da tönte
leise das Anschlagen einer Nachtigall, als wolle sie versuchen, ob ihre
Kehle für den kommenden Abend noch die gehörige Kraft besitze.

Das Wasser war so frisch, so reinlich und angenehm, und der

Siebentes Kapitel.

Schatten der Laube, sowie die duftenden Blüthen des Gaisblatts hielten Herz und Sinne mächtig gefangen, so daß ich mich gar nicht vom Bade trennen konnte. Ich plätscherte vergnügt im Wasser herum, und die Rosenblätter, die von oben in die Fluth fielen, waren mir mächtige Flotten, die ich, der Erderschütterer Poseidon, zusammenblies oder nach allen Winden zerstreute. Plötzlich horchte ich auf, denn mir war, als hörte ich, obgleich noch sehr entfernt, Jemand auf den Kieswegen gehen. So rasch als möglich entsprang ich dem Bassin und griff nach meinen unentbehrlichsten Kleidungsstücken. — Es war so: es kamen mehrere Personen durch den Park, ich hörte plaudern und lachen — und jetzt — nun das fehlte noch! unterschied ich die Stimme des Adjutanten unseres Majors, der ebenfalls auf dem Gute im Quartier lag. Ich zog mich so rasch wie möglich an, um vielleicht noch entspringen zu können. Aber unmöglich! schon näherte man sich der Laube: Der Lieutenant v. L., ein ältlicher Herr, wahrscheinlich der Graf R., dann eine ältliche Dame und eine jüngere — gerechter Himmel! Emilie, meine kleine Emilie! Wie schön war das Mädchen! die feinen Formen der zarten, erst aufblühenden Gestalt ließ ein helles Kleid recht hervortreten. Der kleine niedliche Kopf mit dem naiven Gesichtchen! Das Mädchen hatte ein spitzes Näschen, das ohne ihre schönen Augen gewiß die schönsten, die ich in meinem Leben gesehen, großen Vorwitz ausgedrückt hätte. Und ich mußte ihr nun so wieder gegenübertreten! Heute Morgen als Arrestant, jetzt als Frevler an ihrem Eigenthum, ja am Heiligsten, das sich in demselben befand, am Bade, worin auch sie gewiß zuweilen ihre zierlichen Glieder erfrischte.

Der einzige vernünftige Gedanke, der mir bei dieser unangenehmen Ueberraschung kam und den ich noch Zeit hatte anzuführen, war, den Riegel zurückzuschieben und mich schlafend zu stellen. Ich legte mich in eine Ecke der Moosbank und schloß die Augen. Doch schlug mein Herz so heftig gegen das eng anliegende Kollet, daß jeder Argwöhnische mir gleich meinen Betrug angesehen hätte. Näher kommend, sprach die Gesellschaft von dem neu eingerichteten Bade und den Vorzügen desselben, die auch mich selber verführt hatten. Jetzt öffnete der alte Herr die Thüre, trat aber mit dem lauten Ausruf: „Nun, was soll das sein?" einen Schritt zurück. Die andern kamen überrascht näher, und da sie verwundert laut zusammensprachen, mußte ich natürlich Ehren halber erwachen. Ich richtete mich gerade im Augenblick auf, wo die kleine Emilie ihr Köpfchen neugierig durch die Thüre steckte. Ach, sie hatte mich wieder erkannt! denn sie fuhr mit einem leisen Schrei zurück, sagte aber nur zum alten Herrn: „Ei, Onkel, da ist ja ein Soldat!"

Jetzt trat der Lieutenant v. L. näher und fragte, nachdem er mich mit dem strengsten seiner Blicke von oben bis unten gemessen, wie ich hieher komme und was ich da gemacht. Zu meiner größten Beruhigung sah ich durch die geöffnete Thüre, wie Emilie der alten Dame etwas lachend erzählte, worauf diese mit freundlich wohlwollendem Ausdruck mich ansah, weßhalb mir mein Humor wieder kam und ich dem Herrn Lieutenant kurz antwortete: „Aus dem Wald, über den Steg, zu der offenen Thür dort herein." Aber dieser Herr gehörte auch zu denen, die glauben, ein Soldat und ein Offizier, noch dazu ein Adeliger, wie er war, seien aus verschiedenen Stoffen bereitet, und fuhr mich deßhalb sehr grob an: „Herrrr! wie können Sie sich unterstehen, in einen Garten zu treten, wo Sie nichts verloren haben? Eine Frechheit, die noch viel größer wird, da Sie wissen mußten, es sei möglich, mir oder gar dem Herrn Oberstwachtmeister zu begegnen." Ich antwortete dem Lieutenant v. L. gar nicht, sondern wandte mich an den alten Herrn und bat ihn mit Worten, die ich so zierlich setzte, als mir möglich war, die Freiheit zu entschuldigen, mit der ich sein Eigenthum betreten; die wunderschönen Anlagen haben mich verführt, und ich sei unbesonnen genug gewesen, in das Rondel zu treten, wo ich im kühlen Schatten eingeschlafen. Der alte Herr schien

124 Siebentes Kapitel.

meine Vertheidigung freundlich aufzunehmen; er lachte und sagte, ich solle nur in seinem Port nach Belieben herumspazieren. Da fiel der Lieutenant mit der heftigen Frage ein: wie ich denn im Schlafe meine Haare so naß gemacht? worauf ich ihm entgegnete, es müsse wohl geregnet haben. Er biß sich auf die Lippen und schwieg für jetzt; aber daß mein Name in seinem schwarzen Buch mit einem dicken Strich verzeichnet wurde, darauf konnte ich mich verlassen.

Ich trat zur alten Dame, um ihr, sowie Emilien, meine Verbeugung zu machen und mich zu entfernen. Da sagte erstere, sie habe so eben gehört, daß ich ein Bekannter ihrer Nichte sei, wenigstens habe sie mich in D. bei unserem Durchmarsche gesehen, und die Kleine fügte lachend hinzu: „Ja, und auch heute Morgen in W., als wir die Pferde wechselten." Letzteres war mir gerade keine angenehme Reminiscenz; doch sprach ich natürlich mit einigen Worten meine Dankbarkeit aus, daß sie sich meiner erinnere. Der alte Herr, der dem Lieutenant die Einrichtung des Bades gezeigt, trat jetzt ebenfalls herzu, und da er im Verlauf des Gesprächs hörte, daß ich meinen heutigen Tag im Arrest begonnen, lud er mich freundlich ein, den Abend in seiner Gesellschaft zuzubringen. Welch Entzücken für mich! Wir wandelten zusammen durch den Park, ich ging neben der kleinen Emilie und der alten Dame, und all die versteckten Gefühle, welche die Badscene und mein Mißgeschick von heute Morgen fast ganz niedergedrückt, schossen jetzt an der Seite des Mädchens wilder als je empor. Zuweilen sah ich mich lachend von der Seite an und warf eine leichte Anspielung auf unsere flüchtige Bekanntschaft in D. hin, die nur wir verstanden. Es war vielleicht das erstemal, daß sie ein Geheimniß hatte, und gerade dieß schien sie sehr zu ergötzen. Der Lieutenant ging mit dem alten Herrn hinterher und mußte sich von ihm über Gartenanlagen und dergleichen unterhalten lassen. Wenn ich mich aber zufällig umwandte, sah ich, daß seine Blicke mit dem Zeigefinger des Grafen folgten, wenn er ihn auf irgend ein Beet aufmerksam machte; er sah äußerst mißmuthig dem Treiben des muthwilligen Mädchens zu, das bald eine Weile ruhig einherging, bald vorwärts tanzte, beständig rechts und links lachend sich umsah und auf dem für mich so kurzen Weg in die Mitte des Gartens wenigstens ein halb Dutzendmal ihr Taschentuch oder ihren Sonnenschirm fallen ließ, welche ich ihr natürlich mit der größten Dienstfertigkeit aufhob. Auch der Lieutenant machte jedesmal eine Bewegung, vorzuspringen; aber der Graf hielt ihn am Arm fest und ließ sich, trotz dem verdrießlichen Gesicht des armen Offiziers, nicht aus seinen Erklärungen bringen.

Unter einer großen Laube inmitten des Gartens setzten wir uns um einen Tisch und es wurde Thee servirt. Emilie saß neben mir und ich hatte das Glück, öfters von ihr bedient zu werden. Bald bot sie mir Zucker, und ich konnte dann, wenn auch nur einen Augenblick, ihre kleine Hand flüchtig berühren, bald sprang sie auf, um in die Theemaschine zu sehen, ob das Wasser auch recht koche, wobei ihr Athem, duftig wie der leise Wind aus einem Orangenhain, auf mein Gesicht fuhr und in meinem Herzen einen klingenden Schlag that. Nie in meinem Leben sind mir Stunden so schnell vergangen. Ich wäre gern noch eine kleine Ewigkeit sitzen geblieben; aber die alte Dame stand auf, ein Zeichen für die Gesellschaft in's Haus zurückzugehen, und für mich leider, Abschied zu nehmen. Ich dankte für die Freundlichkeit, mit der man mich behandelt, wobei ich absichtlich einflocht, daß ich sie in meiner untergeordneten Stellung als Soldat doppelt zu schätzen wisse. Der alte Herr lud mich ein, wenn ich nichts zu thun habe, den Garten zu einem Spaziergang zu benutzen.

Wer nicht Soldat war, wer es nicht weiß, daß das ewige hochmüthige Betragen der Offiziere einen am Ende selbst glauben macht, man sei eine ganz andere, viel schlechtere Menschenart, der hat keinen Begriff davon, wie wohlthuend es ist, so guten freund-

Siebentes Kapitel.

lichen Menschen zu begegnen. — Ich ging dem Pförtchen zu, blieb aber am ersten Bosket stehen, wo ich die Gesellschaft aus der Laube treten sah. Der Lieutenant v. L. bot der kleinen Emilie seinen Arm und ich schalt mich heimlich einen Dummkopf, daß ich das vorhin nicht auch gewagt. Aber sie nahm ihn nicht an, und ich hörte, wie sie ziemlich laut rief: „Ach, ich muß beim Bad einen meiner Handschuhe liegen gelassen haben. Bitte, Herr Lieutenant, und du, Onkel, geht nur voraus in's Haus, ich komme gleich nach."

Ohne Antwort abzuwarten, machte sie sich von der Gesellschaft los und flog eilig nach der Gegend des Taxusrondels hin. Ich gestehe meine Blödigkeit; ich war einen Augenblick im Zweifel, ob es auch schicklich sei, wenn ich meinem Herzen folgte, das mir dringend anrieth, ihr voraus zu eilen, um sie vor der Laube noch einmal zu sehen. Endlich mit mir selbst hierüber einig, jagte ich in gewaltigen Sätzen über Beete und Blumen hinweg und stand in ein paar Sekunden am Rondel. Das Mädchen mußte nicht den nächsten Weg eingeschlagen haben; ich trat in die Hecke des Gartens; und ach Gott! da stand sie an der grünen Brücke und schaute hinüber. Ich riß hastig eine Rose ab und eilte auf den Steg zu. Wir standen uns gegenüber. Ich hätte mich nachher selbst prügeln können; ich war so dumm, ihr zu sagen, ich habe vernommen, daß sie ihren Handschuh im Taxusrondel holen wolle, und sei ihr dorthin vorausgeeilt, ohne etwas zu finden. Mußte sie nicht glauben, ich habe gelauscht? Obgleich das Mädchen bei dieser Aeußerung erröthete, so wußte sie sich doch besser zu helfen, als ich, und sagte, sie habe den Handschuh unterwegs gefunden und sei hieher gegangen, das Thor zu schließen.

Blöde, wie ich war, mußte ich diese Aeußerung für einen feinen Wink nehmen, mich zu entfernen, obgleich Emilie gewiß daran nicht dachte; ich hätte lieber im Arrest gesessen, als ihr noch länger beschwerlich zu fallen, und doch war ich wie mit Ketten an den

Platz geschlossen, und konnte um Alles in der Welt die Wendung zum Abschied nicht finden. Ohne ein Wort zu sprechen, bot ich ihr die Rose, die ich ihr gepflückt; sie nahm sie aber nur einen Augenblick, um daran zu riechen. Wenn ich recht sah, wenn mich meine Einbildung nicht betrog, so drückte sie die Rose an ihren Mund, statt gegen ihr spitzes Näschen, und gab sie mir mit den Worten wieder: „Nehmen Sie sie nur mit, wir haben hier doch so viele und Sie wahrscheinlich da draußen keine einzige; ich will Ihnen noch eine geben." Sie wandte sich etwas zurück und brach eine weiße Rosenknospe ab. — Als sie mir die Blume reichte, hielt ich ihr die rechte Hand fest, und ob mir die linke etwas entgegenkam, oder ob ich meine Freiheit zu weit trieb, sie selbst zu ergreifen, weiß ich wahrhaftig nicht; nur so viel schwebte mir die ganze Nacht in süßen blumigen Träumen vor, daß sie ihre Hände nicht zurückgezogen, als ich sie einen Augenblick gegen meine Brust gedrückt und gesagt: „Gute Nacht, liebe Emilie!"

Achtes Kapitel.

Manövertage.

Mehrere Tage waren seit jenem Abend verstrichen, und ich hatte Emilien nicht wieder gesehen. Dafür hatte ich von meinem Vormund einen Brief erhalten, der mich in den jetzigen Verhältnissen äußerst glücklich machte. Wir waren schon seit längerer Zeit wieder ausgesöhnt. Seinem heutigen Schreiben lag ein Wechsel bei, den ich vortrefflich brauchen konnte, was mich aber noch mehr erfreute, ein Brief an den Grafen R., wobei er mir schrieb: „Da du in der Nähe des Gutes meines alten Bekannten, des Grafen

Achtes Kapitel.

R., im Quartier liegen mußt, so schließe ich dir ein Empfehlungsschreiben an denselben bei, das dir von großem Nutzen sein kann. Ist der Mann noch, wie ich ihn von früher kenne, so wird er dich freundlich aufnehmen und du kannst dich in besserer Gesellschaft bewegen als unter deinen Herren Unteroffizieren und Bombardieren."

Ich ritt auf das Gut, um mein Schreiben einzuhändigen, erfuhr aber zu meinem großen Leidwesen, der Graf sei mit seiner Nichte nach W. gefahren und kehre erst andern Tags zurück. Wie hatte ich mich gefreut! es war nichts! Und noch dazu hatten wir heute einen äußerst unangenehmen Dienst. Wir mußten mit den Festungsgeschützen aus den neuerbauten Batterien nach den Bastionen schießen!

Ich sollte heute zum ersten Mal ein größeres Geschütz losbrennen, einen Vierundzwanzigpfünder, wobei des heftigen Knalles wegen die übrige Bedienungsmannschaft aus der Batterie tritt und nur Nr. 3, der die Lunte hat, zurückbleibt, um abzufeuern. Noch obendrein gab es dabei ein kleines Unglück. Als ich die Stoppine, die im Zündloche steckt, angezündet, glimmte sie, statt gleich durchzuschlagen und den Schuß zu entzünden, wider die Regel langsam fort, was sehr unangenehm ist, da man ein paar Secunden in der Erwartung des entsetzlichen Knalles bleibt. Der Oberst stand vor der Batterie und wurde sehr ungeduldig. „Det is eine schlechte Wirthschaft!" schrie er. „Welcher Oberfeuerwerker hat die Stoppinen für diese Batterie anfertigen lassen?" Das Geschütz ging noch immer nicht los, und es mag sein, daß ich ein bißchen bestürzt aussah, worüber mir der Alte zurief: „Oho! it globe, passirt Ihnen etwas! Werden Se man nicht so blaß, et wird Se nicht beißen. Mit die schlechte Wirthschaft! Soll en Donnerwetter drein schlagen!" — Bm! krachte das Geschütz los und das Sprichwort: was lange währt, wird gut, ging in Erfüllung; die schwere Kugel schlug mitten in eine Scharte des Bastions und riß die alte Lafette, ufgestellt war, sowie vier bretterne Kanoniere in Splitter.

Für Rekruten, die zum ersten Mal ein Manöver mitmachen, wobei mit scharfer Munition geschossen wird, ist das entsetzliche Krachen der Geschütze ein wahrer Probirstein ihrer Constitution. Man glaubt kaum, wie das Schießen auch moralisch auf die Leute wirkt. Ich gestehe, anfangs war auch ich bei jedem Schuß wie mit kaltem Wasser übergossen. Bei verschiedenen meiner Kameraden aber, die schwächere Nerven hatten, äußerten sich die Wirkungen des Schießens oft auf traurige oder lächerliche Weise. So eingeübt die Leute auch auf die Halde kommen und so pünktlich sie alle Bewegungen auf dem Exercierplatze ausführen, so schlecht geht Alles bei den ersten Uebungen im Feuer. Der vergißt, daß schon geladen ist, und will einen zweiten Schuß einsetzen, ein anderer will abfeuern, ehe die Schlagröhre im Zündloch steckt, ein dritter springt beim Kommando: „Geschütz, Feuer!" unwillkürlich ein paar Schritte zurück, wieder andere lassen die Gerätschaften, die sie in den Händen haben, beim Knallen des Schusses auf den Boden fallen. So erinnere ich mich noch eines Kanoniers, der als Nro. 1 die Wischerstange auf den Boden warf, die Finger in die Ohren steckte und wie unsinnig herumsprang. Viele, die sich an das Schießen gar nicht gewöhnen können, müssen zur Infanterie oder Kavallerie versetzt werden.

Am folgenden Morgen mußten wir sehr früh ausrücken. Es wurde gemeinschaftlich mit der Garnison der Festung W. ein großes Feldmanöver abgehalten, zu welchem wir vollständig gerüstet und die Mantelsäcke gepackt erscheinen mußten. Ich hatte als Freiwilliger meine eigenen Uniformen, von denen heute ich trotz alles Suchens eine Stalljacke nicht finden konnte. Und doch erinnerte ich mich genau, sie aus der Garnisonsstadt mitgenommen zu haben. Dies war mir sehr fatal; wenn es dem guten Hauptmann Feind einfiel, meinen Mantelsack zu untersuchen, so brachte mir die fehlende Jacke mit dem, was ich bei ihm bereits auf der Kreide hatte, zusammenaddirt, bestimmt ein paar Tage Arrest, im gnädigsten Fall eine Strafwache. Glücklicherweise hatte Dose ein sehr altes Exemplar übrig; wir trennten die Auszeichnung des Unteroffiziers herunter und ich steckte am Morgen die Jagt in meinen Mantelsack.

Wir rückten mit Tagesanbruch in das Dorf, wo der Hauptmann lag, und ich hatte mein Pferd und meine Waffen in so außerordentlich gutem Zustande, daß er mir, was höchst selten geschah, bei der Inspektion kein unfreundliches Gesicht machte, vielmehr erklärte, er finde meine Sachen in bester Ordnung. — Die ganze Artillerie, ein Regiment Uhlanen, zwei Regimenter Infanterie und ein paar Compagnien Schützen wurden getheilt, um gegeneinander zu manövriren. Zur Unterscheidung hatten wir unsere Tschako's auf, der Feind nur Feldmützen.

Es war ein schöner Morgen; der Himmel, klar und wolkenlos, versprach einen heißen Tag. Unserer Batterie wurde eine halbe Schwadron Uhlanen zugetheilt und unsere erste Schlachtposition war auf einem Hügel, wo wir einen kleinen Wald bestreichen konnten. Man hatte uns zur Aufgabe gemacht, es so lange als möglich zu verhindern, daß sich Fußvolk zwischen den Bäumen festsetze und damit auf der Fläche einen Anhaltspunkt gewinne. So ein Feldmanöver, wo es ein wenig lebhaft, wie in einer Schlacht, zugeht, liebten wir Alle. Es war dann keine Rede mehr vom strengen Kamaschendienst und von der maschinenartigen Pünktlichkeit der Handgriffe, wie sonst. Die Hauptsache war, daß das Schießen recht schnell ging, und keine groben Unordnungen dabei vorfielen. Auch wurden alsdann die Marketenderinnen bei den Batterien geduldet und die Offiziere drückten an solchen Tagen ein Auge zu, wenn die Commißweiber überall herumliefen, um Schnaps und Brod zu verkaufen.

Anfangs hatten wir diesen Morgen einen verlorenen Posten, worüber wir uns nicht wenig ärgerten. Nach allen Seiten ging das Knallen los, zuerst Artillerie gegen Artillerie, dann breiteten sich die Tirailleurlinien aus, und in allen Feldgräben, an den kleinsten Sträuchen begann das Geknatter des kleinen Gewehrs, doch immer zu entfernt, als daß wir am Gefechte hätten Theil nehmen können. Der Sonnenstrahl fiel auf die Gewehre des Fußvolks, die Lanzen der Uhlanen, die weit von uns unter einigen kleinen Anhöhen herumdefilirten. Ich glaube, in einer wirklichen Schlacht kann die Mannschaft nicht gespannter umherblicken und den Gang des Gefechts verfolgen, als wir es thaten. Jede Artilleriesalve wurde beobachtet und besprochen. „Das war die zweite zwölfpfündige Batterie! Dort jagt die erste reitende Batterie den Hügel hinauf! Jetzt protzt sie ab — Hurrah! das muß getroffen haben! Seht, wie die Infanterie dort abschwenkt und sich zurückzieht! noch eine Salve!"

Es dauerte indessen nicht lange, so begann auch in unserer Nähe das Gewehrfeuer. Einzelne vorwitzige feindliche Schützen krochen bis vor den Wald heran und schossen auf uns; doch die unsern gingen ihnen entgegen und warfen sie zurück. Ein Adjutant des Obersten jagte mit unserem Hauptmann heran, der etwas vorgeritten war, um die Stellung der verschiedenen Corps zu übersehen, und der Alte folgte ihm unmittelbar auf seinem Schimmel. — „Oho!" rief er uns schon von Weitem zu. „Jetzt man aufgepaßt? Hauptmann Feind, lassen Sie nur genau richten und nicht zu früh abfeuern." Dieser salutirte zur Antwort mit dem Degen und kommandirte: „Batterie, geladen! Tausend Schritt nach der Höhe vor uns!" Die Protzkasten rasselten zu und das Laden ging mit der größten Schnelligkeit vor sich. Die Bombardiere legten sich an's Geschütz, um zu richten, und wir schielten gespannt nach der Höhe hinüber, was da kommen sollte. Es war die dritte reitende Batterie, die im Carrière den Hügel heraufjagte und so frech war, gerade vor unserer Nase anzufahren. Unsere Geschütze waren geladen, gut gerichtet; Hauptmann Feind paßte den günstigsten Moment ab, um der Batterie dort drüben eine volle Ladung zu geben. Sie war uns so nahe, daß wir deutlich die Signale konnten blasen hören. Jetzt protzten sie ab, und wie auf einen Augenblick dadurch Pferde und Menschen in einen großen Knäuel durcheinanderliefen, gab der Hauptmann sein Kommando: „Batterie, Feuer!"

Unsere Kanoniere feuerten mit lautem Hurrah ab. Unsere acht Kugeln richteten — will sagen, hätten eine schöne Verwirrung in der feindlichen Batterie angerichtet. Aber kaum krachten die Schüsse, so jagte der Oberst neben unser Geschütz und schrie uns zu, es sei nicht losgegangen. Ich muß gestehen, ich konnte nichts Gewisses darüber sagen; das Krachen und der Dampf waren so groß, daß ich darauf geschworen hätte, unsere Kanone sei sogar doppelt geladen gewesen. „Geladen!" kommandirte der Hauptmann auf's Neue, doch Dose, der sehr blaß geworden war, hielt die Kanoniere zurück, zog dann den Säbel, warf die Schlagröhre aus dem Zündloch, sprang vor's Geschütz, holte richtig mit der Hand die unverbrannte Patrone heraus, fuhr mit einem gräßlichen Fluch wieder in die Mündung und zog meine unglückselige Jacke hervor, die ich, wie mir jetzt zu meinem Entsetzen einfiel, auf dem Marsche aus der Garnison hineingesteckt hatte. — Das mußte eine schöne Geschichte geben. Sowohl Dose als ich, waren am Aufenthalte Schuld, ich durch die That selbst, jener, weil er das Geschütz vor dem Laden nicht genau revidirt hatte. Die Wuth des Alten in diesem Augenblick ist nicht zu beschreiben. Er fand auch nicht Worte, sich auszudrücken; das Ausladen des Geschützes war indessen das Werk einer Sekunde, und unsere Kanoniere, die wohl einsahen, daß keine Zeit zu verlieren sei, arbeiteten so schnell, daß unser Schuß nur einen Gedanken später kam, als die andern. Der Hauptmann, welcher glücklicher Weise nichts bemerkt hatte, gab jetzt, da Infanterie hinter dem Hügel hervorkam, das Kommando: „Mit Kartätschen geladen!" wobei jeder Unteroffizier sein Geschütz selbst abfeuern läßt, sobald es geladen ist. Man kann sich denken, daß, wie ich meine Jacke erblickte, mehr todt als lebendig war.

Der Alte war vom Pferd gesprungen und schrie meinem nuglücklichen Dose zu: „Wer hat det gethan? Ik will wissen, wem die Jacke gehört?" Doch dieser, der nun einmal sah, daß doch Alles verloren war, hatte sich gesammelt und entgegnete ruhig: „Herr Oberst, wenn der Feind geworfen ist, werd' ich mich zum Arrest melden, jetzt muß ich der Infanterie drüben auch meine Kartätschen spendiren. — Geschütz, Feuer! — Mit sechslöthigen Kartätschen geladen!"

Ich fürchtete nach diesen Worten Dose's, der Oberst werde auf ihn zustürzen, um sich thätlich an ihm zu vergreifen, aber im Gegentheil, er stieg wieder auf sein Pferd und sagte nur: „Det wird sich finden!" Glücklicherweise hatte unser Geschütz außer mir lauter alte Kanoniere, die wohl wußten, daß es jetzt galt, schnell zu schießen, und deßhalb ihr Möglichstes thaten. Die Batterie that in den nächsten zwei Minuten sechs Schüsse, unser Geschütz neun. Die Infanterie drüben zog sich hinter die Hügel zurück und auch die feindliche Batterie protzte auf und verschwand. — „Batterie, halt!" kommandirte der Hauptmann. „Zum Avanciren aufgeprotzt! Batterie, Galopp! Batterie, Marsch, Marsch!"

Wir jagten dahin, daß die Pferde mit dem Bauch die Erde berührten. Dose rief uns noch zu, den nächsten Schuß ja so schnell als möglich zu thun, und vorwärts ging es den andern Hügel hinauf mit unbeschreiblichem Gerassel. Der Alte blieb dicht hinter uns. Jenseits auf der Fläche jagte die feindliche Batterie, von Uhlanen umgeben, zurück. Wir folgten ihnen den Hügel hinab und suchten näher zu kommen. Unten war ein ziemlicher Graben, über den wir hinweg mußten. Unser Geschütz war das erste, das hinüberflog. „Batterie, halt! Mit zweilöthigen Kartätschen geladen!" Die übrigen Geschütze waren kaum zum Schießen herumgedreht, so krachte unser Schuß schon dahin, und so ging es mit beispielloser Geschwindigkeit fort.

Als wir im besten Schießen waren, sprengte einer der Adjutanten unseres Abtheilungskommandanten zum Obersten heran und

Achtes Kapitel.

verlangte drei reitende Geschütze zur Verstärkung eines Kavallerie-Regiments auf dem rechten Flügel. Unser Geschütz und noch zwei andere wurden dazu bestimmt. Wir protzten im Feuer auf und folgten dem Offizier über die Fläche dahin, was die Pferde laufen konnten. Doch es war, als sollten wir heute alles mögliche Unglück haben. Vor uns lag eine Landstraße mit zwei ziemlich breiten Gräben, über die wir hinweg mußten. Beim ersten ging es ganz glücklich, aber im zweiten lagen einige große Feldsteine, gegen die eines der Geschützräder so heftig schlug, daß eine Felge und mehrere Speichen brachen. Da lagen wir. Der Offizier rief uns zu, er könne sich nicht aufhalten, wir sollen allein zurückbleiben, um womöglich das Rad nach der Vorschrift auszubessern, das heißt, es entweder mit Stricken zusammenzubinden, oder, wenn dies nicht mehr angeht, einen sogenannten Schleppbaum unterzubinden, der, an Lafette und Achse befestigt, das Rad für kurze Zeit nothdürftig ersetzt. Wir mußten zu letzterem Mittel unsere Zuflucht nehmen. Doch woher einen Baum nehmen? Glücklicherweise befand sich einige Schritte von uns ein Nebenpfad, an welchem ein Wegweiser stand. Unser Stangenreiter, ein wahrer Riese, meinte lachend, wir seien ja im Kriege, und Noth kenne kein Gebot; er lief hin und riß mit einem gewaltigen Ruck den Baum aus der Erde, der, mit den Landesfarben angestrichen, zu unserem manoeuvre de force paßte, als sei er dazu gemacht. — Eilig zogen wir das zerbrochene Rad ab und banden den Wegweiser so fest wie möglich unter die Lafette. Das Brett, worauf der Name des Orts stand, wollte Dose nicht abnehmen lassen, was äußerst komisch aussah. Die Hand, die vorne gemalt war, zeigte in die Höhe, als wollte sie des Himmels Strafe für unsere Frevelthat herabbeschwören. Das Rad wurde auf dem Protzkasten festgebunden. Wir saßen auf und galoppirten dahin. Glücklicherweise erreichten wir den rechten Flügel noch zeitig genug, um am lebhaften Feuer der beiden andern Geschütze Theil nehmen zu können. Doch bald wich der Feind auch hier zurück, natürlich wie es vorher befohlen war, und die Manöver waren für heute beendigt.

Wir zogen nach dem Park zurück, wo der Oberst, sowie die Kommandanten der übrigen Truppentheile die verschiedenen Corps defiliren ließen. Ehe wir in unsere Batterie einrückten, hatten wir den Baum noch einmal recht fest gebunden. Wir ritten bei dem Paradiren auf der Seite, wo der Oberst stand, dem wir schon von Weitem ansahen, daß er gut gelaunt war und die Jackengeschichte wahrscheinlich vergessen hatte. Als wir bei ihm vorüberkamen und er unsern Schleppbaum erblickte, war leicht zu bemerken, daß er sich sehr darüber freute; er rief einigemal: „Det is gut gemacht, ik muß det loben!" und als der Parademarsch vorbei war, ritt er mit den fremden Offizieren vor unser Geschütz und zeigte ihnen wohlgefällig, wie sich der Artillerist zu helfen wisse; besonders daß wir einen Wegweiser genommen, belustigte ihn sehr. „Ik muß det wirklich loben," sagte er, „man kann sehen, daß der Dose ein gewandter Unteroffizier is, und es scheint mir, als wenn der Bom sehr gut gehalten hätte." — „Ja wohl, Herr Oberst," antwortete Dose, „wir haben einigemal damit auf- und abgeprotzt und so eine ziemliche Strecke im Galopp zurückgelegt." Plötzlich schien dem Obersten die Geschichte von heute Morgen wieder einzufallen; er sagte: „Hoho, is denn det dasselbe Geschütz, wat heute Morgen den groben Fehler gemacht hat? — det aber," setzte er gutmüthig hinzu, „sich drauf im Schießen so sehr hervorthan?" — „Zu Befehl, Herr Oberst?" — „Aber wie war denn die Geschichte so egentlich? Ik muß doch den Mann bestrafen, der die Jacke in das Rohr gesteckt hat." — Ich trat vor und sagte dem Oberst, ich sei der Schuldige. „So?" antwortete er mir, „hab ik Se darum neulich aus dem Arrest pardonnirt, daß Se mir heute wieder solche Streiche angeben? En Donner ....! Wenn sich det Geschütz nich heute so brav gehalten hätte, wäre et meine Schuldigkeit, en ganz fatales Examen anzustellen; doch so sollen Se mit einem blauen Aug' davonkommen.

Achtes Kapitel.

Der Kanonier H. bleibt die Nacht zur Strafe auf der Haide in die Wachtstube. Ordnung muß sind!"

Ich, und besonders Dose, waren froh, so wohlfeilen Kaufes losgekommen zu sein; denn wäre die Sache an den Hauptmann Feind oder an den Abtheilungskommandanten gekommen, so hätte des Letztern Adjutant, der Lieutenant von L., der der Badgeschichte noch wohl gedachte, mir wenigstens drei Tage in Nro. Sicher verschafft. Dessen ungeachtet war mir die kleine Strafe, daß ich die Nacht über hier bleiben mußte, für heute unangenehmer, als unter andern Verhältnissen ein Tag Arrest. Ich hatte mir vorgenommen, sogleich nach dem Einrücken in's Quartier auf das Gut zu gehen und die ersten Früchte meines Empfehlungsschreibens zu ernten. Das war nun nichts, und morgen sollte wieder exercirt werden.

Es war indessen vier Uhr geworden; die verschiedenen Batterien zogen mit schmetternder Musik nach Hause, und ich mußte mein Pferd abgeben; der Oberst und die Offiziere zogen sich in die Bude zur lustigen Marketenderin zurück, und ich verfügte mich in die Wachtstube, wo glücklicherweise einer meiner guten Bekannten heute den Dienst hatte. Ich ließ mir aus einer der Buden ein Mittagsmahl kommen, legte die Waffen ab und wir setzten uns vor die Thüre, um den schönen kühlen Abend zu genießen. Wenn ich nur nicht so viel an das kleine Mädchen gedacht hätte! Ich wurde darüber ganz melancholisch und recitirte:

Eilende Wolken, Segler der Lüfte ec.

Plötzlich rief die Wache in's Gewehr, der Oberst kam mit seinen Offizieren aus der lustigen Marketenderin und schien einer seiner Ordonnanzen eifrig etwas zu erklären, was der Mann jedoch nicht begriff, denn der Oberst sagte mehreremale: „Aber, mein Sohn, et will mich bedünken, als hättst du mich doch nicht verstanden. Sag mir, wat sollst du egentlich ausrichten?" Der Kanonier stotterte einige Worte, worauf der Oberst fortfuhr: „Siehst du wohl, det du mir nich verstanden hast? — Der Wachthabende soll mal ene Bank

herausbringen, det ich ene Karte ufpflanzen kann." — Ich nahm
den Feldstuhl, auf dem ich saß, und brachte ihm denselben. Er
breitete seine Karte aus und begann dem Kanonier eine sehr einfache
Geschichte zu erklären. Unsere Batterie sollte zum morgigen Manöver
sich nicht bei einer gewissen Windmühle aufstellen, sondern an der
Ecke eines benachbarten Waldes. Glücklicherweise war aber der
Kanonier ein sehr beschränkter Mensch und konnte oder wollte den
Oberst nicht verstehen, so daß dieser endlich ausrief: "Na, ik muß
aber och versichern, det das ene sehr traurige Geschichte is, det man
mir immer die dummsten zu Ordonnanzen gibt!" — Mir blinkte
auf einmal ein Hoffnungsstrahl und ich wandte mich, so demüthig
als möglich an den Obersten, indem ich ihm sagte: wenn er mir
die Commission anvertrauen wolle, werde ich mich bemühen, sie auf's
Beste auszurichten. Der Alte sah mich an und sagte: "Aber Se
sind ja Arrestant!" worauf ich erwiderte: "Zu Befehl, aber nur so
lang es der Herr Oberst wollen." Es schien ihm doch einzuleuchten,
daß ich zu der Commission brauchbarer sei; denn er wiederholte nochmals, was ich unserem Hauptmann ausrichten solle und befahl mir,
das Pferd der Ordonnanz zu nehmen. "Aber," setzte er hinzu, "wenn
Se meinen Befehl ausgerichtet, reiten Se wieder hieher, geben dem
Kanonier det Pferd zurück und bleiben dann die Nacht in die Wachtstube. Ik kann Ihnen die Strafe nich schenken." Das war mir auch
sehr gleichgültig, ich hatte jetzt doch Hoffnung, Emilien wenigstens
einen Augenblick zu sehen. Rasch legte ich meine Waffen an, saß
auf und ritt davon.

Es dunkelte bereits, als ich vor das Quartier ritt, wo unser
Hauptmann Feind lag. Der Wachtmeister schaute in seinem geblümten Schlafrock zum Fenster heraus und wunderte sich nicht
wenig, mich zu sehen. Ich sprengte im kurzen Galopp, wie sich für
eine rechtschaffene Ordonnanz gebührt, in den Hof und meldete dem
Hauptmann den Auftrag des Obersten. Wie ich gehofft hatte, befahl mir der Feind, dieselbe Meldung unserem Abtheilungskomman-

ranten zu überbringen. Bald lagen die fetten Weiden vor mir; ich ritt einen Augenblick vor unser Quartier, um meinem theuern Feodor, der sich vor der Hausthüre mit der Frau Wirthin unterhielt, einen guten Abend zu wünschen und jagte dann längs der Mauern und Hecken des Parks vor das Schloß, wo mir der alte Gärtner das Pferd hielt.

Als ich die Treppen hinaufstieg, sah ich mich überall um, fand aber nicht, was ich suchte. Oben im Vorsaal ließ ich mich anmelden und mußte eine Zeit lang warten, ehe der Adjutant, der Lieutenant von L., herauskam, um meine Meldung anzuhören. Ich sah dem Theuern gleich an, daß es ihm nicht gelegen war, mich hier zu sehen, weßhalb er mich auch so kurz wie möglich abfertigte. Wäre nur zufällig der Graf herausgekommen, so hätte er mich in Folge des neulich bei ihm abgegebenen Empfehlungsbriefes ohne Zweifel auf einige Augenblicke hineingerufen, und ich hätte Emilien vielleicht gesehen. Verwünscht! keine Seele kam, und so langsam ich dem Adjutanten meine Honneurs machte und mich zurückzog, so war ich doch in wenig Minuten wieder die Treppe hinab und auf dem Hof. Der alte Gärtner, der mich kannte, weil ich ihm damals den Brief übergeben, sagte mir, während ich nach allen Fenstern blickend aufstieg: „Der Herr Graf und das Fräulein fahren Morgen Abend auf die Haide, um die Truppen im Bivouak zu sehen." Dann zog er aus seiner Tasche einige Blumen hervor und gab sie mir lächelnd mit den Worten: „Das Fräulein hat den Strauß heute Abend gepflückt und mir gegeben, zu welchem Zweck weiß ich nicht. Nehmen Sie ihn nur!" Hatte ich nun doch wenigstens etwas von ihr! Hastig nahm ich das Bouquet und steckte es in meine Säbelgurt vor die Brust.

Jetzt wollte ich mit einigen kühnen Courbetten zum Thore hinaus, als ich eine wohlbekannte Stimme hinter mir rufen hörte: „Johann! Johann!" Ich wandte mein Pferd um, und an einem der Fenster stand das kleine Mädchen, die liebe Emilie. Hätte ich nur ein anderes Pferd gehabt, um einen Reitergruß zu machen; aber mein alter Gaul wollte keine Hülfe verstehen und machte bei meinem Sporendruck nur einen gewaltigen Satz in den Hof hinein. Ich aber drückte meine Hand an die Blumen und dann an den Mund. Ob sie meinen Gruß erwiderte, konnte ich nicht sehen, doch als ich, zum Thor hinausreitend, mich noch einmal umwandte, sah ich am Fenster ein weißes Tuch flattern.

Neuntes Kapitel.

Manöver.

Mein Ordonnanzritt nach den fetten Weiden hatte mir die freudelose Nacht auf der harten Pritsche der Wachtstube sehr erleichtert, und das weiße Tuch, das ich zurückblickend an einem Fenster des Schlosses hatte flattern sehen, erschien mir öfters im Laufe der Nacht in seltsamen angenehmen Traumgestalten. Bald war es eine weiße Taube, die auf mich niederflatterte, bald dehnte es sich nach allen Seiten aus und ward zu einem fliegenden Gewande, das sich allmälig an die niedlichen Formen eines weiblichen Körpers anschmiegte und oben einen blendenden Hals umschloß, auf dem ein mir wohlbekannter kleiner Kopf stand, ein freundliches Gesichtchen, das mich neckend ansah. Wenn auch die Härte des Lagers, auf dem ich ruhte, zuweilen einen düstern Ton in die blühenden Gemälde warf, die der gütige Traum um mich aufstellte, so schlief ich doch auf einer Pritsche nie besser, als heute, und mußte mich durch die schmetternde Reveille der Parkwache wecken lassen.

Der Tag brach an und versprach zu den heutigen Manövern das schönste Wetter. Nach und nach rückten die einzelnen Truppentheile aus der Umgegend der Stadt heran, die Infanterie zuerst, mit klingendem Spiel. Vor unserem Park stellte sie ihre Gewehre zusammen und trat auseinander. Ihr folgte eine Abtheilung Schützen; bald kam auch von allen Seiten das Geschütz an, und die erste reitende Batterie, die erschien, war die unsrige. Mein Feodor hatte meine Waffen und mein Pferd putzen lassen und brachte letzteres mir höchst eigenhändig, wobei er mir nachträglich noch eine kleine Strafpredigt wegen der Jackengeschichte hielt, die ihn beinahe ins Verderben, d. h. in Arrest gebracht hätte. Ich war eben im Begriff, den Sattelgurt meines Pferdes etwas fester anzuziehen, als der Hauptmann Feind vorüberritt. Ich machte mich schon auf eine derbe Strafpredigt gefaßt, doch begnügte er sich für heute mit einem bedeutsamen Schütteln des Kopfes und ritt weiter nach der Bude „zur lustigen Marketenderin," wo sich die Offiziere nach und nach einfanden, um zu frühstücken. Bald kam auch der Oberst an, den wir nach seiner Gewohnheit schon geraume Zeit, bevor er von der Chaussee um die Ecke eines Waldsaums auf die Halde kam, laut sprechen, heute sogar lachen hörten. Er war, wie fast immer bei den Feldmanövern, gut gelaunt und schaute mit seinem rothen, gutmüthigen Gesicht recht vergnügt auf die Soldaten, die an der Erde lagen und sich für den heutigen Tag stärkten. Wenn er so durch den Park ritt, hatte er es gern, wenn die Leute ihm einen guten Morgen wünschten, was denn auch von den meisten geschah. Auch setzte zuweilen einer hinzu: „Ist heute schönes Wetter, Herr Oberst!" was er mit einem freundlichen: „Ob — ob! det will ik menen!" beantwortete.

So mit Soldaten, Pferden, Kanonen und Waffen aller Art umgeben, ich möchte sagen durchflochten, gab unser Artilleriepark mit seinen grünen Akazienbäumen ein schönes lebendiges Bild. Hier lehnten ein paar Kanoniere an ihrem Geschütz und zertheilten auf der Röhre eine Wurst, die sie zusammen gekauft. Neben ihnen waren die Pferde an einem Rad festgebunden und schnoberten mit weit geöffneten Nüstern in den frischen Morgenwind, der säuselnd über die Halde strich. Hier lag ein Dutzend Infanteristen um eine Trommel, auf der die geschäftige Marketenderin das einfache Frühstück servirte, Weißbrod und Branntwein. Alles war in behaglicher Ruhe, die sich plötzlich in ein bewegtes, geschäftiges Leben auflöste, sowie die Trompeten schmetternd das Signal zum Zusammentreten gaben. Da lief die bunte glänzende Masse zuerst in dichte Knäuel zusammen, aus denen sich nach und nach lange Linien bildeten, die sich weit in's Feld hinaus erstreckten. Die Infanterie maschirte zuerst ab, um den Bewegungen der Kavallerie und Artillerie nicht hinderlich zu sein, und gleich darauf rückte auch erstere aus dem Park, um uns noch freieren Spielraum zu lassen.

Jetzt kam der Oberst mit seinem Stabe von der „lustigen Marketenderin" her, die Offiziere commandirten: „Aufgesessen!" und der Alte ritt auf's Neue zwischen den Batterien durch, bald freundlich lachend, bald über dies und das einen Tadel aussprechend. — Die Manöver waren im Allgemeinen wie in den vorhergehenden Tagen angeordnet. Der Feind war nicht mit auf die Halde gekommen, sondern von der Festung aus gleich nach den vorgeschriebenen Punkten gerückt. Wir trugen heute die leichten Mützen, die andere Partie die Tschakos.

Der Divisionsgeneral P. nebst einem Brigadegeneral der Kavallerie bestimmten in Gemeinschaft mit unserm Oberst die Aufstellungen unseres Truppencorps, und die bezeichneten Schwadronen und Batterien gingen nach den angewiesenen Punkten ab. Unsere Batterie war die letzte, die auf dem Platze blieb, und da wir hinter einem großen Pulverschuppen standen, hatte uns der Alte anfänglich nicht bemerkt. Jetzt ritt er um die Ecke des Gebäudes und stieß, wie er uns ansichtig wurde, einen erschrecklichen Fluch aus. „Ein Schock Donnerr!" schrie er. „Was is denn det! Ene ewige Confusion bei die Batterie!" Der Hauptmann Feind sprengte vor, salutirte mit dem Säbel und stellte sich über diese Aeußerung des

Obersten sehr verwundert; aber der Alte fuhr in scheltendem Tone fort: „Ick möchte aber wissen, wer so egentlich wieder die Ursache von der Unordnung is. Ick habe doch gestern ausdrücklich befohlen, det die Hälfte dieser Batterie bei det feindliche Corps agiren soll. Herr Hauptmann Feind, haben Sie det wieder nich verstanden? Ick muß doch sehr bitten!"

Bei diesen Worten des Obersten sah ich, wie der erste Adjutant desselben einem andern Offizier der Suite kopfschüttelnd die Brieftasche wies. Auch glaubte ich, unserm Feind anzusehen, daß er diesmal im Rechte sei, denn er nahm eine ziemlich gereizte Miene an und entgegnete: „Herr Oberst, ich habe ganz nach dem Parolebefehl gethan. — Wachtmeister Löffel!"

„Na nu," entgegnete ihm der Oberst, „wenn hier vielleicht ein Irrthum obwalten könnte, so lassen Sie doch man nur den Wachtmeister weg, denn det Original meines Befehls is mir uf jeden Fall lieber, wie ene Copie. Herr Lieutenant von L., geben Sie mal die Brieftasche." Dieser hatte sie schon geöffnet und reichte sie dem Alten mit einem Paar leise gesprochenen Worten. Der Alte sah hinein, schüttelte den Kopf und mußte endlich gestehen, „det er sich och mal geirrt habe." Darüber war eine halbe Viertelstunde vergangen, weßhalb der zweiten Hälfte der Batterie, wozu unser Geschütz gehörte, der Befehl ertheilt wurde, sich im Galopp nach der Stadt zurückzuziehen und bei dem General zu melden, der heute die feindliche Armee commandirte. Wir schwenkten ab und jagten lustig über die Haide dahin. Unser guter Lieutenant C. commandirte uns, und wir hatten alle bösen Elemente, den Hauptmann Feind, sowie den Wachtmeister Löffel, zurückgelassen.

In kurzer Zeit erreichten wir dicht bei der Stadt die ersten Vorposten des Feindes, die im ersten Augenblick unser rasches Dahinjagen für einen Angriff nahmen und anfingen auf uns zu feuern. Ein junger Uhlanenoffizier, der mit einem Piket von vierzig Mann auf einem Hügel stand, glaubte hier einen Beweis seiner Tapferkeit geben zu können, und sprengte den Hügel herab uns entgegen, auf den Lieutenant C. zu, den er sammt seinen vier Geschützen gefangen nehmen wollte. Der Kavallerieoffizier hatte ein gutes Pferd und war bald unserm Lieutenant zur Seite; die Uhlanen aber, die ihrem Anführer folgten, blieben eine gute Strecke hinter unsern im schärfsten Galopp dahinjagenden Geschützen zurück, was Lieutenant C. sehr gut bemerkte, daher er dem Uhlanenoffizier auf die Forderung, sich zu ergeben, laut lachend erwiederte: „Herr Kamerad, sehen Sie sich einmal nach Ihren Reitern um und nehmen Sie sich in Acht, daß ich Ihnen nicht den Säbel abfordere und Sie vor den Augen Ihres eigenen Pikets entführe. Uebrigens sind wir, freilich erst heute Morgen, Ihrem Armeecorps zugetheilt worden. Wo ist der General?" — Der Uhlanenoffizier wollte bei dieser Nachricht aus der Sache einen Scherz machen, fing ebenfalls an zu lachen und deutete mit dem Säbel auf eine Menge schwarzer und weißer Federbüsche, die tiefer im Felde sichtbar wurden. Der junge Herr hätte uns gar zu gern zu Gefangenen gemacht, um am Abend hinter der Flasche mit dieser Heldenthat renommiren zu können. Er sprengte zu seinem Piket zurück und ein lautes Gelächter vom ersten Geschützführer der Haubitze bis zum letzten Fahrer der Kanone folgte ihm.

Der General und seine Suite waren ebenfalls nicht wenig erstaunt, als sie uns, die wir doch den Mützen nach Feinde sein mußten, auf sich zusprengen sahen. Der Lieutenant C. meldete sich, worauf ihm der General erwiderte, er habe eigentlich auf diese halbe Batterie gar nicht mehr gerechnet, weßhalb er sie trennen und geschützweise einzelnen Truppentheilen beigeben wolle. Dem Lieutenant C. gefiel diese Zersplitterung seiner Batterie nicht besonders, weil er nun der Suite des Generals folgen mußte, desto mehr aber den einzelnen Geschützführern, besonders meinem Feodor. So selbstständig einmal manövriren und schießen zu können, däuchte ihm außerordentlich poetisch. Mit solcher Gravität wie jetzt, nachdem ihm der General seine Bestimmung bezeichnet, hatte er noch nte: „Geschütz, marsch!" kommandirt. Wir waren an's Ende der ganzen Linie beordnet, wo sich Dose beim Führer zweier Schwadronen Husaren melden sollte. — Während wir auf der Haide hintrabten, ritt er mehreremale an mich heran, freute sich der Kommandeurstelle, die ihm so unverhofft zugefallen,. und bedauerte nichts, als daß er heute nur in einem friedlichen Manöver mitwirken könne. „Sie würden sehen," sagte er, „was selbst ein einzelnes Geschütz vermag, wenn es mit Muth und Gewandtheit geleitet und aufgestellt wird."

Die beiden Husarenschwadronen, die wir bald erreichten, kommandirte ein alter mürrischer Major mit einem ungeheuren Schnurrbarte, der neben seinem Pferde stand, aus einer kurzen Pfeife rauchte und uns sehr gleichgültig antraben sah. Dose flog so schnell als möglich aus dem Sattel und „klapperte" auf den Major zu; diesen Ausdruck hatte der Oberst erfunden wegen der bedeutenden Magerkeit meines Unteroffiziers, sowie wegen seiner storchähnlichen Beine und bezeichnete damit glücklich die hölzernen Bewegungen desselben. Feodor meldete dem alten Husaren, daß er den beiden Schwadronen folgen solle, und war nicht wenig erstaunt, als ihm der Offizier kurzweg entgegnete: das müsse ein Irrthum sein, er könne ihn nicht brauchen. So tief verwundete ihn eine solche Geringschätzung seines Geschützes, daß er augenblicklich sein Pferd wieder bestieg und davon reiten wollte. Indessen rief ihm der Major nach: „Hören Sie, Unteroffizier, reiten Sie dorthin an die Ecke des Waldes. Da stehen ein paar Schwadronen Uhlanen: vielleicht sind Sie dorthin bestimmt."

Wir trabten dahin, aber dort ging es uns nicht besser, als bei den Husaren. Der Kommandeur wollte uns nicht haben und schickte uns wieder fort. Das war zu viel für Dose; er konnte seinen Unmuth nicht verbergen und machte ihm in lauten Worten gegen die Offiziere Luft. Am meisten ärgerte es ihn, daß zwei naseweise junge Herrn, die ihrem Aussehen nach eben erst aus dem Kadettenhause gekommen sein mochten, uns ein lautes Gelächter nachschickten und durch allerlei sonderbare Geberden Dose's steife Bewegungen nachzuäffen schienen. Wir ritten längs dem Waldsaume dahin, und Dose war im Begriff, wieder auf die Haide zu lenken und zum General zurückzumarschiren, als wir zwischen den Tannen und den Buchen das Dach eines Hauses hervorblicken sahen, über dessen Thüre auf einem großen Schild die beruhigenden Worte zu lesen waren: „Bier und Branntwein." Ja, sie wirkten wirklich beruhigend auf Dose; zu seinem poetischen Gefühl, das durch die Mißachtung seines Geschützes empört war, sprach friedlich die idyllische Ruhe dieser Schenke im Gegensatz zum geräuschvollen Treiben draußen auf der Haide. Er kommandirte „Halt," und nach einem kurzen Kriegsrath mit dem Bombardier des Geschützes fuhren wir in den Hof des Hauses, wo er die Kanoniere absitzen ließ.

Es war sehr vernünftig von Dose, daß er, statt uns auf der Haide im Sonnenschein spazieren zu führen, hier mit uns einkehrte. Wir thaten ganz, als seien wir zu Hause; wir führten das Geschütz hinter einen Schuppen, zogen die Pferde in den Stall und gingen in die Wirthsstube. Was sollten wir auch eigentlich sonst thun? kein Mensch hatte uns ja haben wollen, und bei bereits eröffnetem Tirailleurfeuer durch beide Linien hindurchzufahren, hätte ein großes Aufsehen gegeben. In der Wirthsstube dagegen war es recht heimlich. Die einzige Ausschmückung der Wände bestand in einer großen Schwarzwälderuhr, deren einförmiges Picken die Stille, die über dem ganzen Hause lag, nicht unangenehm unterbrach. Der Wirth und die Knechte des Hofes waren schon mit dem frühesten auf's Feld gegangen und nur eine alte Frau mit einem jungen Burschen zurückgeblieben, welche die Wirthschaft versahen. — Das Bier, das man uns vorsetzte, war nicht zu verachten: es war recht kühl und schmeckte nach dem scharfen Ritt über die Haide in der Morgenhitze vortrefflich. Dose's sehr vernünftige Befehle, die Waffen nicht abzulegen und kein Glas über Durst zu trinken, wurden, da

Neuntes Kapitel.

unser Geschütz nur alte Kanoniere hatte, gehörig respektirt. Die Leute machten es sich so bequem wie möglich, stemmten die Ellbogen auf den Tisch, steckten ihre kurzen Pfeifen an und sangen wohl halbleise vor sich hin. Dose und ich hatten uns in eine Ecke zurückgezogen; wir saßen an einem der Fenster, das, wie alle andern, mit starken Eisenstäben vergittert war und obendrein noch ein natürliches luftiges Gitter von frischem Rebenlaub hatte. Alle Fenster waren auf diese Art mit Laubwerk verziert und wir befanden uns in einer kleinen Festung, wo wir Alles nach Außen zu beobachten konnten, ohne von Jemand gesehen zu werden.

Dose's Gemüth war tief bewegt; das klare frische Bier in der stillen Stube, der grüne Wald draußen, das Bewußtsein, seine Pflicht gethan zu haben, und doch, während die Kameraden im Schweiße ihres Angesichts über die Haide jagten, hier im Kühlen sitzen zu können, alles dieß hatte ihn ganz poetisch gestimmt. Nur mit Mühe konnte ich ihn abhalten, daß er mir nicht sein Gedicht: „Auf der Wacht!" Gott weiß zum wievieltenmale vordeklamirte; dagegen vermochte ich es nicht zu hindern, daß er seine dicke schmierige Brieftasche hervorholte und mir neue Bemerkungen über Stalldienst und das Putzen des Lederzeugs vorlas, die er nach dem Muster des Stalldienstes unseres lieben Hauptmanns Feind in poetische Form eingekleidet hatte und „prosaisch-poetische Militär-Aphorismen" nannte.

Die Manöver draußen hatten indessen schon lange begonnen. Die Lagen des Geschützes, welches an diesem Morgen viel Pulver verschoß, rollten wie ein ferner Donner über die Haide, vermischt mit dem Knattern des Kleingewehrfeuers und den Klängen einzelner Signale, die der Wind zuweilen an unser Ohr führte. Das einzige Unangenehme und Unsichere unserer Lage war, daß keiner wußte, wohin sich die Manöver heute ziehen würden. Kamen sie zu unserer stillen Klause, so schwebten wir in Gefahr, überrascht zu werden, und es konnte, je nachdem der Oberst gelaunt war, fatale Geschichten absetzen; zogen sie sich dagegen auf die andere Seite der Haide,

so hatten wir am Abend einige Stunden zu reiten und kamen zu
spät in's Bivouac, das den heutigen Tag beschließen sollte. Um
sein Möglichstes zu thun, hatte Dose am Rand der Halde, die wenige Schritte von unserem Hause anfing, einen Lauerposten aufgestellt, den er von Zeit zu Zeit ablösen ließ und der öfters herein-
kam, die Bewegung der Manöver anzuzeigen.

Das Schießen kam indeß immer näher, und gegen Mittag, als
ich den Posten bezogen hatte, wohin mich Dose begleitete, sahen
wir mehrere kleine Anhöhen in unserm Gesichtskreis mit Batterien
besetzt, die lustig darauf losschossen. Hie und da rückten auch In-
fanteriecolonnen vor und einzelne Reiterregimenter stießen zusammen,
da und dort lange Reihen bildend. Besonders die letztern zogen
sich sehr verdächtig in unsere Nähe; und bei einem allgemeinen
Reiterangriff konnte der Flügel leicht vor unser Wirthshaus streifen.
Dazu kam noch, daß die Kavallerie, von der wir dies fürchteten,
feindliche war, denn sie hatten Tschako's auf, und obgleich wir ihnen
heute Morgen zugetheilt worden, sprach doch das große Herz Feo-
dors für die, denen wir in Folge unserer Kopfbedeckung eigentlich
angehörten.

Unsere Furcht, hier überrumpelt zu werden, schien sich mehr
und mehr zu bestätigen. Es sammelte sich hinter einigen Anhöhen
eine große Masse Reiterei, die sich in Colonnen aufstellte, deren
Ende beim Deployiren uns erreichen mußte. Dose ließ daher das
Geschütz wieder anspannen und die Kanoniere, von denen glücklicherweise keiner einen bedeutenden Rausch hatte, sich hinter den Schuppen bei ihren Pferden aufstellen. Das Geschütz wurde auf einen
Waldweg geführt, der, wie uns die Wirthin versicherte, ein paar
Schritte hinter dem Haus auf die Halde führte. — Alle hintern
Thüren des Hofes wie des Hauses wurden verschlossen und ver-
riegelt, damit ein Trupp Kavallerie, der von der Halde hereinbräche,
nicht durch das Gehöft könne, um uns zu verfolgen. Wir ließen
die einzige Thüre unter dem Wirthshausschild offen; diese führte

in einen dunkeln Gang, aus dem man linker Hand in die Wirthsstube trat, und war, da die Leute mitten im Walde wohnten, von
dicken eichenen Bohlen mit einem großen Schlosse versehen.

Dose und ich waren auf den Schuppen geklettert, von wo wir
durch eine kleine Dachlucke einen ziemlichen Theil der Haide überschauen konnten. Was wir befürchtet, geschah. Von einem Trupp
von Offizieren, in dem wir an den weißen Federbüschen den General
und seine Suite erkannten, sprengten jetzt nach allen Richtungen
Adjutanten über die Haide. Die Trompeten und Hörner lärmten
und die Kavallerie begann, während die Batterien auf den Höhen
immer eiliger schossen, nach unserer Seite hin zu deployiren. Jetzt
stand die ganze Linie da und war dem Saum des Waldes so nahe
gekommen, daß sie beim Vorrücken dicht daran streifen mußte. Auch
auf der andern Seite bei unsern Freunden mit den Feldmützen,
wurde es lebendig, und die Stellung ihrer Kavallerie zeigte ebenfalls
an, daß bald ein allgemeiner großer Reiterangriff erfolgen werde.
Die feindliche Kavallerie begann jetzt vorzurücken und kam uns
immer näher. Nicht lange, so konnten wir die einzelnen Truppentheile unterscheiden; auf dem Flügel, der bei uns vorbeistreifen
mußte, waren Uhlanen. In kurzem Trab rückte die Linie vor und
nach einer kleinen Viertelstunde stand das Ende derselben vor unserer
stillen Klause. Dose und ich stiegen leise von unserem Schuppen
herunter, um uns zum Abmarsch fertig zu machen, wozu wir Zeit
genug hatten, denn im Herabsteigen hörten wir längs der ganzen
Linie Apell blasen, woraus wir entnahmen, daß ein Theil des
Manövers vorbei sei und vor Beginn des zweiten eine Pause eintreten werde. Und so war es auch. „Rührt euch!" erscholl es durch
die einzelnen Schwadronen und die Reiter legten den Säbel auf
den Hals des Pferdes, lüfteten den Tschako und setzten sich bequem
in den Sattel.

Dose ließ nun das Geschütz langsam in den Wald rücken, was
auf dem mit Moos bedeckten Boden so leise geschah, daß man nicht

das Geringste davon hörte. Dann ging er mit mir zurück und wir lauerten um eine Ecke des Hauses, was unsere Feinde beginnen würden. Die Offiziere sammelten sich in kleinen Gruppen hinter der Front, um miteinander zu plaudern, und ritten langsam auf und ab. Nahe dem Waldsaum trieb sich auch ein Trupp dieser Herrn herum, worunter Dose die beiden Lieutenants erkannte, die ihn heute Morgen verhöhnt. Zuweilen ließen sie ihre Pferde ansprengen, um sich gegenseitig zu zeigen; aber ein junger Husarenoffizier, der mit ihnen ritt, setzte mit seinem Pferd über den kleinen Graben, der die Haide vom Walde trennte, und rief den andern laut lachend zu: „Meine Herren, hieher! Das hat sich außerordentlich getroffen; ich habe hier ein Wirthshaus entdeckt." Drei der Offiziere, worunter jene beiden Uhlanen, folgten ihm, die andern aber winkten gegen die Linie zurück, als ob sie sagen wollten: wir dürfen unsern Posten nicht verlassen und uns auf unbekanntes Terrain wagen. Der Husar meinte aber, es sei ja doch nur ein Kriegsspiel und da könne hier von keiner Gefahr die Rede sein.

Als die vier auf unser Haus zuritten, schien in meinem Dose ein großer Gedanke aufzusteigen. Er rief dem Burschen, von dem ich oben sprach, und schickte ihn vor's Haus, damit er den Herrn die Pferde halten sollte, wofür er ihm ein Trinkgeld versprach. Die Offiziere ritten vor die Thüre und riefen, wie wir uns gedacht hatten, nach Jemand, der ihnen etwas zu trinken herausbringen sollte. Aber der Bursche, der das versprochene Trinkgeld im Kopfe hatte, war so klug, sie zu fragen, ob sie nicht absteigen wollten; es sei nur eine alte Frau im Hause, welche die Gläser nicht gut herausbringen könnte. Uns klopfte hinter dem Hause das Herz, als die Offiziere nun auf das Zureden des Jungen abstiegen und ihm die Pferde gaben, die er langsam auf und ab führte. Jetzt befahl mir Dose, zum Geschütz zu gehen und ihn da zu erwarten. Er selbst stieg mit seinen langen Beinen über die niedrige Hofmauer und schlich sich in's Haus. Ich folgte seinem Befehl, obgleich ich

Neuntes Kapitel.

manchmal stehen blieb und mich umsah. Er blieb lange aus; endlich kam er leise aus der hintern Thüre, die er mit dem Schlüssel, den er von innen herausgezogen, verschloß; dann stieg er über die Hofmauer, schlich sich auf die andere Seite des Hauses und winkte dem Jungen, der die Pferde führte. Dieser kam herbei und nahm das Geldstück, das ihm Dose reichte. Jetzt schienen aber beide in einen kleinen Wortwechsel zu gerathen; Dose verlangte etwas, der Junge weigerte sich, endlich faßte ihn jener bei den Ohren, drohte ihm mit der Faust und trieb ihn mit den Pferden vor sich her in den Wald hinein. Ich eilte zum Geschütz und erzählte meinen Kameraden in aller Kürze, was vorgegangen, worüber natürlich allgemeiner Jubel entstand.

Jetzt kam auch Dose, der von seiner Heldenthat etwas erhitzt aussah und triumphirend den widerstrebenden Burschen mit den Pferden nach sich zog. Letztere wurden vier Kanonieren an die Hand gegeben; wir saßen auf und trabten lustig in den Wald hinein. Der Junge blieb eine Zeit lang im Wege stehen, kratzte sich hinter den Ohren und lief endlich, statt nach Hause zurückzukehren, was er laufen konnte, in den Wald hinein.

Draußen auf der Haide bliesen jetzt die Trompeter zum Angriff. Wie mochte es den im Hause eingeschlossenen Offizieren dabei zu Muthe sein! Bald hörten wir die Kavallerie vorwärts rasseln; wir unterschieden deutlich den Trab, gleich darauf den Galoppschlag der Pferde. Durch die Gebüsche gedeckt, ritten wir auf einem ordentlichen Wege neben ihnen her bis zu einer Stelle, wo die Haide weiter in den Wald hineintrat, und wir, um nicht gesehen zu werden, Halt machen mußten. Da wir das ganze Feld überblicken konnten, sahen wir, wie unsere Kavallerie der feindlichen entgegenging. Die beiden langen Linien mit den schnaubenden Pferden und glänzenden Waffen sahen wirklich prächtig aus. Hinter der Front unserer Freunde entdeckten wir bei mehreren hohen Offizieren, die der Kavallerie folgten, unsern Alten auf seinem Schimmel.

In der nächsten Minute mußten die Maſſen zuſammentreffen und ein Theil geworfen werden, was natürlich beim Manöver nur markirt wird. Diesmal ſiegte der Feind mit den Tſchako's. Bei unſerer Reiterei ſchmetterten plötzlich die Trompeten, die ganze Linie machte Kehrt und jagte dahin, wo ſie hergekommen war. Die feindliche Kavallerie folgte ihr eine Strecke; doch jetzt machte die unſrige wieder Halt, wandte ſich auf's Neue gegen den Feind und rückte im Carriere vor. Dieſen Augenblick hatte Doſe erwartet, um ſeine Geſchicklichkeit als Geſchützführer im glänzendſten Lichte zu zeigen. Natürlich wurde jetzt der Feind geworfen, dem wir, da er bei uns vorbei mußte, eine volle Lage Kartätſchen geben konnten. Die Halde war vom Wald durch einen Graben getrennt, der eine natürliche Bruſtwehr hatte, hinter welcher wir abprotzten. Doſe ließ laden und das Geſchütz auf die Halde richten. Jetzt kam das Geraſſel der Reiterei näher, die feindliche fliehend, die unſrige verfolgend. Wir ließen die erſtere einige zwanzig Schritte bei uns vorbei, dann commandirte Doſe: „Geſchütz, Feuer!" und die einundvierzig Stück zweilöthiger Kartätſchenkugeln, die wir im wirklichen Krieg mit dem einen Schuß verſendet hätten, müßten aus der geringen Entfernung unter der Kavallerie tüchtig aufgeräumt haben „Geladen!" wir feuerten wieder ab, und ſo mehreremale hintereinander. Beide Theile, Freund und Feind, waren durch das plötzliche Schießen auf einem Flügel, wo ſich keine Artillerie befand, ſeltſam überraſcht. Der Commandant der feindlichen Reiterei, der wohl an einen Fehler dachte, der hier vorgefallen ſein könnte, ließ die einzelnen Schwadronen abſchwenken und rückte weiter in's Feld hinein. Doſe ließ aufprotzen und wir ſetzten mit dem Geſchütz glücklich über den ziemlich breiten und tiefen Graben. Unſere Kavallerie hatte uns jetzt faſt erreicht und verſchiedene Offiziere, worunter auch unſer Alter, jagten auf das Geſchütz zu.

„Ho, ho!" ſchrie er ſchon von Weitem, „wat is denn da wieder paſſirt? Wo kommen Sie denn da her, Unteroffizier?" — Bald

Neuntes Kapitel.

war unser Geschütz von den Offizieren umringt, die nach dieser Frage des Obersten ebenso neugierig waren, zu wissen, wo wir herkamen, als was es mit den Offizierspferden für eine Bewandtniß habe, die wir mit uns führten, und von denen der und jener eines erkannte. — „Ei, das ist ja der Braune des Lieutenants von P.," rief Elner, und ein Anderer setzte hinzu: „Ja, und der Fuchs gehört meinem Vetter bei den Husaren." — Dose aber stand, umgeben von den fragenden und sich verwundernden Herrn, wie ein Fels im Meer, und meldete unserm Oberst mit der größten Umständlichkeit den ganzen Verlauf der Sache, wobei er besonders hervorhob, daß ihn die beiden Uhlanenoffiziere verspottet.

Der Alte, der ohnehin schon gut gelaunt schien, wurde immer munterer, je finsterere Gesichter die Vettern und Kameraden der gefangenen Offiziere bei der Erzählung Dose's machten. Endlich brach er in ein unbändiges Gelächter aus. „Hohohoho!" schrie er, „ik muß gestehen, dat mich die Geschichte außerordentlich amüsirt." Und je mehr sich die andern Offiziere bemühten, ihm die Handlungsweise des Unteroffiziers als dienstwidrig zu bezeichnen, desto lauter lachte er. Er ließ den Zügel auf den Sattelknopf fallen, stemmte die Arme in die Seite und sah sich vergnügt im Kreise um. „Ja, sehen Se, meine Herren," fing er wieder an; „da globen denn viele von den jungen Herren der Kavallerie, dat so en Ding uf vier Räder gar nicht zu beachten wäre, und lachen obendrein meine Artilleristen aus. Aber so etwas bestraft sich früh oder spät: ik versichere Ihnen, meine Herren, et bestraft sich." — „Aber, Herr Oberst," entgegnete ihm ein alter Husarenmajor, „ich würde den Unteroffizier auf jeden Fall in Arrest schicken, weil er sich aus dem Manöver weggezogen und nicht wieder bei seiner Abtheilung gemeldet hat." — „So, meinen Se, Herr Oberstwachtmeister?" grinste ihn der Alte an. „Ich glaube vielmehr, dat er seine Schuldigkeit gethan hat. Dat en Geschütz vier feindliche Offiziere zu Gefangenen macht, ist doch unerhört und ene große Geschichte. Ik werd sie dem Herrn General selbst melden."

Dieser, der auf dem andern Flügel war, hatte bemerkt, daß sich um das Geschütz ein Kreis von Offizieren bildete und immer vergrößerte und eilte mit seinem Adjutanten darauf zu. Ihm kam ebenfalls die Sache sehr spaßhaft vor, und nun war natürlich von Bestrafung meines Dose keine Rede mehr. Ihm wurde befohlen, die Pferde der Offiziere an die Ordonnanzen des Generals, sowie die Schlüssel des Hauses an einen Adjutanten abzugeben und zu unserer Batterie zurückzureiten. Der General und unser Oberst, umgeben von einer zahlreichen Schaar von Offizieren aller Art, die, da das Manöver beendigt war, allmälig herbeigekommen waren, ritten dem Hause zu, um die gefangenen Offiziere zu erlösen, deren Gesichter ich bei diesem feierlichen Akt hätte sehen mögen.

Wir trafen unsere Batterie nicht weit vom Artilleriepark, und selbst der Hauptmann Feind mußte laut lachen, als ihm Dose den Vorfall referirte. Es war allermittelst vier Uhr geworden, und wir hatten zwei Stunden Zeit, um auszuruhen. Um sechs Uhr bezogen beide Armeecorps ein Bivouac, das den heutigen Tag beschließen sollte. Um dieses seltsame militärische Schauspiel zu sehen, hatten sich aus der Festung und von den umliegenden Landgütern bereits viele Wagen mit Damen und Herrn eingestellt. Ich hatte mein Pferd an ein Geschützrad festgebunden und saß auf dem Lafettenkasten, wobei ich scharf umherspähte, ob sich nicht ein leichter grüner Wagen mit zwei Rappen sehen lasse, eine Equipage, die ich gar zu gut kannte. Vergebens, er kam nicht und doch hatte mir der Gärtner gesagt, der Graf werde mit der kleinen Emilie das Bivouac besuchen. Ich fürchtete, der alte Herr möchte sich anders besonnen haben.

Schnell verfloß die Zeit unserer Ruhe, und die einzelnen Truppentheile unserer Armee mit den Feldmützen zogen sich um den Park zusammen. Die andere Partie rückte gegen die Festung.

An den Ufern des kleinen Flusses L., durch denselben getrennt, sollten beide Theile das Bivouac beziehen. Bald gingen wir auch dahin ab und hatten nach kurzer Frist den Fluß erreicht, wo wir am andern Ufer das feindliche Heer schon in voller Arbeit sahen.

Zehntes Kapitel.

Bivouac.

Schon im Laufe des Tages hatten die Genieoffiziere die Lagerplätze für die einzelnen Truppentheile mit Pfählen bezeichnet. Die Kavallerie stand auf dem rechten Flügel, wir auf dem linken, in der Mitte lagerte die Infanterie. Um im Bivouac die Pferde gehörig anbinden zu können, werden die Vorderräder des Geschützes mit Pflöcken, die neben sie in die Erde geschlagen werden, befestigt; ebenso wird ein starker Pfahl vor die Spitze der Deichsel geschlagen und beide mit einem Strick verbunden, so daß das Geschütz beim ungeduldigen Zerren und Drücken der rings herum angebundenen Pferde einen festen Punkt bietet. Hinter den Geschützen liegen die Geschirre, das Gepäck und die Waffen der Mannschaft und einige hundert Schritt hinter dem Lager werden Löcher in die Erde gegraben, worin die Soldaten ihre Feuer machen und kochen.

Beim Apell, der vor dem Einrücken in's Bivouac gehalten wurde, traf unser Geschütz das Loos, während der Nacht den Vorpostendienst zu versehen, und wir mußten uns an's äußerste Ende des Lagers begeben. Ein Piket Uhlanen und eine kleine Abtheilung Schützen wurden uns zugetheilt. Am Ufer des Flusses läuft hier eine kleine Hügelkette hin. Auf einem derselben wurde das Geschütz aufgestellt. Nro. 3 stand mit brennender Lunte daneben, die Schützen und Uhlanen zerstreuten sich um die Hügel und wir hatten uns mit den Pferden und der Protze hinter dieselben zurückgezogen, um beim Plänkeln der Posten unsern Munitionskasten nicht der Gefahr auszusetzen, in Brand geschossen zu werden. — Obgleich wir sehr romantisch gelagert waren und es auch eine große Ehre für uns war, den Vorpostendienst zu versehen, so hätte ich doch lieber die Nacht im Lager selbst zugebracht; denn hieher, so weit vom Mittelpunkt, verlor sich schwerlich ein Besuch, den ich sehnlich wünschte.

Ich stand mit Dose bei den Pferden, und der Edle war nie poetischer gestimmt, als heute Abend. Seine Heldenthaten beim heutigen Manöver beschäftigten seinen Geist, und er malte mir recht anschaulich aus, welch glänzende Belohnung ihm hätte zu Theil werden müssen, wäre die Sache Ernst gewesen: nichts geringeres als ein Orden, eine Auszeichnung, die ihm von jeher als die größte erschienen. Wie oft hatte er sich, wenn wir allein waren, ein Papierkreuz vor die Brust geklebt und sich dabei den sonderbarsten Phantasien überlassen. „Gott! so ein Orden!" konnte er sagen! „würden die Leute nicht fragen: wer ist der interessante, ziemlich lange Mann dort? — Das ist der Unteroffizier Dose. — Ah so! der bekannte!" — Ach, er hat es sobald nicht zu einem Orden gebracht, der gute Feodor.

Das heutige Bivouac war aber auch für ein minder poetisches Gemüth wirklich schön und anregend. Eine helle Mondnacht hatte sich über das Lager und die umliegenden Schlachtfelder des heutigen Tages gebreitet; aber kein Aechzen der Sterbenden oder Verwundeten schlug an das Ohr des ruhig Auf- und Abwandelnden. Nur zuweilen wurde die Stille der Nacht von einem leisen Gesang oder einem ächt westphälischen Fluch unterbrochen. Kein zerschossener Freund richtete sich, halb Mensch halb Geist, empor, um ein „Grüße mein Lottchen, Freund!" zu stöhnen; was sich allenfalls hier oder dort erhob und einige kaum verständliche Worte murmelte, war eine Marketenderin, für schweres Geld leichten Schnaps anbietend. Wenn auch im Bilde die schauerlichen Effekte des wirklichen Krieges fehlten, so war doch immer viel Romantisches bei der Sache. Hinter und neben uns lag das Bivouac, und man konnte deutlich das Schnauben und Wiehern der Pferde hören, das Gesumme der Menschen, dazwischen ein leise gesungenes Lied. Wir sahen Wachen des Fußvolkes, Gewehr im Arm, ruhig und muthvoll auf- und abmarschiren, die Uhlanen, den Czapka auf dem rechten Ohr, bei ihren Pferden, unsere Leute unter und neben den Geschützen! dort die Offiziere um ein großes Feuer gruppirt, das auf ihren Gesichtern flackerte und sich geehrt fühlte, das Licht solcher Lichter zu sein. — Alles das regte ein vaterländisches Herz auf und machte es schlagen für die gerechte Sache.

Gegen den Feind zu sahen wir unser Geschütz, das, auf der Höhe stehend, vom hellen Nachthimmel dunkel abstach. Dorthin war das Kriegsspiel am schönsten; unsere Schützen und Uhlanen plänkelten und neckten sich die ganze Nacht mit den feindlichen Vorposten, die uns viel zu schaffen machten. Oft ritten die Husaren durch den seichten Fluß und schlichen, in ihre Mäntel gehüllt, bis vor die Hügel, hinter welchen wir standen, Nachtgespenstern gleich. Das Mondlicht glitzerte auf ihren blanken Karabinern, daher wir sogleich sahen, wenn sie schießen wollten; denn der blanke Lauf des Gewehres beschrieb bei der Bewegung zum Anlegen im Mondschein einen glänzenden Bogen; der Schuß fiel und sie jagten im Galopp über den Fluß zurück, wenn unsere Jäger ihnen ebenfalls ein paar Schüsse nachsandten. — Dose und ich hatten uns auf eine Pferdedecke gelegt; wir nahmen unsere Kochgeschirre vor, die er gestern, an das Bivouac denkend, von der Frau Wirthin mit einem soliden Kartoffelsalat hatte anfüllen lassen. Doch hatte das scharfe Reiten während des Tages, sowie die Hitze, auf das ohnehin nicht sehr feine Oel so unvortheilhaft eingewirkt, daß wir, obgleich in solchen Dingen nicht verwöhnt, ihn kaum hinunterbringen konnten.

Im Bivouac herrschte reges Leben; am großen Feuer saßen wir zahlreiche Epauletten blitzen, und die Musikchöre der Infanterie und Kavallerie spielten abwechselnd. Auch sahen wir deutlich die Besucher aus der Umgegend, wie sie zu Pferde und Wagen um das Lager herumschwärmten, erkannten auch die Damen an ihren hellen Kleidern, wenn sie zwischen den dunkeln Gruppen der Soldaten, Pferde und Geschütze umherwandelten. Zu uns kam Niemand; oft meinten wir freilich das Rasseln eines Wagens in der Nähe zu hören; doch das Geräusch, bei dessen Näherkommen ich jedesmal aufsprang und erwartungsvoll lauschte, verlor sich immer wieder in die Ferne. Einzelne Reiter sprengten zuweilen bis zu uns, kehrten aber, da hier Alles so ruhig schien, wieder nach dem Lager zurück. Gewiß war der alte Herr auf die Haide gefahren und hatte Emilien mitgenommen; vielleicht dachte auch das Mädchen an mich und sah zwischen den Geschützen nach mir; vielleicht, sage ich; ach die Gewißheit, daß dem so war, hätte mich allein schon glücklich gemacht. Im Ganzen war es freilich gleichgültig, ob ich im Lager oder hier auf den Vorposten war; denn wenn sie auch wirklich dort mit ihrem Onkel umherspazierte, wäre es doch fast ein Wunder gewesen, wenn sie mich im Dunkel unter der Menschenmenge gesehen hätte.

Horch! jetzt rasselte wieder etwas heran; ich hörte am Geräusch, daß es ein leichter Wagen war, der auf uns zukam, und eine Masse von Wenn und Aber fing in meinem Herzen an zu streiten. Wenn der Wagen zu uns käme — wenn es ihr Wagen wäre — wenn sie darin wäre! Eben so viele Aber, und ich wurde darüber so unruhig, daß ich wie ein Schulknabe zitterte, der seine Lection nicht gelernt hat. Indessen kam der Wagen näher, und ich hielt den Athem an, als fürchtete ich, ihn durch das Pochen meines Herzens wieder zu verscheuchen. Jetzt sah ich ihn; ja, es war ein leichter Wagen, ähnlich dem, den ich so sehnlich erwartete. Ich ging ihm leise entgegen, und im selben Augenblick, wo ich die beiden

Rappen erkannte, vernahm ich auch eine mir so liebe Stimme, die laut zum Kutscher sagte: „Was ist denn das hier, Friedrich?" worauf dieser erwiderte: „Gnädiges Fröle, das seind Vorposten;" und die liebe sanfte Stimme sagte darauf: „Friedrich, fahr um die Vorposten herum, ich hab' noch nie Vorposten gesehen."

Jetzt trat ich an den Wagen und bot der kleinen Dame einen guten Abend. Meine Eitelkeit sagte mir: sie muß erwartet haben, dich hier zu finden; denn sie beantwortete meinen Gruß mit dem freundlichen Ruf „Ach, da sind Sie ja!" Friedrich hielt die Pferde an, und ich hätte ihm um den Hals fallen mögen, als er jetzt zum Fräulein sagte: „Sehen Sie, gnädiges Fröle, wenn Sie die Vorposten in der Nähe sehen wollen, so wird Sie der Herr Kadet, der ja neulich beim gnädigen Fröle und dem Herrn Onkel im Garten war, gern bis an die Kanone da oben führen, wo Sie die Vorposten auf einander können schleßen sehen. Ich will mit dem Wagen hier halten."

Ich stand erwartungsvoll da, was Emilie sagen würde, und fürchtete schon, sie möchte den so vernünftigen Vorschlag Friedrichs ablehnen. Aber himmlischer Mondschein! so viel Glück hatte ich nicht verdient; sie willigte ein, ich öffnete den Schlag, sie stützte sich auf meinen Arm und sprang aus dem Wagen. Ich muß gestehen, daß ich mich Anfangs wieder sehr albern benahm. Ich fing an, vom Artilleriewesen im Allgemeinen und vom Vorpostendienst in's Besondere recht trocken zu erzählen. Das gute Kind hörte mir ruhig und geduldig zu. Hätte ich wenigstens nur gleich den Muth gehabt, ihr meinen Arm anzubieten; aber ich fürchtete, sie zu erzürnen und auch ihr feines seidenes Kleid mit meinem groben bestaubten Kollet in Berührung zu bringen. Mein Herz warf endlich meine Vernunft über den Haufen, und um ihr meinen Arm unter einem triftigen Vorwand anbieten zu können, führte ich sie zu den Pferden, wo ich dann endlich mit Mühe die Worte hervorbrachte, ob sie nicht erlaube, daß ich sie führe, um gefahrlos bei den Pferden vorbei zu kommen. Als sie mir nun ihren Arm reichte und die Wärme desselben durch mein dickes Kollet drang, schienen im ersten Augenblick Geschütz und Pferde, ja die ganze Landschaft um mich herum zu tanzen. Sie erzählte mir von ihrem Onkel; er sei drüben bei den Generalen und habe sie allein um das Lager fahren lassen, wovon ich jedoch nur abgerissene Worte verstand. Ich summte allerlei Melodien zwischen ihre Reden, denn jetzt etwas Vernünftigeres zu erwidern, wäre mir nicht möglich gewesen. Wir stiegen den Hügel hinan, um den kleinen Fluß übersehen zu können, und da sie meine Warnung wegen des Schießens nicht so nahe an das Geschütz zu treten, sehr triftig fand, so wandelte ich mit ihr abseits am Ufer des Flusses hinab, wo wir unsere Kanone, einen Theil des Bivouacs, sowie das Plänkeln der Vorposten deutlich sehen konnten.

Da stand ich denn mit dem Mädchen allein in der schweigenden Nacht. Die ganze fremde Umgebung machte sie etwas ängstlich, so daß sie sich fester an mich schmiegte. Die dumpfe Musik aus dem Lager drüben, deren trübe Tonmasse nur zuweilen vom gellenden Jauchzen der Trompeten wie von leuchtenden Blitzen durchschnitten wurde, denen die Schläge der großen Trommel wie ferner Donner folgten, dabei das zuckende Wetterleuchten am Himmel, der sich unterdessen mit Wolken bezogen hatte, die dunkle Fluth des Baches zu unsern Füßen, in dessen glattem Spiegel die Blitze seltsame Zerrbilder schnitten — das Alles war ihrem Herzen so fremd, so neu, und wenn sie auch dem Leben der Menschen und Elemente mit Lust zuschaute, so umzog doch ihre Brust ein heimliches Grauen, wie ein feiner Flor, der auch mich umhüllte, während ich ihren Arm fest an mich drückte und zuweilen sein leises Zittern fühlte. Ich weiß nicht, trotz der warmen Sommernacht fühlte ich zuweilen ein heimliches Frösteln, und ob ich gleich den Lärm um mich herum so ziemlich gewohnt war, bemerkte ich doch das leiseste Geräusch, den kleinsten Blitzstrahl, und schaute gleich dem Mädchen ängstlich hinauf in den dunkeln Himmel und fuhr zusammen beim Knattern der Gewehre.

Zehntes Kapitel.

das hie und da längs der Ufer laut wurde. Was sie am meisten erschreckte und zugleich doch belustigte, waren die fortwährenden Plänkeleien zwischen unsern Uhlanen und den feindlichen Husaren. Ihren Arm hatte sie mir entzogen, aber dafür ihre kleine Hand gelassen, die ich mit unzähligen Küssen bedeckte.

Gott, die Zeit flog so rasch vorbei! und wir mochten wohl ziemlich lange hier gestanden haben, jedenfalls waren wir dem Friedrich zu lange ausgeblieben. Er war uns mit dem Wagen nachgefahren und knallte auf einmal in unserer Nähe derb mit seiner Peitsche. Wir mußten uns trennen. „Gute Nacht, liebe Emilie," sagte ich wie im Traum; sie erwiederte etwas ganz leise, aber wenn ich auch kein Wort davon verstand, so sah ich doch an ihrem glänzenden Auge und dem Lächeln ihres Mundes, daß ihr Gruß so herzlich war wie der meinige. Wir gingen zum Wagen zurück, ich hob Emilien hinein, wünschte ihr nochmals gute Nacht, und der Wagen rollte dahin.

Wenn die Sonne untergeht, wird's kalt, und wie meine Sonne im Dunkel der Nacht verschwand, fiel in das eben aufgeblühte Blumenbeet meines Herzens ein kalter scharfer Hagel. Hätte ich nicht dem Friedrich für seine Gefälligkeit ein kleines Douceur geben sollen? Ja, es wäre meine Schuldigkeit gewesen, und ich erinnere mich auch ganz deutlich, daß ich, zum Wagen tretend, an meine Tasche gegriffen hatte — aber da war es wüst und leer, eine Oede, die sich blitzschnell über mein ganzes Herz verbreitete, und aus demselben sprach höhnend eine Stimme: „Du, ein königlicher gemeiner Kriegsknecht, und dieses Mädchen!" Ja, was wollte ich denn? Ich wollte ja gar nichts. Hatte ich doch schon von frühester Jugend an oft von ungeheurem Glücke geträumt, das mir einst zu Theil werden müßte, von Glanz, Reichthum, Ehre. Ich konnte mich da so lebendig hineinversetzen, ich baute an solch einem Luftschloß unermüdlich fort, und erst wenn ich die goldenen Treppen hinaufsteigen wollte, stürzte das ganze Gebäude zusammen. Mein heutiger Traum aber war mir zu süß, zu groß und herrlich, als daß mir der Gedanke gekommen wäre, ihn weiter auszumalen. Ich ging nachdenkend zu meinem Unteroffizier zurück, der lang ausgestreckt auf seiner Pferdedecke lag, seine Arme ausgebreitet hatte und den Kopf so seltsam bewegte, daß man ihn aus einiger Entfernung für eine große Eidechse hätte halten können. Er hatte den Wagen wohl bemerkt, hatte auch das Mädchen aussteigen und mit mir an den Fluß gehen sehen, und war darüber in gar anmuthige, poetische Betrachtungen versunken. Ich legte mich auf die andere Seite ihm gegenüber, so daß sich unsere Köpfe fast berührten, und er erzählte mir gewiß zum hundertstenmale seine Liebschaft mit einer Kaufmannstochter, wobei er freundschaftlich hinzusetzte, er wolle mir nicht wünschen, daß meine Flamme im wahren Sinne des Wortes so unpoetisch gelöscht werde wie die seinige. Als mir Dose zum erstenmal diese Geschichte erzählte, zeigte er mir seine Uniform, deren Aufschläge und Tressen die unvertilgbaren Spuren des letzten seiner seligen Abende trugen.

Unterdessen wurde es im Lager ruhiger. Mitternacht war vorüber, die Musik verstummte und die Feuer erloschen allmälig. Auf einmal trat einer der Kanoniere zu uns und meldete dem Unteroffizier, die Infanteristen auf dem anderen Ufer schießen mit kleinen Steinen herüber. Wir eilten zum Geschütz hinauf und fanden die Angabe bestätigt. Drüben im Gebüsch lagen die Bursche versteckt und schossen von Zeit zu Zeit nach unserm Geschütz. Wenn auch die Entfernung zu groß war, als daß uns die kleinen Kiesel hätten schaden können, so war es doch eine große Unvorsichtigkeit. Mir schlugen kleine Steine an die Sporten und Dose traf einer auf den Fuß. Was sollten wir thun? Wenn wir Lärm machten und die Sache im Lager anzeigten, so wurde es auf's Strengste untersucht und die Infanteristen drüben kamen zum wenigsten sechs Wochen in Arrest. Das mochten wir doch nicht und beriethen uns lange hin und her, wie wir uns für die Steine revanchiren könnten. Endlich hatte unser Stangenreiter einen sehr klugen Einfall. Unser Geschütz war geladen und wir mußten am andern Morgen zur Reveille einen Signalschuß thun, weßhalb jener vorschlug, das Geschütz mit kleinen Kartoffeln, mit denen in der Nähe große Felder angepflanzt waren, vollzustopfen und dieselben den Infanteristen drüben zum Morgenimbiß zuzuschicken. Dose wollte lange nicht auf das Projekt eingehen; er fürchtete, sich im schlimmen Falle einer großen Verantwortung und schwerer Strafe auszusetzen. Doch überredeten wir ihn und er gab endlich wenigstens so weit nach, daß er nichts wollte gesehen haben. Ich ging mit dem Stangenreiter auf die Felder, wo wir einen Fouragiersack mit Kartoffeln anfüllten, die klein und rund waren, wie zu unserem Zweck gewachsen. Die Cartouche in der Röhre wurde noch einmal recht fest angesetzt, die Kartoffeln hineingefüllt, und oben drauf kam ein tüchtiger Rasenvorschlag. Als die Feinde drüben das nächstemal schossen, richtete ich das Geschütz genau nach der Gegend, wo ich den Blitz des Feuers gesehen, und wir konnten nun ruhig den Anbruch des Tages erwarten.

Ehe aber die Zeit kam, wo wir unsere Rache ausführen konnten, hatten wir noch eine ziemliche Angst auszustehen. Kaum lagen Dose und ich wieder auf unserer Decke, als wir den Posten oben beim Geschütz sein „Werda?" rufen hörten, dem eine tiefe, uns wohlbekannte Stimme mit dem heutigen Feldgeschrei antwortete. Es war der Alte, der bei den Vorposten herumritt, um sich von ihrer Wachsamkeit zu überzeugen. Bei ihm war der Lieutenant von L. Wir eilten hinauf und Dose machte ihm seine Meldung. Von L. hielt sich zu unserem Glück nicht lange auf und kam auch nicht auf den Gedanken, wie er sonst wohl that, das Geschütz zu untersuchen. Desto mehr quälte uns aber der Lieutenant, der mir die Badgeschichte noch nicht vergessen konnte, mit seinen Fragen. — „Unteroffizier Dose." — „Herr Lieutenant." — „Das Geschütz gehörig geladen?" — „Zu befehlen, ja, Herr Lieutenant." — „Schon die Schlagröhre eingesetzt?" — „Zu befehlen, nein, Herr Lieutenant." — „Mit Ihrem verdammten zu befehlen! Wissen Sie weiter nichts,

Herrrrr?" — „Zu Ihren Befehlen, nein, Herr Lieutenant." — „Herrrrr! lassen Sie mit Vorsicht abfeuern! — „Zu befehlen, Herr Lieutenant."

Wir Alle wußten sehr wohl, daß der Lieutenant v. L. das Wort „zu befehlen" nicht leiden konnte, und da er gerade keiner von denen war, die uns am gelindesten behandelten, so wurde ihm das Wort so oft vorgesetzt wie möglich. Im Fortgehen wandte er sich noch einmal um und fragte: ob nicht vor etwa zwei Stunden ein Wagen hier herumgefahren sei, was Dose aus Rücksicht auf mich verneinen wollte; aber ich wandte mich rasch zum Herrn Lieutenant und sagte ganz ruhig: „Zu Befehl des Herrn Lieutenants ist ein Wagen hier herumgefahren, in dem sich eine junge Dame befand." — „Welche die Vorposten besichtigen wollte," setzte nun Dose hinzu. Der Blick, den er uns hiefür zuwarf, war nicht der freundschaftlichste.

So verfloß die Nacht für uns ziemlich schnell und bald färbte sich der Himmel im Osten heller und immer heller. Das Erwachen des Tages habe ich stets mit großer Lust betrachtet, und auch heute lehnte ich mich, in meinen Mantel gewickelt, an das Geschütz und sah sinnend, wie der dunkle Schleier der Nacht in Osten durchsichtiger wurde. Bald war der Lichtkreis so groß, daß die Sterne allmälig erbleichten; jetzt färbte er sich röthlich und in Kurzem waren die Wolken, die dort am Horizonte hinflogen, roth gesäumt. Ich dachte bei mir, wie manches Augenpaar sich jetzt langsam öffnete, um einem entschwebenden schönen Morgentraume nachzublicken. Auch an sie dachte ich, die mir Alles und doch wieder nichts war, und sandte ihr einen herzlichen Kuß zu.

Jetzt begann am andern Ende des Lagers die Reveille; die Trommeln wirbelten, die Signalhörner der Schützen erklangen in lang gezogenen Tönen und die Artillerie und Kavallerie schmetterte lustig dazwischen. Nun fiel auch von der dort aufgestellten Kanone der Schuß, dem wir mit unserem Geschütz antworten mußten. So viel es die Morgendämmerung zuließ, spähten wir in das Gebüsch

Zehntes Kapitel.

am andern Ufer des Flusses und sahen da die Plagegeister, welche in der Nacht so unartig herübergeschossen. An ihrem schwarzen Lederzeug erkannten wir, daß es Füseliere waren. Das Geschütz wurde so tief gerichtet, daß ein Theil der Kartoffeln auf dem Spiegel des Flusses aufschlagen mußte, um von da in einem Bogen an das andere Ufer zu setzen. Jetzt waren wir fertig; die Schlagröhre wurde eingesetzt und unsere ganze Mannschaft lauerte, um die Wirkung unseres Schusses auf die Infanterie drüben zu beobachten. „Geschütz, Feuer!" Der Schuß krachte und die Kartoffeln flogen auf das Wasser, prallten ab und schlugen mit ziemlicher Kraft und weit sich ausbreitend in die Gebüsche am Ufer. Das Piket, das dort gelagert hatte — es war ein Unteroffizier und einige zwanzig Mann — wandte um und lief schleunigst in's Feld hinein. Von ihrer unaufhaltsamen Flucht zeugte das Klappern ihrer großen Patrontaschen, das wir noch einige Zeit lang deutlich hören konnten.

Rasch wurde es im Bivouac lebendig. Dieser Augenblick, wo der anbrechende Tag die komische Verwirrung zeigt, die sich während der Nacht eingeschlichen, war mir immer einer der interessantesten. Dort blickte einer der Offiziere erstaunt um sich und fand, daß er die ganze Nacht mit seinem Burschen in trautem Verein geschlummert. Die erwachende Marketenderin wunderte sich über ihren Korb, dessen bester Inhalt über Nacht verschwunden war, und hatte ihre Kinder in Verdacht, die bei ihrem Schelten und Raisonniren die Köpfe aus der wollenen Pferdedecke herausstreckten und deren begierige, hungrige Blicke auf die übrig gebliebenen Semmeln deutlich genug sagten, daß sie am Raub unschuldig seien. Hier löste sich ein Knäul Tuch auseinander und zeigte das nüchterne Gesicht eines erwachenden Kriegers, der sich am Abend fest in seinen Mantel gewickelt hatte.

Die lärmenden Signale der Trompeten und Hörner brachten plötzlich ein lustig bewegtes Leben in das vor wenig Augenblicken noch so todte und stille Lager. Das Schnauben und Schütteln der Pferde, wenn sie ihre Nüstern der aufgehenden Sonne entgegenstrecken, das eilige Durcheinanderlaufen der Soldaten, die jeden Augenblick die Signale zum Ausrücken erwarten, das alles gibt ein herrliches Bild, das ich mit immer neuem Vergnügen beobachtete. — Jetzt schmetterten die Trompeten auf's Neue: es wurde den einzelnen Truppentheilen das Signal gegeben, sich zusammenzuziehen. Wir zogen unser Geschütz vom Hügel herunter, protzten auf und jagten um das Lager herum zu unserer Batterie, wo noch alles in einem bunten Knäuel durcheinanderlief.

Da es heute Sonntag war, so wurden die Manöver natürlich eingestellt, und nach einem allgemeinen Parademarsch, den der Divisionsgeneral abhielt, zogen sich die Truppen auseinander nach ihren Quartieren. Wir erreichten bald die fetten Weiden, legten dort unsere schweren Waffen und Uniformen ab und ließen uns den Kaffee der Frau Wirthin, der heute am Sonntag besser war als gewöhnlich, trefflich schmecken. Dose hatte bei unserer Ankunft im Quartiere außen an die Wand unseres Bettkastens so viele Kreidenstriche gemacht, als unser Manöver Tage dauerte. Täglich, ehe er in's Bett stieg, löschte er einen derselben aus. Er war in dergleichen Geschäften außerordentlich pünktlich, und wenn er es zufällig einmal vergaß, so fiel es ihm gewiß noch vor dem Einschlafen ein, und er stand wieder auf, um seinen Strich auszuputzen. Die Zahl derselben war schon bedeutend zusammengeschmolzen und wir hatten nur noch wenige Tage bis zum Abmarsch nach den Garnisonsstädten vor uns. Wegen der Manöver selbst wäre es mir schon recht gewesen, morgen abzureiten, aber wegen anderer Angelegenheiten hätte ich gern noch Jahre lang in den fetten Weiden zugebracht.

Eilftes Kapitel.
Der getheilte Lieutenant. — Avancement.

Wir verbrachten den Sonntag Morgen mit allerlei kleinen Geschäften, die zum Betrieb einer soldatischen Junggesellenwirthschaft gehören, als da sind, defekt gewordene Stellen an der Uniform ausbessern, das Unterfutter in den Beinkleidern zusammennähen, Löcher in den Fouragiersäcken und Futterbeuteln stopfen, und dergleichen kleine Haushaltungsgeschäfte mehr. Ich saß gerade rittlings auf einem großen Fouragiersack, den wir, um einem bedeutenden Riß in demselben besser beizukommen, mit Stroh ausgestopft hatten, und arbeitete wacker drauf los, als ich hinter mir ein leises Lachen hörte und meinen Dose mit einer ungemein zierlichen Verbeugung Jemand begrüßen sah. Ich wandte mich rasch um und erblickte zu meinem nicht geringen Schrecken die kleine Emilie, die mit ihrem Kammermädchen um den Garten herumgekommen war und uns bei diesem idyllischen Geschäfte überraschte. Dose wußte sich im ersten Augenblick weit besser zu helfen als ich. Er zuckte die Achseln, welche, beiläufig gesagt, bei solchen Bewegungen fast bis an die Ohren reichten, und sagte, ein Soldat im Felde müsse sich zu helfen wissen. Ich konnte natürlich auch nichts anders sagen, und setzte nur hinzu: „Wir haben einmal versuchen wollen, ob wir dergleichen Kleinigkeiten auch selbst repariren können."

Ich wagte das Mädchen kaum anzusehen, so schön war sie heute Morgen. Sie trug ein weißes Ueberröckchen, dem eine kaum aufgeblühte Rose, die lüstern aus dem feinen Stoffe hervorschaute, als Agraffe zu dienen schien. Das dunkle Haar hielt ein Netz von farbiger Seide zusammen. Ach, dieses Haar erregte mir allerlei sonderbare süße Gedanken; die Locken, die hie und da durch die Maschen des Netzes drangen, schienen noch von gestern zu sein;

Der getheilte Lieutenant. — Avancement. 167

es waren vielleicht dieselben, die ich durch meine zitternde Hand hatte gleiten lassen. Wenn sie meinen Anzug so aufmerksam musterte, wie ich den Ihrigen, so fand sie gerade nicht viel Reizendes, weßhalb meiner Eitelkeit dieser sonst so liebe Besuch sehr unangenehm war. Doch ein Mädchen denkt in dem Punkt ganz anders als wir, und wenn ich meine Blicke von ihrem lieben Gesicht oft abwärts sandte, um mir die ganze niedliche Figur recht zu betrachten, so sah sie mir dagegen beständig in's Auge und lächelte dabei gar freundlich.

„Es scheint mir," sagte Emilie lachend, „daß Sie doch mit dem Nähen nicht so recht fertig werden können." Und das Kammermädchen setzte etwas naseweis hinzu: „Sehen Sie doch, gnädiges Fräulein, was es für grobe Stiche sind." Dose vertheidigte uns so gut wie möglich, indem er sagte, der Stoff selbst sei nicht fein genug, um die Sache ordentlich zu machen. Auch komme es bei dieser Arbeit nur darauf an, daß die Näherei über die Manöver halte. Gott! Dose war bei aller seiner Poesie doch ein recht unverschämter Kerl; denn er wandte sich an das Kammermädchen und setzte hinzu: wenn sie übrigens selbst einen Versuch machen wolle, stehe ihr seine Nadel zu Diensten; auch habe er noch allerlei defekte feine Sachen, als Futterbeutel und Kochgeschirrüberzüge; besonders in einem der letztern befinde sich ein so verdächtiger Riß, daß er ihn zum morgenden Manöver nicht wieder herzustellen wüßte. Die beiden Mädchen lachten, und obgleich ich Dose sehr unsanft auf den Fuß trat, entschwebte er doch mit langen Schritten, um seinen Ueberzug herbeizuholen. Was war zu thun? ich stand in großer Verlegenheit da, denn ich war überzeugt, daß er das Kammermädchen geradezu bitten würde, ihm das Loch zuzunähen, und so war es auch. Ich blickte durch die Hausthüre und sah ihn dem Bettkasten entsteigen, in der einen Hand den Ueberzug haltend; mit der andern ergriff er einen Stuhl, der im Gang stand, und kam so mit großen Schritten zum Vorschein. „Sehen Sie," schrie er noch

Eilftes Kapitel.

in der Hausthüre, „hier ist er, und ich würde mich glücklich schätzen —" — „Aber, Dose," unterbrach ich ihn, „Sie werden doch wohl nicht glauben" — „Daß Babet die Kleinigkeit zunähen soll?" setzte Emilie hinzu; „warum nicht? das ist ja im Augenblick geschehen."

Das Kammermädchen lachte und Dose präsentirte ihr mit äußerster Grazie den Ueberzug, sowie Nadel und Zwirn. Es war glücklicher Weise auf dem ganzen Hofe Niemand als wir. Die Hausleute waren in die Kirche gegangen und unsere Kanoniere trieben sich im Dorfe herum. Da Dose nur einen Stuhl mitgebracht hatte, den er so galant war, dem Fräulein zu präsentiren, die sich aber nicht setzte, so mußte sich Babet mit unserem Fouragiersack begnügen, auf den sie sich auch laut lachend niederließ und mit ihrer Nadel zu arbeiten anfing. Es war eine köstliche Gruppe. Dose sah ihr bei der Arbeit zu, und in seinem Herzen schienen für das niedliche Kammermädchen noch ganz andere Gefühle aufzudämmern, als ihm die Dankbarkeit wegen Wiederherstellung seines Ueberzuges eingab.

Emilie erzählte mir unterdessen, daß sie dem Onkel gestern Abend mit dem Wagen etwas zu lange ausgeblieben sei, daß sie ihm gesagt, sie habe mich getroffen und mit mir die Vorposten gesehen. Ich war leider nicht mehr unschuldig genug, daß mich dieses Geständniß sehr gefreut hätte; der Reiz, sie heimlich gesprochen zu haben, war mir das Angenehmste bei der Sache. So standen und saßen wir beisammen und der zerrissene Ueberzug war glücklich hergestellt, als in unserer harmlosen Unterhaltung plötzlich ein anderer viel größerer Riß entstand. Der Lieutenant von L., der wahrscheinlich dem kleinen Mädchen in den Garten gefolgt war und sie jetzt hier außen aufsuchte, erschien plötzlich um die Ecke des Parks und machte beim Anblick der Gruppe, die wir bildeten, ein entsetzliches Gesicht. ...

Der Lieutenant hatte sich sehr herausgeputzt; er trug die In-

Der getheilte Lieutenant. — Avancement. 169

terimsuniform und dazu eine kleine Mütze, die er unternehmend auf die Seite gesetzt hatte; sein Bart war auf's Sorgfältigste gekräuselt und das wenige Haar, das er besaß, an beiden Seiten des Mützchens nach vorne gestrichen. Ein verliebter Lieutenant ist von einem gewissen Prädikat der Positiv, ein eifersüchtiger der Comparativ, aber ein Herr Lieutenant, der auf seinen Untergebenen eifersüchtig ist, der Superlativ. Gott! und der Lieutenant von L. war in diesem Augenblick im höchsten Grade Superlativ! — Ich bin überzeugt, er wäre gern in größter Wuth auf uns losgefahren, doch da wir ihn frühzeitig genug erblickten, konnte er sich uns nur langsam nähern und mußte obendrein die Formen der Höflichkeit beobachten, wodurch die eine Seite seines Körpers von der andern höchst komisch abstach. Mit dem linken Auge lachte er, und dieses, obgleich etwas tückische Lachen erstreckte sich über die ganze linke Seite, so daß die Hand derselben eine Bewegung zum Grüßen machte und der linke Fuß sich zierlich vorschob, ein Bild der Ruhe, während auf der rechten Seite, die mir zugekehrt war, die fürchterlichsten Gewitter tobten. Sein rechtes Auge suchte mich mit einem einzigen Blicke zu vernichten, sein Mund war etwas geöffnet und ließ ein paar gelbe Zähne sehen, und dabei ballte sich seine Hand krampfhaft.

So kam der unglückliche, äußerlich getheilte Lieutenant auf uns zu, und auch sein Herz war jämmerlich zerrissen; denn nicht genug, daß ihn das Fräulein im Garten nicht aufgesucht hatte, war sie sogar davon gegangen und sprach hier mit dem „gemeinen Volk," ein Ausdruck, den der Herr Lieutenant von L. vielfach gebrauchte. Diese äußere und innere Zerrissenheit erstreckte sich auch auf seine Sprache, und nachdem er es durch einige höchst graziöse Bewegungen zu Stande gebracht, zwischen beide Parteien zu kommen, begann er nach der einen Seite mit lachender Miene der jungen Dame freundschaftliche Vorwürfe zu machen, daß sie sich seiner Unterhaltung entzogen, und machte zu gleicher Zeit mit seiner

Eilftes Kapitel.

tapfern Faust, welche die Reitpeitsche hinter seinem Rücken hielt, einige verdächtige, drohende Bewegungen gegen uns. Ich verstand seine Mienen sehr wohl, wenn er uns zuweilen über die Schulter ansah und eine Pause im Gespräch machte, das er allein führte; denn Emilie hörte ihn gar nicht an, sondern schielte beständig zu uns und ihrem Kammermädchen herüber, die sich an unserer Seite befand und sich bei den Geberden des Lieutenants auf die Zähne biß, um nicht laut aufzulachen. Ich hatte aber gar keine Lust, seinen stummen Winken Folge zu leisten, so unzweideutig sie uns befahlen, wir sollten uns zum Teufel scheeren. Dose war obendrein unverschämt genug, dem Lieutenant zu sagen, er freue sich ungemein, die Bekanntschaft der jungen Dame gemacht zu haben — er meinte damit Babet — da sie ihm einen Riß in seinem Ueberzug auf das Schönste zugenäht habe. Darauf ein neuer, viel grimmigerer Blick für uns und die Frage an das Fräulein: „Oh, oh, Fräulein Emile, wie können Sie —" dann wandte er den Kopf vornehm gegen uns und wußte seinen Körper dabei so kunstreich zu drehen, daß wir zugleich mit seinem halben Gesicht seine ganze hintere Seite betrachten konnten, und sagte in befehlendem Ton: „Unteroffizier Dose, der Kanonier da wird sich gleich auf mein Bureau verfügen und sich vom Abtheilungsschreiber die Depesche geben lassen, mit der er augenblicklich — ich sage augenblicklich — nach der Festung zum Herrn Obersten reitet, und Sie, Unteroffizier, melden sogleich dem Herrn Hauptmann Feind, daß der Kanonier H. die fragliche Depesche überbringen werde."

Da war nun freilich nichts einzuwenden; diesem Befehle mußte schleunigst Folge geleistet werden. Ich machte meine Verbeugung gegen das Fräulein, die sie mit einem Blick erwiderte, einem Blick, der mir reichlich den unerwarteten Spazierritt vergalt, den mich der Lieutenant machen ließ. Dieser bot der jungen Dame den Arm und führte sie nach dem Garten zurück. Doch ehe er die Waldecke erreicht hatte, wandte er sich noch einmal um, zog seine Uhr und

Der getheilte Lieutenant. — Avancement. 171

rief mir zu: „Kanonier H., es ist 10 Uhr. Sie werden mich verstehen, junger Mensch, wenn ich Ihnen sage, daß ich aus Ihrer Zurückkunft die Zeit genau berechnen kann, wenn Sie abgeritten sind." Der gute Herr hatte wahrhaftig nicht nöthig, mich zur Eile zu treiben; mich mußte Alles trügen, wenn ich auf den neulich abgegebenen Empfehlungsbrief meines Oheims nicht heute eine Einladung zum Mittagessen erhielt, das um fünf Uhr begann, und da ich nicht wissen konnte, wie lange man mich in W. aufhalten würde, so eilte ich mit dem Abreiten aus eigenem Antriebe, um zeitig wieder zurück zu sein.

Mein Pferd war bald gesattelt; ich ritt auf das Schloß, ließ mir, ohne mich viel umzusehen, die Depesche geben und jagte über die Halde, was das Pferd laufen konnte. Nach einer starken Stunde ritt ich über die Zugbrücke der Festung und stieg vor dem Brigadekommando ab. Ich ging die Treppe des großen Hauses hinauf, durch einen langen Gang, an dessen Ende sich das Bureau befand. An diesen Gang stießen auch die Zimmer des Obersten, bei denen ich vorbei mußte, und da eines derselben offen stand, sah ich hinein und wollte mich beim Anblick des Alten, der, eine Pfeife rauchend, im Zimmer auf und ab spazierte, sachte vorbei drücken. Aber er hatte mich schon bemerkt und rief mich ziemlich freundlich an. Der Oberst von T. war, wie ich schon oft bemerkt, außer den Dienststunden meist sehr guten Humors; aber heute sah er ganz ungewöhnlich freundlich aus und sprach dabei so ruhig und still, wie man es an ihm nicht gewohnt war.

„Na, Kanonier H.," fragte er, „wo kommen Se denn egentlich her?" Ich meldete dienstgemäß „Ordonnanz von der dritten reitenden Batterie, dem Brigadecommando diese Depesche zu übergeben." Der Oberst erbrach sie, durchflog das Papier rasch und gab es mir mit den Worten wieder! „Aha, ik weeß schon. Gehen Sie man uf det Bureau und lassen Se sich enen Bescheid ausfertigen." — Ich wollte mich entfernen, aber der Alte ließ sich auf die Ecke

172 Eilftes Kapitel.

des Sopha's nieder und befahl mir zu bleiben. „Na, Se werden jetzt bald en ganzes Jahr bei meiner Batterie sein," begann er wieder. — „Zu befehlen, Herr Oberst." — „Na, lassen Se man det Befehlen und sagen Se nur ja. Wenn Se mir och im Ganzen in der kurzen Zeit etwelche viele dumme Streiche gemacht haben, so is et mir darum doch nich leid, daß ich Sie damals in D. angenommen habe. Ik mag et wohl leiden, wenn alsmal hie und da en dummer Streich vorfällt. Nu müssen mir die jungen Herren frisch, munter, willig und keine Kopfhänger sein. Det Andere findet sich schon. Och der Hauptmann Feind, der sich vielfach über Sie beklagt, hat mir gesagt, wat Ihre Capacität und Ihren Diensteifer anbelangt, wär' er ganz mit Ihnen zufrieden; deßwegen — Na nu, gehen Sie mal uf die Canzlei, bringen Se mer den Bescheid auf die Depesche zur Unterschrift, un lassen Se sich de Avancementsliste geben."

Ich wußte eigentlich nicht, was er sagen wollte, doch durchblitzte mich ein seliger Gedanke. Was? sollte ich gar Unteroffizier geworden sein? Ich ging rasch auf das Bureau. Dem Adjutanten übergab ich die Depesche; während er sie durchlas, trat ich zu einem meiner Freunde, der hier schrieb, und dieser reichte mir ungefragt die Avancementsliste, auf der ich mit freudigem Schreck meinen Namen als Unteroffizier eingetragen sah. Ich hielt die Liste gedankenvoll in der Hand und versank in tiefe Betrachtungen, wie schön mir die goldenen Tressen an den Aufschlägen und am Kragen stehen müßten, und dachte dazwischen immer: was wird wohl Emilie dazu sagen? — als mir mein Freund ein anderes Circular gab, woran er eben so eifrig schrieb, und dessen Inhalt mich nach der großen Freude so niederschlug, daß ich die Avancementsliste aus der Hand fallen ließ. Das Circular lautete ungefähr folgendermaßen: „Da Seine Majestät, unser Allergnädigster König, für gut befunden, in Berücksichtigung meiner langjährigen Dienste mich mit dem Charakter als Generalmajor und der verdienten Pension allergnädigst in

Ruhestand zu versetzen, so zeige ich dies hiermit meinem Brigadekommando an, welches diese Allerhöchste Verfügung durch Circulare
dem betreffenden Offiziercorps, sowie den Batterien und Kompag-
nien mit dem Zusatze bekannt machen soll, wie sehr es mir leid
thut, ein so geregeltes und ordentliches Corps, wie meine Brigade
von jeher war, verlassen zu müssen, und daß ich auch fern von
meinen früheren Untergebenen mit Freude der Liebe, die mir neben
dem nöthigen Gehorsam von ihnen zu Theil geworden, gedenken
werde.

v. T., Oberst und Brigadekommandant."

Wie mir beim Lesen dieser Zeilen wurde, kann sich jeder denken. Auch mein Freund schüttelte nachdenklich den Kopf und brauchte
mich nicht zu fragen, ob wohl nicht Alle, die hier auf der Avancementsliste standen, dieselbe tausendmal zerreißen würden, wenn wir
uns damit den alten guten Oberst erhalten könnten?

Meine Depesche war unterdessen ausgefertigt worden und ich
hätte viel darum gegeben, wenn ich nach dieser traurigen Nachricht
nicht nöthig gehabt hätte, heute noch einmal vor den Obersten zu
treten. Aber ich mußte seinem Befehl gehorchen und trat zu ihm
in's Zimmer. Er rief mir freundlich entgegen: „Na nu, Herr Unterofsizier, wie hat Ihnen det gefallen?" Ich war zu bewegt, um
viel zu antworten, und dankte ihm nur in kurzen, aber herzlichen
Worten. „Na," fuhr er fort, „halten Sie sich man recht, und et
wird Ihnen auch ferner gut gehen. Wenn Sie mal später die
Epauletten haben, so denken Sie an den alten T., det er mit euch
jungen Herrn, och wenn er euch bestraft hat, et doch immer gut
meinte." Er ging einige Schritte im Zimmer auf und ab und fuhr
dann fort: „Ik will Ihnen noch wat sagen; der Herr Graf von R.
hat mir gesagt, dat er Ihre Familie kenne, und dat et ihn sehr
freuen würde, wenn ik Ihnen nach den Manövern einen vierwöchentlichen Urlaub gäbe. Ik will dat och noch thun, und Se können

Eilftes Kapitel.

sich morgen beim Adjutanten um das fragliche Papier melden. Adieu, Herr Bombardier."

Ich legte gegen alle Dienstvorschrift meine Hand auf's Herz und zog mich zurück. Er nickte mir freundlich zu. Meine Gedanken waren in einer seltsamen Aufregung und die Freude über mein Avancement und der Schmerz über den Verlust unseres guten Obersten kämpften gewaltig gegeneinander. Doch siegte für den Augenblick die Freude, und ich trat in einen Laden, wo ich meine letzten Pfennige zusammensuchte, um mir einen Tressenbesatz zu kaufen, den ich auf meine Uniform wollte nähen lassen. Dann stieg ich wieder zu Pferd, und die fünfte Stunde, die mir beständig vorschwebte, sowie der Drang, meinem Unteroffizier die gute und die böse Zeitung baldigst zu überbringen, fuhren mir aus dem Herzen in die Sporen und gingen von diesen auf mein Pferd über, das mit mir im Galopp davonjagte. Bald hatte ich die fetten Weiden und das Schloß erreicht, wo ich meine neue Depesche abgeben mußte. Ich eilte die Treppen hinan in das Bureau, wo ich nur den Major traf, dem ich meinen Brief übergab. Auch konnte ich mich nicht enthalten, ihm von dem traurigen Circular zu sagen. Doch er gab mir ziemlich verstimmt zur Antwort: „Ich weiß das schon! ich weiß das schon!" Auf der Treppe im Hinabsteigen begegnete ich dem Grafen von N., der mich freundlich anhielt und, wie ich dies erwartet hatte, auf heute zum Mittagessen einlud.

Ich eilte jetzt, Dose aufzusuchen, und als der gute Feodor meine beiden Nachrichten hörte, ging es ihm gerade wie mir: nur wirkte bei aller Freundschaft für mich die traurige noch stärker auf ihn, und er konnte sich nicht enthalten, in ein unendliches Fluchen auszubrechen. Er war in diesem Augenblick g a n z Unteroffizier, und ich mußte ihn bei dem Heiligsten, was er verehrte, bei der Poesie, beschwören, sich zu mäßigen. Sonst würde es der Frau Wirthin zu den fetten Weiden sicher die Schüssel gekostet haben, aus der Dose eben einen Mehlbrei verspeiste und in der er nach

Der getheilte Lieutenant. — Avancement. 175

Anhörung meiner Hiobspost schrecklich mit dem hölzernen Löffel
herumfuhr. Ich setzte mich in eine Ecke und hörte seinen Demon-
strationen gelassen zu, während ich mir die mitgebrachten Tressen
auf mein Kleid heftete. Dann putzte ich mich auf's Beste heraus,
um beim Diner würdig erscheinen zu können. Dose lieh mir seine
frischgewaschenen Paradehandschuhe, da meine eigenen sehr defekt
waren, und ich begab mich zur bestimmten Zeit auf's Schloß.

Der Lieutenant von L. machte ein sehr langes Gesicht, als er
mich eintreten sah. Er meinte Anfangs, ich habe eine Meldung
zu machen, und war im Begriff, mich wegen meines dienstwidrigen
Anzugs herunterzumachen, als mich der Graf von R. der Gesellschaft vorstellte. Ich kannte leider noch zu wenig die Gebräuche in
vornehmen Häusern, sonst hätte ich, als der Kammerdiener meldete,
daß servirt sei, der kleinen Emilie meinen Arm angeboten, um sie
in's Speisezimmer zu führen. In diesem Augenblick wandte sie sich
gegen mich und schien mich fragend anzusehen! aber der Lieutenant
von L. fuhr hinzu, gab der jungen Dame seinen Arm, führte sie
hinweg und ich mußte hintendrein spazieren. Indessen war der
Graf von R. so freundlich, scherzweise meinen Arm zu ergreifen,
wobei er meine neuen goldenen Tressen sah und sogleich im Speise-
saal lachend mein Avancement bekannt machte.

So angenehm es mir war, mit dem lieben Mädchen an einem
Tische zu sitzen, so kam mir doch im Ganzen das Diner sehr un-
behaglich vor. Ich speiste zum erstenmal in einem vornehmen
Hause und saß wie auf glühenden Kohlen. Schon zu Anfang der
Tafel erregte mir das Zurücken des Stuhls durch einen Diener ein
höchst unbehagliches Gefühl, und trotz dem Vertrauen, er werde
mich nicht fallen lassen, sah ich mich doch schüchtern um, ob ich
auch wirklich den Stuhl erreiche. Ferner kamen verschiedene Ge-
richte, bei denen ich mich weislich umsah, wie die Andern sie behandelten, ehe ich mich darüber hermachte. So gut ich mich durch
meine Aufmerksamkeit während der Mahlzeit gehalten hatte, so wäre

ich doch am Ende fast noch über das Mundwasser gestolpert, das in blauen durchsichtigen Tassen herumgereicht wurde. Ich hielt es natürlich für ein köstliches Getränk, und da alle die Tassen an den Mund setzten, so that auch ich einen herzhaften Schluck daraus. Aber schon der Geschmack des lauen Wassers mit etwas Citronensaft war mir verdächtig; ich sah auch sogleich, daß die Andern sich blos den Mund damit ausspülten, und das Ungeschick fiel mir schwer auf's Herz. Erschrocken schielte ich über den Rand der Tasse, doch schien es Niemand bemerkt zu haben, außer meinem lieben Herrn Lieutenant, auf dessen dürrem Gesichte sich ein ironisches Lächeln entwickelte und der sich nicht enthalten konnte, laut zu sagen: „Der Herr Bombardier scheinen noch sehr durstig zu sein." Natürlich wurde ich feuerroth, doch hatte ich die Genugthuung, daß Emilie dem Lieutenant für seine Bosheit einen unfreundlichen Blick schenkte.

Wir verfügten uns in den Garten, diesmal aber war ich so frei, der jungen Dame meinen Arm anzubieten, den sie auch nicht ausschlug, und ich fühlte mich unendlich glücklich. Doch sollte mir heute nicht mehr zu Theil werden; der Lieutenant ließ uns den Abend keine Secunde aus den Augen. Wie kochte es in meinem Herzen! mit welcher Wonne hätte ich mit ihm angebunden! aber es war mein Vorgesetzter und ich mußte schweigen. Es dunkelte schon, als ich den Garten verließ, und obgleich mich das kleine Mädchen, wie es schien, ganz absichtslos bis an die Gartenthüre begleitete, wurde mir doch wegen der andern Gesellschaft nur ein flüchtiger Händedruck zu Theil.

Dose war wegen des morgenden großen Feldmanövers noch mit dem Geschütz beschäftigt und auch ich hatte noch einige Stunden zu thun, bis ich Pferd und Waffen in Ordnung hatte; dann kletterten wir in unsern Bettkasten, und nachdem Dose wieder einen Strich ausgeputzt, auch noch Einiges lamentirt und philosophirt hatte, schliefen wir ein.

Zwölftes Kapitel.

Unglück.

Es war kaum drei Uhr, als wir mit dem Geschütz ausrückten, um zu der Batterie zu stoßen. Der Hauptmann Feind hatte eine sehr feierliche Miene angenommen und ging mit einigen Papieren in der Hand vor den Geschützen auf und nieder. Dose meldete sich, wir rückten in die Linie, der Hauptmann trat vor die Front, räusperte sich einigemale, commandirte: „Stille!" und las das traurige Circular des Obersten vor. Wie ein Schlag durchfuhr diese Kunde die ganze Mannschaft. Da war kein Gesicht, das sich nicht plötzlich verzogen hätte, und ein leises Gemurmel der Ueberraschung und des Schreckens lief durch die Glieder. Der Feind legte das Circular bei Seite und las aus der Avancementsliste, die er ebenfalls in der Hand hatte, die Namen derer, die in seiner Batterie zu Bombardieren und Unteroffizieren befördert waren. Ich war darunter, und der Hauptmann konnte sich nicht enthalten, mir zu bemerken, ich möchte ja bedenken, wie sehr er diesmal Gnade vor Recht habe ergehen lassen.

Mein neuer Wirkungskreis begann gleich diesen Morgen; da einer unserer Unteroffiziere krank geworden war, wurde ich commandirt, sein Geschütz zu übernehmen, und es während des heutigen Feldmanövers zu führen, ein Auftrag, der mich sehr stolz machte. Wenn auch dieses Commando für einen Neuling sehr schwierig war, und ich Pferde und Mannschaft jenes Geschützes fast gar nicht kannte, welch' letztere ihrem Geschützführer die Sache sehr erleichtern oder erschweren kann, so wußte ich doch, daß mich alle Kanoniere gern hatten und ihr Möglichstes thun würden, mir durchzuhelfen: Mein Dose, den ich für heute verlassen mußte, gab mir noch kürzlich einige Verhaltungsregeln, und wir ritten mit der ganzen Batterie nach der Haide. — Dort waren schon mehrere Truppentheile eingetroffen, andere kamen mit uns zugleich an, und wie wir einer Batterie begegneten, rief jede der andern leise zu: „Wißt ihr's denn schon von unserem Alten?" und die Antwort war gewöhnlich: „Ja, das ist verflucht!"

Nach und nach hatten sich alle Batterien beim Park versammelt, und endlich kam auch der Alte mit seinem Stab um die Waldecke geritten. Er saß nachdenkend auf seinem Schimmel und sprach gegen seine Gewohnheit wenig und leise mit den Offizieren, die ihn umgaben. Gleiche Stille herrschte diesen Morgen in der Brigade. Die Kanoniere standen bei ihren Pferden oder lehnten am Geschütz und blickten schweigend dem Obersten entgegen, der langsam näher kam. Er ritt durch die erste Batterie, sah sich, wie gewöhnlich, freundlich um und wünschte den Leuten einen guten Morgen. Alles war still, jeder war durch die Botschaft von seiner Entlassung zu bewegt, um ihm wie sonst munter antworten zu können. Doch kaum hatte der Oberst die Mitte der Brigade erreicht, wo vor dem Wachthaus unsere Fahne stand, kaum hatte er, wie gewöhnlich, seinen Hut abgenommen, um das Ehrenzeichen zu grüßen, als ein alter Trompeter, der mit dem Obersten die Feldzüge gemacht, mit lauter Stimme rief: „Kameraden, unser Oberst soll leben! hoch!" und damit machte sich das Gefühl in aller Herzen Luft und die ganze Brigade brachte dem alten Obersten ein dreimaliges donnerndes Hoch. — Von T. war so gerührt, daß er seinen Federhut tief in die Augen drückte und rasch in die Wachtstube trat, von wo aus er den Batterien den Befehl zum Abmarsch nach den bezeichneten Punkten gab.

Mir ging es beim Manöver, das nun begann, mit meinem Geschütze Anfangs ziemlich gut. Wenn ich einen Fehler machen wollte, riefen mir die Fahrer zu: „Bombardier, etwas mehr rechts, oder etwas mehr links!" und da auch Dose mit seinem Geschütz in meiner Nähe blieb, fiel keine Unordnung vor, die das umherspähende Auge des Hauptmanns Feind beleidigen konnte. Heute, als am letzten Manövertage, waren der Neugierigen aus Stadt und Umgegend eine große Menge. Auch glaubte ich mehreremale die beiden bekannten Rappen zu sehen; doch blieben mir die Wagen zu fern, als daß ich einen genau hätte unterscheiden können.

Es mochte ungefähr zwölf Uhr sein, als der Oberst sämmtliche reitende Batterien zusammenrücken und, von den Uhlanen und Husaren unterstützt, in Front vorrücken ließ, um einen kräftigen Angriff auf die vor uns liegende Reiterei zu machen. Ich hatte den linken Flügel der ganzen Linie und lauschte mit klopfendem Herzen auf das Commando; denn es war ja das erstemal, daß ich so in gerader Richtung ein Geschütz gegen den Feind führte. Die Commando's wurden gegeben; „Tra-a-a-ab! Batterie, Galopp!" und wir jagten dahin, was die Pferde laufen konnten. Bald hatten wir die Landstraße erreicht, vor der wir wahrscheinlich halten und feuern mußten. Aber die Straße vor mir machte eine Biegung, so daß ich, um in der Linie zu bleiben, über den einen Chausseegraben setzen und mitten auf der Straße halten mußte. Hier standen auch schon eine Menge Wagen und Reiter, die unsern Angriff sehen wollten. Und unter den ersten erblickte ich die Equipage des Grafen R. und meine kleine Emilie, die im Wagen aufrecht stand, um besser sehen zu können. Ach! sie erkannte mich im Augenblick und machte auch den alten Herrn auf mich aufmerksam, der mir freundlich zuwinkte.

War es mir in diesem Augenblick nicht zu verzeihen, daß ich meine Blicke nach der linken Seite wandte, da ich doch so nöthig gehabt hätte, nach dem rechten Flügel zu sehen? Mein Pferd machte einen ausgezeichneten Satz über den Graben, und ich war so entzückt, mich einmal im vollen Glanze des Reiters vor dem Mädchen zeigen zu können, daß ich Batterie, Angriff, Commando, Alles vergaß und erst nach einigen Sekunden, durch das Geschrei meiner Fahrer aufmerksam gemacht, die mir Halt! Halt! zuriefen, mich um-

Zwölftes Kapitel.

saß und zu meinem Schrecken bemerkte, daß alle andern Unteroffiziere bereits hinter die Geschütze sprengten, die im Carrière noch einige Schritte vorwärts fuhren, hielten und abprotzten. Ich warf mein Pferd rechts herum, und mein vorderster Fahrer jagte, um nicht zu spät zu kommen vorwärts, als ich kaum mein Pferd gedreht hatte. Ich machte unglücklicherweise die Wendung zu kurz; das Pferd gleitet aus, stürzt mit mir hin, ich will meinen Tschako halten, der mir heruntergeschleudert wird, komme dadurch mit der Hand an das Geleise, und beide Räder des Geschützes fahren mir im Augenblick über die rechte Hand. — So entsetzlich der Schmerz war, sprang ich doch wieder auf, an's Geschütz, und glücklicherweise hatte von meinen Vorgesetzten keiner den Fehler bemerkt. Wir thaten einige Schüsse auf die feindliche Kavallerie, die von der unsrigen geworfen wurde, dann wurde zum Apell geblasen, und das Manöver war beendigt.

Jetzt befühlte ich erst meine Hand und versuchte den Handschuh herunterzuziehen; aber der Schmerz war zu groß. Meine Kameraden kamen herbei, Dose brachte einen der Chirurgen mit, der meinen Arm befühlte und mir die trostlose Nachricht gab, daß wahrscheinlich ein paar Finger gebrochen seien und ich ohne Verzug nach W. in's Lazareth müsse. Der Hauptmann Feind, welcher auch schon von meinem Unfall gehört hatte, kam herbei, und ich wunderte mich sehr, daß er mir keine Vorwürfe machte. Auch der Wagen mit den beiden Rappen fuhr hinter unsere Batterie; der Graf von N. stieg aus und fragte besorgt, was mir begegnet, hörte auch kaum, daß ich nach W. in's Lazareth müsse, als er sich erbot, mich, da er eben dahin fahren wolle, in seinem Wagen mitzunehmen. Was konnte mir erwünschter sein? Fast hätte ich dem Schicksal für mein Unglück gedankt, wenn der Schmerz an meiner Hand nicht immer größer, ja fast unerträglich geworden wäre.

Wir stiegen ein; der alte Herr saß vorn und kutschirte, Emilie und ich saßen auf dem zweiten Sitz. Wie wohl that mir die Theil-

nahme dieser guten Menschen! Dem kleinen Mädchen traten die
Thränen in die Augen, als ich auf die Zähne biß, um die Schmer-
zen zu ertragen, die mir das Schaukeln des Wagens verursachte.
Der Graf fuhr rasch, und wir hatten bald die Festung erreicht. Ich
stieg auf dem Markte vor demselben Wirthshause aus, wo ich damals, in Arrest gehend, Emilien zum erstenmal wieder gesehen.
Viel lieber hätte ich noch eine Nacht beim Wanzenmajor zugebracht,
als in das traurige Lazareth zu kriechen, das die einmal erfaßte
Beute so leicht nicht wieder losgibt. Der Graf reichte mir die
Hand und wünschte mir gute Besserung, und auch Emilie gab mir
ihr liebes Händchen, das ich gern an meine Lippen gebracht hätte,
wenn nicht der alte Herr in der Nähe gewesen wäre. So mußte ich
mich mit einem herzlichen Druck begnügen, den das gute Mädchen
erwiderte. — Ich ging über den Marktplatz und sah mich an der
Ecke noch einmal um. Sie hielt ihr Tuch an den Mund und ich
warf ihr einen Kuß zu. —

Dreizehntes Kapitel.
Das Lazareth.

In seiner Art hat das Militärlazareth viel Aehnlichkeit mit den
militärischen Gefängnissen. Auch in diesem ist man von aller Welt
rein abgeschlossen, und muß, wenn man nicht gerade todtkrank ist,
oder wie ich glücklicherweise gute Gesellschaft traf, entsetzlich langweilige Stunden da verleben. Hereingebracht kann man jeden Tag
werden, aber hinaus kommt man nur dann, wenn der Stabsarzt
in den verschiedenen Zimmern seine Runde gemacht, und das geschieht
die Woche höchstens zweimal. Daneben hat das Lazareth noch aller-

Dreizehntes Kapitel.

hand sonstige lästige Einrichtungen, und die Speisevorräthe werden nach Nummern ausgetheilt, die jeder Kranke erhält und ihr Vorrath stimmt nicht immer mit der Eßlust des armen Patienten zusammen. Menschenfreundliche Hauptleute oder Vorgesetzte, die es wissen, wie spärlich die neu ankommenden Kranken fast ohne Unterschied mit Speisen bedient werden, um sie recht auszuhungern und ihren geschwächten Magen zur Aufnahme von Arzneien geneigter zu machen, halten die Leichterkrankten im Kasernenrevier, und geben sie nicht bei jeder Kleinigkeit in's Lazareth ab. Unser guter Hauptmann Feind aber war auf nichts so sehr erpicht, als den Revierkranken die Schwindeleien zu vertreiben, wie er es nannte, indem er sie in's Lazareth schickte. Wurde ihm beim Apell einer als unpäßlich gemeldet, so begann er alsbald mit dem Fuß aufzutreten, steckte die Hand unter das Collet und befahl dem dicken Wachtmeister Löffel, den Mann augenblicklich zu notiren! „er ist reif für das Lazareth; ihn soll ein Donnerwetter! In meiner Batterie gibt's keine Revierkranken," pflegte er hinzuzusetzen. „Nichts halb, entweder ganz krank oder ganz gesund." Dafür aber passirte es dem Guten auch zuweilen, daß bei großen Paraden, wo ihm Alles daran gelegen war, die Batterie so vollständig wie möglich zu stellen, die sämmtliche Mannschaft eines Geschützes erkrankt war, wodurch in der Compagnie viele Lücken entstanden. Dies bemerkte der alte Oberst gleich, und da er die ewigen Plagereien bei der Batterie kannte, so erhielt der Hauptmann Feind bei solchen Veranlassungen nicht die freundlichsten Gesichter.

„Det is doch wunderbar," pflegte der alte T. zu sagen, während er die Hände auf den Rücken gelegt an der Front herabging, „det is doch wunderbar, det bei dieser Batterie ene so kranke Luft herrschen thut, uf jeden Fall ene verdorbene Luft, denn," setzte er kopfschüttelnd hinzu, „wat nich im Lazareth liegt, det befindet sich im Arrest. Oho, ich kenne det."

Das Lazareth.

Aber wenn es der gute Mann auch wirklich kannte, so konnte er doch unmöglich etwas dagegen thun.

Das Lazareth in W., das mir nun für einige Zeit zum Aufenthalte dienen sollte, kannte ich nur dem Aeußern nach, und das war, wie bei den meisten dergleichen Anstalten, nicht sehr einladend. Es lag hart an der Wallmauer und war ehedem ein Franziskanerkloster gewesen. Es bestand aus einem Hauptgebäude, das einen großen gepflasterten Hof hatte, der mit einer hohen Mauer umgeben war. Um das ganze Gebäude herum standen uralte Kastanienbäume und Platanen, die recht melancholisch die zerrissenen Zweige hängen ließen und durch ihr Alter, sowie ihr dichtes schwarzes Laub der ganzen Anstalt von außen einen traurigen Anstrich gaben. Vornen an dem Hofthor hing an einem langen eisernen Draht eine mißtönende Klingel, deren Ton dem Lazarethportier anzeigte, daß er auf seiner Hut sein müsse; denn ebenso wie im Arrestlokal hatte dieser würdige Beamte auch hier die Pflicht, die eintretenden Kranken genau zu untersuchen, ob sie nicht Speise und Trank bei sich führten, was ihnen alsdann nach dem Lazarethreglement abgenommen wurde, damit die Kur nicht durch den Genuß von Rum, gesalzenem Fleisch und dergleichen mehr gestört würde. Man sieht, es war hier Alles zum Besten der leidenden Menschheit eingerichtet.

So stand ich denn mit dem Unteroffizier, der mich hinbrachte, vor dem Lazareththor und hatte nicht geringe Schmerzen an meiner Hand, und neben diesen physischen Leiden war ich moralisch sehr darnieder gedrückt; denn in den ersten drei bis vier Wochen ließ mich das Lazareth nicht los, und ich weiß nicht, wenn mir auch gewöhnlich die Erbauung der glänzendsten Luftschlösser immer rasch von Statten ging, so vermochte ich es heute doch nicht, den Gedanken an die kleine Emilie und ein baldiges fröhliches Wiedersehen recht fest und lebendig zu erhalten. Es lagen schwarze Schleier über meinen Phantasien und selbst mein Stand, der mir trotz vieler Plagereien und Mühseligkeiten doch gerade bis jetzt nicht unlieb gewesen war,

Dreizehntes Kapitel.

fing jetzt, namentlich seit dem Ausscheiden des alten Oberst, an, mir recht widerwärtig zu erscheinen.

Zugleich mit mir kamen an die Lazareththür noch einige Kanoniere und Bombardiere von andern Batterien, die mit kleinern und größern Uebeln behaftet, auch nicht selten aus bloßer Faulheit Schutz hinter diesen geheiligten Mauern suchten. Die Klingel ertönte und ich traute kaum meinen Ohren, als ich die herannahenden schleifenden Tritte von einem gewissen unverkennbaren Hüsteln begleitet, hörte, wie es nur ein Mensch in der ganzen Welt haben konnte. Langsam öffnete sich das Thor, und richtig, ich hatte mich nicht getäuscht: es war der Rattenkönig aus Nr. 7½ in C.

Trotz der sehr unangenehmen Erinnerungen, die mir sein Anblick verursachte, erwiderte ich dem alten vertrockneten Männlein auf sein: „He, he, he! neue Gesellschaft, neue Gesellschaft!" laut lachend: „O der alte Herr Inspector; wie befinden Sie sich?"

„Aha," entgegnete er lachend, und man sah ihm an, daß er offenbar sehr guter Laune war, „einer meiner Grünschnäbel aus C., freue mich sehr, freue mich sehr; bin aber nicht mehr Inspector; alter gedienter Sergeant, wegen langjähriger treuer Dienste Lazarethverwalter geworden, he! ja, Lazarethverwalter; nur hereinspaziert."

Wir folgten dem Rattenkönig nach, der hastig über den Hof vor uns her in's Haus ging, wobei seine spitze welke Mütze auf dem Kopfe hin- und wiederwankte. In seinem Zimmer angekommen, nahm er unsere Zettel ab, trug uns in sein Buch ein und schrieb jedem einen Schein für das Zimmer und die Nummer des Bettes, das er erhalten sollte. Darauf trat er mit seiner gewohnten Lebhaftigkeit vor uns hin und sagte: „Thut mir leid, thut mir leid, he, ist aber ein sehr strenges Lazarethreglement, muß Alle untersuchen, drum wer etwas bei sich hat, sag' es lieber vorher, he. Alter Arrestinspector ich, he, werd's doch finden, he!"

Aus alter Bekanntschaft, und da er wohl wußte, daß ich mich

Das Lazareth.

mit geistigen Getränken nicht abgab, ging er bei mir nur leicht vorüber, nahm aber dafür einen alten gebräunten Bombardier, der einen ungeheuren schwarzen Schnurrbart hatte und auf der Brust die silberne Schnalle, das Zeichen seiner fünfzehnjährigen Dienstzeit, trug, desto schärfer auf's Korn, und fand bei diesem, was er vermuthet und gesucht zu haben schien, nämlich eine ziemliche Flasche Rum, die der Aermste zwischen Stiefel und Reithose verborgen hatte. Bei diesem Anblick funkelten die Augen des Rattenkönigs vor Vergnügen und Bosheit, und nachdem er den heftigen Anfall seines sehr trockenen Hustens glücklich überwunden, begann er mit der größten Zungenfertigkeit dem alten Bombardier das Schändliche seines Betragens auseinanderzusetzen. Dieser, der sich anfänglich an dem Zorn des kleinen Ungethüms ergötzte, bemerkte ihm endlich ganz ruhig: es erscheine ihm sehr unpassend, einen Kranken mit harten Worten anzulassen, und er möchte gefälligst sein Maul halten. Das war zu viel für den Rattenkönig.

„He, he!" schrie er, „alter Sergeant, das von einem Bombardier zu hören; werd's anzeigen, werd's anzeigen, he, he."

„Was Bombardier zu hören." spottete ihm der Andere nach, „ein Bombardier in der Artillerie ist gerade so viel werth, wie ein Dutzend verbrauchter Sergeanten. Basta!"

Doch der Rattenkönig sagte nicht Basta, und wer weiß, wohin der Streit noch geführt hätte, wenn nicht in diesem Augenblicke bei der offenen Thüre Jemand vorbeigegangen wäre, der bei dem Wortwechsel stehen blieb und hereinschaute. Es war der Lazarethinspector. Er trug einen Civilüberrock, an welchem man einige Ordensbänder sah, hatte den Bart, wie man es oft bei alten Infanterie-Offizieren bemerkt, bis auf zwei übriggebliebene Punkte unter der Nase wegrasirt, und sein Kopf war mit einer Infanteriemütze bedeckt. Ein unangenehmes Gesicht hat der Herr Inspector, dachte ich mir. Kaum wurde der Rattenkönig seiner ansichtig, so brachte er seine Klage vor, die er mit den Worten schloß: „He, Herr Hauptmann, muß auf Bestrafung

Dreizehntes Kapitel.

des Mannes bringen; zu mir, einem alten gedienten Sergeanten gesagt, das Maul halten, he!"

Der Inspector sah uns gerade nicht freundschaftlich an, und sprach gegen den Bombardier: „Weiß Er, Herr, daß hier kein Widersprechen geduldet wird, ebensowenig wie vor der Front. Hab' doch immer des Teufels Schererei mit der Artillerie."

Das war zu arg, und ich konnte mich nicht enthalten ihm zu erwidern, daß sich die Artillerie freilich nicht von einem Lazarethhausverwalter auf der Nase herumtanzen lasse. Kaum hatte ich das gesagt, so trat der Herr Hauptmann und Inspector in die Stube herein gerade vor mich hin, besah mich von oben bis unten, wobei einige Röthe des Zorns auf Wange und Stirn glänzte, und forschte nach meinem Namen. Als ich ihm denselben angegeben, sowohl den meiner Familie, als wie meinen Vornamen, auch wo ich her sei und die Nummer der Batterie, kurz ihm in der Kürze einen kleinen Lebensabriß von mir ertheilt, schloß ich meinen Bericht mit den Worten: „Jetzt, Herr Hauptmann oder Herr Inspector, da Sie wissen, wer ich bin, werden Sie mich hier nicht länger in dem Zimmer des Verwalters aufhalten, sondern mich in den Saal entlassen, dem ich zugetheilt werde."

„Ja," sagte auch der Unteroffizier, der mich hergebracht hatte, „ich möchte den Bombardier auch jetzt abgeliefert haben, und begreife nicht, was das Stehen und Ausfragen hier nützen soll."

Diese Frechheit war zu groß für den Hauptmann. „Herrrr!" brach er gegen meinen Unteroffizier los, „wissen Sie, daß ich Sie auf die Wache kann setzen lassen? Wie ist Ihr Name?"

Nachdem der Unteroffizier lächelnd diesen angegeben, fügte der alte Bombardier aus übergroßem Diensteifer den seinigen auch noch hinzu, worauf der Inspector, nachdem er uns noch einmal von Kopf bis zu den Füßen angeschaut, hinwegeilte, wobei er etwas von schwerer Ahndung zwischen den Zähnen murmelte. Mein Unteroffizier gab mir noch einmal die Hand und verließ das Lazareth.

Der alte Bombardier wurde in eine Abtheilung des Gebäudes gebracht, welche man unter uns mit dem technischen Ausdruck „Rittersaal" benannte. Für mich rief der Rattenkönig einen andern Krankenwärter herein, einen Kerl, der auf dem Hofe stand und sich gesonnt hatte, mit einer höchst widerwärtigen und verschmitzten Physiognomie. Er trug eine schmierige Tuchjacke, um den Leib eine weißseinsollende Schürze und an den Füßen weiße, wollene Strümpfe und Pantoffeln; eigentlich waren es keine Pantoffeln, sondern nur ein paar Schlappschuhe. Den Zipfel einer unsaubern Nachtmütze trug der Kerl auf die Seite gedrückt, nach Art der Hausknechte. Ueberhaupt hatte er viel mehr Aehnlichkeit mit einem solchen, als mit einem Krankenwärter.

„He, he," sagte der Rattenkönig, „der junge Herr kommt auf Nro. 20, den Reconvalescentensaal."

Der Kerl sah mich scheel von der Seite an, legte die Hände auf den Rücken und schlich faul vor mir her, die Treppen hinan, bis vor Nro. 20.

Vierzehntes Kapitel.

Der Reconvalescentensaal.

Wir stiegen in den zweiten Stock hinauf und machten vor einer Thüre Halt.

„Sind viele Leute in dem Saal?" fragte ich den Krankenwärter.

Zur Gegenantwort sah er mich an, sagte aber keine Sylbe. Auch gut, dachte ich, und trat in die geöffnete Thüre, wo mich alsbald ein einziger Blick über die Anzahl der Kranken in Nro. 20 aufklärte. Es waren mindestens zwanzig Betten drin, von denen nur zwei unbesetzt waren. Mein stummer Führer brachte mich an eins derselben, machte eine Bewegung mit dem Kopfe und sagte: „Das Bett!" dann drehte er sich um, und ging durch die Reihen der Kranken nach der Thüre zu. Obgleich er auch von diesen vielfach angeredet und gefragt wurde, so nickte er stat: der Antwort höchstens mit dem Kopfe, oder zuckte verächtlich mit den Achseln.

„He, Mathes!" schrie einer, „was gibts zu essen heut?"

Und ein Anderer sagte: „Ist das Sechspfennigbrod bald wieder auf acht Pfennige herabgestiegen?"

„Mathes!" rief eine Baßstimme aus einem Winkel hervor, „ich wünschte mich in den Besitz eines Schoppen Rums. Aber du mußt mir pumpen, Mathes."

„He, he!" spottete ein Anderer dem Rattenkönig nach, „eine Flasche Rum — Lazarethreglement — Inspector anzeigen. He, he!"

„Hör, Mathes," sagte wieder einer in scheinbar ernstem Ton, „schick den Speisezettel von deiner öffentlich-heimlichen Garküche herauf. Da mir der Arzt alles Scharfe verboten hat, so kannst du mir einen Pfannkuchen mit Schinken anfertigen lassen."

Auf alle diese Witzeleien antwortete der Krankenwärter kein Wort, sondern hier zuckte er verächtlich mit den Schultern, dort warf er einem der Sprecher einen wüthenden Blick zu oder streckte die Zunge gegen ihn heraus und zuletzt fing er an eine Weise vor sich hinzupfeifen und verließ so den Saal, gefolgt von einem schallenden Gelächter.

„Der Hallunk," sagte die Baßstimme, und ein Anderer entgegnete: „Seit man seiner Frau das Speisehandwerk gelegt hat, bin ich überzeugt, treibt er mit dem verfluchten Rattenkönig Muschelei, denn für viel Geld kann man von dem Kerl haben, was man will." „Ja, für viel Geld!" seufzte ein Dritter.

So war ich denn im Lazareth, in Nro. 20, auf dem Reconvalescentensaal, und sah, daß in der That hier nur Genesene und keine Kranke waren; denn nur wenige von den achtzehn Leuten, die sich

hier befanden, lagen still und ausruhend auf ihrem Bett. Die meisten
wälzten sich faul umher oder saßen zu fünf bis sechsen beisammen
und unterhielten sich. Da die Kleidung aller Kranken in Militär-
lazarethen die gleiche ist — weite graue Beinkleider, ein gestreifter
Zwilchkittel, weiße wollene Strümpfe und Pantoffeln — so hört hier
aller Rangunterschied auf, und Sergeanten, Unteroffiziere, Gemeine,
Alles saß und lag durcheinander und lachte und plauderte zusammen.
Ich saß in der äußersten Ecke des Saals einsam auf meinem Bett,
meine Hand schmerzte mich heftig. Jetzt erschien der Krankenwärter
wieder, und brachte auch mir den eben beschriebenen Anzug. Bei
seinem Eintritte dieselben Späße und Witzeleien von Seiten der
Kranken, und das gleiche Stillschweigen von seiner Seite. Nur einmal, als eine Stimme rief: „Pfui über den Spion!" drohte Mathes
mit der Faust nach dem Bette, wo der also Sprechende lag. Doch
wurde gleich darauf die Baßstimme wieder laut und erklärte, wenn
er noch einmal mit der Faust drohe, so würde er ihm ein paar Me-
dicinflaschen an den Kopf werfen.

Da hatte ich nun meinen Anzug vor mir liegen und wenn ich
auch die verzweifeltsten Anstrengungen machte, mich auszuziehen, so
konnte ich von der kranken Hand nicht einmal den Handschuh herunter ziehen, geschweige, daß ich sie hätte gebrauchen können. Einige der Leute, die mir zunächst lagen, sahen meinen fruchtlosen
Anstrengungen zu, waren aber zu faul aufzustehen und mir zu helfen, bis plötzlich die Baßstimme wieder laut wurde und im befehlen-
den Tone rief: „Sieht denn keiner von euch, daß der Unteroffizier
seine Hand nicht gebrauchen kann! Zum Teufel, so helft ihm doch
ausziehen!"

Wer die Baßstimme war, wußte ich natürlich nicht, doch merkte
ich wohl, daß sie hier im Saal ein Gewicht haben mußte, denn alsbald erhoben sich einige von ihren Betten, und waren mir behülflich,
Stiefel und Reithose auszuziehen. Doch mit dem Kollet wollte es
nicht gehen, wenn wir uns auch alle mögliche Mühe gaben. Der

Arm war schon so geschwollen, daß wir nicht einmal die Knöpfe an dem Aermel lösen konnten.

„Wir wollen den Doctor rufen," sagte einer von den Leuten, die mich auszichen halfen. Die Baßstimme wiederholte: „Ja, ruft den Cigorius, das Kameel soll seinen Dienst thun."

Einer ging darauf hinunter, kam aber bald mit der Antwort zurück, der Doctor sei ausgegangen, und der Rattenkönig hätte gesagt, da es doch halb vier Uhr sei, solle man nur warten, um vier Uhr sei ohnehin Inspection und da würde der Doctor schon kommen. Nach dieser Antwort legte ich mich auf mein Bett hin, denn ich war sehr ermüdet, und versuchte zu schlafen, doch wollte mir das vor Schmerz an meiner Hand nicht gelingen. Endlich schlug es vier Uhr, und kaum war der letzte Schlag verklungen, so befahl die Baßstimme: „daß sich kein Mensch rührt und eine Antwort gibt, bis ich anfange, Alles soll schlafen;" und diesem Befehl gemäß wurden alle Sitzungen plötzlich aufgehoben; jeder streckte sich auf sein Bett aus und eine tiefe Stille trat ein.

Ungefähr eine Viertelstunde nach vier Uhr hörten wir Schritte den Gang heraufkommen, worauf die Baßstimme einen schnarchenden Ton von sich gab, in welchen augenblicklich die siebzehn Andern einfielen, und es entstand ein Concert, das über alle menschlichen Begriffe geht.

Jetzt öffnete sich die Thüre und der diensthuende Arzt, ein langer, schmächtiger, blasser, junger Mann, trat ein, der an dergleichen Musiken im Reconvalescentensaal schon gewöhnt schien; denn er hörte gar nicht darauf, sondern ging, von Mathes geführt, und gefolgt von zwei Lazarethgehülfen, sehr jungen Menschen, die sich lachend anstießen und lustig um sich schauten, nach meinem Bette hin. Ich richtete mich auf und da mich der Schmerz gerade nicht gut gelaunt machte, so antwortete ich dem Chirurgus auf seine vorwurfsvolle Frage: ob ich nicht wüßte, daß die Uniform nicht ins Bett gehörte? „Wenn man hier seine Pflicht gethan hätte und gleich

Der Reconvalescentensaal.

nach mir gesehen, so hätte ich freilich nicht nöthig gehabt, mit meinem verwundeten Arm in dem engen Collet stecken zu bleiben." Der Skandal in dem Saal war aber so groß, daß man kaum sein eigen Wort hören konnte, und der Doctor, der meine Antwort überhören zu wollen schien, haranguirte die Schnarcher, indem er mit lauter Stimme zu ihnen sagte: „Wenn ihr fortfahrt, einen solchen Spektakel zu machen, so ist es mir unmöglich, mich nach den Umständen eures Kameraden zu erkundigen."

Nach diesen Worten hörte die Baßstimme in derselben Art zu schnarchen auf, wie man es zu machen pflegt, wenn man in der Nacht plötzlich aus dem Schlafe geweckt wird, und wie auf Commando machten es die siebzehn übrigen so nach, worauf der Spektakel sehr effectvoll schloß.

Nachdem der Arzt einen Augenblick meinen Arm befühlt und untersucht, wurde er weit artiger, als ich es seiner ersten Anrede nach vermuthen konnte. Er sagte: „es thut mir wirklich leid, daß ich Sie so lange warten ließ, aber man sagte mir, Ihre Hand sei nur ganz unbedeutend verletzt: aber das ist wahrhaftig nicht unbedeutend; wir müssen Collet und Handschuh heruntertrennen und sorgfältig abziehen."

Alsdann fand es sich, daß zwei Finger gebrochen waren, die mir unter fürchterlichen Schmerzen eingerichtet wurden. Nun wurde meine Hand mit Leinwand dicht umwickelt und in ein blechernes Ding gelegt, das wie ein Stück Dachrinne aussah. Und als man mir dieses mit einem alten schwarzen seidenen Tuch um den Hals gehängt, war der Verband fertig und ich sah aus wie ein junger Invalide.

Glücklicher Weise hatte mich der Doktor auf die zweite Form gesetzt, ein Ausdruck, den ich auch nicht am ersten Tage verstand und den ich mich daher bemühen muß, den Uneingeweihten klar zu machen.

Schon früher sprach ich davon, daß in den Lazarethen nur

Vierzehntes Kapitel.

schmale Bissen ausgetheilt würden, und die Art der Verköstigung besteht aus drei Rangstufen: erste, zweite und dritte Portion, oder mit dem gewöhnlichen Soldatenausdruck: erste, zweite und dritte Form.

Für wirkliche und hauptsächlich innerlich Erkrankte wurde, da sie nur wenige und leichte Speisen vertragen können, meistens die dritte Form verordnet, die zum Frühstück aus einem Glas Brodwasser bestand, zu Mittag aus einer ditto Suppe oder Reissuppe und zu Abend aus etwas Aehnlichem. Zu dieser Form wurden aber auch solche verurtheilt, die man im Verdacht hatte, daß sie sich aus Faulheit im Lazareth aufhielten, um keinen Dienst zu thun.

Die zweite Form, der ich zugefallen war, bestand schon aus etwas besseren Sachen. Da bekam man des Morgens eine Milchsuppe oder Thee und etwas weißes Brod dazu, hatte Mittags eine Fleischsuppe mit einer Idee von Fleisch, sowie nach Umständen ein Glas Wein oder Bier, und Abends eine ähnliche Brühe, worin allerlei nützliche und angenehme Gegenstände, wie Kartoffeln, Graupen, Reis und dergleichen zerkocht waren.

Wer aber gar der ersten Form theilhaftig wurde, der war ein glücklicher Mann, und es haben mich Viele versichert, mit der ersten Form würden sie ihre dreijährige Dienstzeit gern in den Mauern des Lazareths eingeschlossen verbringen.

Ich also hatte die zweite Form und das stand an einem schwarzen Täfelchen säuberlich geschrieben zu lesen unter meiner Charge Unteroffizier H., meinem Alter und dem Uebel, das ich hatte. Wie ich so vor meinem Bett saß, und das schwarze Täfelchen ansah, fiel mir der erste Tag meiner Dienstzeit in D. ein, wo ich vor meinem Bette stand und mit einem sehr starken Wonnegefühl Kanonier H. las. Seit damals waren nur ein paar Jahre verstrichen, und, o Gott, wie hatten sich meine Begriffe über den edeln Stand, dem ich angehörte, geändert! Wie sah ich jetzt recht ein, daß dies Leben in Friedenszeiten, wo ihm natürlich die rechte Wirksamkeit

Der Reconvalescentensaal.

abgeht, nur äußerer Glanz und Schein ohne den mindesten Kern, ist ein hohles Gespenst, das, zu rechter Zeit erscheinend, Schrecken einjagt und jetzt am ruhigen stillen Tage, im hellen Sonnenschein selbst den Kindern nur lustig und ungefährlich erscheint. Was ich mir schon oft gesagt hatte, daß ich des Soldatenspielens müde sei, und gern einen andern Wirkungskreis ergriffen, wenn mich nicht meine äußern Mittel daran gehindert hätten, das sagte ich mir heute erst recht wieder, als ich in so großer Gesellschaft und doch einsam auf meinem Bette saß, und blickte vergeblich in meine Zukunft, wo sich mir kein lichter Punkt zeigte.

Meine Collegen waren schonend genug, mich, den sie vor Schmerz und Müdigkeit erschöpft hielten, gänzlich in Ruhe zu lassen. Auch war es bald Essenszeit und jeder suchte aus den kleinen Schränken, die zwischen den Betten standen, seine Speisewaffen in Löffel und Gabel bestehend, hervor, um dem Abendbrode, sobald es ankäme, gleich zu Leibe gehen zu können. Dieser große Augenblick erschien in kurzer Zeit, denn kaum hatte es sechs Uhr geschlagen, so erschien Mathes an der Thüre, eine große Schüssel tragend, gefolgt von einem andern Krankenwärter, der eine ähnliche trug und woraus jeder nach der Form, auf welche er gesetzt war, den Antheil an Fleischbrühe, Brodsuppe oder Fleisch erhielt.

Bei diesem Austheilen irrte sich Mathes der Krankenwärter nie zu Gunsten eines der Patienten, wohl aber machte er hie und da den Versuch, einem die dritte Form zu ertheilen, dem die zweite zukam. Obgleich ich ihm mein Täfelchen zeigte, auf welches der Doktor eigenhändig zweite Form geschrieben, so zuckte er verächtlich mit den Achseln und theilte mir einen Haferbrei mit sehr verdünnter Potenz zu. Da ich natürlich nicht wußte, daß mir eine solide Fleischbrühe und ein kleines Glas Wein zukam, so wollte ich mich nach meinem Bette zurückbegeben, um das Erhaltene zu genießen, denn mein Appetit war nicht klein, als die wachende Vorsehung durch jene Baßstimme, die ich schon einige Male erwähnte, ihr Mißfallen laut und kräftig zu erkennen gab. Jetzt entdeckte ich auch zum ersten Mal, daß die Baßstimme einem jungen, kräftiggebauten Mann angehörte, welcher drei bis vier und zwanzig Jahr alt sein konnte. Er lag nicht weit von mir auf seinem Bette, und hatte keine Miene gemacht aufzustehen, um seine Speisen zu holen, war aber dafür mit aufmerksamem Auge der Suppenaustheilung gefolgt.

„He, Mathes!" schrie er jetzt plötzlich, „kann Er nicht lesen, was auf der Tafel des Unteroffiziers da steht? Zweite Form heißt es, und nicht dritte. Unteroffizier, thun Sie mir den Gefallen und werfen Sie ihm Ihren Haferbrei an den Kopf. Er muß Ihnen Fleischsuppe geben, weißes Brod und ein halbes Glas Wein."

Mathes grinste zur Seite hin, wo der Mann mit der Baßstimme lag, die Andern hörten zu essen auf und gaben ihren Beifall über diese Zurechtweisung zu erkennen.

„Ja," sagte einer, „mir hat er's auch so gemacht."

Und ein Anderer sprach: „Ja, den Wein will er verkaufen und das Brod und die Fleischbrühe selbst essen. Von dem Haferbrei hat er doch immer genug übrig."

Mathes entgegnete kein Wort, sondern fuhr höhnisch lachend in der Suppenaustheilung fort. Obgleich ich keine Lust hatte, Streit anzufangen, so konnte ich mich doch unmöglich übervortheilen lassen, sondern ich ging zu dem Krankenwärter hin und sagte ihm, er solle mir geben, was mir zukomme. Unverschämter Weise sah mich der Kerl auf meine Aufforderung gar nicht an, sondern faßte, da er mit der Austheilung fertig war, seinen Kessel auf und wollte davon gehen.

„Hören Sie," sagte ich dringender, „haben Sie mich nicht verstanden, ich will haben, was mir zukommt!" Er blöckte die Zähne gegen mich, und sagte: „Was ihm zukommt! Ich kann nichts dafür,

Der Reconvalescentensaal.

daß heute für die dritte Form nicht Kalbsbraten uud Kartoffeln gekocht ist. Hahaha!"

„Recht so, Unteroffizier!" rief die Baßstimme zu. „Er soll Ihnen zweite Form geben."

„Ja," sagte ich, auch hitzig werdend, „das sollen Sie," und dabei setzte ich meine Suppenschüssel auf eine Bank und faßte ihn am Aermel.

„So," sagte der Kerl boshaft, „Sie greifen mich an; ja, alle haben gesehen, daß Sie mich angegriffen haben. Ich will das dem Inspector melden, und da wollen wir sehen, wer Recht behält."

„Ja, leider Gottes," schrie die Baßstimme, „hält dich der Inspector, oder der Herr Hauptmann, wollte ich sagen, für etwas Ordentliches und glaubt dir. Aber ruf ihn nur herauf, den Inspector, wir wollen ihn fragen, ob du dritte Form geben darfst, wo zweite angesetzt ist."

„Ja! ja," schrien die Andern, denen die Aussicht auf einen Scandal und einen Zank mit dem Inspector höchst erwünscht war, „ja, der Inspector soll herauf kommen."

„Werd's bestellen," lachte der boshafte Kerl, und ging mit seinem Suppennapf nach der Thüre.

Der junge Mann mit der Baßstimme hatte unterdessen einen seiner Pantoffel mit in's Bett genommen und zielte damit augenscheinlich nach dem abgehenden Krankenwärter, sagte aber: „Paßt auf, wie ich dort an der Wand die Fliege treffen will."

Kräftig flog der Pantoffel dahin, doch Mathes, der wohl wußte, wem der Wurf galt, sprang schnell zur Thüre hinaus und prallte auf dem Gang glücklicher oder unglücklicher Weise gegen den Rattenkönig an, den der Lärm im Reconvalescentensaal herauf gelockt hatte. Diese Begegnung war so unvorhergesehen und heftig, daß sich kein Theil retten konnte. Die Schüssel schlug um, und begoß Beide mit dem übrig gebliebenen Haferbrei.

Vierzehntes Kapitel.

„He, he," schrie der Rattenkönig, „ich ein alter gedienter Sergeant und Hausverwalter, so behandelt werden, werd's dem Inspector und der Kommandantur melden, und die Kommandantur spaßt nicht, gibt drei Tage Mittelarrest, daß die Seele pfeift. He, he, meinen ganzen Rock verdorben, und das Band meiner Verdienstmedaille beschmutzt. He! Schändung eines Königlichen Ordens! He! wird hart bestraft!"

Obgleich Mathes selbst von oben bis unten begossen war, so war er doch äußerst bestürzt, den Hausverwalter auf diese Art zugerichtet zu haben und stammelte einige Worte der Entschuldigung, die aber für uns eben so viele der Anklage wurden. Aufmerksam hatten wir auf die Strafrede des Rattenkönigs gelauscht und nach Beendigung derselben brach die Baßstimme in ein lautes Gelächter aus, in welches die Andern kräftig einstimmten. Wüthend darüber, stürzte der Rattenkönig in den Saal, und bot er schon im gewöhnlichen Zustande einen lächerlichen Anblick dar, so war er jetzt, von Zorn geröthet und über und über mit Haferbrei begossen, das Lustigste, was man nur sehen konnte. Gegen das Bett, in welchem der Mann mit der Baßstimme lag, wandte er sich und schrie ihm zu: „He, he, Rekrut, nichts wie Rekrut, dreijähriger Rekrut, hat wieder wie immer Alles angestiftet. He! Und macht einen alten gedienten Sergeanten lächerlich, der Grünsnabel. Sollten sich aber alle schämen," wandte er sich zu uns, „Unteroffiziere, Bombardiere und Gefreiten, sich mit dem grünsnabligen Rekruten abzugeben. Ja, Rekrut, Rekrut!"

„Hören Sie," sagte die Baßstimme lachend, „hören Sie, Herr Lazarethverwalter, gewesener Arrestaufseher! vor Gott sind wir Alle gleich, und im Lazareth auch. Jeder hat denselben Kittel an, und wenn Sie nicht zufällig eine Haferbreiauszeichnung trügen, würde man Ihnen nicht ansehen, daß Sie ein alter gedienter Sergeant sind. He! he!"

Und der ganze Saal wiederholte: „He! he!"

Da der Rattenkönig kein Sprachtalent war und schon auf dem Gange und im Saale seine Kraftausdrücke: Kommandantur melden, drei Tage Mittelarrest, Seele pfeift, Grünschnabel und Rekrut aufgebraucht hatte, so wußte er seiner Wuth keine Worte mehr zu geben, sondern schrie nur: „Inspector melden, Inspector melden! he! he!" und stürzte zur Thüre hinaus, gefolgt vom Geschrei sämmtlicher Kranken, die ihm taktmäßig nachriefen: „He — he — hehehe!"

Hiermit war aber der Auftritt nicht zu Ende, denn er rief wirklich den Inspector, der auch bald darauf in Person, gefolgt von dem wachthabenden Unteroffizier und zwei Infanteristen an der Thüre erschien. Ich war wirklich begierig, wie sich der Inhaber der Baßstimme bei dieser Gelegenheit aus der Affaire ziehen würde.

Der Inspector trat ein, seine Infanteriemütze wie vorhin auf dem Kopfe, stemmte seine Arme in die Seite und sah sich ringsum.

„Nein," sagte er nach einer Pause, „das muß ich gestehen, solch eine Wirthschaft ist mir in meinem Leben nicht vorgekommen. Werde diese — — Herren noch Alle in Arrest spazieren lassen — einen nach dem andern — muß ich das in dem Haus erleben, wo ich Inspector bin. Was hat's wieder gegeben, Mathes? Wie fing die Sache an?"

Ehe Mathes antworten konnte, streckte sich der Mann mit der Baßstimme in seinem Bette lang aus und gähnte, mit einem hohen Ton anfangend durch mehrere Octaven hinab, worauf ein allgemeines kaum unterdrücktes Lachen der Uebrigen folgte.

„So," fuhr der Inspector fort, „selbst in meiner Gegenwart Scandal! Sie werden mich zwingen, daß ich das Zimmer mit Wache besetzen lasse und Alles in Untersuchungs-Arrest erkläre. Wie fing es an?"

Jetzt dachte ich: es ist Zeit, um mich auf dem Saale in Respect zu setzen; deßhalb trat ich vor, und sagte recht bescheiden in

Ton und Miene: „Die beste Auskunft kann ich geben, denn ohne mein Verschulden fing der Wortwechsel durch mich an."

„So," lachte der Inspector ingrimmig, „Herr Unterofffzier von der Artillerie. Erst eine Viertelstunde im Haus und schon Streit. Mathes, wie war's?"

Dieser sagte achselzuckend: „Wegen der Form, Herr Hauptmann."

„Ja, wegen der Form," entgegnete ich. Und ein Dutzend Stimmen aus den Betten heraus schrien mir nach: „Ja, wegen der Form!"

„Auf meinem Täfelchen," fuhr ich fort, „hat der Arzt eigenhändig die zweite Form aufgeschrieben, und Mathes gab mir trotz aller Einwendung die dritte Form, in Haferbrei bestehend."

Bei diesen Worten machte ich eine leichte Handbewegung gegen den Krankenwärter und den Rattenkönig, welche von einem unauslöschlichen Gelächter sämmtlicher Kranken begleitet wurde. Der Inspector biß zornig die Zähne übereinander, legte die Hände auf den Rücken und sagte mit einem gewissen Kopfnicken: „Womit hab' ich es eigentlich verschuldet, daß ich solche K — in Ordnung halten muß. Hausverwalter, notiren Sie den Namen dieses jungen Mannes."

„Halten zu Gnaden, Herr Inspector," entgegnete ich, „ist unten schon geschehen. Ich bin meines Namens überall geständig, Unterofffzier H. von der zweiten reitenden Batterie, siebenter Artilleriebrigade."

Ohne mich ferner eines Blickes zu würdigen, verließ der Inspector den Saal, gefolgt von Mathes und dem Rattenkönig. Meine Kameraden im Reconvalescentensaal versicherten mich, ich habe mich außerordentlich gehalten und ich hatte einen ziemlichen Grad in ihrer Achtung erstiegen.

Fünfzehntes Kapitel.
Herr Forbes. — Dose's Abschied.

Solche Auftritte, wie am ersten Tage meines Lazarethaufenthaltes kamen übrigens mehr oder minder stark täglich vor. Bald wurde der Rattenkönig auf alle erdenkliche Art geneckt, indem man ihm Drohbriefe schrieb oder von einer begangenen Untreue seiner Frau in Kenntniß setzte und was dergleichen mehr war. Mathes, wie schon gesagt, einer der boshaftesten Kerle, die mir in meinem Leben vorgekommen, wurde bald gut, bald schlecht behandelt, wie er gerade eben mit der Baßstimme stand. Als Krankenwärter hatte er darauf zu sehen, daß die Angehörigen und Freunde der Kranken, wenn sie zum Besuch kamen, keine verbotenen Eßwaaren einschleppten, und dieses Spionirant trieb er mit der gehörigen Umsicht und Schlauheit. Er hatte aber auch mehrere Gründe hiezu, um den armen Eingesperrten eine solche Freude nicht zu gönnen; denn erstens machte es ihm viel Spaß, Andern wehe zu thun, und dann, was unglaublich klingen mag, hatte er in seiner Kammer im Lazareth ein kleines Magazin aller verbotenen Eßwaaren aufgehäuft, die er gegen schmähliches Geld denen, die ihn baar bezahlen konnten, verkaufte.

Unter seinen Abnehmern stand nun obenan der Mann mit der Baßstimme, welcher Forbes hieß und von dem der Rattenkönig gesagt hatte, er sei ein dreijähriger Rekrut. Und das war eigentlich wahr. Herr Forbes war der Sohn eines wohlhabenden Pachters und seine beiden ältesten Brüder hatten der Soldatenpflicht bereits genügt, als die Reihe an ihn kam. Da aber auf ihm, als dem umsichtigsten und fleißigsten, und weil der Vater schon alt war, der ganze Betrieb der Güter ruhte, so hatte er bei allen Behörden reclamirt, um vom Militärdienste frei zu werden. Natürlicher

Fünfzehntes Kapitel.

Weise aber vergeblich. Aus Zorn hierüber faßte er einen Entschluß, Alles mit sich machen zu lassen, aber keinen Dienst zu thun. Und dieses sonderbare Gelöbniß hatte er nun fast drei Jahre durch richtig gehalten. Den ersten Tag nach seinem Eintritt in die Kaserne meldete er sich krank und kam in das Lazareth, wurde aber bald darauf wieder als gesund entlassen. Jetzt blieb er auf seinem Zimmer unter dem Vorwande, er habe eine Schwäche in den Beinen, welche ihm nicht gestattete, aufrecht zu stehen oder zu gehen. Er wurde aufs Neue untersucht, aber wieder für gesund erklärt. Doch behauptete er das Unvermögen, stehen zu können, und verließ sein Bett nicht. Man kommandirte Leute, die ihn aufheben, anziehen und auf den Kasernenhof herunterbringen mußten. Dort ließen sie ihn los und Herr Forbes blieb augenblicklich auf dem Boden liegen. Man schleppte ihn wieder auf sein Zimmer zurück und von da in's Lazareth, wo man bei Tag und Nacht die sorgfältigsten Beobachtungen über ihn anstellte, was aber Alles nichts half; denn er konnte entweder wirklich nicht gehen, oder er spielte seine Rolle so meisterhaft, daß man ihm keinen Trug beweisen konnte. Man hatte ihn mitten in der Nacht aus dem tiefsten Schlaf durch Feuerlärm aufgeschreckt und gehofft, er würde aufspringen, um sein Heil in der Flucht zu versuchen. Weit gefehlt. Er erwachte, langte aber ruhig nach seinen Krücken, die neben ihm an der Wand standen und kroch mühsam aus dem Bette. Die Aerzte aus allen Lazarethen der Stadt, welche an seinem Bette Consultationen hielten, sprachen sich über die Sache als ganz unerklärlich aus, und wenn sie in ihrem Innern auch an Verstellung glaubten, so sprachen sie dies doch nicht geradezu aus, ja der Stabsarzt hatte in einem Bericht über ihn gesagt, daß ihm freilich die Sache unerklärlich und verdächtig vorkomme, doch wolle er die Möglichkeit einer solchen Schwäche, ohne daß sie sich äußerlich an einem Gliede selbst bemerkbar mache, gerade nicht in Abrede stellen. Forbes hatte sich hievon eine Abschrift zu verschaffen gewußt, und da ihm Geld genug zu Gebot stand, so betrieb er darauf hin seine Entlassung aus dem Dienst so eifrig als möglich, ohne daß es ihm bis jetzt gelungen wäre. Wie gesagt, schon lag er fast drei Jahre da, und hatte während der Zeit schon viel ausgestanden. Man hatte ihm anfänglich die dritte Form gegeben und es hatte ihn viel Mühe gekostet, ja sogar einige Eingaben an das Kriegsministerium, um auf die zweite und erste Form gesetzt zu werden. Auch hatte man ihn mehrere Monate lang in ein entlegenes Zimmer gesperrt, worüber aber endlich sein Vater eine Eingabe an den König machte, welche mit einer gewaltigen Nase für den Inspector, aber zu Gunsten Forbes zurückkam. Seinerseits that auch der Inspector Alles, um ihn los zu werden, indem er behauptete, dieser Mensch sei ein Krebsschaden an der guten Zucht des Lazarethes. Und er hatte daran nicht so unrecht; denn alle tollen Streiche, die gemacht wurden, kamen aus dem Kopfe des Herrn Forbes, der, Tag und Nacht auf dem Rücken liegend, Zeit genug hatte, darüber nachzudenken.

So ließ er sich eines Tages, als ihm der Inspector wieder einmal untersuchungshalber die Aerzte auf den Hals gehetzt, einen Bruder in's Lazareth kommen, der ihm ein kleines Säckchen mit Mäusen mitbringen mußte. Diese wußte er während einer Consultation plötzlich entwischen zu lassen und gab dann zu Protokoll, es sei natürlich, daß man hier nicht gesund werden könne, indem die Inspection nichts dagegen thue, daß die Kranken nicht von ganzen Schaaren Mäusen beunruhigt würden.

Mit meiner Hand ging es indessen langsam vorwärts, und wenn mich die Schmerzen an derselben sehr quälten, so war es mir doch noch beunruhigender, nichts von dem Grafen R. das heißt von der kleinen Emilie und nicht einmal etwas von meinem Feodor Dose zu hören. Endlich eines Morgens gegen zehn Uhr wurde die Thüre des Saales vom Rattenkönig geöffnet, und ich jauchzte vor Freude laut auf, als Dose eintrat. Er sah recht feierlich, ja

Fünfzehntes Kapitel.

traurig aus, der arme Mensch, und setzte sich mit einem tiefen Seufzer auf mein Bett nieder.

"Ei, ei, lieber Dose," sagte ich, "warum so mißstimmt? Was macht die Poesie, Ihre Trösterin?"

"O Gott," antwortete er schwermüthig, "mit der Poesie ist's aus. Ich bin so eben über die Haide gerathen, da sind der Park, die Batterie und die Pulverhütten schon abgebrochen, — Alles kahl, die „lustige Marketenderin" hat das Schild eingezogen. Gott, es ist alles eitel in dieser Welt, "der nasse Schwamm" ist vertrocknet und in der „brennenden Lunte" verließ ich so eben ein Stücker Zwanzig Feuerwerker, Unteroffiziere ꝛc. von der Brigade, die bei dem neuen Kommando ihre Entlassung eingeben wollen und Anstellungen bei der Post, bei dem Steueramt, ja selbst bei der Gendarmerie nachsuchen, für die sie ihre lange Dienstzeit berechtigt, um nur nicht unter einem neuen Oberst dienen zu müssen. Auch ich," setzte Dose seufzend hinzu, "habe mich gemeldet, und da ich mit einer von den Aeltesten bin, so werde ich meine Anstellung wohl am ersten erhalten."

"Aber, Dose," entgegnete ich erschrocken, "was soll ich dann anfangen? Ohne Sie möchte ich auch nicht gerne fortdienen."

Der lange Mensch legte mir gerührt seine Hand auf meinen linken gesunden Arm und zuckte dabei sonderbar mit seinen Wimpern. "Ach," sagte er, "mein lieber H., wenn ich auch da bliebe, so würde es doch mit dem Zusammenleben die längste Zeit gedauert haben. Sie sind nun Unteroffizier geworden, und werden, geben Sie Acht, ich sag' es Ihnen voraus, in kurzer Zeit zu irgend einer Fußbatterie versetzt werden. Ja, zu einer Fußbatterie, mich schaudert's! oder am Ende gar zu einer Festungscompagnie."

"Ach," sagte ich überrascht, und der Gedanke erschien mir wirklich schrecklich. "Ich zu einer Festungscompagnie? da geh' ich eben nicht hin."

"Nichts gegen die Subordination," erwiderte Dose; "Sie

wissen, der gute Feind ist Ihnen nicht grün. Nächster Tage, wenn
Sie in C. ankommen, wird der Hauptmann Feind an einem schönen
Morgen beim Apell die Hand unter's Collet stecken, mit dem Fuße
auftreten und der dicke Wachtmeister Löffel wird Ihnen freundlichst
vorlesen, daß Sie zur Festungscompagnie nach J. versetzt sind. Sie
werden Ihrem guten Rappen Adieu sagen, wie ich meinem alten
Braunen, den ich nun schon seit zehn Jahren geritten." Bei diesen
Worten zuckte es wieder wie vorhin über die Wimpern des alten
Unteroffiziers.

Dose war augenscheinlich in einer trüben Stimmung und seine
Prophezeiung von der Festungscompagnie, an der viel Wahres
war, beugte mich sehr darnieder.

„Mit Ihrem Avancement," fuhr Dose fort, „ist es alsdann
auch so ziemlich zu Ende. Der gute Alte hatte die bürgerlichen
Offiziere sehr gerne und hatte ein Herz, und wem er wohl wollte,
dem half er; aber wen wir jetzt kriegen, das weiß der Teufel. Ich
fürchte, ich fürchte, im nächsten Jahr wird auf der Haide die Bude
„zum Herrn Lieutenant von" glänzende Geschäfte machen. Ich las
einmal," fuhr Dose mit trauriger Stimme fort, „von dem Be-
gräbniß eines alten indischen Feldherrn. Als der starb, verließen
seine treuesten Hauptleute und Untergebenen die Armee und ließen
sich mit ihm verbrennen. — Das Letztere können wir nun gerade
nicht thun; aber die Armee verlassen wollen wir auch zum Todten-
opfer für unsern guten Alten."

Damit stand Dose von meinem Bette auf und reichte mir die
Hand. „Nun leben Sie wohl," sagte er, „wir reiten morgen früh
ab und ich muß nach den fetten Weiden hinaus. Die Striche am
Bettkasten," setzte er schalkhaft lächelnd hinzu, „sind alle verwischt,
aber ich wollte sie gern noch einmal und doppelt neu da stehen
sehen, wenn das die ganzen Sachen anders machte. Frau Wirthin
will ich von Ihnen grüßen. — Apropos, und da ist noch Jemand.
Aha, Sie wissen schon," sagte er, als ich ihn plötzlich erröthend

ansah. „Nun Jemand kam häufig zu mir, und fragte mich, wie es Ihnen gehe und dergleichen. Aber gestern und vorgestern hab' ich sie nicht mehr gesehen."

„So," sagte ich nachdenkend, und das „Nicht mehr gesehen" wollte mir gar nicht gefallen.

„Noch einmal leben Sie wohl," sprach Dose, „in C. sehen wir uns wieder." Er reichte mir seine Hand, und nachdem ich einen zärtlichen Abschied von ihm genommen und ihn mit meinem linken gesunden Arm so gut als möglich umarmt, schieden wir auf's Herzlichste voneinander.

Als ich nachher allein auf meinem Bette lag, und Alles, was mir mein alter Unteroffizier gesagt, nochmals überlegte, fühlte ich, daß er mir wahr prophezeit hatt, aber daß er viel glücklicher sei, als ich. Er konnte die Brigade verlassen, als ihm durch den Abgang des alten Obersten und durch meine wahrscheinliche Versetzung das Soldatenleben unangenehm geworden war. Er hatte Aussichten, bekam eine Anstellung; ich aber dagegen hatte gar nichts dergleichen, und man kann sich denken, daß ein Leben wie dieses, nachdem es allen Reiz verloren, mir hart und unerträglich erscheinen mußte.

Wenn ich aber auch viele Pläne machte, davon loszukommen, so sah ich doch bei näherem Betrachten, daß alle unhaltbar und unausführbar waren. Ich hatte kein Vermögen, meine Familie hatte auch keines, und wenn es auch in weiteren Kreisen der Verwandtschaft einige Vettern gab, die man hätte reich nennen können, so waren sie doch meistens mehr oder minder mit eigener Familie gesegnet und selbst die sanguinischsten Hoffnungen wären nicht im Stande gewesen, von ihnen eine kräftige Hülfe zu erwarten.

Im Reconvalescentensaal ging das lustige leichtsinnige Leben seinen gewöhnlichen Gang. An dem Tage, wo der Wechsel des Herrn Forbes ankam, war Mathes der höflichste Mensch von der

Welt. Da brachte er herbei, was gut und theuer war, und es wurde gezecht und gejubelt bis in die späte Nacht.

Noch immer hatte ich nichts von dem Grafen R. gehört und ein bitteres Gefühl gegen die kleine Emilie hatte in meinem Herzen Platz genommen. Ach, sie konnte sich wohl denken, wie einsam und verlassen ich hier war, und wie sehr mir ein Zeichen, daß sie meiner noch gedächte, wohlgethan hätte.

Eines Morgens, als ich gerade lebhaft an sie dachte, und an den schönen Abend, wo ich ihr eine Erklärung über Vorpostendienst gegeben hatte, trat der wohlbekannte Gärtner des Grafen von R. in den Saal und überbrachte mir einen Brief desselben. Ich erbrach ihn hastig und las nach Versicherung der Theilnahme an meinem Unfall die schrecklichen Worte: „er bedaure sehr, durch diese Zeilen schriftlichen Abschied von mir nehmen zu müssen. Dringende Geschäfte, die ihn verhindert, mich in den verflossenen Tagen zu besuchen, veranlaßten ihn, noch heute abzureisen. — Ich starrte den Gärtner an, und konnte im ersten Augenblick meine Gedanken nicht in Ordnung bringen. Der alte Mann sah mich lächelnd an und zog aus seiner Tasche einen kleinen Blumenstrauß, den er mir übergab.

„Ja," sagte er, „das ist so plötzlich gekommen mit der Abreise. Der Herr Graf gehen nach Süddeutschland, um das gnädige Fräulein zu Verwandten zu bringen, die in Heidelberg wohnen, und werden sobald nicht zurückkehren. Den Blumenstrauß hat mir das gnädige Fräulein aber gegeben, und auch dies kleine Briefchen." Ich suchte in den Taschen meines Lazarethschlafrocks, um dem Gärtner ein kleines Trinkgeld zu geben, aber er wollte nichts nehmen, was mir eigentlich in vielerlei Hinsicht nicht unlieb war. Da er eilige Geschäfte hatte, brach ich aus dem Blumenbouquet zur Antwort auf das noch nicht gelesene Billet ein Immergrün heraus, drückte es vor seinen Augen an meine Lippen und übergab es ihm für das Fräulein. — Der alte Mann hat, wie ich später gehört, meinen Gruß pünktlich und bestens bestellt. In dem Briefchen aber stand:

„Der Onkel reist heute mit mir ab, und ich kann Sie nicht mehr sehen, was mir wirklich sehr leid thut." Das *wirklich* und *sehr* war unterstrichen. „Leben Sie denn wohl, und wenn Sie an mich so oft denken, wie ich an die diesjährigen Manöver, so werden wir nichts vergessen, was wir Freundliches dort erlebten.

Emilie."

Nach Lesung dieser Zeilen legte ich mich mit dem Gesicht nach der Wand zu und schien zu schlafen; aber die Schriftzüge auf dem Billet bezeugten noch lange nachher, daß ich etwas ganz Anderes gethan.

———

Sechszehntes Kapitel.

Suppe mit Mäusedreck.

Wenige Tage nach diesem Vorfall bekam ich einen Brief mit einem großen Siegel, welchen ich hastig öffnete. Es war mein vierwöchentlicher Urlaubspaß von der Brigade und der Name des guten alten von T. stand darunter. Dies Papier war mir äußerst wichtig und ich verwahrte es daher mit der größten Sorgfalt. Daß die Liebe des Hauptmanns Feind zu mir wegen des Umstandes, daß ich mich an den Obersten um Urlaub gewandt, nicht eben sehr zugenommen hatte, kann man sich leicht denken. Auch war ich gewiß, ich mußte mich mit meinem Urlaub sehr in Acht nehmen, denn wenn ich eine Stunde zu spät kam, ließ er mich sicher in Arrest setzen.

Wenn im Allgemeinen das Essen hier im Lazareth nicht be-

Suppe mit Mäusedreck.

sonders gerühmt werden könnte, so war es doch seit einiger Zeit auffallend schlecht geworden. Die Fleischportionen bestanden fast nur aus Knochen, die Kartoffeln waren fleckig und von der schlechtesten Art, und was noch schlimmer war, Graupen, Hafer, Reis, und dergleichen war gewöhnlich so mit Mäusedreck versehen, daß es ganz schwarz aussah. Namentlich über das Letztere hatten wir schon häufig mit Mathes, mit dem Rattenkönig, ja sogar einmal mit dem Inspector debattirt, welch Letzterer aber als gewesener Infanterie-Hauptmann viel zu vornehm war, um auf die Klagen von so gemeinen Subjecten, wie wir, zu achten. Was sollten wir thun? An wen sollten wir uns mit unserer Beschwerde wenden? Wenn auch der Major du jour wöchentlich ein paar Mal ins Lazareth kam, und wenn es gleich seine Verpflichtung war, die Speisen und dergleichen zu untersuchen und sich hie und da in den Zimmern zu zeigen, um allenfalls eine Klage entgegenzunehmen, so war hier im Lazareth doch hievon durchaus keine Rede. Der Inspector wußte ganz genau, an welchem Tage die Offiziere kamen, und da das gewöhnlich Morgens zwischen 10 und 11 Uhr stattfand, so war es alsdann ganz natürlich, daß ein solides Gabelfrühstück für sie parat stand, wobei sie dann ohne viele Mühe schmecken konnten, wie für uns nicht gekocht wurde. Der Inspector wußte so das Angenehme mit dem Nützlichen zu verbinden und die Herren du jour, die nicht über die Wohnung des Herrn Inspectors wegkamen, konnten mit gutem Gewissen beschwören, sie hätten im Lazareth Alles auf das Vortrefflichste und Beste gefunden.

Schon oft hatten wir uns vorgenommen, über das Essen klagbar zu werden und namentlich über die mit Mäusedreck geschwängerte Gerste. Aber so oft wir auch hofften, der Major du jour verirrte sich nie bis zu uns herauf. Da wurde eines Tages im großen Rathe beschlossen: wenn die Offiziere morgen früh wieder nicht durch die Säle gingen, sollte einer von uns ihnen mit einer Schüssel voll Graupen auf dem Hof in den Weg treten, um in

Sechszehntes Kapitel.

Gegenwart des Inspectors dieses schlechte Nahrungsmittel vorzuzeigen. Eine Schüssel voll Graupen wurde zu diesem Zweck unter einem Bett verborgen gehalten, und mich traf das Loos, eine königliche Lazarethinspection zu verklagen.

Am andern Morgen gegen zehn Uhr nahm ich meine Schüssel unter dem Bett hervor, deren Inhalt unterdessen kalt geworden, auf der Oberfläche eine zusammengelaufene Rinde bildete; die schwarzen Mäusedrecke, sehr zahlreich vorhanden, machten sich auf der weißen Farbe des Gerstenbreis recht artig. Mit diesem Corpus delicti auf dem Arm trat ich an das Fenster des Flurs, das auf den Hof hinabführte und wartete, bis der Major du jour erscheinen würde; endlich gegen halb eilf Uhr wurde die Klingel gezogen, das Thor geöffnet und er trat, von einem Offizier gefolgt, ein. Mir schlug das Herz, und wer da weiß, daß es beim Militär keine Kleinigkeit ist, eine vorgesetzte Behörde zu verklagen, wird mir nicht übel nehmen, daß ich die Treppe zögernd und langsam hinabstieg. Meine Kameraden aus Nr. 20, die zuerst durch die Thüre nach mir gelauscht, kamen jetzt alle auf den Gang, um durch das Fenster herab dieses wichtige Ereigniß mit anzuschauen.

Jetzt hatte sich der Major du jour, wie es herkömmlich war, bei dem Rattenkönig nach dem Krankenstand des Lazareths erkundigt, und schritt nun über den Hof, dem Inspector entgegen, der ihm freundlich schmunzelnd und Kratzfüße machend, entgegen kam. Die beiden würdigen Herren kannten sich genau, schüttelten sich die Hände, worauf der Major den Inspector unter dem Arm nahm und lachend mit ihm in das wohlbekannte Parterrestübchen trat, wo die Frühstücke servirt wurden. Ich stand hinter einem Pfeiler der Thüre, mit meinem kalten Gerstenbrei auf dem Arm und wartete geduldig. Nach einer halben Stunde kamen die Offiziere mit dem Inspector wieder in den Hof, das Gesicht des dicken Majors du jour glänzte von eben genossener Seligkeit, seine Nasenspitze und seine

Wangen waren etwas geröthet und der schmächtige Lieutenant hinter ihnen kaute noch mit beiden Backen.

„Lieber Major," sagte der Inspector, „wollen Sie vielleicht noch die Küche, die Speisekammern ansehen?"

Doch dieser machte eine abwehrende Handbewegung und sagte: „Lassen's nur gut sein, Herr Inspector, Ihre Küche ist ja ausgezeichnet. Was meinen Sie, Herr Lieutenant?" wandte er sich zu diesem, „könnte man nicht eine Reissuppe, wie sie die Leute hier im Hause bekommen und wie wir sie eben gekostet, auf jede Tafel bringen?"

„Ja, ja," sagte der Lieutenant und schluckte den letzten Bissen hinunter.

In diesem Augenblicke, auf's Neue ermuthigt durch die Blicke meiner Kameraden, die mir droben am Fenster des Ganges zuwinkten, trat ich zwischen die drei Herren und präsentirte ihnen meinen gestandenen Gerstenbrei. Erstaunt hoben sie ihre Blicke, betrachteten mich und die Schüssel, und die beiden Offiziere wußten anfänglich nicht, was das bedeuten sollte; nur der Inspector, der den Zusammenhang ahnte, wurde dunkelroth im Gesicht und fuhr mich mit einem „Herr! was unterstehen Sie sich?" an.

„Was ich mich unterstehe," entgegnete ich ganz ruhig, „dazu habe ich mein volles Recht. Wollen der Herr Oberstwachtmeister die Güte haben, die Beschaffenheit dieses Gerstenschleims zu untersuchen?" —

„Nein, diese Frechheit geht zu weit," sagte der Inspector.

„Der Herr Oberstwachtmeister werden mir dazu die Bemerkung erlauben," fuhr ich fort, „daß wir diese Speise so mit Mäusedreck versehen, trotz unserer wiederholten Vorstellungen gegen den Krankenwärter und den Herrn Inspector selbst, schon seit mehreren Tagen genießen müssen. Ich bitte, die Sache zu untersuchen."

„Ja, meine Herren," fiel der Inspector mir in's Wort, vor

Sechzehntes Kapitel.

Zorn und auch vielleicht vor Verlegenheit etwas zitternd, „hier liegt eine tiefe Bosheit versteckt, ich kenne diesen Menschen."

Ich hob meine Schüssel und hielt sie dem Major dicht unter die Nase.

„Allerdings," meinte der Lieutenant, „es ist einiger Mäusedreck darin."

„Paperlapapp," entgegnete der Major, „der Inspector hat Recht, junger Mensch, nehmen Sie sich in Acht, mir kommt von Ihrer Seite die Sache ein Bischen verdächtig vor."

„Herr Oberstwachtmeister," sagte der Inspector, durch diese Worte sehr ermuthigt, „ich bitte, die Sache zu untersuchen."

„Wann ist die Suppe gereicht worden?" fragte der Major.

„Gestern, Herr Oberstwachtmeister."

„So, so! Und wo haben Sie die Suppe aufbewahrt?"

Bei dieser Frage stockte ich; dachte aber, Wahrheit vor Allem und sagte: „Unter meinem Bette, Herr Oberstwachtmeister."

„Sehen Sie," schrie der Inspector, „sehen Sie die Bosheit, lieber Major; was kann ich dafür, daß es in den Stuben Mäuse hat?"

Diese Wendung hatte mich in der That frappirt und eingeschüchtert. Doch entgegnete ich: „Wir haben in unsern Zimmern nie etwas von Mäusen bemerkt, sondern die Suppe ist gestern so aus der Küche gekommen, wie ich sie hier bringe."

O Gott, das Schicksal hatte meinen Untergang durch die Hand jenes unschuldigen Lieutenants beschlossen, der vom Boden ein Stöckchen aufgehoben hatte, und damit den Brei umgerührt. Denn als er so recht auf dem Grund umher fuhr, mochte er dort einen Körper fühlen, der seine Aufmerksamkeit erregte. Er brachte ihn an die Oberfläche und es war — eine Maus, die vielleicht in der Nacht in die Schüssel gesprungen und dort ersoffen war.

„Sehen Sie, sehen Sie, lieber Major," schrie der Inspector auf's Neue und rieb sich die Hände. „Behandle einer die Menschen gut und freundlich wie ich, und es wird einem so vergolten. Gott, das thut mir weh! Aber ich muß auf Bestrafung dieses Mannes dringen."

„Ja, ja," sagte der dicke Major, der sich beim Anblick der todten Maus voll Abscheu herumgedreht hatte, „so etwas ist stark. Lassen Sie ein Protokoll aufnehmen; an dem Mann muß ein Beispiel statuirt werden."

„Erlauben Sie," sagte der Lieutenant, indem er die Hand an den Tschako legte, „aber ohne den Herrn Inspector verdächtigen zu wollen, vielmehr um das Protokoll zu vervollständigen, wäre es wohl nöthig, das Zeugniß einiger jener Leute auf demselben Zimmer, wo dieser junge Mensch liegt, einzuholen."

Der Inspector warf dem Lieutenant für diesen Vorschlag einen sehr unfreundlichen Blick zu; doch der dicke Major, dem Alles recht war, und der nicht merkte, daß der Vorschlag des Lieutenants gegen den Inspector gerichtet war, willigte ein und die ganze Untersuchungs-Commission stieg die Treppen hinauf.

In diesem Augenblick verschwanden alle Gesichter droben vom Gang und meine Kameraden zogen sich wahrscheinlich in ihre Stube zurück. Wir traten in Nro. 20 ein, und beim Anblick des Majors du jour, des andern Offiziers, sowie des Inspectors, sprang Alles in die Höhe, mit Ausnahme des Herrn Forbes, der ruhig im Bette liegen blieb, und manches Gesicht zog sich in die Länge, als man bemerkte, daß es sich hier um eine Untersuchung handle. Der Major nahm sich einen Stuhl und der Inspector, nachdem er seine Infanteriemütze abgenommen, wie er früher in unserem Saale nie gethan, sagte: „Der Herr Oberstwachtmeister kommen hier herauf, um eine Sache zu untersuchen, die ebenso unglaublich klingt, wie sie boshaft angelegt ist. Da aber die meisten von euch Unteroffiziere, Gefreite und Gemeine, vom Bataillon des Herrn Majors sind, vertraut er desto mehr auf eure Wahrheitsliebe und verlangt euer Zeugniß in der Sache."

Sechzehntes Kapitel.

„Ja wohl, ja wohl," sagte der Major, „eine ganz schlechte boshafte Geschichte und wer von euch nicht die Wahrheit sagt, den soll ein — Donnerwetter regieren. Aha," wandte er sich an einen, „Unteroffizier Knoll, auch hier, na, reden Sie einmal, haben Sie schon seit einigen Tagen Suppe bekommen, die nicht zu essen war, Pst! Pst! daß mir keiner dazwischenspricht!"

Der Unteroffizier Knoll zuckte bei dieser Anrede die Achseln und sagte: „daß ich seit einigen Tagen in der Suppe etwas Mäusedreck vorgefunden, ist schon wahr — aber —"

„Aber man hat sie doch essen können? Haben Sie sie gegessen, Unteroffizier?""

„Allerdings," entgegnete dieser, „habe ich sie gegessen."

„So, so," fuhr der Major fort. „Wer hat seine Suppe nicht gegessen? Ich will nichts anderes wissen," sagte er abwehrend, als einige sprechen wollten. „Wer hat seine Suppe nicht gegessen seit einigen Tagen?"

Da auf diese Frage natürlich Alles still schwieg, sagte der Major: „Genug, lieber Inspector, nehmen wir das zu Protokoll. Der Unteroffizier Knoll gibt zwar zu, allerdings etwas Mäusedreck in der Suppe gefunden zu haben, was dieselbe aber nach einstimmigem Zeugniß nicht ungenießbar machte."

Der Lieutenant hatte kopfschüttelnd diesem sonderbaren Verhör angewohnt, mochte aber gleichwohl seine guten Gründe haben, zu schweigen, und begnügte sich deßhalb damit, den Kopf zu schütteln. Herr Forbes schwieg dagegen nicht, sondern setzte sich in seinem Bette auf und verlangte ebenfalls zu Protokoll genommen zu werden. „Ja," schrie er so laut, daß man es in vier anstoßenden Zimmern bequem mußte hören können, „ja, ich sage, daß die Suppe ungenießbar war, und wenn wir sie auch gefressen haben, so geschah es, weil wir nichts anderes hatten, und weil wir bei all' dem andern, was man in dem Lazareth aushalten muß, nicht auch noch gar vor Hunger krepiren wollen. Die Suppe war so schwarz vor Mäusedreck,

Suppe mit Mäusedreck.

wie die Schüssel da, und es ist keine Bosheit dahinter. Ich aber will einen Brief an den König schreiben lassen und ihm die ganze Geschichte auseinandersetzen."

Der Major hatte erstaunt den Sprecher betrachtet und fragte den Inspector über diesen Mann, der ihm achselzuckend einige Worte sagte, wahrscheinlich er sei der und der, ein ausgemachter Simulant, der schon seit mehreren Jahren im Lazareth liege und sich krank stelle, um nicht dienen zu müssen, worauf der Major sich erhob und ihm in der zwiefachen Würde eines Oberstwachtmeisters und eines Majors du jour befahl, er solle das Maul halten, ein militärisches Endurtheil, ein Beweis, eine Ueberzeugung, kurz der Schluß einer Sache, der zwischen Offizier und Gemeinen Alles schlichtet und hinter welchem gar nichts mehr kommt.

Als der Major und der Inspector den Saal Nr. 20 verlassen, erhob sich Herr Forbes gegen unsere Kameraden und warf ihnen ihre Feigheit in so nachdrücklichen Worten vor, daß es zu einem großen Skandal kam, den ich als Hauptbetheiligter nur mit Mühe schlichten konnte. Herr Forbes hatte sie speichelleckende Infanteristen genannt, ein Ausdruck, der freilich ein klein wenig zu stark war; aber verdient hatten sie schon etwas.

Um drei Uhr wurde ich hinabbeordert in die Wohnung des Inspectors, wo dieser im Beisein eines wachthabenden Offiziers meine Sachen zu Protokoll nahm. Meine Aussagen wurden dabei so wunderschön hingestellt und verdreht: ich hatte so an dem Ansehen der Vorgesetzten gefrevelt, ich hatte auf so merkwürdig boshafte Art falsche Klagen gegen die vortreffliche Verwaltung des Lazareths erhoben, aber glücklicher Weise besaßen meine Stubenkameraden Ehrgefühl und Wahrheitsliebe genug, um durch ihre freimüthigen Aeußerungen meine niedrigen Aussagen darniederzuschlagen, kurz, dieser Akt der Gerechtigkeitspflege war ein Meisterstück in seiner Art, und als der Inspector und der Offizier ihre Namen unter das Protokoll schrieben, sah ich schon im Geiste den Wanzenmajor vor mir stehen, wie er mich bewillkommte, und für einige vier bis sechs Tage einschloß. Ja, und wenn der Kommandant von W. mein Bruder gewesen wäre, er hätte mir auf das Protokoll hin eine gute Portion Arrest geben müssen.

Siebenzehntes Kapitel.
Flucht aus dem Lazareth. — In Urlaub.

So standen die Sachen, als ich am andern Tage nach Abfassung dieses gerechten Aktenstücks von meinem Vormund einen Brief erhielt, dessen Wohlbeleibtheit mir gegen die sonstige Magerkeit seiner Handbillets etwas Gutes anzudeuten schien. Und richtig, so war es auch. Das Schicksal entschädigte mich für Protokoll und Mäusedrecksuppe auf's Glänzendste. Das erste, was mir aus dem Brief in die Hand fiel, waren 50 Thaler in Tresorscheinen und dabei lag folgendes wundersame Billet: „Lieber Junge, es kommt mir in der That so vor, als wenn Du mehr Glück wie Verstand hättest; daß du zum Unteroffizier avancirt bist, ebenso, daß Du mit dem Pferd gestürzt und die Hand verletzt hast, habe ich von dem Grafen R., der hier durchreiste, erfahren. Apropos, seine niedliche Nichte hat von Dir gesprochen und ein Interesse für Dich an den Tag gelegt, was mich sehr gefreut hat. Man muß das cultiviren. Jetzt aber zur Sache. Deinen Vetter P. hat ein großes Unglück betroffen, was Dir aber zum Heil ausschlägt. Sein Sohn hat mit seiner Tochter eine Spazierfahrt gemacht. Du weißt, es war immer ein wilder Bursche, die Pferde sind ihm durchgegangen. Er ist umgeworfen worden und leider an den daran erhaltenen Verletzungen gestorben. Auch das Mädchen ist stark beschädigt, lebt aber noch,

Flucht aus dem Lazareth. — In Urlaub.

und wenn sie wirklich aufkommt, wird sie doch ihr Leben lang an den erlittenen Beschädigungen zu tragen haben. Du weißt, wie reich Dein Vetter P. ist. Auch konnte er Dich von jeher gut leiden, und hat Deine tollen Streiche immer gelinde beurtheilt. Er schreibt mir nun soeben, ob es nicht möglich sei, Dich vom Militär loszubringen, indem er vorhabe, sich Deiner anzunehmen. Siehst Du, mein Junge, das ist kein kleines Glück für Dich. Das Herumstreifen in Feld und Wald war von jeher Deine Passion; auch hast Du auf der Jagd bei mir zuweilen einen guten Schuß gethan, obgleich ich Dir nicht verzeihen kann, daß Du damals im Klingelholz meiner Diana beinahe den rechten Hinterlauf abgeschossen. Notabene sie ist wieder ganz wohl und hat sechs Junge, die ausgezeichnet zu werden versprechen. Du sollst eines davon haben. Nun aber wieder zu unserer Sache. Du kannst Dir denken, daß ich gleich an das Generalartillerie-Kommando schrieb und um Deine Entlassung bat. Dabei habe ich mir ausgerechnet, daß, wenn du aus dem Lazareth kommst und darauf in G. anlangst, Du dort Deinen Abschied findest, was Deinem lieben Hauptmann Feind nicht sehr angenehm sein wird. Du kommst dann zu mir, wo ich Deine Ausrüstung besorgen werde, zu welcher der Vetter P. eine erkleckliche Summe geschickt. Ich kann mir denken, daß Du mal wieder entsetzlich abgerissen bist. Schreib nur gleich an den Vetter P., aber nicht mit Deiner gewohnten Faulheit. Nun lebe wohl, und mache, daß Du bald aus dem Lazareth kommst."

Wie es mir nach Durchlesung dieser Zeilen war, kann sich jeder, der meinen Schicksalen gefolgt, namentlich denen der letztern Zeit, wohl denken. Ich glaubte zu träumen, und erst nachdem ich den Brief mehrere Male gelesen, war ich überzeugt, daß mir wirklich ein großes Glück zu Theil geworden. Ich kannte den Vetter P., er war sehr reich, lebte bald in der Stadt, bald auf einem seiner Landgüter. Ach, und obendrein lag eine dieser Besitzungen und gerade die, wo er sich am liebsten aufhielt, in der Nähe von

Siebenzehntes Kapitel.

Heidelberg. Ich lag den ganzen Tag auf meinem Bette und baute die schönsten und herrlichsten Luftschlösser. Es war aber auch in der That gut, daß mich für die Ungerechtigkeit des Protokolls das Schicksal so glänzend entschädigte; denn wie der Rattenkönig zuweilen zu sagen pflegte: „die Kommandantur spaßt nicht!" so war es in der That; die Kommandantur machte fürchterlichen Ernst und drei Tage nach Abgang des Protokolls wurde ich in das Bureau des Inspectors citirt, allwo man mir eröffnete, daß ich wegen dienstwidrigen Benehmens, sowie wegen versuchter verläumderischer Anklage gegen meine Vorgesetzten zu acht Tagen Mittelarrest verurtheilt sei. Acht Tage Mittelarrest, das war hart. Wer sich meiner schwachen Schilderungen über dergleichen Institute erinnert, und wer mir glaubt, daß diese menschenfreundlichen Anstalten in Wahrheit zehntausendmal schlimmer sind, der wird mir auch glauben, daß ich einen solchen Schrecken und dabei eine solche Wuth hatte, daß es mir ein Vergnügen gewesen wäre, den Inspector einen Teller voll Mäusedrecksuppe verschlucken zu lassen, was keine geringe Strafe gewesen wäre.

Diese acht Tage Mittelarrest sollte ich beim Austritt aus dem Lazareth hier noch in W. absitzen, was mir noch am liebsten war, wenn denn überhaupt einmal gesessen werden mußte. Kannte man doch hier nicht das furchtbare Absperrungssystem, wie in C. und brauchte ich doch hier vom Hauptmann Feind keine Rede anzuhören, der ich dort sicher nicht entgangen wäre.

Wenn mich auch die schönen Aussichten, die ich durch den Brief meines Vormunds hatte, einigermaßen über die Ungerechtigkeit trösteten, so waren doch acht Tage Mittelarrest keine Kleinigkeit, und ich nahm mit dem Herrn Forbes Rücksprache, was hier wohl zu thun sei. Dieser gab mir einen guten Rath, den ich auch befolgte.

Meine Hand war indessen so weit wieder gut geworden, daß man die Binde entfernen konnte und der junge Arzt, mit dem ich in ganz gutem Einverständnisse war, sagte, ich würde in einigen

Flucht aus dem Lazareth. — In Urlaub.

Tagen, ja schon heute das Lazareth verlassen können, wenn ich wollte. Da er im Hause selbst wohnte und ein umgänglicher artiger Mann war, so hatte ich ihn während der Zeit meines Aufenthaltes häufig besucht, und da ich allerlei nützliche und angenehme Geschicklichkeiten besaß, — als z. B. ich konnte ausgezeichnete Stiefelwichse und Dinte anfertigen, machte trotz meiner einen verwundeten Hand ganz vortreffliche Patentfidibusse; dazu fütterte ich seine Vögel, deren er sechs hatte, worunter ein Dompfaff, dem ich den Anfang des berühmten Liedes: So leben wir, so leben wir 2c. auch der Dessauer Marsch genannt, beibrachte, — so hatte ich bald seine ganze Gunst erworben, bekam die erste Form und er protegirte mich, wo es möglich war. Die Suppengeschichte hatte ihn gegen den Inspector, mit dem er so nicht im besten Vernehmen stand, sehr in Zorn gebracht, weßhalb er mir in einem, wie schon gesagt, von Herrn Forbes angegebenen Plan so viel als möglich beizustehen versprach.

Gleich am andern Morgen bekam ich demnach einen Schein von ihm, worin er den Rattenkönig ermächtigte, mir meine auf der Lazarethkammer aufbewahrten Montirungsstücke zum Ausgehen herunterzugeben; da es meiner Gesundheit sehr zuträglich sei, mich in frischer Luft zu bewegen. Obgleich der Rattenkönig einige Einwendungen machte, sich sogar der Inspector einmischte, so blieb der Doctor fest, ich bekam meine Uniform und trat aus der dumpfen Luft des Lazareths hinaus in Gottes freie Natur.

Es that mir wirklich wohl, mich wieder einmal wie ein freier Mensch in der Stadt umherbewegen zu können, und als ich in ein Kaffeehaus trat, sah ich dort in einem Spiegel, daß ich sehr blaß geworden war. Mein erster Gang war hierauf zu einem Schneider, bei dem ich mir einen fertigen Civilanzug kaufte, den ich aber dort ließ mit der Bemerkung, ich würde morgen kommen und ihn anziehen. Dann suchte ich einen Lohnkutscher auf, bei dem ich auf morgen

Siebenzehntes Kapitel.

früh einen Wagen bestellte, der mich vor dem Thore der Festung erwarten mußte.

Man wird aus diesen höchst geheimnißvollen und gefährlichen
Anstalten ersehen, daß ich nichts weniger im Sinn hatte, als die
Flucht aus einem königlichen Lazarethe. Und so war es auch.
Am Abend dieses Tages kehrte ich pünktlich um sieben Uhr zurück,
und begab mich zu meinem Freunde, dem Arzte, der, da morgen
der Tag war, an welchem Kranke aus dem Lazareth entlassen werden, die Scheine hiezu ausfertigte. Auch der meine war darunter,
und das Strafbare, was der gute Doctor meinetwegen beging, war,
daß er zufällig die Anzeige des Inspectors vergessen hatte, wonach
ich beim Austritt als Arrestant zu betrachten sei und gleich vom
Lazareth in das Arrestlokal gebracht werden müsse. Noch am selben
Abend bekam ich meinen Schein und dachte nun glücklich alle Gefahr
beseitigt, denn, argumentirte ich, wenn du auch freilich unrecht-
mäßiger Weise das Lazareth verlässest, um einer Strafe von acht
Tagen Mittelarrest zu entgehen, so hast du ja den Ausgangsschein
des Doctors; freilich sah ich im Hintergrund die schreckliche Gestalt
des Hauptmanns Feind, wie mich dieser in C. empfangen würde,
wogegen mir aber mein jugendlicher Leichtsinn zuflüsterte: Ach was,
bis dahin ist dein Abschied angelangt, und dein Vormund wird dich
schon herausbeißen.

Aber der Mensch denkt, Gott lenkt. Wie ich mein Papier in
der Hand bei Nro. 20 ankam, empfing mich der Rattenkönig mit
einem seiner freundlichen Worte: „He, he," sagte er höhnisch lachend,
„sind lange ausgeblieben, Herr Unteroffizier, werden uns morgen verlassen, he! aber nicht in Urlaub! werden acht Tage in Arrest gehen!
Schade, daß wir nicht mehr in C. sind, hätte alsdann die Ehr' von
dem Herrn Unteroffizier."

Ich schob den Kobold etwas bei Seite, um in's Zimmer zu
treten, wodurch sich aber seine Wuth noch vergrößerte: „He, Grünschnabel, alten gedienten Sergeanten bei Seite drücken, werd's dem

Flucht aus dem Lazareth. — In Urlaub.

Herrn Inspector melden, und jetzt kommen Sie gleich mit, junger Herr, und geben die Uniform ab. Soll nach der Dienstvorschrift keine Nacht auf dem Zimmer bleiben." — Himmel, daran hatt' ich nicht gedacht. Wenn ich die Uniform abgab, hatte ich ja nichts zum Anziehen, und wenn man mir sie morgen früh wieder zustellte, so sorgte der Inspector gewiß dafür, daß ich sie nur in dem Augenblick bekam, wo ich in Arrest abgeführt wurde. Das war eine böse, böse Geschichte. Ich versuchte erst gegen den alten Rattenkönig den Freundlichen zu spielen, und sagte ihm: „Aber lieber Herr Verwalter, ich bekomme sie ja doch morgen früh wieder, was wollen Sie sich die Mühe machen. Wenn Sie mir erlauben, komme ich gleich zu Ihnen hinunter, und wir trinken eine Flasche zum Abschied zusammen."

Doch er war nicht zu bewegen, und mir ahnete, daß er gemessene Befehle hatte, und daß der Inspector dahinter stecke, weßhalb ich meine Uniform ausziehen mußte und sie ihm überlieferte. Ich zog meinen Lazarethkittel wieder an und begab mich trostlos zum Herrn Forbes, indem ich ihm mein Mißgeschick mittheilte!

„Hm, hm," sagte er, „es ist allerdings schlimm, doch da Sie A gesagt haben, müssen Sie B. sagen, und Sie werden doch lieber etwas wagen, als sich acht Tage einspinnen lassen. Ich will Ihnen etwas sagen, die Festungsthore werden Morgens um fünf geöffnet. Sie stehen um vier auf, schleichen mit ihrem Lazarethkittel in den Garten hinab, der eine ganz niedrige Mauer hat, und wenn Sie, so Gott will, Niemand bemerkt, klopfen Sie ihren Schneider aus dem Bett, holen Ihren Wagen und fahren um fünf Uhr in Gottes Namen zum Thor hinaus."

Der Vorschlag war sehr kühn erdacht, und es schien mir gewagt, ihn auszuführen. Doch hatte ich mich schon zu sehr in das Glück hineingedacht, die verfluchten acht Tage Arrest zu umgehen, um in einem bequemen Wagen zu meiner Schwester zu fahren, die ich während meiner Urlaubszeit besuchen wollte, als daß ich mich hätte entschließen können, diese schönen Projekte aufzugeben. Ich drückte Herrn Forbes stillschweigend die Hand, sprach die Hoffnung aus, ihn einmal wieder zu sehen und war zur Flucht entschlossen.

Daß ich während der Nacht kein Auge zuthat, kann man sich leicht denken. Ich zählte alle Stunden und schon um drei Uhr stand ich langsam auf, band meine kleinen Habseligkeiten, ein Cigarrenetui und die Blumen der kleinen Emilie, in ein Sacktuch, und schlich leise durch das Zimmer. Alles schlief, mit Ausnahme des Herrn Forbes, der sich langsam aufrichtete, und mir, ohne ein Wort zu sprechen, noch einmal die Hand drückte. Jetzt war ich zum Saale hinaus, ging die Treppen hinab, und durch den Hof an die Gartenthüre. Bei dem Zimmer des Rattenkönigs kam ich vorbei und hörte ihn drinnen heftig husten. Ach, ich war überzeugt, er träumte in dem Augenblick von mir, der Gute, daß wir beide in C. wären. Er führte mich gerade unter das Dach, wo man die Engel pfeifen hört und schloß mich dort auf acht Tage ein. Ich aber schloß in diesem Augenblick den Garten auf und mich trennte nun von der Freiheit nichts mehr als die Mauer, die ihn umschloß. Doch hatte ich nicht bedacht, daß eine Schildwache nächtlich die Gebäude zu umgehen hat, und man kann sich mein Entsetzen denken, als ich durch ein lautes: „Halt! Werda!" plötzlich gestellt wurde. Glücklicher Weise faßte ich mich, und sagte dem Soldaten ganz ruhig: ich könne nicht schlafen und wolle etwas in die frische Luft gehen. Da in dem Dienstreglement der Fall nicht vorgesehen war, was ein Posten zu thun hat, wenn ein Kranker in der Nacht einen Spaziergang in den Garten machen will, so ließ mich die Wache zum Glück passiren und ich trat mit ruhigem Schritt unter die Bäume. Kaum aber war jener um das Haus verschwunden, so schwang ich mich auf den Ast eines Nußbaums, alsdann auf die Mauer und sprang die Straße hinab. Jetzt lief ich, was ich konnte, um zwischen die Häuser zu kommen, da das Lazareth auf einem freien Platze lag, und ich

Flucht aus dem Lazareth. — In Urlaub.

fürchten konnte, in meinem Lazarethanzug von einer Patrouille aufgegriffen zu werden.

Bald hatte ich das Haus des Schneiders erreicht, und weckte ihn mit vieler Mühe aus dem Morgenschlafe. Erstaunt sah er mich in solch sonderbarem Aufzuge kommen, doch da ihn die Sache weiter nichts anging und er ein verständiger Mann war, so gab er mir meine Kleider, ich bezahlte ihn und nachdem ich den Lazarethanzug verpackt und an den Rattenkönig adressirt, nahm ich ihn unter den Arm und suchte meinen Kutscher auf, der leichter zu erwecken war.

Unterdessen war es beinahe fünf Uhr geworden, die Pferde wurden eingespannt, ich ließ das Packet bei der Frau des Kutschers zur Besorgung zurück, setzte mich in den Wagen, und wir kamen glücklich zum Thore hinaus. Durch ein gutes Trinkgeld, das ich meinem Roßelenker versprochen, fühlte sich dieser angefeuert und feuerte dafür seine Pferde ebenfalls an, so daß wir mit dem ersten Strahl der Sonne, die über den Bergen heraufkam, die Halde, unsern artilleristischen Tummelplatz, erreichten. Da lag die weite Fläche leer vor mir, aber verschwunden war von ihr das bewegte Leben, das sich noch vor wenig Wochen dort gezeigt. Von den Lagerplätzen und Bivouacs sah man nichts mehr als schwarze Aschenhaufen, die oft vereinzelt, oft in langen Linien da lagen. Die Schenken waren nicht mehr und man erblickte nur auf dem Boden einen viereckigen Platz, den die Bretterwände umgaben und der von den Füßen der Gäste fest zusammengestampft war. Dort hatten die Pulverschuppen und Laboratorienhäuser gestanden, da war der Platz, wo wir in der Nacht Batterie gebaut, aber von all' dem sah man nur schwache Spuren auf dem Haldeboden; nur weit hinten in der Halde ragte der Kugelfang empor, glänzend im ersten Licht der Sonne und an die vielen heißen Stunden erinnernd, wenn wir dort hinaufklettern und die verschossenen Kugeln suchen mußten. Ich winkte dem Allem mit der Hand zu, während ich vorbeifuhr und lustig eine Cigarre dampfte. Jetzt kam ich auch an die Stelle, wo ich mit dem Pferd gestürzt war. Bald hatte ich die fetten Weiden erreicht, und ich konnte mich nicht enthalten, für einen Augenblick auszusteigen. Ich suchte sogleich die Frau Wirthin auf. Ach, wie viel wehmüthige Erinnerungen, vermischt mit angenehmen. Unser gemeinschaftlicher Bettkasten mit den verwischten Strichen an der Wand, wo ich Dose's lange Finger noch erkennen konnte, besonders aber der Park des Grafen, dessen grüne Thüre wie immer offen stand. Ich ging nachdenkend unter den Bäumen umher, deren Laub schon anfing gelb zu werden und abzufallen. Dort das Haus, da war das Rondell mit dem Bad. Das schmerzvolle Andenken an die paar glücklichen Stunden, die ich hier verlebt, ließ mich nicht lange verweilen. Ich brach mir von der Jasminlaube ein Paar Blätter, und steckte sie zu den vertrockneten Blumen, die mir der Gärtner als letzten Gruß gebracht. Dann warf ich mich wieder in meinen Wagen, und fuhr in die Welt hinaus.

Ungefähr gegen vier Uhr Nachmittags erreichte ich das kleine Landstädtchen D., wo ich meinen Wagen zurückschickte und den Kutscher bat, doch gefälligst in's Lazareth zu gehen und dem Herrn Inspector, sowie dem Rattenkönig meine besten Grüße auszurichten.

Am folgenden Morgen setzte ich mich auf die ordinäre Post und kam gegen Abend desselben Tages bei meiner Schwester an. Hier verlebte ich nun eine recht angenehme und glückliche Zeit, und es war mir zu Muth, wie Jemand, der sowohl geistigen wie leiblichen Fesseln entsprungen ist. Ach, und ich konnte mich der süßen Luft dieser Freiheit so ganz hingeben, denn vor mir begannen sich ja die Bande zu lüften, die mich an ein Leben ketteten, das zwar anfangs lustig und glänzend erschien, aber doch zu wenig Gehalt hatte, um einem Gemüth, wie glücklicherweise das meinige war, nicht bald schaal und langweilig zu werden. Aber mitten in diesen vergnügten Tagen brachte mir eines Tages mein Schwager ein Zeitungsblatt in die Hand, und wies mir auf eine Stelle hin, die mich nicht wenig entsetzte. Da sah ich mich nämlich deutlich und höchst leserlich als

Flucht aus dem Lazareth. — In Urlaub.

Deserteur hingestellt und mit Steckbriefen verfolgt. Ich war auf das Genaueste abgezeichnet und es fehlte sogar nicht, daß, als besonderes Kennzeichen, der kleine Finger meiner rechten Hand krumm sei. Da es am Schlusse dieser höflichen Aufforderung hieß, alle Civil- und Militärbehörden werden ersucht, den oben signalisirten H. im Betretungsfalle arretiren und an das Kommando der zweiten reitenden Batterie nach C. abliefern zu lassen, so begab ich mich augenblicklich mit meinem Urlaubspaß in der Hand zum Bürgermeister der Stadt, sagte ihm, wer ich sei und bemerkte dabei, ich könne nicht anders denken, als daß hier eine sehr unangenehme Namensverwechslung stattfinde. Nachdem er meine Papiere untersucht, auch meinen Entlassungsschein aus dem Lazareth gesehen, entließ er mich lachend, indem er mich versicherte, obgleich er nach C. berichten müsse, daß der steckbrieflich verfolgte Unterofsizier H. sich bei ihm gemeldet, id est gestellt, so habe das doch nichts auf sich und es würde wohl nichts weiter erfolgen.

Aber trotz dieser Versicherung des guten Bürgermeisters erfolgte doch etwas Weiteres, darin bestehend, daß mein guter Hauptmann Feind einen Befehl des Abtheilungskommandeurs einsandte, wornach der Unterofsizier H. augenblicklich als Arrestant nach C. einzuliefern sei. Das war denn doch ein Bischen zu stark und statt mich als Verbrecher nach meiner Garnison zurückschleppen zu lassen, beschloß ich heftig zu erkranken, was ich auch alsbald ausführte. Vom Lazareth her sah ich noch etwas übel aus; auch hatte mich diese letzte Zeit sehr alterirt, weßhalb ich vom Kreisphysikus, der in hiesiger Stadt wohnte, ein Zeugniß erwarb, daß ich krank sei, welches statt meiner nach C. wanderte.

So war ich denn für den Augenblick wieder entronnen und da es hier gerade eine lustige bewegte Zeit war, Theater mit Tanzvergnügen, und dieses wieder mit Landpartien abwechselte, so lebte ich in den Tag hinein, und erwachte erst aus meinem Taumel, als ich eines Morgens meinen Urlaubspaß nachsah, und zu meinem nicht geringen Schrecken bemerkte, daß ich schon drei Tage über die mir erlaubte Zeit hier verweilt. Wär' ich nicht fest entschlossen gewesen und hätte die Aussicht gehabt, das Militärwesen zu verlassen, so wär' ich pünktlicher gewesen. Doch so war mir an der guten Meinung meiner Vorgesetzten nichts mehr gelegen und dann lebte ich ziemlich fest der Hoffnung, mein Abschied sei unterdessen in C. angekommen und damit habe Alles ein Ende.

Mit Mühe und Noth riß ich mich endlich los, meldete dem Bürgermeister, daß ich morgen nach C. gehen werde und sagte meiner Schwester unter der frohen Aussicht Lebewohl, daß ich sie hoffentlich bald in glücklicheren und freieren Verhältnissen wieder sehen würde. Dann setzte ich mich in den Eilwagen und langte noch denselben Abend in C. an.

Achtzehntes Kapitel.

Species facti.

Als ich die Kaserne betrat, und in meine Stube ging, fand ich meine Kameraden dort versammelt, und die Erscheinung eines Gespenstes hätte kein größeres Erschrecken bei ihnen zu Wege bringen können, als mein unvermuthetes Eintreten. Sie betrachteten mich als ein rettungslos verlorenes Wesen und da sie mich eigentlich alle gern hatten, so erwiesen sie mir tausend Gefälligkeiten, an die sie vielleicht sonst nicht gedacht, kurz ich sah mich behandelt, wie Jemand, der am andern Tag zum Richtplatz geführt wird. Auf meine Frage nach Dose hieß es, sein Gesuch um Anstellung sei sogleich berücksichtigt worden und er führte schon seit ungefähr acht Tagen als Conducteur den Schnellwagen von B. nach K. Auch von

Species facti.

den übrigen Feuerwerkern und Unteroffizieren fehlten mehrere, und ich fand, daß Dose mir im Lazareth die reine Wahrheit gesagt, denn es hatten sich sehr viele zum Abgang gemeldet und die meisten waren schon bei der Gendarmerie, der Post, dem Steueramt zur Probe beschäftigt.

Am andern Morgen meldete ich mich in der Frühe beim Wachtmeister Löffel, der sich bei meinem Anblick vergnügt die Hände rieb, als wollte er sagen: Aha, dich haben wir endlich beim rechten Fleck. Mit schwerem Herzen trat ich darnach meinen Weg zum Kapitän Feind an und ließ mich bei ihm melden. Er saß in einem groß geblümten Schlafrock auf seinem Sopha, trank Kaffee und rauchte seine Pfeife. Bei meinem Eintritt flog eine unheilverkündende Röthe über sein Gesicht; doch bezwang er sich, nahm meine Meldung ruhig hin und klopfte nur ein ganz klein wenig mit dem Fuß auf den Boden.

„Sie konnten Krankheits halber Ihre Urlaubszeit nicht einhalten?" sagte der Feind. „Hm, hm! waren Sie beim Wachtmeister Löffel?"

„Zu befehlen, Herr Hauptmann!"

„Schon gut, Sie können gehen."

Ich machte auf dem Absatz Kehrt, nicht wenig überrascht von diesem Empfang und wußte nicht, was ich davon denken sollte. Auch meine Kameraden verwunderten sich höchlich, als sie mich so frei und frank wieder in die Stube treten sahen und ich in meinem Leichtsinn dachte: Nun, Gott sei Dank, die Sache ist glücklich beendet. Um eilf Uhr ging ich wie gewöhnlich zum Apell. Der Hauptmann Feind kam an, ging mit großen Schritten vor der Front auf und ab spazieren und hatte wenig zu erinnern. Als der Apell beendigt war, rief mich der Kapitän Feind plötzlich vor die Front und sagte zum Wachtmeister Löffel: „Wachtmeister, notiren Sie diesen Unteroffizier, es soll ein Beispiel an ihm statuirt werden. Herr Lieutenant L., Sie haben wohl die Güte," wandte er sich an

Achtzehntes Kapitel.

diesen, die Species facti aufnehmen zu lassen. Und Sie," wandte er sich an mich, soll ein zehnfaches Donnerwetterrrr erschlagen. Herrrr — Herrrr — Sie wollen Ihrem Kapitän, ja, der ganzen Brigade auf der Nase herumtanzen. Desertiren aus dem Lazareth, ja desertiren, und anstatt dann zur gehörigen Zeit in Ihre Batterie einzurücken, übertreten Sie Ihren Urlaub und kommen fünf Tage später. O Herr! Ihnen wird man heim zünden, so wahr ich Hauptmann Feind heiße. An mir soll es nicht liegen, wenn Sie Ihre Tressen behalten. Auseinander treten!"

Noch einen einzigen fürchterlichen Blick warf mir der Feind hierauf zu, und der Wachtmeister Löffel nahm mich mit auf sein Zimmer, wo der Akt der Species facti gleich seinen Anfang nahm. Daß der Lieutenant L. das Verhör leitete, war mir recht lieb, denn er war einer von den besten.

„Haben sich da," sprach er mit seiner schnarrenden Stimme, „eine gute Suppe eingebrockt, werden Mühe haben, sie hinab zu würgen. Na, hören Sie, Wachtmeister Löffel, wir kennen uns, die Sache ist schlimm genug, nicht wahr? Wollen eher etwas davon ab, als was dazu thun."

Der Wachtmeister verbeugte sich mit einem recht sauern Lächeln, dann begann das Verhör. Auf die erste Frage, warum ich aus dem Lazareth entwichen, antwortete ich, man könnte das keine Entweichung nennen, ich habe meinen regelmäßigen Entlassungsschein gehabt, wie er hier vorliege, sei am Morgen, da ich nicht hätte schlafen können, in den Garten hinabgegangen, und so auf die Straße gekommen, wo ich dann ruhig fortgegangen sei. Darauf habe ich einen Wagen gefunden, der nach L. fuhr, meine Kleider geholt, die ich bestellt und sei hinweggefahren. Der Lieutenant schüttelte den Kopf, und der Wachtmeister fragte: ob ich nicht gewußt, daß ich acht Tage Mittelarrest beim Ausgang aus dem Lazareth hätte antreten sollen. Als ich hierauf Ja sagte, warf ihm der Lieutenant einen finstern Blick zu und zuckte mißmuthig die

Species facti.

Achseln. Wegen der Frage, warum ich über Urlaub ausgeblieben, verwies ich auf das Attest des Kreisphysikus. Damit wurde das Verhör geschlossen, unterschrieben und dem Brigadekommando zugeschickt.

Von meinem Vetter P. hatte ich unterdessen einen recht freundlichen Brief empfangen, worin er mir ungefähr dasselbe sagte, wie der Vormund. Auch dieser hatte mir noch ein paarmal geschrieben und seine Verwunderung ausgedrückt, warum mein Abschied nicht käme. Meine einzige Hoffnung beruhte noch auf der Ankunft desselben, denn ich dachte bei mir, daß man mich alsdann nicht mehr festhalten könne. Vergebens faßte ich jeden Tag die Ordonnanz des Wachtmeisters ab und erkundigte mich auf dem Abtheilungsbureau, ob nichts eingelaufen sei, das mich beträfe: mein Abschied kam nicht; wohl aber ungefähr acht Tage nach Abgang der Species facti eine Antwort darauf vom Brigadekommando, in welcher ich zu nicht weniger als vier Wochen Mittelarrest verurtheilt war. Obendrein wollte der gute Hauptmann Feind diesen vier Wochen noch die acht Tage beigefügt wissen, die ich in W. hätte zu sitzen gehabt. Doch protestirte der Lieutenant L. dagegen, indem er sagte, diese acht Tage seien zum Anklagepunkt geworden. Die Brigade wisse also darum und habe mir im Ganzen eine Strafe von vier Wochen dictirt, die man nicht willkürlich in fünf Wochen umändern könne.

Da mir Alles daran gelegen war, Zeit zu gewinnen, so mußte ich krank werden, und es traf sich dabei glücklich oder unglücklich, wie man will, daß mich mein Pferd im Stalle auf den Fuß trat, wodurch ich genöthigt war, ein paar Tage das Zimmer zu hüten. Wie sehnlichst ich einer Antwort auf den Brief an meinen Oheim entgegen sah, kann man sich denken. Aber es kam nichts. Ich wurde wieder gesund erklärt und der Hauptmann Feind, der es nicht erwarten konnte, befahl, mich nun schleunigst den andern Morgen in Arrest zu bringen. Da die Post, mit der die Briefe

Achtzehntes Kapitel.

vom Brigadekommando einliefen, erst um eilf Uhr Morgens ankam, so wußte ich durch allerhand Kunstgriffe zu zögern, um bis auf diese Zeit zu warten. Abermals vergeblich. Endlich mußte ich mich bequemen, eine alte verblichene Arrestuniform anzuziehen und der Feuerwerker Lingsen, der beordert war, mich nach Nr. 7½ zu bringen, holte mich ab. Ich war in einer ganz entsetzlichen Gemüthsstimmung, denn vier Wochen Mittelarrest ist kein Spaß. So langsam als möglich schlenderten wir durch die Straßen, aber es half nichts, wir kamen dem verfluchten Lokale immer näher.

Plötzlich vernehme ich aus einem Bilderladen neben mir eine Stimme, die mir sehr bekannt vorkam, und ich gewahre einen großen starken Mann in Civil, der mit einem Obersten der Infanterie eifrig spricht.

„Oho," sagte der große Mann, „oho, Herr Oberst, aber ik sage Ihnen, daß det Bild von unserem allergnädigsten König durchaus nit getroffen is. Ik muß dat wissen."

Was der Andere darauf entgegnete, konnten wir nicht verstehen, doch unser alter Oberst von L., jetziger verabschiedeter General, denn Niemand anders als er war es, brüllte in dem Bilderladen so laut, als kommandire er die Brigade. „Sie menen den Backenbart," sagte er. „O ik versichere Ihnen, den hat der Allergnädigste nie so getragen."

Als wir auf der Straße stehen geblieben waren, und erstaunt hineingafften, kam er heraus und wurde uns augenblicklich gewahr.

„Oho," sagte er zu dem Obersten der Infanterie, „da sind zwee von meiner Brigade und der Ene sieht aus, als wollten sie'n gerade in Arrest schleppen. Wie, das ist der Unteroffizier H. Nun, wat ist's wieder mit Ihnen?" wandte er sich an mich.

„Ach, Herr Oberst, bitt um Verzeihung, Herr General, wollt' ich sagen, eine ganz traurige Geschichte."

„So," schrie der Alte, „ik hoff doch nit, daß Sie sich unredlich aufgeführt haben?"

Als der Feuerwerker Lingsen hierauf versicherte, daß dies durchaus nicht der Fall sei, beruhigte er sich und sagte: „Na nu, kommt mal eine Strecke mit und erzählt mir. Ik," wandte er sich lachend an den Obersten der Infanterie, „ik schäme mir niemals, mit meine Unteroffiziere zu gehen, och sogar, wenn sie in Arrest gebracht werden. Nu erzählt man die traurige Geschichte."

Ich begann von meinem Sturz mit dem Pferde, dessen der Alte sich noch zu erinnern wußte, dann wie ich in's Lazareth gebracht wurde, und bei der Geschichte von der Suppe mit Mäusedreck lachte der Alte so unmäßig, daß die Leute auf der Straße erschrocken stehen blieben.

„Oho," brüllte er, „ik kenne den Inspector, ob ik ihn kenne: hab schon mehrmals ähnliche Klagen mit ihm zu regeln gehabt, aber ik habe nie Lust gehabt, mir in seinen Mäusedreck zu mischen als wenn et mene Leute gar zu nahe anging. Bei Ihnen," setzte er stiller hinzu, „hab ik nischt mehr thun können. Na nu weiter!"

Jetzt erzählte ich ihm meine Urlaubsgeschichte, daß ich krank gewesen sei, dann wie die Species facti abgefaßt worden und wie man mich nun zu vier Wochen Arrest verurtheilt. Das Alles brachte ihn in einen gelinden Zorn und er konnte ein paar kräftige Verwünschungen gegen den Hauptmann Feind nicht unterdrücken. Auch das neue Brigadekommando bekam einen Seitenhieb, „dat," wie er sagte, „mit vier Wochen Arrest bei der Hand is, ohne eine Sache genau zu untersuchen." Als ich ihm nun ferner erzählte, daß ich wie viele meiner Kameraden nach seinem Abgang auch nicht länger mehr dienen wolle, und daß mein Vormund deßhalb schon vor sechs Wochen um meinen Abschied eingekommen sei, ohne daß bis jetzt eine Resolution erfolgt, rückte er zornig seinen Civilhut auf das linke Ohr und sagte: „Nu, ik sehe, *t is schonst keine Ordnung mehr im Kommando, aber ik will sehen, *s ik zu Ihren Gunsten thun kann. Feuerwerker Lingsen, ik hoff, Sie wer-

Achtzehntes Kapitel.

den dat wohl bei Ihrem Kapitän verantworten wollen, dat if Sie und den Unteroffizier H. mit zum Abtheilungskommandeur nehme, um über die Sache zu sprechen."

Natürlich gingen wir mit ihm auf das Bureau, wo alle Schreiber vergnügt aufsprangen, als sie den alten v. T. hereintreten sahen. Schon von Weitem hielt mir der Abtheilungsschreiber, der mein Freund war, ein Papier entgegen, welches ich nach hastiger Durchsicht mit großer Freude für meinen Abschied erkannte. Nach demselben war ich schon vor sechs Wochen entlassen und Gott weiß, welche Umstände Schuld waren, daß dieses Papier erst heute hier anlangte. Ich gab es dem Obersten, der es mit sich nahm, um im Nebenzimmer mit dem Major zu sprechen. Nach einiger Zeit kam er mit diesem heraus. Es wurde ein Befehl dictirt, nach welchem meine Strafe bis auf Weiteres zu suspendiren sei. Dies wurde dem Feuerwerker Lingsen eingehändigt und wir sollten damit gehen. Ich konnte mich nicht enthalten, dem guten alten v. T. herzlich für seine Güte zu danken, und da mir dieser Dank von Herzen kam, so traten mir die Thränen in die Augen, so daß der alte Mann ganz gerührt wurde und mir beide Hände entgegenstreckte. Wie auf ein Kommando verließen in diesem Augenblick sämmtliche Schreiber ihre Dintenfässer und stürzten auf den alten Mann zu, seine Hände ergreifend.

„Ich bitte euch, Kinder," sagte er mit etwas zitternder Stimme, „laßt dat man gut sein, na nu gewiß, laßt gut sein!"

Er suchte seine Hände frei zu machen, und als ihm das nach einiger Mühe gelang, wischte er sich über die Augen und wünschte dem Major einen guten Morgen. Dann wandte er sich noch einmal zu uns, indem er sagte: „Ik werde morgen C. verlassen und an den Oberrhein gehen und euch wahrscheinlich sobald nicht wieder sehen. Lebt indessen wohl und haltet euren alten Oberst etwas im Andenken."

Bei den letzten Worten wurde seine Stimme so leise und

schwankend, wie wir es nie von ihm gehört. Er ging die Treppen hinunter, und keiner von uns hat ihn wieder gesehen; denn er starb kurze Zeit darauf in einem kleinen Städtchen am Oberrhein. Er konnte seine Kanoniere nicht vergessen.

Neunzehntes Kapitel.

Freiheit.

Als wir die Treppen hinabstiegen, rief mir der Abtheilungsschreiber nach, es sei nicht nothwendig oder gut, daß ich dem Hauptmann Feind von meinem unterdeß eingetroffenen Abschied etwas sage, sondern ich soll ihm nur das Papier einhändigen, wonach auf Befehl des Majors meine Strafe zu suspendiren sei. Wir kamen gerade recht zum Apell, und sahen schon von Weitem den Hauptmann Feind, wie er wohlgelaunt und lachend vor der Batterie auf- und abstieg, wahrscheinlich dachte er in diesem Augenblicke an mich und wie wohl es mir im Arrest sein würde mit der Aussicht auf eine vierwöchentliche Versorgung dort. Der Zornblick dagegen, womit er den Feuerwerker Lingsen und mich empfing, womit er den Befehl des Majors las, ist nicht auszudrücken. Heftiger als je trat er mit dem Fuß auf den Boden, sprudelte vor sich hin und fuhr den Feuerwerker Lingsen an: „Herrrr!" sagte er, „wenn ich Sie mit einem Arrestanten in Arrest schicke, wer heißt Sie alsdann in der Stadt umherlaufen und Begnadigungen nachsuchen. Sie soll das Donnerwetter regieren!"

„Herr Hauptmann," entgegnete der Feuerwerker fest, „ich bin nicht in der Stadt nach Begnadigungen umhergelaufen; ich habe nur dem Ersuchen eines sehr würdigen Mannes, meines früheren

Chefs gefolgt. Aber, Herr Hauptmann," setzte er finster hinzu, „ich diene schon zu lange, um mich wie einen Rekruten behandeln zu lassen."

Wenn auch der Feuerwerker Lingsen ein überaus ruhiger Mann war, so konnte er dagegen, unschuldig gereizt, in eine außerordentliche Wuth gerathen.

„Herr Feuerwerker," entgegnete der Feind, „halten Sie Ihr Maul, oder ich werde Species facti über Sie aufnehmen lassen."

„Thun Sie das, Herr Hauptmann," schrie der Feuerwerker, „thun Sie es ja; aber lassen sie es alle meine Kameraden mit unterzeichnen. Wir wollen alsdann auch sagen, wie wir von Ihnen behandelt werden. Wir sind keine Hunde, denen jeden Augenblick das Donnerwetter auf die Köpfe fahren soll."

Der Hauptmann Feind, blaß vor Wuth, brachte hiegegen stammelnd nur abgebrochene Worte hervor, wobei er die Hand an den Säbel legte. Der Feuerwerker aber stand ihm ruhig, ich möchte sagen imponirend gegenüber und blickte ihm fest in's Auge.

„Wachtmeister Löffel," schrie nun der Kapitän außer sich, „lassen Sie den Mann augenblicklich auf die Kasernenwache schleppen. Er soll Standrecht haben, ja Standrecht!"

Der Feind hatte geglaubt, dies Wort würde den Feuerwerker einschüchtern und er einige Worte zu seiner Entschuldigung sagen, was er sogar wünschte, um seinen Zorn besänftigen zu lassen. Als der Feuerwerker aber dagegen kein Wort sagte, sogar lächelnd die Achseln zuckte, verlor der Hauptmann Feind vollkommen seine Besinnung. Er stürzte auf den Feuerwerker zu, um ihn am Kragen zu fassen; doch warf sich der Lieutenant L. in diesem Augenblick zwischen die Beiden, und befahl dem Feuerwerker, sich in die Kaserne zurückzuziehen. Jetzt kehrte sich für einen Augenblick der ganze Zorn des Hauptmanns auf mich, und der Auftritt mit dem Feuerwerker Lingsen würde sich wahrscheinlich bei mir wiederholt haben, wenn nicht in diesem Augenblick der Adjutant des Majors erschienen wäre, um dem Feind ein Papier zu überreichen, das er erbrach. Es war mein Abschied, dem von Seiten des Majors an die Batterie hinzugefügt war, was die Strafe anbeträfe, zu der ich verurtheilt sei, so wolle er an die Brigade berichten, der Unteroffizier sei aber vorläufig mit Angabe seines Aufenthaltsortes sogleich zu entlassen.

Der Hauptmann Feind benahm sich bei dieser Nachricht, die ihm gewiß höchst schmerzlich war, für sein Alter ganz vortrefflich.

„Nun, Gott sei Dank!" sagte er zu mir, indem er mit der einen Hand auf das Papier schlug, „Herrrr, daß wir Sie los sind. Solche Pflanzen sind der Ruin einer Batterie, und ich muß Ihnen vor versammelter Batterie das Endzeugniß geben, daß Sie nie einen Schuß Pulver werth waren. Gehen Sie —" diesen letzten Satz schloß er mit einem Gemurmel, doch las ich aus seinen Mienen, daß er mich eher der Hölle, als dem Himmel empfahl.

Da ich nicht mehr Soldat war, machte ich ihm eine anständige tiefe Verbeugung, drehte der Batterie den Rücken und ging auf meine Stube. Es war mir doch ein eigenes Gefühl, als ich jetzt mit meinen sämmtlichen Sachen auf die Montirungskammer ging, um sie abzugeben, und ich erinnere mich noch ganz genau des Morgens, wo ich dem Quartiermeister als Bückling vorgestellt wurde. Zwischen damals und jetzt lagen ein paar Jahre, in denen ich viel gesehen und, wenn man will, auch viel gelernt hatte.

Den Feuerwerker Lingsen fand ich auf seiner Stube in großer Gemüthsbewegung; er wollte die Sache mit dem Kapitän nicht ruhen lassen und that es auch nicht, vielmehr drang er darauf, daß Species facti aufgenommen wurden, zu welchem sich nach und nach mehrere Unteroffiziere als Mitarbeiter meldeten. Es kam dabei vielerlei zur Sprache, was dem Hauptmann Feind im höchsten Grade unangenehm war und mit Recht; denn ungefähr sechs Wochen, nachdem die Species facti an die Brigade geschickt waren, kamen sie mit einem Bescheid von dem Generalkommando der Artil-

Neunzehntes Kapitel.

lerie zurück, durch welchen der Feuerwerker Lingsen zu drei Tagen gelindem Arrest verurtheilt, der Hauptmann Felud aber nach einer entlegenen Festungscompagnie versetzt wurde. Lieutenant L. bekam später als Kapitän die zweite reitende Batterie.

Sobald ich in C. mit meinen sämmtlichen Geschäften fertig war, packte ich meine Sachen zusammen und nahm einen Platz auf der Post. Von meinem Vetter P. hatte ich noch ein paar freundliche Briefe bekommen, worin er seine Ungeduld aussprach, mich baldigst zu sehen. Auch sagte er mir in einem Briefe, er kenne einen gewissen Grafen R., der mich bei W. gesehen haben wolle, und erzählte mir von einer Nichte, die bei demselben wohnte und die ihn mit dem Grafen häufig besuchte. Der gute Vetter meinte, es sei ein sehr liebes charmantes Mädchen, und ich würde mich gewiß freuen, ihre nähere Bekanntschaft zu machen. Ob ich mich in der That darauf freute?

In der Nacht gegen zwei Uhr verließ ich C. und kam Morgens gegen fünf Uhr nach B., wo ich eine Stunde warten mußte, um den Eilwagen besteigen zu können, der den Rhein hinauf weiter fährt. Plötzlich fiel mir ein, daß ich hier ja wohl meinen theuern Dose treffen könne, und kaum hatte ich mich auf den Weg gemacht, um nach ihm zu schauen, als ich den langen Feodor in der Postconducteursuniform aus dem Packhofe kommen sah. Auf seiner linken Brust prangte die goldene Dienstschnalle und daneben der silberne Postadler an den drei Kettchen in ungeheurer Größe. Dose sah übrigens ganz gut aus, und er trug sein versiegeltes Briefpaket mit vieler Wichtigkeit. Jetzt wurde er mich gewahr, stieg mit langen Schritten auf mich zu und umarmte mich mit dem linken Arm, den er frei hatte, auf's Herzlichste. Er sagte mir, daß er sich außerordentlich wohl befinde und versicherte mich, es sei in dem Postwesen eine ungemeine Poesie verborgen. Schon jetzt kenne er fast alle Steine und Bäume auf der Strecke, die er täglich befahre, und dabei habe er Zeit genug, lauter lehrreiche und nützliche Bücher zu lesen. In Kürze erzählte ich ihm meine Schicksale bis hieher, und er freute sich wirklich, daß auch ich einer guten Versorgung, wie er sich ausdrückte, entgegen ging.

Sein Postillon stieß in's Horn, er machte den Schlag des Wagens auf und lud seine Passagiere ein, ihre Plätze zu nehmen von 1 bis 6. Dann stieg auch er in's Coupé und ich streckte ihm nochmals meine Hand hin, von ihm vielleicht auf lange Abschied nehmend. „Apropos," rief er mir plötzlich zu, und zog seine Brieftasche heraus, „bald hätt' ich's vergessen, ich will mich in dem Genre der Dichtung versuchen, die Sonnet heißt. Es ist auf einen Freund, z. B. auf Sie, der Abschied von mir nimmt, und die erste Zelle heißt:

„Freund, wenn ich dich einstens wieder fände."
Nun aber," sagte Feodor, „fehlen mir einige Reime auf f ä n d e. Bitte, sagen Sie mir ein paar."

„Ei," entgegnete ich dem poetischen Conducteur lachend, „nehmen Sie Hände oder Wände."

Dose schrieb's eifrig auf.

„Blende," rief ich ihm weiter zu, während der Postillon die Peitsche über seinem Kopf schwang und im Begriff war, sie auf die Pferde niederfallen zu lassen.

Noch einmal streckte mir Dose die Hand aus dem Schlag und bat mich noch um einen einzigen Reim.

Während der Wagen langsam durch das Thor fortrollte, hatte ich noch Zeit, ihm zuzurufen: „Lieber Dose, ein Reim, den wir bis jetzt noch nicht hatten, ist:

Ende."

Wachtstubenabenteuer.

Erster Theil.

Erstes Kapitel.

Der Leser lernt das Innere einer Unteroffizier-Wachtstube kennen und macht die Bekanntschaft des commandirenden Bombardiers.

Man muß sich in die Mysterien einer Wachtstube nicht zur Zeit des Sommers einweihen lassen, wenn draußen Alles grünt und blüht, und der Geruch der Birke oder der Duft des Grases neugierig zu den Fenstern hereinsäuselt, um von den schweren Dämpfen im Innern des Lokals gleich erstickt und verstickt zu werden. Man muß ebenfalls nicht lüstern sein, diesem Orte einen neugierigen Blick zu schenken in den Vormittagsstunden, wo die alte Wache sich damit beschäftigt, das Local und die Geräthschaften für die neue, die Mittags einzieht, in bestmöglichen Stand zu setzen. In diesem Augenblick würde der Staub, der von dem arbeitenden Besen aufwirbelt, im Einklange mit seinen Verwandten, die aus den Uniformen und Mänteln der Soldaten hervorkommen, selbst Einem, der an dergleichen Sachen gewöhnt ist, den Athem versetzen. Auch wenn Alles nach militärischen Begriffen reinlich geputzt und gesäubert ist, wenn von den Bänken und Tischen die kleinen Häufchen übrig gebliebener Tabacksasche fortgeblasen sind, wenn der Ofen als Vulkan in Thätigkeit nicht mehr von Aschenhaufen umgeben ist, die gleich ausgebrannten Kratern um ihn herliegen, so ist doch in solchen Augenblicken die Wachtstube noch nicht befähigt, einen anständigen Besuch zu empfangen.

Die neue Wache ist eben eingezogen und macht es sich bequem. Der Commandant schreibt seinen Meldezettel oder bereitet sich seinen Kaffee und wird in diesen Geschäften jeden Augenblick von meldenden Soldaten oder visitirenden Offizieren gestört. Er muß seine Posten besichtigen, hat die verschiedenen Lokalitäten zu übernehmen, die zu seiner Wache gehören, und auf diese Art vergeht ihm der Nachmittag eines Wintertags. Wir nehmen an, daß das Lokal, von dem wir die Ehre haben, zu erzählen, zu einem detaschirten Fort, das sich eine kleine Viertelstunde von der Stadt befindet, gehört. Die Wachtstube ist ein bombenfestes Gewölbe, dessen einzige fensterartige Oeffnung eine enge Schießscharte ist, die noch obendrein durch grünes trübes Glas geblendet wird. Da die Kälte es nicht erlaubt, wie an einem schönen Sommerabend die Thüre zu öffnen, so ist hier die Nacht schon längst eingetreten, während draußen noch die Sonne ihre letzten Strahlen über die fernen Berge schießt. Rings ist die Gegend verschneit und die Schildwache vor dem Fort wickelt sich fester in ihren Mantel und läuft auf und ab, um sich zu erwärmen. Dabei hat sie an diesem Ort nicht nöthig, mit besonderer Aufmerksamkeit auf herumwandelnde Patrouillen oder Runden zu achten; denn erstere haben in dieser entlegenen Gegend nichts zu thun, und der Offizier, der letztere zu versehen hat, trat heute Mittag auf dem Paradeplatz zum Wachcommandanten und sagte ihm so herablassend wie möglich: „Sie Unteroffizier, halten Sie Ihre Wache gut in Ordnung, 's ist verflucht kalt, ich komme vielleicht, den Posten untersuchen, ohne in die Wachtstube zu treten, ich bin dann so zwischen eins und zwei da gewesen."

Der Offizier, der so zu seinem Untergebenen spricht, hat wahrscheinlich erst vor Kurzem die Epauletten erhalten, und da auf der Kriegsschule Unteroffiziere seine Kameraden waren, hat er sich noch nicht so an den kolossalen Unterschied der Stände gewöhnt und

Das Innere einer Unteroffizier-Wachtstube.

gedenkt noch der Zeit, wo ihm der Offizier der Runde ein Gleiches sagte. — „Sie haben mich also verstanden, Unteroffizier? zwischen eins und zwei Uhr!" — „Zu Befehlen, Herr Lieutnant!"

Durch das Bewußtsein, nicht überrascht zu werden, ist nun auf der Wachtstube des detaschirten Forts die vollkommenste Sicherheit und Sorglosigkeit eingetreten. Zwischen den dicken Mauern wird seit Beginn der kalten Witterung täglich auf das Fürchterlichste geheizt, denn Holz und Kohlen bekommt jede Wache so ziemlich genug geliefert und daran etwas zu sparen, würde sich ein gewissenhafter Wachtcommandant als einer Sünde fürchten. Im Gegentheil, es findet nicht selten eine gewisse Verschleuderung des Brennmaterials statt. Da wird zuweilen eingeheizt, daß die Fliegen vor Hitze von der Wand fallen müssen, und alsdann die Thüre geöffnet, um auch draußen der kalten Welt etwas zukommen zu lassen. Da aber durch ein solches Verfahren doch je zuweilen der Kohlen- und Holzvorrath früher erschöpft wird, als nöthig, so nimmt man zu allerhand unerlaubten Fouragierungen die Zuflucht.

Es ist Abends sechs Uhr; die neuen Posten sind soeben aufgezogen und die alten vor Kälte ziemlich steifgewordenen, treten in das Gewölbe und lassen sich auf einen der hölzernen Bänke nieder, um die Eisentheile ihrer Gewehre und Säbel, die von der Hitze angelaufen, mit dem Mantel abzuputzen, damit sie nicht rostig werden. Der Ofen pfeift und summt und verbreitet eine ziemliche Hitze um sich. Vor demselben steht eine Bank, und auf ihr liegt der Wachtcommandant lang ausgestreckt. Er hat den Tschako als Kopfkissen unter sein Haupt gedrückt, das Lederzeug gelöst, und die Patrontasche und den Säbel auf die Seite geschoben, damit diese Gegenstände, die, wenn sie ordonnanzmäßig befestigt werden, auf seinem Rücken befindlich sind und ihn sehr geniren würden, ihn in seiner bequemen Lage nicht hindern.

Der Wachtcommandant ist ein junger Mensch von vielleicht fünfundzwanzig Jahren und seines Ranges Bombardier bei der

Fußartillerie. Er trat, wie viele seines Gleichen, vor einigen Jahren ein, mit der festen Absicht, sich die Epauletten zu verdienen; doch ging es ihm wie manchem Andern, anstatt in seinen Nebenstunden zu studiren und sich die nöthigen Kenntnisse anzueignen, zog er es vor, sich in seiner eigenen feinen Uniform auf den Straßen und den Kaffeehäusern zu zeigen. So verlebte er sein erstes und zweites Jahr und als endlich die Zeit kam, wo er das Examen ablegen sollte, nach dessen Bestehung er in die Kriegsschule aufgenommen werden konnte, hatte er die wenigen Kenntnisse, die er mit in den Militärstand gebracht, rein vergessen. Andern, die sich in gleichem Falle befanden, waren in diesem kritischen Zeitpunkt die Augen aufgegangen, und weil sie nun vernünftig genug waren, einzusehen, daß sie, da sie bei dem täglichen schweren Dienst genug zu thun hatten, das Fehlende nicht nachholen würden, so ergaben sie sich in ihr Schicksal, und verließen, wenn sie andere Aussichten hatten, den Militärstand.

Nicht so der Bombardier Tipfel, der in dem detaschirten Fort auf der Ofenbank seinen Wachtverpflichtungen obliegt. Die Natur hat ihn bei einer ziemlichen Körperfülle mit einer guten Dosis Gleichgültigkeit ausgestattet, so daß es schwer war, ihn zu einem Entschluß zu bringen. Ehe es ihm in den Sinn gekommen war, seine Stirne mit militärischen Lorbeern zu schmücken, war er Schreibergehülfe bei einem Advokaten gewesen, und hatte da bei der Langeweile, die ihm das Copiren der Prozeßakten verschaffte, langsam die Idee in sich verarbeitet, die Feder aus der Hand zu legen und die Lunte zu ergreifen. Obgleich ihm sein Prinzipal diesen Schritt sehr widerrathen hatte und ihm unter Anführung der traurigsten Beispiele die Zukunft vor Augen gestellt, daß er es doch nie zum Offizier bringen würde, und also sein Leben als Unteroffizier oder höchstens als Feldwebel verbringen müßte, so war doch Tipfel gerade durch sein Phlegma nicht der Mann, sich von einem einmal vorgenommenen Schritte abbringen zu lassen. Er wurde also Ka-

Das Innere einer Unteroffizier-Wachtstube.

nonier, avancirte zum Bombardier, und als die Zeit endlich kam, wo ihm der Abtheilungscommandant die Gewissensfrage vorlegen ließ, ob er sich mit Kenntnissen wohl so gerüstet glaubte, um vor dem Auge des Brigadecommandeurs das nöthige Examen abzulegen, so ging er drei Tage mit sich selbst zu Rath und hatte alsdann, wie schon oben bemerkt, die traurige Entdeckung gemacht, daß ihm von seinen früheren Kenntnissen nichts geblieben war.

Anstatt nun aber zu seinem vorigen Geschäft zurückzukehren, nahm Tipfel aufs Neue drei Jahre Dienst an, und faßte den, für seine unendliche Faulheit wenigstens merkwürdigen Entschluß, einen Versuch zu machen, ob es nicht gelingen könnte, das Fehlende nachzuholen. Diesem Vorsatz getreu, sehen wir ihn auf der Ofenbank liegen, sein dickes rothes Gesicht etwas gegen das Feuer gekehrt, und mit beiden Händen ein Buch haltend, aus dem er auswendig lernt. Es sind Kohlrausch's Geschichtstabellen, dessen erste Abtheilung er seinem Gedächtnisse einzuprägen versucht.

Die Soldaten, die um ihn her sitzen und aus ihren kurzen irdenen Pfeifen einen nichts weniger als wohlriechenden Tabak rauchen, mögen den Bombardier Tipfel gut leiden, weil er bei seinem Gleichmuth sehr gutmüthig ist und selten zu dem Entschluß kommen kann, ein böses Wort gegen seine Untergebenen zu gebrauchen. Außer dieser Gutmüthigkeit und seinem Phlegma, die ihm nicht erlauben, auffahrend und heftig zu werden, ist auch noch eine andere Ursache vorhanden, welche ihm gebietet, seine Untergebenen mit der größten Nachsicht und Güte zu behandeln, um sie bei guter Laune zu erhalten. Durch seine Anstrengungen beim Auswendiglernen ist ihm der Tschako etwas auf die Seite gerückt und fast im Begriff auf den Boden zu fallen. Anstatt sein schweres Haupt zu erheben und sein Kopfkissen wieder in die richtige Lage zu bringen, hält er es mit dem Hinterkopfe krampfhaft fest, und die Anstrengung, die sich in seinen Gesichtszügen malt, gibt genugsam zu erkennen, daß er damit keine leichte Arbeit hat. Endlich aber rutscht der Tschako immer mehr auf die Seite, und da er nicht mehr im Stande ist, ihn festzuhalten, so läßt er ihn gleichmüthig auf den Boden rollen, wo dann einer der Kanoniere alsbald in pflichtmäßigem Diensteifer herbeispringt und ihm denselben unter den Kopf schiebt.

Ohne diesen zu verdrehen, murmelt er zwischen den Zähnen seinen Dank und fügt hinzu: „Höre du, Alter, sei doch so gut und rücke die Bank einen Fuß vom Ofen weg, es wird mir zu warm — so — noch ein Bischen weiter — jetzt ist's recht! Danke, Männeken!" —

Wir müssen hier beifügen, daß Tipfel eine Zeitlang in Norddeutschland gelebt hatte und es liebte, wenn ihn die Leute für einen Berliner ansahen. Nach dieser kleinen Dienstleistung rückten die Soldaten näher um den Ofen und legten neues Holz und Kohlen zu, was der Bombardier geduldig mit ansah, ob ihm gleich die Hitze ein Bischen zu groß wurde, so daß er sich in kurzer Zeit wieder einige Zoll vom Ofen wegrücken ließ. Da aber die Wachtstube sehr klein war, so war er mit diesen Manövern bald am Ende derselben, und nachdem der gute Bombardier einen schwachen Versuch gemacht hatte, seine Untergebenen dahin zu bringen, daß sie die Thüre ein wenig öffneten, wogegen sich aber diese einstimmig erklärten, zwinkerte er freundlich mit seinen kleinen Augen und ließ auf seinem Gesicht ein Lächeln erscheinen, wie es wohl der selbstgefällig thut, der einen klugen Einfall hat. Bei dem Bombardier Tipfel war ein solcher ebenfalls Veranlassung zu dem freundlichen Gesicht, das er machte, denn er wandte sich gegen den Ofen und rief einen der Kanoniere namentlich an:

„Lieber Schulten," sagte er so artig wie möglich, „du könntest mir einen großen Gefallen erzeigen, willst du das wohl thun?"

„Jo," antwortete der Kanonier in seiner niederrheinischen Mundart, „wat soll ik dohn? Ik heff ehnen nok nix affschloon, Bombardier."

Das Innere einer Unteroffizier-Wachtstube.

„Ich weiß das, liebs Männeken," entgegnete dieser, „sei also so gut und setz' dich hier neben mich auf die Erde — so — nun nimm dieses Buch." Der Kanonier that, warum er gebeten worden, und nahm Kohlrausch's Geschichtstabellen zur Hand. „Es ist mir nämlich hier viel zu heiß," erörterte Tipfel, indem er dann dem Kanonier die Bewegung vormachte, mit der er das Buch handhaben sollte, um ihm frische Luft zuzufächeln und die zudringlichen Fliegen zu entfernen, die sich in diesen Gewölben immer aufhalten. Schulten that lachend, wie ihm befohlen, und lachend fiel das Corps der andern Soldaten hinter dem Ofen ein. Auch über das Gesicht des Bombardiers Tipfel ergoßen sich einige Strahlen des seligsten Entzückens und er murmelte das, was er eben auswendig gelernt hatte, behaglich vor sich hin. Doch die angenehme Lage, in der er sich befand, ließ ihn nicht lange das beschwerliche Geschäft des Memorirens fortsetzen. Wie eine sehr defekte Straßenorgel bei dem eifrigsten Drehen noch hie und da einen Ton des Liedes von sich gibt, so auch der Bombardier. Er lallte noch einigemal mit schwerer Zunge und entschlief sanft. Schulten, der dies auch bald merkte, senkte Kohlrausch's Geschichtstabellen und wandte sich darauf gegen seine Kameraden, von denen einer gerade im Begriff war, eine schaudervolle Gespenstergeschichte zu erzählen, indem er ihnen mit den Augen zuwinkte und leise sagte: „Bst! bst! Bombardier schlöpt."

Ja, er schlief wirklich. Vergessen war die Aufgabe, die er sich gestellt, in seinen leeren Kopf alle die Gegenstände hineinzubringen, die zu einem militärischen Examen nöthig sind. Vergessen waren die Geschichtstabellen und selbst im Traum mußte ihm etwas ganz Anderes vorschweben, denn er schmatzte zuweilen mit dem Mund, als genöße er ein gutes Bier und darauf zog er die Luft an sich, als rauche er eine Pfeife dabei. Die Kanoniere wollten den Schlaf ihres Vorgesetzten nicht stören, Schulten war hauptsächlich hiefür gestimmt, denn er hatte an der Wedelei mit dem Buche nicht viel Geschmack gefunden und gebrauchte es, da er es jetzt ein-

Erstes Kapitel.

mal in der Hand hatte, so profan wie möglich, denn mit den vier Ecken desselben kratzte er sich auf seinem Kopfe oder an andern Theilen seines Körpers, wo er ein Bedürfniß hiezu verspürte.

Die feierliche Stille, welche seit dem Entschlafen des Bombardiers auf dem Fort ruhte, sollte indessen nicht lange dauern. Der Himmel hatte sich schon beim Untergang der Sonne leicht getrübt, und der Kanonier, der von Vier bis Sechs die Wache gehabt hatte, erzählte, daß der Himmel ganz mit Schafheerden bedeckt gewesen, daß die Sonne blutroth untergegangen und nach diesen untrüglichen Anzeichen in der Nacht noch ein Schneesturm zu gewärtigen sei. Und er hatte sich nicht getäuscht. Denn bald machte sich der Wind bemerkbar und heulte und rauschte um das Fort herum, und da es in einer Ebene lag, ziemlich entfernt von der Stadt, so konnte das Wetter an den freistehenden eckigen Werken seine ganze Tücke ausüben, was es denn auch nicht unterließ. Man hörte den Sturm langsam näher kommen, wie er sich zuerst mit den Birken, die auf dem Glacis des Forts standen, beschäftigte, dann wie eine kluge Armee die kleine Festung langsam zu umzingeln schien, und plötzlich von allen Seiten heulend und tobend gegen sie hereinbrach, so daß es auf den Schießscharten der äußern Mauer ordentlich pfiff, und zwischen den tiefen brummenden Tönen, die der Wind in den langen Thorwegen verursachte, trillerten oben auf den Thürmen die Windfahnen auf's Kräftigste.

Die Soldaten saßen in der Wachtstube ruhig bei dem Ofen und lauschten aufmerksam dem Toben des Sturmes. Schulten meinte: der Düvel sei los, und alle dachten fröstelnd an die nächsten Stunden, wo auch sie, draußen auf dem Posten stehend, dem Unwetter preisgegeben sein würden.

Da hörte man plötzlich, wie die äußere Barriere des Forts eilig geöffnet wurde; dann kamen Fußtritte über den Hof und die Soldaten, die emporschracken und nichts anders glaubten, als es sei die Runde, die sie so unvermuthet überfalle, rückten eilfertig ihr

Das Innere einer Unteroffizier-Wachtstube.

Lederzeug zurecht, und dann sprang Schulten auf den Bombardier zu und fing an, ihn auf's Kräftigste zu rütteln. Jetzt öffnete sich aber auch schon die Thüre und die Soldaten erkannten unter dem beschneiten Tschako, der hereinsah, das Gesicht ihres Kameraden, der ihnen eilig meldete: es komme Jemand auf das Fort zu, der ganz genau wie ein Offizier aussehe.

Der feste bleierne Schlaf des Bombardiers war jetzt auch der kräftigen Faust Schulten's gewichen, und nachdem er noch einmal heftig mit den Lippen geschmatzt, als wolle er den Bierkrug, der ihm vielleicht im Traume vorschwebte, bis auf den Grund leeren, riegelte er seine schweren Augenlider auf und fragte so freundlich wie möglich: „Nu Menneken, was gibt's denn?"

Doch kaum hatte ihm Schulten zugerufen, daß sich die Runde dem Fort nähere, so fühlte sich Tipfel gänzlich erwacht, und versuchte es, mit einem gewaltigen Satz auf die Beine zu springen. Doch gelang ihm dies nur halb und er kam auf die Bank zu sitzen, wo er sich so schnell wie möglich daran machte, sein Lederzeug in Ordnung zu bringen. Er war aber mit diesem Geschäft noch nicht zu Ende, als die äußere Barriere wieder knarrend aufging und ihn die herannahenden Tritte überzeugten, daß sich die gefürchtete Runde innerhalb des Hofes befinde. Wenn sich in diesem Augenblicke seine dicken Finger so viel als möglich beeilten, um mittelst des ordonnanzmäßigen Knotens Patrontasche und Säbel auf dem Rücken zu vereinigen, so hielt er doch plötzlich in dieser Arbeit ein, denn eine Stimme, welche die stolpernden Schritte im Gange draußen accompagnirten, überzeugte ihn, daß sie keiner Runde angehörte.

„Himmelsakerment!" fluchte es draußen, „soll man sich denn in diesem verwünschten Rattennest Arm und Beine brechen? He, Tipfel, laß doch einmal leuchten!" Doch wenn auch Jemand minder langsam in seinen Entschlüssen und Befehlen gewesen wäre, als der Bombardier Tipfel, so hätte er doch diesem Befehle nicht Folge leisten können; denn kaum waren die Worte verhallt, so öffnete auch der Sprecher, ohne Hals und Bein gebrochen zu haben, von selbst die Thüre und warf darauf einen beschneiten Mantel so hastig von sich, daß die Schneeflocken im ganzen Gewölbe umherstoben in die Gesichter der Kanoniere, die sich rasch abwandten, und auf den heißen Ofen, der davon zu zischen begann.

Zweites Kapitel.

Worin ein junger Freund des Commandirenden erscheint, und welches daher von kleinen militärischen Vergehen handelt; auch wird in diesem Kapitel gezeigt, wie schön es ist, wenn Offiziere und Unteroffiziere in gutem Einverständnisse leben.

Der Eingetretene war ein junger Mann, wohl jünger als der Bombardier Tipfel, und wie man auf den ersten Blick sah, von einem ganz andern Temperament als dieser. Der Bombardier hatte nicht so bald erkannt, daß es keine Runde sei, die ihn bedrohe, als er die Arbeit, sein Lederzeug zusammenzubinden, weder zu Ende brachte, noch den halbgeschürzten Knoten auflöste, indem er wahrscheinlich bei sich selbst dachte, daß diese beiden Armaturstücke, die sich nur mit Mühe auf seinem dicken Rücken vereinigen ließen, sich ohne seine Hülfe bald wieder trennen würden. Er ließ sich langsam auf die Bank nieder und lächelte vergnügt, als er seinen Besuch jetzt genauer besichtigte, ohne sich die Mühe zu nehmen, ein paar Schneeflocken zu entfernen, die sich auf seinen dicken Wangen niedergelassen hatten, und da sehr langsam schmolzen. Der Eingetretene trug ebenfalls die Uniform der Artillerie, d. h. er trug gerade das, was man bei den Offizieren Interimsuniform, bei den Gemeinen aber Jacke zu nennen pflegt, ein Gewand mit kurzem Schooß und vorn auf der Brust mit einer Reihe Knöpfe. Da diese Jacke sowohl wie seine Beinkleider von feinem Tuche waren und dem wohlgewachsenen Manne recht gut angepaßt, so bildete er einen angenehmen Contrast mit dem Bombardier Tipfel, der der Bequemlichkeit halber sich die weiteste Uniform hatte geben lassen, die nur auf der Kammer zu finden war. Der Andere war von der reitenden Artillerie, und hatte freilich gegen alle Vorschrift den schönen zierlichen Säbel an einer feinen glänzenden Kuppel hängen. Auch waren die kleinen weißen Bänder, die er als Zeichen seiner Bombardierschaft auf den Achseln trug, nicht von Zwirn, sondern von Silber, ganz wie die der Herren Offiziere, ein Verbrechen, das im Falle der Entdeckung schwer bestraft worden wäre.

„Guten Abend, lieber Tipfel," sagte der junge Mann, und warf sich neben ihn auf die Bank hin, „thut mir leid, daß ich dich gestört habe, du hast wahrscheinlich geschlafen, liebes Herz?"

„Ah, bitte recht sehr," entgegnete Tipfel, und machte einen Versuch, sich der Geschichtstabellen zu bemeistern, die Schulten in der Verwirrung neben den Ofen in die Asche hatte fallen lassen. Doch da er, ohne sich gar zu sehr anzustrengen, sie nicht erreichen konnte, zeigte er nur darauf hin, und sagte: „Siehst du denn nicht, Freund Robert, daß ich memorirt habe?"

„Gott," sagte der Andere, laut lachend, „du hast also memorirt? Na, beruhige dich nur, ich will dich nicht examiniren. Ich habe in der That ganz andere ernste Dinge mit dir zu sprechen. Ich habe gestern ein Abenteuer gehabt, sieh, Tipfel, ein Abenteuer; daß ich dir jetzt Alles ausführlich erzähle, ist ein Beweis, wie sehr ich dich liebe."

Tipfel schien diesen Grund gerade nicht bemerkenswerth genug zu finden, daß man seine Ruhe hätte zu stören brauchen und entgegnete deßhalb: „So, ein Abenteuer? und darum kommst du daher, mich zu stören? Das hat wahrscheinlich noch seine Nebenursachen."

„Ja, die hat's, Bruder Tipfel," sagte Robert, „ich komme hieher, um von dir einen ungeheuren Dienst zu verlangen."

Zweites Kapitel.

„So, entgegnete Tipfel, und sah ihn zweifelhaft an, „ich will dir gern Alles zu Gefallen thun, was ich kann; aber," sügte er leiser hinzu, „wenn es dir an Geld fehlen sollte, da soll mich der Teufel holen, wenn ich dir helfen kann."

Lachend sagte darauf der Andere: „Sei nur ruhig, ich weiß sehr gut, daß du beständig selber auf dem Trockenen sitzest, und kannst dir wohl einbilden, daß ich den Schuhmacher nicht besuche, wenn an meiner Uhr etwas zerbrochen ist."

Einen Augenblick sah ihn Tipfel an, als suche er den Sinn dieses Vergleichs, dann schien ihm plötzlich ein Licht aufzugehen; er lächelte aber nur ein ganz klein wenig und sprach darauf: „War nicht ganz schlecht!"

„Jetzt aber höre mein Abenteuer," fuhr Robert fort und nahm seinen Säbel zwischen die Beine, um die Arme und den Kopf darauf zu stützen.

„Warte noch einen Augenblick, Männeken, ehe du anfängst." entgegnete Tipfel, und darauf wandte er sich zu den Kanonieren, denen er sagte: „Na, seid doch so gut und gebt mir die Bank her, worauf ihr sitzt, könnt euch ja so lange auf dem Tisch placiren. Und du, Schulten, da hast du meine Pfeife, stopf sie mir, mein Tabak liegt in der Schublade. So, setze die Bank hier neben die andere."

Die Kanoniere thaten, wie ihnen besohlen war, und darauf ließ sich Tipfel den Mantel seines Freundes zusammenwickeln, den er als Kopfkissen an das Ende der Bank legte, streckte sich nicht ohne Mühe lang darauf aus und machte ein recht vergnügtes Gesicht, als ihm Schulten die Pfeife in den Mund gesteckt hatte, und auf den Tabak ein brennendes Papier gelegt.

Der junge Mann hatte allen diesen Vorbereitungen unter lautem Lachen zugesehen, setzte sich dann dicht neben seinen bequemen Freund und bat um geneigtes Gehör. Tipfel that einige mächtige

Offiziere und Unteroffiz. in gutem Einverständniß.

Züge aus seiner Pfeife und sagte darauf sehr herablassend: „Ja, Männeken, jetzt wollen wir dich anhören."

„Du weißt," begann Robert mit großer Lebhaftigkeit zu erzählen, „daß ich vorgestern auf vierundzwanzig Stunden in Arrest kam, weil ich mir mit meinem Vetter Eduard den, auf Ehre! ganz unschuldigen Spaß gemacht hatte, meinem Pferd die Füße roth zu färben. Sieh, es war Sonntag Nachmittag, es kam Niemand, der mit uns Whist spielen wollte, und du weißt sehr gut, daß mein Vetter Eduard der ungeheuer schlechteste Piquetspieler ist, den es auf Gottes weiter Erde nur gibt. Ecarté kann er auch nicht, und was sollen wir mit einander häufeln und uns das Geld abgewinnen, da es der Glückliche doch dem Andern wieder pumpen müßte, und wahrscheinlich nie etwas davon zurückbekäme. Ich hatte auf der Guitarre schon alle meine Arien abgeklimpert, und die beiden Putzmacherinnen, die uns gegenüber wohnen, waren ausgegangen, der Teufel mag wissen, wohin, und so gab es also auch nichts zu kokettiren. Vetter Eduard — du kennst ihn ja, er ist gleich melancholisch gestimmt — legte schon seinen Kopf in die Hand und wir grübelten zusammen nach, womit wir uns amüsiren könnten; da hatte er plötzlich den ganz deliciösen Einfall, einmal den Versuch zu machen, wie meinem ehrwürdigen Rappen, anstatt der vier weißen Füße, die er hat, wohl dergleichen von rother Farbe stehen würden. Ich fand diese Idee ganz famos, mein Bursche mußte Zinnober holen, und wir gingen in den Stall und salbten meinem Rappen die Beine brennend roth.

„Es sah gar nicht schlecht aus, ich versichere dich, und wir standen gerade in gehöriger Entfernung, um den Totaleffekt, den das Ganze machte, besser übersehen zu können, als plötzlich die Stallthüre aufging. Ich dachte an gar nichts Böses, weßhalb du dir meinen Schrecken denken kannst, als der Wachthabende, der uns bis dahin gar nicht bemerkt, in die Stallgasse flog und meldete:

„Auf Stallwache, Herr Hauptmann, ein Unteroffizier und drei Mann, hundertsechsunddreißig Pferde, wovon zwei krank."

„Denke dir, Tipfel, diesen schrecklichen Augenblick! Ich sprang rasch zu meinem Pferde in den Ständer, nahm mein Sacktuch heraus und fing an zu reiben, was das Zeug hielt. Mein Vetter Eduard, der lange unbehülfliche Mensch, der obendrein nur Infanterist ist, konnte mir nicht einmal helfen, und schon kam der Hauptmann Dampfschiff nach und nach näher. Du weißt wohl, die ganze Batterie nennt ihn so, weil er immer von sich bläst und schnaubt, und weil er mit so großem Getöse Athem holt. Also Kapitän Dampfschiff kommt näher, und obendrein muß ich hören, daß er sich gerade in sehr schlechter Laune befindet, denn er bläst stärker als sonst und hat an allem was auszusetzen. — „Puh, Unteroffizier!" sagte er, „die Streu da scheint mir auch noch sehr naß zu sein. Puh! puh! Habens wahrscheinlich vergessen, sie gehörig ausbreiten zu lassen!" — „Entschuldigen, Herr Hauptmann," entgegnete der Wachtcommandant. — „Puh, puh! schweigens nur," sagte der Kapitän darauf, und jetzt ist er an meinem Ständer.

„Nun, lieber Tipfel, laß mich keinen Versuch machen, sein Gesicht in jenem Augenblicke zu schildern. Er blies die Backen auf, und da er zu gleicher Zeit vor Zorn und Wuth roth im Gesicht wurde, so verschwanden seine kleinen Augen gänzlich. — „Puh! puh, Bombardier!" schrie er, „was soll denn das heißen? Sind Sie des Teufels? Puh, des Teufels? oder sind Sie verrückt? Was soll das heißen? und was macht die Infanterie in meinem Pferdestall?" — Da ich solche Fragen doch unmöglich alle auf einmal beantworten konnte, so beantwortete ich gar keine, und stotterte nur etwas so ungefähr wie: Entschuldigen, Herr Hauptmann — kleiner Spaß — bitte recht sehr — und erwartete geduldig mein ferneres Schicksal.

„Die Unmasse von Luft, die der große Zorn in den Augen des Hauptmanns Dampfschiff aufgejagt hatte, ließen ihn nicht, wie

Offiziere und Unteroffiz. in gutem Einverständniß. 253

es sonst wohl seine Art ist, eine große Rede halten, sondern er diktirte mir kurz meine Strafe, die aber noch ziemlich gelinde ausfiel, und ich mußte meinem Roß die Beine wieder abwaschen, und dann händigte mir der Wachtmeister eine Verpflegungskarte auf Nro. Sicher ein, wo ich mich, so gut es gehen wollte, vierundzwanzig Stunden zu amüsiren hatte."

Hier unterbrach sich Robert einen Augenblick, und Tipfel, der indessen mit dem vergnügtesten Gesichte von der Welt zugelauscht hatte, wandte, ohne den Kopf zu bewegen, seine Augen ein wenig auf die Seite, und fragte mit einer Stimme, die so dick und faul aus dem Munde herauskam, als beständen alle Worte aus viereckigen Klötzen: „So, das ist das ganze Abenteuer?" Der Gefragte seufzte etwas Weniges und entgegnete darauf: „Ach, nein, lieber Tipfel, ich habe dir diesen kleinen Streich nur als Einleitung erzählt. Ich bekam also dafür vierundzwanzig Stunden Arrest."

„Und das mit Recht," schaltete der dicke Bombardier ein, „denn ich muß dir gestehen, du hast wirklich schon bessere Witze gemacht."

„Du kannst dir denken," fuhr Robert nach einer kleinen Pause fort, „daß es übrigens eine verfluchte Geschichte war, an einem Sonntagnachmittage, wo es entsetzlich kalt ist, und wo im Theater eine meiner Lieblingsopern: Zampa, gegeben wurde, nach Nro. Sicher wandern zu müssen. Ich zog meine dicksten Reitstiefel an, eine weite Reithose darüber und ließ ein Fläschchen, das einen halben Schoppen Rum enthielt, zwischen Stiefel und Strumpf hinabgleiten, um es vor dem Beherrscher des Militärarresthauses, auch Rattenkönig genannt, zu verbergen. Das gelang denn auch vollkommen. Des Rattenkönigs Majestät fuhr mit seinen beiden Händen zur Untersuchung nur sehr oberflächlich an meinem Leib herunter, und als er in die verdächtige Gegend kam, wo die Stiefel anfingen, verursachte ihm das Bücken einen so heftigen Husten, daß er sich alles Visitirens enthalten mußte. Da wir auch alte Bekannte sind,

so brachte er mich in's erste Stockwerk, wo seiner Versicherung nach
den ganzen Tag eingeheizt worden war. Doch es war bodenlos
kalt da, und als ich ihm hierüber meine bescheidenen Vorstellungen
machte, wurde er auf einmal ganz zornig, schlug mir die Thüre
vor der Nase zu, und ich hörte ihn noch im Gang husten und
murmeln: He, he! Grünschnabel! Grünschnabel! wollen Alles besser
wissen, wie alte erfahrene Leute! he! he! Dann flogen noch einige
Thüren krachend zu, und ich war einsam und allein. Sieh, es fing
schon an dunkel zu werden, als ich eincachottirt wurde; es war bald
sechs Uhr und das Theater mußte gleich beginnen. Da fiel mir
dann der betrübte Contrast zwischen hier und dort recht schwer auf's
Herz. Hier bei der Kälte, daß einem die Zähne klapperten, eine
Finsterniß, die man mit den Händen greifen konnte, dort der lam-
penerhellte glänzende Raum, behaglich erwärmt und angefüllt mit
der bunten Masse vergnügter Menschen, die scharren und plaudern,
klopfen und lachen. Das Parterre, wo hie und da Einer eine lächerliche Aeußerung macht, die ein Anderer auf dem Paradies mit
dem Geschrei irgend eines Thiers beantwortet; ach, das ganze er-
götzliche Vorspiel zu jedem Stück, das mit einem allgemeinen Klopfen
auf dem Boden nach dem Takte der großen Regimentstrommel en-
digt, hatte jetzt wahrscheinlich angefangen, und ich saß hier in Ketten
und Banden. Der Kapellmeister trat jetzt vor seinen Stuhl und
schraubte ihn, um Zeit zu gewinnen, da er noch nicht gleich anfangen wollte, etwas in die Höhe, und jetzt, ja, jetzt, Tipfel trat auch
sie in ihre Loge."

Diese letzten Worte hatte Robert Mann mit erhöhter Stimme
gesprochen, beugte sich etwas tiefer auf seinen faulen Freund herab,
um zu sehen, was dieses Räthselwort für eine Wirkung auf seinem
Gesicht hervorbringe. Doch war dieselbe eben nicht sehr bedeutend.
Tipfel spitzte seinen Mund wie ein Karpfen, blies mit der größten
Ruhe seinen Tabak kunstreich, zu runden Ringen geformt, in die

Luft, und fragte dann höchst prosaisch und gleichgültig: „Sie? Wer ist das? Sie?"

„Großer Gott!" fuhr der junge Mann lebhafter fort, „Tipfel, du bist gräulich vernachlässigt; kannst du denn nicht denken, wer sie war? Sie, die ich mit diesem allgemeinen Ausdruck benenne? und die selbst unter diesem unklaren Begriff ewig in meinem Herzen leben würde?"

„Vielleicht eine der beiden Putzmacherinnen, mit welchen du und der Vetter Eduard kokettirst?"

„Ah, Tipfel, ich bitte dich! Sie war ja auf der ersten Gallerie."

„Na," entgegnete der Andere, „ich versichere dich, daß mich deine Erzählung schon gehörig ennuyirt. Quäle mich daher nicht noch unnöthig mit Fragen."

Der junge Mann stieß einen tiefen Seufzer aus und fuhr fort: „Sie, die ich meine, Sie, die ich liebe und anbete, ist die Tochter des Generals von P."

Bei dem Namen dieses hohen Vorgesetzten nahm Tipfel die Pfeife aus dem Munde und sah den Erzähler so sonderbar lächelnd an, als wollte er damit sagen: es scheine mit ihm nicht ganz richtig zu sein. Doch dieser ließ sich nicht stören, sondern fuhr fort:

„Ja ich hatte mich schon lange in das Mädchen sterblich verliebt. Was habe ich nicht Alles gethan, um ihre Aufmerksamkeit zu erregen? Habe ich nicht im vorigen Sommer alle Bälle, alle Kirchweihen rings herum besucht, ja, jeden Ort, wo es nur die kühnste Phantasie für möglich halten konnte, daß der General mit seiner Tochter da sein würde! Ich habe die Empfehlungsbriefe aus meinem Koffer hervorgesucht, alle die außerordentlichen Empfehlungsbriefe von meiner Mutter, mit denen ich vor zwei Jahren hier ankam. Sie waren vom Liegen ganz gelb geworden. Doch da sie vor zwei Jahren von diesem Monat datirt waren, so habe ich es gewagt, sie abzugeben in der Hoffnung, die Leute würden die Jahreszahl für einen Schreibfehler ansehen.

Zweites Kapitel.

„Durch diese Briefe nun wurde ich in langweilige Theevisiten eingeladen und habe so einige Dutzend schrecklicher Abende verlebt, ehe mir einmal gelang, die schöne Auguste zu sehen und zu sprechen. Ja, Tipfel, ich habe sie gesprochen. Es war freilich nur sehr wenig. Als ich ihr nämlich vorgestellt wurde, fragte sie, ob ich schon lange hier sei? Und dann kam der Papa und führte sie an den Flügel, wo sie eine Arie von Bellini singen mußte. Sieh, Tipfel, dieser Gesang hat mich gänzlich verliebt gemacht. Doch wo bin ich eigentlich hingerathen?

„Ich saß also im Arrest, und nachdem ich mir zu meiner größten Qual mein trauriges Kerkerloch mit den schönsten Bildern bevölkert hatte, und mich darauf recht unglücklich fühlte, zog ich die Flasche mit dem Rum aus meinem Stiefel hervor, trank ihn bis auf den letzten Tropfen aus und fiel bald darauf in einen tiefen Schlaf. Als ich wieder erwachte, war es schon heller Tag, und dann wurde es bald Mittag, zwei, drei, vier Uhr, und als sich mein Kerker wieder anfing zu verdunkeln, öffnete sich meine Thüre, und ich war wieder ein freier Mensch. Nachdem ich mich dem Rattenkönig auf's Beste empfohlen, ging ich in die Kaserne und zog mich anders an.

„Ich habe mich nie mit größerem Behagen recht fein herausgeputzt, als nach so einer Gefängnißnacht, des Contrastes halber. Es ist ein göttliches Gefühl, Tipfel, wenn man sich dann so recht tüchtig gewaschen hat, da wird's Einem so recht heiß und behaglich, ja man glaubt, man könne die Welt auswärmen. Ich schlendere also herum, es war so ein recht angenehmer Abend, das heißt, für meine damalige Hitze grimmkalt — und es lag so auf den Straßen bis hoch in die Mitte der Häuser ein feiner Duft, ein halb gefrorener Nebel. Ich habe das sehr gern. Dann sehen die Leute von Weitem schon so groß aus, die Wagen rollen so dumpf und man hört den Gang der Menschen so genau; es ist, als wenn Alles ein Echo hätte, und dabei brennen die Straßenlaternen dunkelroth und werden in der Entfernung immer röther und kleiner. Ich lief dann herum, Straßen auf und ab, ohne eigentlichen Zweck, ja doch, damit ich nicht lüge, ich ging auch ein paarmal an ihren Fenstern vorbei, es war Gesellschaft oben. So mochte es acht Uhr geworden sein, der Himmel hatte sich etwas umzogen, und es fing ganz leicht an zu schneien; auch war es nicht mehr so kalt wie früher.

„Da ich keinen Mantel bei mir hatte, so wollte ich mich gerade nach Hause begeben, als vor mir aus einer Seitengasse ein Mensch auftaucht, den ich, so bald er in meine Straße einbiegt, an seinem Mantel, seinem weißen Federbusch und Säbel für einen Offizier erkenne. Diese Entdeckung hätte mich weiter nicht neugierig gemacht, wenn der Gang dieses edlen Kriegsmannes nicht von außerordentlichen Erscheinungen begleitet gewesen wäre. Weißt du, er marschirte gerade so, wie bei einer Belagerung der erste Ingenieur, wenn er die Laufgräben trassirt, was man so nennt im Zickzack gehen.

„Anfänglich bildete ich mir ein, er suche irgendwo die Nummer eines Hauses, und sei nicht recht mit sich einig, auf welcher Seite sie zu finden sei. Ich wollte schon näher eilen, und ihn unterrichten, daß sich die ungeraden Nummern links, die geraden rechts an der Straße befänden, als er sich an den Ständer einer Gaslaterne lehnte, und ich durch die sonderbaren Bewegungen, die er dabei machte, deutlich einsah, daß der Hoffnungsvolle etwas Weniges bekneipt sei. Weißt du, lieber Tipsel, er streckte die Beine weit von sich ab, ließ den Kopf auf die Brust herunterhängen und stieß einige sonderbare Töne aus. Schon wollte ich mich sachte vorbeischleichen, als er langsam seinen Kopf erhob und meiner ansichtig wurde. Der Aermste dachte in diesem Augenblicke wahrscheinlich, er sei auf dem Exercierplatz, und mit dieser Idee mochte sich wohl der Wunsch vereinigen, mich zur Beihülfe näher zu rufen, denn er raffte sich schwankend auf, wobei seine Knie sich nach vorn beugten, als wollte er mir zu Füßen fallen, während die Spitze seines gewaltigen Hutes sich leicht an den Laternenpfahl anlehnte. Wenn ich auch jetzt an seiner

Zweites Kapitel.

Uniform nicht gesehen hätte, daß er gleichfalls dem edlen Corps der Artillerie angehöre, so hätte ich es doch an seinen Worten gemerkt.

„Batterie, Batterie, haalt!" murmelte er erst leise, und schrie dann das Commandowort laut.

„Doch da ich keine Lust hatte, mich mit ihm abzugeben, so wollte ich langsam meiner Wege ziehen.

„Daß Euch das Himmel—Saker—Batterie—haalt!" schrie er wieder, und da er hinzufügte: „Es ist wahnsinniges Volk, ganz wahnsinniges Volk — wahn —.sin — nig!" so erkannte ich an diesem Ausdruck augenblicklich unsern lieben Lieutenant Schüler und trat näher.

„Er betrachtete mich eine Zeit lang stillschweigend mit so schwerfälligen Augen, denen man wohl ansah, daß ihr Eigenthümer des Guten viel zu viel gethan hatte. Dann schien er mich zu erkennen. Er machte eine Gesichtsverdrehung, die wie Lachen aussehen sollte; doch da ihm dies nicht recht gelingen wollte, so versuchte er seine Augenbrauen finster zusammenzubringen und sagte mir:

„Sie, wahnsinniger Mensch, warum — folgen — Sie — nicht — 'm Befehl 'res Vorgesetzten und machen — — mit Ihrem Geschütz Haalt, wenn ich commandire?"

„Ich konnte mich bei diesem Anblick und dieser Rede des Lachens nicht enthalten, in das auch er, nach einigen vergeblichen Versuchen, die finstere Miene beizubehalten, einstimmte. Herr Lieutenant, womit kann ich Ihnen dienen?"

„Er lehnte seine ganze Figur wieder an den Laternenpfahl und vertraute mir unter oftmaligem schweren Schlucken, daß er auf heute Abend um acht Uhr zum Thee eingeladen sei, zum Thee in einem Hause, wo er der Gouvernante sehr den Hof mache, und wo er also auf keinen Fall fehlen dürfe. Ich machte ihm meine bescheidenen Vorstellungen über den Zustand, in dem er sich gerade befände, eine Thatsache, die er eingestand, mir aber dabei versicherte, es sei nicht das Erstemal, daß er sich unter ähnlichen Verhältnissen bei einem Thee auf das Feinste benommen, und gar keinen Verdacht erregt habe. Es sei nur eine Hauptschwierigkeit zu überwinden, nämlich die, zur rechten Thüre hineinzukommen, dann nach allen Seiten zu eine Verbeugung zu machen und ohne Aufsehen nach einem Sessel zu gelangen, wo er dann einige Stunden ruhig sitzen bleiben könne. Einen Freund, der für heute Abend versprochen, ihm über diese Klippen hinwegzuhelfen, habe er verfehlt, und also möchte ich ihm den Gefallen thun, und ihn nach dem bezeichneten Hause hinbegleiten.

„Was sollte ich machen? Meine leisen Einreden, daß er sich doch in einem etwas gar zu erheiterten Zustande befinde, beantwortete er mit seiner gewöhnlichen Phrase: ich sei ein wahnsinniger Mensch, und ich zog also mit ihm von dannen. Unterwegs wandte ich meine ganze Ueberredungskunst an, und brachte es endlich so weit, daß er sich von mir an einen Brunnen führen ließ, wo ich ihm von dem eiskalten Wasser ins Gesicht spritzte und ihn dann so lange aufhielt, bis er mir durch die That bewies, daß er im Stande sei, eine ziemliche Verbeugung zu machen. An dem Brunnen im Schneegestöber fing mich die Sache an sehr zu amüsiren, und du hättest den guten langen Kerl sehen sollen; ich hatte seinen Mantel auf die Schulter genommen, denn ich hoffte, daß die kalte Nachtluft wohlthätig auf ihn einwirken würde, was denn auch der Fall war. Schon nach einigen Proben, die anfangs sehr mißglückten, konnte er seinen Federhut mit Anstand unter den Arm nehmen; ich setzte mich auf den Brunnenrand; er machte mir seinen Bückling und that dann, wie wenn er in anderer Richtung fortgehen wollte.

„So einstudirt, gelangten wir bald an das bezeichnete Haus, und hielten dort im Thorweg noch eine Generalprobe. Dann brachte ich seine Toilette in Ordnung, ging als sein Diener mit ihm in das Haus, wobei ich den Mantel über den Arm geschlagen hatte, machte ihm die Thüre des Vorzimmers auf, schob ihn in Gottes Namen hinein, und sah, wie er hier mit Beihülfe eines Bedienten in ziemlich gerader Richtung auf die Salonthüre lossteuerte."

Den dicken Bombardier hatte diese Geschichte augenscheinlich sehr ergötzt. Zuweilen flog ein leises Lächeln wie ein Blitz über sein Antlitz. Er lachte einige Male sogar laut, und als sein Freund am Schluß des oben Erzählten von seinem Platze aufstand und die steife Haltung und den schwankenden Gang des Offiziers ziemlich gut nachbildete, ließ der Bombardier Arme und Beine von der Bank herunterhängen, warf den Kopf hintenüber und brach in ein fürchterliches Gelächter aus. Wie eine Kugel, die von der Höhe eines Berges hinabrollt, sich unaufhaltsam in die Tiefe fortbewegt, so ging es dem Bombardier Tipfel mit seinem Gelächter. Er begann in den höchsten Tönen und lachte durch einige Octave hinunter, bis ihm der Athem ausging und er mit einem gelinden Baßgemurmel aufhören mußte, wobei er beständig ausrief: „Das ist ein famoses Abenteuer!" Hahaha! Außerordentlich famos! Auf Ehre, ganz famos! Hahahaha!"

Drittes Kapitel.

Von Verlegenheiten, in die man gerathen kann, wenn man eine Hinterthüre benützt; — bedenkliche Lage für einen Bombardier der reitenden Artillerie.

Anfänglich hatte Robert ebenso herzlich mitgelacht, doch schien sich bald seine Lust zu vermindern, und er verzog das Gesicht unangenehm, wie Jemand, der eine schmerzliche Erinnerung hat. Dann ließ er sich wieder auf seine Bank nieder, rüttelte seinen dicken Collegen, der die außerordentliche Luftverschwendung bei seinem Gelächter durch ungeheure Athemzüge wieder einzubringen suchte, und sagte in einem Tone, der traurig sein sollte:

„Ach, lieber Tipfel, nimm mir mein langweiliges Geplauder nicht übel. Du weißt, wenn ich einmal anfange, so kann ich kaum ein Ende finden. Das, was ich dir soeben erzählte, ist auch nicht mein Abenteuer, sondern die Sache fängt jetzt erst an, recht pikant zu werden. Waffne dich also mit Geduld und höre, was mir passirte, nachdem ich mich aus jenem Vorzimmer zurückgezogen.

„Die Thüre hatte sich hinter meinem würdigen Lieutenant geschlossen, und es war mir sehr tröstreich, von dem Salon her ein leichtes Lachen zu vernehmen; woraus ich dann abnahm, daß die sonderbare Verfassung seiner Person, die nothwendig bemerkt werden mußte, nur eine allgemeine Heiterkeit hervorgerufen hatte. Ich stieg die erleuchteten Treppen hinunter, und erst, als ich unten in der Hausflur angekommen war, bemerkte ich, daß ich vergessen hatte den Mantel meines Vorgesetzten oben abzugeben und daß ich ihn noch auf dem Arme trug. Da ich keine Lust hatte, wieder umzukehren, und es auch draußen recht kalt war, so nahm ich den Mantel um meine Schultern, wickelte mich fest hinein, und ich versichere dich, daß ich ganz wie ein Offizier aussah. Die Wache vor dem Haus — es war wahrscheinlich ein Rekrut — zog troß dem, daß der Zapfenstreich vorbei war, das Gewehr an, als ich an die Hausthüre trat. In demselben Augenblick, als ich mich auf die Straße begeben wollte, sah ich einen weißen Federbusch, der auf dem Kopfe einer Figur prangte, die ebenfalls in einen Offiziersmantel gewickelt war, auf mich zukommen. Da ich aus leicht denkbaren Gründen gerade keine Lust hatte, in der Hausthüre eine neue Bekanntschaft anzuknüpfen, so zog ich mich wieder zurück, bei den Treppen vorbei, und ließ den Federbusch, der wahrscheinlich auch einem verspäteten Gast gehörte, die Treppen hinaufsteigen. Jetzt war die Luft vor mir wieder rein und ich wollte mich alles Ernstes fortbegeben, als mir, ich weiß nicht wie, die Idee kam, einer andern offenen Thür zuzuwandeln, die wahrscheinlich in den Garten führte. Es stiegen in mir so dunkle, ahnungsvolle Bilder von irgend einem Abenteuer auf."

„Du dachtest wahrscheinlich an sie." sprach Tipsel, und zwang sein dickes Gesicht zu einem Lächeln, das verschmitzt aussehen sollte.

„Ja, ich dachte an sie," sagte Robert, „und da ich eine sehr lebhafte Einbildungskraft habe, so kann ich mich beim Essen einer Holzbirne leicht überreden, es sei eine saftige Orange. Ich ging also durch die Hinterthüre hinaus, eine breite Treppe hinab und kam in einen großen Garten, der nicht übel angelegt zu sein schien, aber jetzt in seinem Wintercostüm recht traurig aussah. Die kleinen Beete waren fußhoch mit Laub bedeckt, und die kahlen Aeste der Bäume schauten aus ihren Strohmänteln so frierend in die Luft, daß es mir ordentlich leid that. Ohne Zweck und Absicht ging ich, so langsam es mir die Kälte erlaubte, durch die Baumgänge, blieb hie und da bei einer verödeten Laube stehen und bedauerte recht sehr die armen weißen Figuren, die so nackt dastanden ohne Schutz gegen den rauhen Nordwind.

„So hatte ich bald das Ende des Gartens erreicht und kam an ein breites Gitterthor, das ich langsam öffnete und hindurchging. Es führte auf eine stille Straße, die längs der Wallmauer hinlief, und ich versichere dich, es war hier recht öde und feierlich. Es brannten hier keine Gaslampen, und nicht einmal der Schein erhellter Fenster sah mich freundlich an. Rings um mich war Alles schwarz und finster, hinter mir der Garten und vor mir die zackige Wallmauer mit ein paar alten, schwarzen Thürmen. Da ich obendrein nicht wußte, wo ich mich befand, so hatte ich schon das Gitterthor wieder in die Hand genommen, um zurückzukehren, als ich plötzlich das Rollen eines Wagens vernahm, der sich hierher zu bewegen schien. Meine natürliche Neugierde veranlaßte mich, stehen zu bleiben, sowie auch der Gedanke, mich hinten auf diesen Wagen zu schwingen, der doch wahrscheinlich einem belebteren Stadttheile zueilte, und mir so die Mühe zu ersparen, den Weg zu Fuß zurückzulegen. Jetzt bog der Wagen links um die Ecke, ich sah, daß sich Jemand zum Schlag herauslehnte, darauf hörte ich den leisen Ton einer Klingel, wie sie sich in herrschaftlichen Wagen befindet, um den Kutschern ein Zeichen zu geben, und dicht vor meiner Nase hielt der Wagen.

„Ich hatte den Kragen meines Mantels in die Höhe geschlagen, um mich unkenntlich zu machen, und freute mich jetzt sehr dar-

Bedenkliche Lage für einen Bombardier. 263

über, denn ich glaubte, irgend ein Bewohner des Hauses oder Gartens habe die Idee, hier unten auszusteigen und möchte mich vielleicht über meine Erscheinung zur Rede stellen, weßhalb ich mich denn auch sanft bei dem Gartenthor vorbeidrücken und meiner Wege gehen wollte. In diesem Augenblicke schaute dieselbe Person wieder zum Schlage heraus — denke dir, Tipfel, es war ein Frauenzimmer — und rief mich bei Namen."

Bei dieser unerwarteten Wendung hob der Bombardier seinen Kopf in die Höhe und sagte so erstaunt wie möglich: „dich bei Namen?"

„Nun ja," fuhr Robert fort, „sie rief mich bei meinem Vornamen, oder rief wenigstens meinen Vornamen. Robert! Robert! rief's, bist du's? und ich entgegnete natürlich eben so leise: Ja! Darauf zog die Dame den Kopf wieder zurück und ich hörte deutlich, wie sie zu Jemand Anderem sagte: Er ist da! Dieses Andere war ebenfalls ein Frauenzimmer, das hörte ich an dem Tone der Stimme mit der es lachend zur Antwort gab: Nun so öffne den Schlag."

„Jetzt sah ich, wie die Dame, die zuerst gesprochen, einen Arm herausstreckte und mit ihrer Hand nach dem Griff des Wagenschlages angelte, ohne ihn erreichen zu können. Dienstfertig sprang ich hinzu, öffnete den Wagen, und da man mich, nämlich mich als Robert, bat, einzusteigen, so säumte ich auch keinen Augenblick, sprang hinein, warf die Wagenthüre hinter mir zu und fiel auf eins der weichsten Kissen, auf welchem ich in meinem Leben gesessen."

„Also es war kein Fiakerwagen?" schaltete Tipfel fragend ein.

„Es waren weiche Kissen von Seide, und ebenso war der Wagen ringsum gepolstert. Doch unterbrich mich nicht, denn es passirte in dem Augenblick so viel hintereinander, daß ich nicht Zeit habe, mich mit Einzelnheiten aufzuhalten. Kaum sitze ich also in dem Wagen, und schaue ganz verblüfft über diesen plötzlichen Wechsel auf das Gartenthor, das mir der Eingang zu einem so süßen Abenteuer geworden, als dort plötzlich eine andere Gestalt auftaucht, die, den Wagen erblickend, rasch auf ihn zustürzt. Im gleichen Augenblicke ziehen die Pferde an, ich sehe nach jener Person, die neben dem Wagenschlage herspringt und erkenne, daß es ein Bedienter in eleganter Livree ist, der nach einigem vergeblichen Rufen: man möchte halten, mir ein Briefchen hinaufreicht, und dann hinter dem rasch fortrollenden Wagen zurückbleibt.

„Ich sitze also da, natürlich stumm wie ein Fisch, und harre mit etwas Schrecken auf die Entwicklung dieser merkwürdigen Geschichte. Die Dame, die neben mir sitzt, — ja, Ilpfel, und die mir so nahe sitzt, daß ich ihre Athemzüge an meinem Gesicht spüre, seufzt und sagt dann leise: „Ach, lieber Robert, wie froh bin ich, daß du gekommen bist. Pauline hat schon geglaubt, es würde dir unmöglich sein, abzukommen." — „Ja, das habe ich geglaubt," sagte jetzt die Andere, die mir auf dem Rücksitz gegenüber saß, „denn ich kenne den alten Herrn, und weiß, daß, wenn er zufällig die Idee gehabt hätte, heute Abend eine Partie Piket zu spielen, Sie gewiß nicht losgekommen wären." —

„Denke dir nun, daß ich von Allem dem nichts verstand, daß ich natürlich nicht wußte, wer die beiden Mädchen waren, und wer der andere Robert und der alte Herr. Sprechen durfte ich auch nicht, oder ich mußte gleich sagen: Meine Damen, Sie befinden sich auf einem starken Holzwege, und das wäre doch das Nobelste gewesen. Aber ich hatte augenblicklich nicht den Muth dazu. Die Kleine neben mir überhob mich auch während zehn Minuten der Verlegenheit, ihr eine Antwort geben zu müssen, denn sie plauderte in Einem fort, stellte mir Fragen und beantwortete sie selbst. Ach, und unsere Hände hatten sich gefunden, und jedesmal, so oft sie die meinigen sanft gegen ihr Herz drückte, war's mir, als bekäme ich eine heftige Ohrfeige. Doch, was soll ich dir all' diese Qualen lange erzählen. Genug, nachdem mir der glückliche Gedanke gekommen war, den Brief, den man mir gegeben, der Dame unter der Rubrik zu überreichen, als sei ich der unmittelbare Abgesandte, öffnete ich

Bedenkliche Lage für einen Bombardier.

den Wagenschlag, um, im Fall die Sache verwickelt werden könnte, — denn auf dem Bocke saß ein sehr handfester Kutscher — alsogleich den Weg zur Flucht ergreifen zu können. Hierauf gestand ich Alles.

„In den ersten Sekunden nach meiner Erklärung, daß ich nicht der gemeinte Robert sei, sondern nur einen Brief zu übergeben habe, schloß ich die Augen und begann, um alle Zeichen des entsetzlichen Schreckens, den diese Nachricht auf die Beiden ausüben mußte, nicht mitzugenießen, zu zählen von Eins bis Hundert und rückwärts — in solchen Fällen ein sehr probates Mittel. Die Sache wurde indessen nicht so schlimm, wie ich erwartet hatte. Die Dame neben mir stieß anfänglich einen gelinden Schrei aus und fuhr so hastig in die andere Ecke, daß ich glaubte, sie würde den Wagen auseinander brechen. Dann merkte ich an ihrer schluchzenden Stimme, daß sie einige Thränen fallen ließ; doch war ich mit meinem Abwärtszählen noch nicht bis zu den Fünfzigen gelangt, als die Andere mir gegenüber in ruhigerem Tone sagte: „Nun, liebe Sophie, sei nur still, der Herr ist ja einer von Robert's Bekannten, und wird uns gewiß nicht verrathen." —

„Darauf wandte sie sich an mich mit der Frage: ob ich nicht wisse, was meinen Freund abgehalten oder was in dem Briefe stehe. Zu gutem Glück fiel mir der alte Herr und die Piketpartie ein, und ich log also auf das Unverschämteste: Jener sei in der That das Hinderniß gewesen und der Brief, dessen Inhalt ich nicht kenne, würde ein Mehres besagen.

„Fräulein Sophie beruhigte sich auch darauf, und bat mein Gegenüber, aus der Seitentasche des Wagens das kleine Feuerzeug zu nehmen, um den Brief lesen zu können. Bei dieser Aufforderung vermuthete ich, daß den Damen neben Lesung des Billets ebenfalls darum zu thun wäre, den ihnen bis jetzt unbekannten Spiegel meiner Seele zu sehen. Da ich nun, Gott sei Dank! keine Ursache habe, mich meines Gesichts zu schämen, so schlug ich meinen Mantelkragen zurück, zog aber den untern Theil dieses Gewandes fest um mich zusammen, denn ich wußte nicht, ob es gerathen sei, den Damen mein Bombardierkollet zu zeigen.

„Jetzt zündete das Schwefelhölzchen, und mein Blick belehrte mich, daß die Augen meiner beiden Unbekannten beim ersten Schimmer neugierig auf mir ruhten. Doch, Gott im Himmel! welchen Streich hatte mir meine Einbildungskraft gespielt! Du wirst doch auch gedacht haben, wie ich dir von dem süßen Athem und dem Händedrücken erzählte, meine Nachbarin sei ein junges, hübsches Mädchen gewesen. Denke dir nun also meinen Schrecken, als ich in das Gesicht einer alten Jungfer von ungefähr Sechsunddreißig sehe.

„Meine Lage wäre jetzt in Wahrheit wohl recht schrecklich geworden, wenn mich nicht ein Blick auf mein Gegenüber überzeugt hätte, daß dieses im Stande sei, dem verwickelten Abenteuer etwas Interessantes beizumischen. Denn dieses war nämlich ein junges, hübsches Mädchen, hatte reiches, blondes Haar, blaue Augen und ein allerliebstes Stumpfnäschen, das dem Gesichte etwas Munteres, ja sogar etwas Keckes gab. Natürlich waren Beide auf das Eleganteste gekleidet. Nachdem wir uns so gegenseitig betrachtet, übergab ich meinen Brief, nach einem vergeblichen Versuch, die Adresse zu lesen. Er wurde geöffnet, und während mein Gegenüber das Licht hielt, las die Andere ungefähr Folgendes:

„Süße Sophie! Perle deines Geschlechts! Und wenn ich dich zehntausendmal um Verzeihung anflehte, daß ich mein Versprechen nicht hielt und selbst gekommen bin, so kannst du mir doch auf Ehre nicht leicht verzeihen. Papa hat einmal wieder seine böse Laune und läßt mich nicht fort. Gott, ich sitze hier und muß Piket spielen, während du — o, auf Ehre! der Gedanke macht mich ganz rasend! Holde Sophie! du kennst meine unermeßliche Liebe zu dir, und kannst dir meinen Schmerz denken, dich in diesem Augenblick nicht sehen zu können. Wirst du es mir übel nehmen, wenn ich nachstehende Bitte gegen dich ausspreche? Wenn ich dich bitte, auf den alten

Schloßplatz zu fahren und dort in die große Bude der Wachsfiguren zu treten, wo gegen halb zehn Uhr dein Robert dich erwarten wird.

„Postscriptum. Ich bin nämlich überzeugt, daß um die angegebene Stunde sonst Niemand dort sein wird. Der Ueberbringer dieses Briefes wird euch hingeleiten.

Dein Robert."

Viertes Kapitel.

Welches als Fortsetzung des vorigen zur Verwicklung der Geschichte wesentlich beiträgt, ohne die Neugierde des Lesers zu befriedigen, ein Kapitel wie unzählige andere, — enthält auch etwas Wachtdienst.

„So lautete der Brief, und ich versichere dich, daß ich mir den Zipfel meines Kragens in den Mund stopfen mußte, um nicht während des Lesens laut aufzulachen. Die kleine, blonde Pauline hielt das Wachskerzchen an ihren Mund, um es auszublasen, und als sie mein verstecktes Lächeln bemerkte, glitt auch über ihre Züge ein sonderbarer lustiger Ausdruck. Dann blies sie das Licht aus und wir saßen wieder im Dunkeln. Ich also war der Ueberbringer des Briefes und nun vom Schicksal und meinem Vorwitz gezwungen, die Damen auf dem Schloßplatz nach der Wachsfigurenbude zu begleiten. Mein Gegenüber klopfte dem Kutscher und gab ihm Befehl, dorthin zu fahren. Als sie bei dem Manöver sich aus dem Wagenfenster bog und mich berührte, — o Zipfel! wie wurde mir da zu Muthe! Die Dame neben mir, der jene harte, hölzerne Hand und wahrscheinlich auch als Fortsetzung von derselben ein eben solcher Arm und Körper gehörte, denn ihr Gesicht sah mager genug aus, sagte mir jetzt: „Also Sie kennen Robert? Ich habe Sie nie in seiner Gesellschaft gesehen."

„Als ich ihr darauf erwiderte: Robert sei einer meiner genauesten Freunde, log ich wahrhaftig nicht, denn ich meinte mich selbst. Doch hätte mich diese Versicherung fast auf's Neue in Verlegenheit gebracht, denn die Dame war auf dem besten Wege, mich über den unbekannten Robert ein Langes und Breites auszufragen, als zu meinem guten Glück der Wagen das Pflaster erreichte, und das laute Rasseln auf demselben unsere Conversation unterbrach.

Aber ich war an dem Abende wirklich zu lauter Qualen verdammt. Kaum diesem Verhör entgangen, zu welchem Zweck ich mich nebenbei auch noch zum Schlage hinauslehnte, um zu sehen, ob wir nicht bald auf dem alten Schloßplatz waren, fiel mir plötzlich ein: Gerechter Himmel! du wirst mit den Damen an der Bude aussteigen, du wirst Billete für sie kaufen müssen, und hast höchstens einige wenige Groschen in deiner Tasche. Sieh, das war für mich der ärgste Schlag, der mich hätte treffen können. Wenn der liebenswürdige Robert, den aber vorher besser der Teufel geholt hätte, in der Bude erschien, so wurde ich natürlich entlarvt, aber die Sache behielt immer etwas Poetisches, und ich war dann überzeugt, daß mich die Augen der kleinen Blondine mit noch größerem Interesse würden angesehen haben. Aber so auf das Allerprosaischste abzutreten und am Eingang der Bude sagen zu müssen: Meine Damen, ich bin ein Lump ohne Geld, der Gedanke war schrecklich für mich.

„Doch es kam besser, als ich gedacht hatte. Wie ein Verbrecher, der zum Richtplatz geführt wird, spähte ich nach der Wachsfigurenbude, ob sie nicht vielleicht schon geschlossen sei. Jetzt fuhr der Wagen auf den alten Schloßplatz, jetzt waren wir bei der Bude. Denk' dir meine Freude, Tipfel, sie war verschlossen und finster. Die Perle des weiblichen Geschlechts neben mir wurde dies verschlossene Bretterhaus mit weniger Freude gewahr als ich. Sie stieß einen leichten Seufzer aus, und als der Kutscher, dem Befehle gemäß, den man ihm gegeben, stille hielt, fragte sie die kleine Pauline: was nun zu machen sei? Doch diese hatte noch nicht antworten können, als aus dem Schatten der Bäume, die um die Bude standen, eine Gestalt an den Wagenschlag trat, glücklicher Weise nicht an meine Seite, die dann auch die holde Sophie alsbald für ihren Geliebten zu erkennen schien. Sie erhob sich mit einem leisen

Schrei und machte eine Bewegung, als wollte sie durch das geöffnete Wagenfenster flattern. Doch wäre dies bei der Masse von Mänteln und Shawls, die sie um sich gehangen hatte, mit einiger Schwierigkeit verknüpft gewesen, weßhalb sie sich damit begnügte, ihre beiden Arme unter dem Ausruf: „O mein süßer Robert!" hinauszustrecken.

„Die Stimme, mit der dieser Treffliche ihr zur Antwort gab: „Ja, ich bin's, meine holde Angebetete!" paßte genau zu dem abgeschmackten Briefstyl von vorhin. Ich verhielt mich in diesem Moment natürlich so ruhig als möglich, denn ehe ich das Weite suchte, wollte ich gern noch einen Versuch machen, mich bei der kleinen Blondine zu entschuldigen, und diese Hoffnung gründete ich auf die Voraussetzung, das zärtliche Paar würde noch einige Worte allein zu sprechen haben und deßhalb genöthigt sein, den Wagen zu verlassen, denn sie konnten doch unmöglich der armen Pauline zumuthen, in die finstere Nacht hinauszuspazieren. Ich hatte mich auch nicht getäuscht. Der Edle öffnete den Wagen und fragte: ob sonst noch Jemand da sei, worauf ihm Fräulein Sophie beim Aussteigen die Antwort gab: „Ja, Pauline und der" — — Die Nennung meiner werthen Person, als Ueberbringer des Briefes, verschwamm in einem langen Kuß und das Pärchen spazierte davon.

„Kaum war ich sicher, daß sie nicht mehr in der Nähe des Wagens waren, so faßte ich das kleine Händchen Paulinen's und sagte ihr so sanft und schmeichelnd wie möglich:

„Mein Fräulein, zürnen Sie mir nicht, ich habe Sie, ohne es zu wollen, betrogen.

„Bei dem letzten Worte zuckte sie mit der Hand, als wollte sie sie fortziehen, und unterdrückte einen gelinden Ausruf, wobei sie eine Bewegung machte, als wollte sie aus dem Wagen springen. Ich ließ aber das kleine warme Händchen nicht los und erzählte ihr haarklein, wie ich dazu gekommen sei, die Rolle des Briefträgers zu übernehmen. Das Mädchen schien durch meine Berichte ganz verwirrt zu werden, und wenn sie früher dem Unbekannten, weil er mit jenem Briefe kam, ruhig gegenübersaß, so schien sie jetzt doch die trauliche Nähe mit dem fremden Menschen etwas zu incommodiren.

„Aber, mein Gott," sagte sie, „das ist doch sonderbar und unangenehm; was wird Sophie sagen?" worauf ich ihr die Versicherung gab, daß ich nicht große Lust hätte, das Letztere abzuwarten, und daß mir überhaupt nicht viel daran gelegen sei, was jene würdige Dame sagen würde. — „Doch Ihnen, mein Fräulein," fuhr ich fort, indem ich den Wagenschlag leise öffnete, „möchte ich nicht gern eine unangenehme Erinnerung an mich hinterlassen. So schmerzlich es mir ist, Sie durch meinen Vorwitz betrübt zu haben, so preise ich doch mein Glück, das mich Ihnen gegenüber so angenehme Minuten erleben ließ." — Bei diesen letzten Worten stand ich schon auf der Erde, hielt aber noch immer ihr Händchen fest. Dann drückte ich es feurig an meine Lippen und entfernte mich mit den Worten Lionel's in der Jungfrau von Orleans: „Diesen Kuß zum Pfande, daß ich dich wieder seh'!"

„Es war sehr gut, daß ich im gleichen Augenblick auch schon im Schatten der Bäume war, denn das zärtliche Paar näherte sich dem Wagen, und ich glaubte aus manchen Aeußerungen des Erstaunens von Seiten des jungen Herrn wahrnehmen zu können, daß sich das geheimnißvolle Dunkel meiner Person aufgehellt hatte. „Oh, oh! ich bitte dich, mein Leben," sagte der Zärtliche; „nein, das ist zu arg, so ein — — Mensch." — Darauf rief er ein paar Mal laut: „Georg! Georg!" so heißt wahrscheinlich einer seiner Freunde, und er dachte vielleicht, ich würde meine Rolle noch beibehalten und, dem Rufe gehorsam, auf ihn zustürzen. — Aber weit gefehlt, ich hütete mich, hatte mich schon dicht an einen Baumstamm gedrückt, und blos meinen rechten Arm unter dem Mantel etwas gelüftet, um im Nothfalle mit einer kräftigen Ohrfeige dienen zu können. Aber der Treffliche stellte keine Nachforschungen nach mir an, er schob die Perle in den Wagen und wünschte ihr unter den

zartesten Ausdrücken eine sanfte, gute Nacht, wobei er die Hoffnung
aussprach, sie morgen wieder zu sehen. Dann schloß er den Schlag
und entfernte sich eilig.

„Der Wagen setzte sich jetzt in Bewegung und du kannst dir
leicht denken, daß ich mich in gleicher Richtung mit ihm unter den
Bäumen fortbewegte, denn ich wollte doch wenigstens wissen, wo
die kleine Blondine wohne. In wenig Augenblicken hatten wir den
alten Schloßplatz hinter uns, die Pferde zogen rascher an und ich
sah nun wohl, daß ich mit der Kutsche keinen gleichen Schritt halten konnte. Da tauchten plötzlich alte Erinnerungen aus meiner
Kindheit in mir auf, wie ich so oft ohne Absicht und Ursache hinten auf den Wagen geklettert und mit fortgefahren sei. Es ist gut,
wenn man in seiner Jugend etwas lernt, oder" — fügte der Erzähler mit einem Seitenblick auf seinen Collegen hinzu — „wenn
man nicht so dick ist, wie gewisse Leute. Denn du, lieber Tipfel,
hättest auf dem Trittbrett der Kutsche, wo ich mich im nächsten
Augenblick befand, keinen Platz gehabt. So rollten wir denn dahin, ich noch vor einer halben Stunde joli coeur, jetzt hinten auf
als Bedientenseele. Die Pferde liefen gut, jetzt bogen wir in eine
Hauptstraße ein, die Gaslampe schien so hell, daß ich meinen Mantelkragen und die glänzenden Knöpfe, so gut es sich thun ließ, verdecken mußte. Obendrein machten sich hie und da ein paar Gassen-
buben einen schlechten Witz und riefen dem Kutscher zu: Hinten
auf! hinten auf! worauf dieser auch einige Male mit der Peitsche
herumfuhr, aber glücklicher Weise ohne mich zu treffen.

„Bald kamen wir wieder in dunklere Straßen, jetzt auf den
freien Platz bei der Peterskirche und dort vor einem ansehnlichen
Hause — über der Thüre stand Nummer zehn — an welchem ich
auf meinen Entdeckungsreisen durch die Stadt oft vorbeigestrichen
bin, hielt der Wagen. Ich sprang herab, und nachdem ich gesehen,
daß die beiden Damen in's Haus gingen, und daß der Kutscher
mit seinen Pferden in den Thorweg einfuhr, entfernte ich mich, an

nichts als an die kleine Blondine denkend, deren Bild von jenem Abend an unvertilgbar in meinem Herzen steht."

Hier schwieg der Erzähler und faßte den großen steinernen Wasserkrug, um mit einem frischen Trunk seine trocken gewordene Zunge wieder anzufeuchten. Tipfel hatte den letzten Theil der Erzählung nicht mit dem Wohlgefallen und dem sichtlichen Behagen angehört, wie den Anfang derselben. Auch gestand er seinem leichtsinnigen Collegen, daß er sich einen ganz andern Ausgang erwartet habe, entweder eine solide Prügelei mit jenem dummen Kerl, oder ein ebenfalls solides Nachtessen mit den beiden jungen Damen. Die drei Kanoniere in der Wachtstube, die, obgleich sie der Erzählung ebenfalls zugehorcht, doch wenig davon verstanden hatten, kauerten vor dem Ofen und Schulten ertheilte ihnen Anweisung, wie sie die Rinde ihres Commißbrodes durch Rösten genießbarer machen konnten. Darauf verzehrten sie das gemeinschaftlich zubereitete Abendbrod, und nun erhob sich Schulten, schob das Lederzeug auf der Brust etwas auseinander, öffnete dann die untern vier Knöpfe seiner Uniform, und begann mit derselben Anstrengung, als zöge er aus einem tiefen Brunnen den Eimer herauf, einen langen Strick aus seinen Beinkleidern hervorzuzerren, an dem ein lederner Beutel von ziemlicher Größe hing.

Nachdem er dies Futteral geöffnet, zog er eine silberne Uhr heraus, die, ihrem Umfange nach zu urtheilen, wenigstens vier Gehäuse haben mußte. Er löste auch wirklich drei Kasten von Horn, Kupfer und Silber von seiner Zwiebel, wie er die Uhr nannte, ab, eh' er einen prüfenden Blick darauf werfen konnte; dann trat er vor seinen Wachtcommandanten hin und sagte: „Bombardeir, sechs Ohr! wer möten aplösen!"

Nachdem sich auf diese Aufforderung Bombardier Tipfel durch einen Blick auf seine eigene Uhr überzeugt, daß er noch anderthalb Minuten bis sechs Uhr Zeit habe, benutzte er diese Frist, um seine Glieder durch starkes Recken und Dehnen zum Momente des Auf-

Wachtdienſt.

ſtehens vorzubereiten. Er drehte aus lauter Faulheit ſeinen Körper auf eine gar merkwürdige Art, wobei er mit dem Kopfe nicht ſelten den Boden der Wachtſtube berührte. Doch zeigte der zufriedene Ausdruck in ſeinem Geſichte deutlich an, daß er mit dieſer Leibes⸗ übung ganz zufrieden ſei.

Jetzt war es vollkommen ſechs Uhr geworden und Zipfel befahl die Ablöſung. Schulten, den die Reihe traf, von ſechs bis acht Uhr vor dem Fort auf Poſten zu ſtehen, zog aus ſeiner Uniformtaſche eine ziemliche Flaſche voll Branntwein heraus und that acht gewaltige Züge daraus, gerade acht, um, wie er ſagte: „vor jedwede Viertel⸗ ſtunde en te han." Dann band er ſich ein buntes Kattuntuch um Mund und Naſe, was, wenn auch nicht erlaubt, doch von dem Bombardier Zipfel geduldet wurde.

Auch eine andere Unregelmäßigkeit ließ ſich ſowohl der Ablöſende, als der Abgelöste zu Schulden kommen, denn als es draußen von allen Kirchen ſechs Uhr geſchlagen hatte, verließ der draußen ſeinen Poſten und kam in die Wachtſtube, um ſich drinnen beim warmen Ofen ablöſen zu laſſen. Hier unter den Augen ihres würdigen Chefs übergaben ſich die wachſamen und trefflichen Kriegsmänner den Po⸗ ſten mit der wichtigen Meldung, daß nichts vorgefallen ſei, und daß die Feſtung und das Schilderhaus noch auf dem alten Fleck ſtehen.

Schulten wickelte ſich hierauf in den uralten Wachtmantel, ei⸗ gentlich waren es zwei, die auf einander genäht waren, da die rollende Zeit in den urſprünglichen ſo viel Löcher geriſſen, daß er nur durch einen neuen Ueberzug wieder geflickt werden konnte. Jetzt zog Schulten ſein Heldenſchwert heraus, tauchte einen Zipfel des Man⸗ tels, dem man anſah, daß er ſchon oft zu dieſem Zwecke gedient hatte, in die Oellampe und ſchmierte ſeine Klinge mit dieſer ſchmutzi⸗ gen Fettigkeit, damit ihr die Näſſe draußen nicht ſchade. So ge⸗ rüſtet zog Schulten hinaus und trat ſeinen Poſten an. — Vater⸗ land, du kannst ruhig ſchlafen, deine Heldenſöhne wachen!

Fünftes Kapitel.

Souper in der Wachtstube; kleine Charakterzüge des kommandirenden Bombardiers Tipfel; rührender Freundschaftsbeweis.

Nachdem der Bombardier Tipfel auf die so eben angedeutete Art für die Bewachung des ihm anvertrauten Forts Sorge getragen, erhob er sich ganz von seiner Bank und lud seinen Bekannten zum Abendessen ein, was dieser nicht abschlug. Zu diesem Zwecke ließ der Bombardier einen Korb aus der Ecke hergeben und begann die Geräthschaften und Materialien auszupacken. Zuerst kam eine rostige Kaffeemaschine, d. h. es war nur ein blecherner Topf, um welchen eine kleine Rinne angebracht war, die mit Spiritus gefüllt wurde. In Ermanglung desselben schüttete der Bombardier aus einer runden, platten Flasche Kornbranntwein hinein. Darauf packte er einige Eier aus, ein Papier, worein Butter gewickelt war, ein anderes mit Wurst, ein paar ziemlich schmutzige Messer und eine Gabel mit verbogenen Zinken; ferner noch Brod, in einer kleinen Düte gemahlenen Kaffee und Zucker. Als alle diese Gegenstände aufgestellt waren, begann er das Nachtmahl zuzubereiten. Das Wasser in dem blechernen Topfe wurde zum Sieden gebracht, und nachdem die Eier darin gekocht waren, nahm er sie heraus und schüttete in dasselbe Wasser den Kaffee, den er mit der Gabel tüchtig umrührte.

Tipfel befand sich bei dieser Arbeit recht glücklich. Da überhaupt seine liebsten Beschäftigungen die waren, wo er sich nicht vom Platz zu bewegen brauchte, so hatte ihm von jeher, neben dem Essen selbst, die Zubereitung desselben am meisten Freude gemacht. Er erzählte seinen Kameraden oft, daß eine jüngere Schwester von ihm einst einen kleinen Kochherd gehabt, mit dem er sich stunden-

ja tagelang vergnügt habe, und es sei im ganzen Hause Niemand gewesen, der einen Pfannenkuchen so ausgezeichnet habe zubereiten können, wie er auf dem kleinen Kochherde. Solche Erinnerungen konnten ihn ganz begeistern, und er sprach dann, wider seine Gewohnheit, eifrig und viel, besonders wenn er, wie heute Abend, mit der Zubereitung seines Nachtmahls beschäftigt war.

„Ja, ja, Männeken," sagte er zu Robert, der in der Wachtstube ruhig auf- und abging, „ich versichere dich, das macht mir eine ungeheure Freude, wenn ich meine kleinen Sächelchen selbst kochen kann, ja, ja. Weißt du, die Commißweiber sind so entsetzlich schmutzig und dat gefällt mir nich."

Bei diesen letzten Worten wischte der Bombardier das Messer, mit dem er die Butter geschnitten, an einem Zipfel seiner Uniform ab, um mit diesem Instrument die Gabel aus dem Kaffee herauszufischen, die ihm unglücklicher Weise hineingefallen war. Während er nun auf eine so luxuriöse Art sein Souper zubereitete, hatten seine Untergebenen gleichfalls Anstalten getroffen, für das ihrige zu sorgen. Einer der Kanoniere hatte sich nämlich hinausgeschlichen und kam jetzt wieder in die Wachtstube, wobei er den Tschako, der ganz mit Kartoffeln angefüllt war, unter dem Arm trug. Er zeigte sie lächelnd den beiden andern Kanonieren, und aus seinen Aeußerungen, mit denen er das that, ließ sich deutlich abnehmen, daß er gerade kein Geld dafür ausgegeben, sondern sie vielmehr von einem der Aecker, die um das Fort herumliegen, eigenmächtig mitgenommen.

Diese Kartoffeln wurden nun der Reihe nach an dem Wachtmantel des Bombardiers, der in einer Ecke hing, sorgfältig von ihrem Schmutze befreit, und darauf in die heiße Asche unter dem Ofen gelegt, worauf die Kanoniere abwechselnd davor hinknieeten und mit mehr Sorgfalt darauf Acht gaben, als sie früher auf die Bewachung des Forts verwendet hatten.

Tipfel ersuchte seinen Bekannten, jetzt Platz zu nehmen und

Fünftes Kapitel.

Beide thaten dem Kaffee, den Eiern, sowie dem Butterbrod alle erdenkliche Ehre an. Als der Hunger Tipfels einigermaßen gestillt war, hatte er die Gefälligkeit, über die erzählten Abenteuer seines Freundes noch einmal zu lächeln und versicherte, daß er sie höchst angenehm finde.

„Aber, Männeken," sagte er, „du hast mir vorhin von einem Dienst gesprochen, den ich dir leisten soll, und ich bin so sehr dein Freund, daß ich dich sogar auffordere, mir diesen Dienst zu nennen, denn wenn es in meinen Kräften steht, will ich dir gern helfen."

Der junge Mann, dem man während des Essens nicht angemerkt hatte, daß ein tiefer Kummer seine Seele beenge, legte jetzt das Messer mit einem gelinden Seufzer hin, wischte sich den Mund mit dem roth und weiß karrirten Taschentuch des Bombardiers Tipfel ab, welches derselbe als Tischtuch vor sich ausgebreitet hatte, und entgegnete:

„Ja, lieber Freund, ich habe das wahrhaftig nicht vergessen. Siehst du, seit vorgestern, wo mir das merkwürdige Abenteuer passirte, bin ich um das Haus des hübschen blonden Mädchens herumgeschlichen, ohne sie zu sehen. Ich hatte einen Brief bei mir, den ich ihr geschrieben, ich versichere dich, Tipfel, einen Musterbrief. Aber es war mir nicht möglich, auch nur eine Seele aus dem Hause zu sehen, der ich mein Vertrauen hätte schenken mögen. Der Kutscher, der uns den Abend gefahren, ging wohl einige Mal aus und ein, aber der Kerl hat ein so infam patziges Gesicht, daß ich es nicht wagte, ihn anzureden. Auch sah er mich so von der Seite an, als wenn er sich meiner erinnerte, und deshalb mußte ich jedesmal unverrichteter Dinge abziehen. Meinem Burschen, du kennst das Hornvieh, konnte ich den Brief unmöglich anvertrauen, und da komme ich denn rathlos zu dir."

„Hm, Männeken," sagte Tipfel, „aber du hättest ja in's Haus

gehen können. Weißt du, wie wir schon oft gethan, und dich nach einem sichern Herrn Müller erkundigen."

„Ganz recht," versetzte Robert, „aber wenn mich die Aeltere gesehen hätte; denn ich fürchte doch, die traut mir nicht recht, und hätte einen Brief an die kleine Blondine gewiß unterschlagen."

„Ja, was ist da zu machen?" sagte Tipfel.

„Ach, lieber Freund," entgegnete Robert, „sie nicht wieder zu sehen, wäre schrecklich."

„Sie," lächelte Tipfel, „wer ist denn die Sie? etwa die Tochter des Generals von P.?"

„Ach," sprach der junge Mann, „wie kannst du jetzt nur schlechte Witze machen? Wer kann sie denn anders sein, als das liebe blonde Mädchen, die kleine Pauline?"

„Nun, Männeken," spöttelte der Bombardier, „es war mir nur wegen der Consequenz."

„Ja so," fuhr der Andere fort, „na laß nur gut sein und höre mich. Meinen Brief muß sie erhalten und heute noch, aber in dem Wie? besteht der Dienst, den du mir leisten sollst. Du bist mein Freund, Tipfel, und wirst mir den Gefallen schon erzeigen. Es ist jetzt noch nicht einmal sieben Uhr, hieher auf das Fort kommt weder Patrouille noch Runde, also kannst du es schon wagen, deine Wache zu verlassen. Ich bleibe für den Nothfall da, und werde deine wichtigen Geschäfte hier schon versehen können."

Bei dieser Aufforderung legte der Bombardier Messer und Gabel hin und sah seinen Freund mit seltsam erstaunten Blicken an. Diese Zumuthung hatte der gute Tipfel nicht erwartet. Seine Wache zu verlassen und in die Stadt zu gehen erschien ihm so sehr dienstwidrig, daß er erst langsam, dann immer heftiger mit dem Kopf schüttelte, und endlich, so bestimmt es ihm möglich war, sagte: „das geht gewiß nicht an."

Neben dem Gedanken, so ganz gegen seine Instruktion als Wachtcommandant zu fehlen, lag der Hauptgrund dieser entschle-

278 Fünftes Kapitel.

denen Weigerung in dem unangenehmen Wetter draußen, denn der Wind pfiff und heulte noch immer um das Fort herum. Und dann der weite, lange Weg zur Stadt, das war ja das Einzige, was dem guten, dicken Bombardier das Wachehalten überhaupt so unangenehm machte; denn wenn er einmal auf seiner Wachtstube festsaß, wenn er sich an dem Feuer durchwärmt und seinen Korb untersucht hatte, daß ihm nichts zum Kaffee Nachmittags, Abends zum Nachtessen, sowie Morgens zum Frühstück fehlte, wenn er die Pfeife und den Tabak nicht vergessen und ein Buch bei der Hand hatte, etwa wie Kohlrausch's Geschichtstabellen, womit er sein Gedächtniß kitzelte, oder im Nothfall auch nur einen Roman von Spieß oder Cramer, um die Zeit todtzuschlagen, so war es ihm sehr gleichgültig, ob seine Wache vierundzwanzig Stunden, achtundvierzig oder gar noch länger gedauert hätte. Ja, es war schon einige Mal vorgekommen, daß ein Kamerad, der ihn ablösen mußte, einen gut versehenen Korb mit auf die Wache nahm, und mit Hülfe desselben den Bombardier überredete, statt seiner noch einmal vierundzwanzig Stunden dazubleiben, was er denn auch gern gethan.

Der Kapitän, der von dieser seltenen Leidenschaft Tipfel's für das Wachehalten in Kenntniß gesetzt wurde, hatte einmal die Erlaubniß gegeben, ihn so lange auf der Wache zu lassen, als er freiwillig durch Uebereinkunft mit seinen Kameraden dabliebe, und der dicke Bombardier hatte ohne Widerstreben fünf Tage lang den Dienst versehen, und versicherte am sechsten, er befinde sich recht wohl dabei; wahrscheinlich hätte er es auch noch Monate lang ausgehalten, wenn nicht an demselben Tage eine Instruktion von der Commandantur gekommen wäre, welche den Wachthabenden auf dem Fort auf das Strengste befahl, viermal in der Nacht sämmtliche Werke zu untersuchen. Diese Zumuthung fand denn der Bombardier Tipfel etwas zu hart, und verließ deßhalb am sechsten Tage traurig den Ort, wo er so glücklich gewesen.

Nach Erzählung dieser Thatsache kann sich Jeder leicht denken, mit welchem Erstaunen Tipfel die Forderung seines Freundes erfuhr, und wie standhaft er sie anfänglich zurückwies.

Doch Robert ließ sich nicht so leicht abschrecken, und wandte alle Künste der Verführung an, um seinen Freund zu überreden. Lange war Alles umsonst, doch als ihm endlich der junge Mann sagte, er solle eine von den Wachtmannschaften mitnehmen, dem er einige gültige Zettel, lautend auf Rüdesheimer und westphälischen Schinken, zwei Sachen, die Tipfel gern zu frühstücken pflegte, einhändigen wollte, ließ er sich erweichen und versprach die Commission zu übernehmen. Darauf legte er sein Lederzeug ab, welches sich der Andere mit Hülfe der Kanoniere umhing, wickelte sich in seinen Wachtmantel, ermahnte jeden der Kanoniere in einer besondern Rede, sie möchten doch um's Himmels willen keinen Unfug treiben, und erklärte sich darauf unter einigem Geseufze zum Fortgehen bereit. Robert hatte sich unterdessen an den Tisch gesetzt und schrieb auf ein Blatt Papier:

„Da ich Ihre Rechnung vom 1. v. M. unglücklicher Weise verlegt habe, so muß ich um eine neue bitten, ehe ich die kleine Summe bezahlen kann. Zugleich bitte ich, dem Ueberbringer zwei Flaschen Rüdesheimer und drei Pfund westphälischen Schinken mitzugeben. Er wird Ihnen den Betrag dafür einhändigen.

Bombardier R."

„Notabene. Da es mir schon einige Male passirte, daß die Kanoniere von dem Geld, das man ihnen mitgab, verloren, so bitte ich, mir morgen früh die Rechnung zu schicken, wo ich alsdann nicht ermangeln werde."

Er händigte diesen Zettel, sowie ein zierlich zusammengefaltetes Billet dem Bombardier Tipfel ein, welcher das letztere, um es nicht zu beschmutzen, in einen alten Patrouillenzettel wickelte und in die Tasche steckte. Dann nahm er einen der Kanoniere mit und trat seinen schweren Gang an.

Sechstes Kapitel.

Aus welchem junge Militärs ersehen, wie sie es nicht machen sollen, indem darin Wacht-dienst-Vergehen von der gröbsten Art vorkommen. — Mysterien einer Dachkammer und Anleitung zum Copiren schwieriger Aktenstücke.

Draußen flogen die Schneeflocken und heulte der Wind: man konnte keine drei Schritte vor sich sehen. Aus der Stadt blickte hie und da der Schimmer eines Lichts durch Schnee und Nebel, wie ein blutrother Punkt hervor, es war ein sehr schlechtes Wetter; sogar das Gesumme und Gemurmel auf den Straßen, das man sonst durch die Stille der Nacht auf weite Entfernung hört, wurde durch die fallenden Flocken und den liegenden Schnee zu einem kaum vernehmbaren Geräusch gedämpft. Tipfel sagte an der Barrière des Forts seinem Freunde noch einmal, er solle nur bedenken, wie er sich jetzt für ihn aufopfere und welchen ungeheuren Dienst er ihm aus purer Freundschaft leiste. Dann zog er seinen Mantel fester um sich und ging der Stadt zu. Schulten, der für diesen besondern Fall als der umsichtigste und brauchbarste Mann der Wache wieder von seinem Posten abgelöst worden war, begleitete seinen Chef.

So zogen sie feierlich und langsam dahin, hatten bald das Fort mit seinen Außenwerken und dem Glacis hinter sich und schlugen einen kleinen Feldweg ein, der sie in wenig Augenblicken auf die Chaussée führte, wo sie bald das erste Thor der Stadt erreichten. Vor demselben stand der Bombardier einen Augenblick still und rief den Kanonier beim Namen.

„Höre, Schulten," sprach er, „wenn du nicht ein langgedienter Kerl wärest, würde ich dir nicht anvertrauen, daß mir das Verlassen meiner Wache doch etwas sehr gewagt vorkommt, und mir eine Ahnung vorschwebt, als führe die Sache zu keinem guten Ende."

Schulten, der dagegen schon im Geiste einen kleinen warmen

nladen vor sich sah, wo er den Rüdesheimer und Schinken
len sollte, und der dabei in dem Gedanken schwelgte, daß für
unentgeltlich ein solider Bitterer abfallen würde, entgegnete:
mbardeir, heft nix ze sein. Sed doch schon de mehrmolen von
hen ablopen."

Nach dem Austausch dieser Gefühle traten Beide in die Stadt.
: düstere Feld draußen mit dem Schneegestöber und die ganze
rige und schmutzige Winterlandschaft hatte wohl den Bombardier
edenklich gestimmt, denn als er jetzt die Straßen zwischen den
chteten Häusern dahinwandelte, als er die Menschen sah, die
z beieinander vorbeistrichen und aus den zahlreichen Bierhäu-
und Weinkneipen munterer Lärm an sein Ohr schlug, begann
ufzuthauen und machte sich allerhand Gedanken, wie er wohl
Besten und Zweckmäßigsten jenen Brief an seine Adresse bringen
e. Dabei fiel ihm plötzlich ein, daß sein Erscheinen in der
n Dienstuniform wohl nicht dazu geeignet wäre, ihn für einen
sboten zu halten, weßhalb er den Entschluß faßte, sich sogleich
einem Bekannten zu begeben, um sich von diesem einen bürger-
en Anzug zu leihen, wie er es schon oft gethan.

Bei der nächsten Straßenecke, unter einer großen Laterne, zog
sel seine beiden Schreiben heraus, wovon er jedes besonders
zewickelt hatte, und übergab dem Kanonier das eine, auf Rüdes-
ner und Schinken lautend, und steckte das andere wieder in
Tasch.

Der Freund Tipfel's, welchen er nun zu obigem Zwecke auf-
te, war Schreiber bei einem Advokaten, und wohnte in einem
zelegenen, engen Gäßchen, im fünften Stock eines kleinen Hauses.
r Bombardier überzeugte sich erst von der Straße aus, daß sein
kannter wirklich zu Hause sei, denn ein schwacher Schein erhellte
kleinen Fenster, ehe er die schwierige Arbeit unternahm, fünf
lechte Treppen hinaufzuklettern. Mit einiger Anstrengung ge-
gte e hinauf bis unter das Dach und klopfte an die Thüre.

Sechstes Kapitel.

Neben der Aussicht, sich seinem Freunde zu Liebe hier umkleiden zu können, hatte auch Tipfel daran gedacht, daß sein anderer Freund, der Schreiber, beständig einen guten Tabak vorräthig habe, und er hatte sich schon beim Hinaufklettern der fünf Treppen dem süßen Gedanken überlassen, sich dort oben einige Augenblicke auf's Bett legen zu können und bei einer guten Pfeife Tabak von den gehabten und noch zu erwartenden Mühseligkeiten eine halbe Stunde ausruhen zu können. Um so unangenehmer war es daher dem Bombardier, als, nachdem er auf drei verschiedene Arten an die Thüre geklopft hatte, nämlich zuerst leise mit dem Zeigefinger, dann mit einer Faust und endlich mit beiden Fäusten zugleich — von innen keine Antwort erfolgte.

Da sich Tipfel von früher her erinnerte, daß die Thüre verschiedene Spalten hatte, durch welche man bequem das Innere des Zimmers übersehen konnte, so fuhr er mit seinem Kopfe nach allen Richtungen bei derselben vorbei, ohne aber nur den kleinsten Lichtstrahl zu erspähen. Entweder hatte sich Tipfel getäuscht, als er unten Licht zu erspähen glaubte, oder der Schreiber hatte die Thüre von inwendig mit etwas verhängt, um neugierige Blicke von dem Eindringen in sein Heiligthum abzuhalten. Letzteres schien dem Bombardier am wahrscheinlichsten, und da er wußte, wie sich bei ähnlichen Gelegenheiten sein Freund schon gegen ihn benommen, so beugte er sich mühsam bis zum Schlüsselloch herunter und rief mit gedämpfter Stimme hinein:

„He, du! ich bin's, Tipfel! Mach mir doch in's Teufels Namen auf! Ich habe dringend mit dir zu sprechen. Brauchst dich doch vor mir nicht zu geniren."

Anfänglich folgte auch hierauf in dem Zimmer keine Bewegung. Dann aber hörte man eine Stimme leise murmeln, ein Stuhl wurde gerückt, und das oben erwähnte Tuch an der Thüre eine Handbreit zurückgezogen und dann von Innen herausgefragt: „Aber was hast du denn eigentlich vor, daß du mich im Arbeiten störst? Laß mich in Ruhe. Ich habe von einem äußerst verwickelten Aktenstück eine Copie zu nehmen. Wenn du also nicht sehr pressirt bist, laß mich in Frieden."

„Ja, aber lieb' Männeken," erwiderte der Bombardier, durch die Aussicht auf eine warme Stube und eine Pfeife Tabak, die ihm doch noch werden konnte, sichtlich erheitert, „es pressirt sehr ich versichere dich. Ich bin expreß von der Wache draußen auf dem Fort hereingelaufen, und muß dich nothwendig sprechen. Mach' nur auf."

Der drinnen gab hierauf anfänglich keine Antwort, sondern zog sich von der Thüre zurück, und es war, als habe ihn ein gewaltiger Brustkrampf überfallen, denn er fing an laut zu husten, darauf zu pfeifen und dazwischen schien es dem Bombardier Tipfel, als würde ein Stuhl oder irgend ein anderes Möbel bei Seite gerückt, worauf sich denn endlich die Thüre öffnete und ihm der Eintritt gestattet wurde.

Trotz dem die Dachkammer des Sreibers eben nicht mit Eleganz und Luxus angefüllt war, wozu auch dies Lokal nicht paßte, denn die Wand der einen Seite neigte sich so schief unter das Dach hinab, daß, wenn selbst die Beleuchtung aus mehr als einer Talgkerze bestanden hätte, sie doch nicht im Stande gewesen wäre, den hintersten Raum zu erhellen, war doch etwas in dem Gemach, was der Bombardier Tipfel mit vielem Wohlbehagen betrachtete, nämlich auf dem Tisch in der Mitte des Zimmers standen ein paar Teller mit kaltem Fleisch und Kartoffelsalat, sowie auch ein großer Wasserkrug, der aber mit Bier angefüllt war. Der Besitzer all' dieser Herrlichkeiten, der sich, wie ohne Absicht, beim Eintritte Tipfel's in eine Ecke des Zimmers zurückzog, wo er hinter einem großen Vorhang seine Kleiderschätze verwahrte, schien auch jetzt noch nicht über das unvermuthete Erscheinen des Bombardiers sehr erfreut. Dieser aber, der ein sehr argloses Gemüth hatte, sah sich auf dem Tisch nach jenen Akten um, von welchen eine Copie zu nehmen sein Freund gerade beschäftigt gewesen war. Und da er nichts davon bemerkte, so erkundigte er sich theilnehmend: wo sich denn sein Schreibpult befände? — eine naseweise Frage, die der Schreiber nur durch einen verlegenen Blick hinter sich nach dem Vorhang beantwortete.

Tipfel warf sich auf einen Stuhl nieder, und nachdem er den Inhalt des Wasserkruges mit vieler Tiefe untersucht, entdeckte er seinem Freunde mit so wenig Worten als möglich, was ihn hierher führe, und welchen unendlichen Gefallen er ihm erzeigen würde, wenn er ihm auf einige Stunden einen bürgerlichen Anzug leihen würde.

Wenn auch, wie gesagt, der Schreiber seinem Freunde schon einige Male solchen Liebesdienst erwiesen, so schien ihn doch heute Abend die Bitte nicht wenig in Verlegenheit zu setzen. Er machte einige Ausreden, die aber der Bombardier, den Wasserkrug beständig in der Hand haltend, mit einem leichten Lächeln und den Worten zu widerlegen suchte: „Na, Männeken, es wird schon gehen."

„Nu, ja," entgegnete der Andere mit einiger Ueberlegung, „ich will dir den Anzug geben. Packe also die Sachen in deinen Mantel und mach', daß du fortkommst."

„Ja, Männeken," entgegnete Tipfel, „du kommst mir sehr ridikül vor. Wo soll ich mich denn eigentlich anziehen? Du weißt ja doch, daß ich heute Abend nicht in die Kaserne gehen kann, denn wenn mich der Feldwebel irgendwo sähe, so säße ich morgen, weil ich von der Wache gegangen, mindestens drei Tage auf's Holz. Denke dir drei Tage ohne Bett, wo man nichts bekommt, als Wasser und Brod."

„Was?" entgegnete ihm der Schreiber, „du willst dich doch nicht hier bei mir aus- und anziehen?"

„Es wird wohl nicht anders zu machen sein, Männeken," sagte Tipfel, worauf der Andere hastig im Zimmer auf- und ablief und in nicht geringer Verlegenheit zu sein schien. „Wenn es dich aber genirt," fuhr der Bombardier fort, „mich in meiner ganzen Schönheit zu sehen, so laß mich nur hinter den Vorhang treten. Ich will mich da allein behelfen."

Bei dieser Zumuthung sprang der Schreiber wie ein gereizter Löwe mit einem Satze vor den Vorhang, und rief so hastig und ausdrucksvoll: „Nein, nein, das geht nicht!" daß es selbst den gleichmüthigen Tipfel aufmerksam machte, und allerlei Ideen bei ihm aufstiegen. Doch da er viel zu faul war, über irgend etwas nachzudenken, es auch gerade auf dem benachbarten Kirchenthurm drei Viertel auf acht schlug, so that er einen neuen Zug aus dem Bierkrug und versicherte: es falle ihm gar nicht ein, sich hinter dem Vorhang zu amusiren, und wenn es ihm lieber wäre, wolle er sich mitten in der Stube, ja sogar im Nothfalle oben auf dem Tische aus- und anziehen.

Nachdem der Schreiber eine Zeitlang mit sich selbst gekämpft, siegte doch seine Freundschaft für den Bombardier, und er versprach ihm die Kleider unter der Bedingung, daß das Licht ausgelöscht würde, und er sich im Dunkeln aus- und anziehen müsse, was dieser denn auch nach vielen Einreden zu thun versprach.

Bei diesen Verhandlungen hätte ein sehr feines Ohr hinter dem Vorhang ein leises Kichern hören können, doch jede der beiden handelnden Parteien war so mit sich selbst beschäftigt, daß sie auf dergleichen nicht Acht gab. Der Schreiber ging nun zu seinem Kleiderschatz und warf hinter dem Vorhang her eine alte schwarze Hose, einen sonstigen schwarzen Frack, der aber sehr fadenscheinig geworden war und eine entschiedene Vorliebe für die braune Farbe zeigte, dann eine gewesene Sammetweste, löschte darauf das Licht und war dem Bombardier beim Aus- und Anziehen behülflich.

Das unentbehrlichste Kleidungsstück war nach zweimaligem Aus- und Anziehen — denn man hatte in der Dunkelheit das Vordertheil hinten genommen — glücklich placirt worden, als es

sich fand, daß dem dicken Bombardier die Weste seines Freundes
zu klein sei, worauf dieser in Gedanken seine Kleidervorräthe durch-
ging und sich erinnerte, noch eine alte weiße Weste zu besitzen, die
von seinem Vater selig herstammend, auf jeden Fall weit genug wäre.
Nach einigem Umhertappen wurde dies Kleidungsstück wirklich gefunden, und der Bombardier betastete sie sorgfältig, um sie nicht ver-
kehrt anzuziehen. Er hatte glücklich ein Aermelloch erwischt und sagte,
wie er mit einem Arm hindurchfuhr: „ich versichere dich, Männeken,
dein Alter muß die Weste in seiner frühesten Jugend haben machen
lassen, denn sie hat einen ganz sonderbaren Schnitt, auch vermisse ich
die Knöpfe und" —

„Nun ja, mach' nur fort," sagte der Andere, „sie ist freilich
nicht von diesem Jahr, aber auf jeden Fall weit genug für dich."

„Na, höre," entgegnete Tipfel, „was das betrifft, brauchst du
auch nicht so sehr stolz zu sein" — hier machte er eine verzweifelte
Anstrengung, das andere Aermelloch zu erreichen — „zu weit ist sie
mir gerade auch nicht."

„Thu' mir den Gefallen, und sei nur nicht so entsetzlich faul,
sie ist dir weit genug, fahr' nur mal hinein."

Der Bombardier that, wie ihm geheißen, schlüpfte durch das
andere Aermelloch, und that sich solche Gewalt an, das fragliche
Kleidungsstück an seinen Körper zu bringen, daß sich seine Anstrengungen durch ein lautes Krachen kund thaten, das einem geübten
Ohr deutlich verrieth, die Weste müsse von unten bis oben zerrissen sein.

„Du bist doch ein schrecklich ungeschickter Mensch," brummte
der Schreiber, „was ist nun da wieder zu machen?"

„Das Beste wäre wohl," entgegnete Tipfel kleinlaut: „wenn
du ein bischen Licht machen wolltest, damit wir den Schaden in
der Nähe besehen; denn," setzte er zögernd hinzu, „dein Wort in
Ehren, daß die Weste von deinem Alten ist, und das sind schon

einige Jahrzehnten her, aber der Schnitt an der Weste, da greif' nur hin, ist wirklich ganz sonderbar."

„Wie wird es denn sonderbar sein!" versetzte der Andere ärgerlich, indem er das Kleidungsstück mit der Hand befühlte.

„Na, Männeken" entgegnete der dicke Bombardier, „so 'ne Weste ist mir nie vorgekommen; ja wahrhaftig, die hat ja Schnürlöcher. Du! du! du! O du Copist verwickelter Aktenstücke!" Dabei lachte er wie wüthend.

„Halt dein Maul," rief der Andere mit leiser Stimme. „Verfluchte Geschichte mit dem Kerl! Gib das Ding her. Könntest auch wohl ohne Weste gehen."

„O, Männeken," sprach der Bombardier, „bei der Jahreszeit. Suchet so werdet ihr finden. Aber das Beste wäre auf jeden Fall, wenn du ein bischen Licht machen wolltest."

Der Schreiber war aber hierzu nicht zu bringen, sondern trieb Tipfel an, seine Toilette zu beendigen, indem er ihm statt des zerrissenen Kleidungsstückes eine wirkliche Weste einhändigte.

Das Bild, welches Tipfel jetzt zum Besten gab, war wirklich lächerlich, und nachdem der Schreiber von einem Schranke herunter einen alten Hut mit kaum fingerbreiter Krämpe herabgeholt, und ihn dem Bombardier eingehändigt hatte, war die Umwandlung vollendet.

Es schlug gerade acht Uhr, als Tipfel den letzten Zug aus dem Wasserkruge that, sich darauf von seinem Freunde beurlaubte, und mit dem Versprechen, die geliehenen Sachen in höchstens einer Stunde wieder zu bringen, seinen Weg die dunkeln fünf Treppen hinabsuchte.

Siebentes Kapitel.

Welches theils vor, theils in dem Hause Nro. 10 auf dem Petriplatze spielt. Es erscheint eine Person, die nicht genannt sein will und welche den Bombardier Tipfel zum Bedienten annimmt.

Es war recht kalt und unfreundlich auf der Straße, und nachdem Tipfel viele vergebliche Versuche gemacht hatte, den alten Frack über seinem Bauche zusammenzuknöpfen, oder wenigstens die Hände in die Hosentasche zu stecken, eilte er, so schnell es ihm seine Körperfülle erlaubte, auf dem Schnee die Straße hinab gegen den Petriplatz zu, an dessen Ecke ihn Schulten laut erhaltenen Befehls erwartete. Der Kanonier saß auf einem Eckstein, hatte seine Arme unter den Mantel gesteckt und vor sich in den Schnee die beiden befohlenen Flaschen Rüdesheimer gestellt, sowie ein Päckchen mit grauem Papier umwunden, welches wahrscheinlich den Westphälinger enthielt.

Schulten erfreute sich nicht wenig beim Anblick seines Vorgesetzten, und als dieser, um sich zu dem vorhabenden Abenteuer zu stärken, einige gute Züge aus einer der Flaschen that, und ein großes Stück Schinken dabei verzehrte, wobei er aber, um sich zu erwärmen, von einem Bein auf das andere sprang, machte der Kanonier die höchst treffende Bemerkung: der Herr Bombardier gliche sehr einer schwarzen Krähe, wenn sie im Winter auf den Schneefeldern umherhüpfe. Dabei erzählte er auch, daß ihm der Kaufmann, dem er schon lange bekannt sei, Alles auf sein ehrlich Gesicht gegeben habe, nachdem er gesagt, wer ihn sende, und daß er des Schreibens nicht einmal nöthig gehabt hätte.

Mit dem letzten Bissen im Munde schritt nun Tipfel auf dem nicht allzugroßen Platze umher, um sich wie ein kluger Feldherr die

Festung, die er zu allarmiren gedachte, das Haus Nr. 10, in der Nähe zu betrachten, damit er einen guten Operationsplan entwerfen könne. Endlich hatte er es gefunden, und stellte sich einige Schritte davor, um sich von dessen Eingängen, wobei er aber mehr an den Ausgang dachte, zu überzeugen.

Das Gebäude hatte eine recht ansehnliche Höhe, eine Hausthüre und daneben einen großen Thorweg, für welch' letztern sich Tipfel augenblicklich entschied, da er die größte Breite hatte.

Ob der Bombardier wirklich persönlichen Muth besaß, darüber waren seine Kameraden noch nicht einig geworden, doch sprachen ihm die meisten derselben eine gute Portion dieser edlen Eigenschaft zu, wogegen aber Andere behaupteten, Tollkühnheit und Unerschrockenheit, die ihr dicker Freund meistens an den Tag legte, rührten von seiner unerhörten Gleichgültigkeit her, und er sei viel zu faul, wenn er einmal einen Schritt vorwärts gethan, wieder zurückzugehen, um sich nochmals zu besinnen, weil er dann neben der Mühe des Bedenkens selbst, auch den zurückgethanen Schritt wieder vorwärts thun müsse.

Das Haus, wie der ganze Platz, war in nächtliches Dunkel und Stille gehüllt. Der Petriplatz war ziemlich entlegen, und außerdem befanden sich nur wenige Privathäuser hier. Eine Seite des Platzes nahm die Petrikirche ein, eine andere das dazu gehörige Kloster, an der dritten vereinigten sich mehrere Straßen, die in die Stadt führten, und nur auf der vierten standen einige zwanzig große Häuser, meistens von reichen Leuten bewohnt, die keine öffentlichen Geschäfte trieben und deren Bewohner die Stille und Ruhe des Platzes dem geräuschvollen Treiben anderer Straßen vorzogen.

In dem Hause Nr. 10 waren vier Fenster der ersten Etage erleuchtet, und in dem Thorweg schimmerte ein schwaches Licht, das sich in einem Parterrezimmer, vielleicht in der Küche, befand, und gegen diesen Schein wandte sich Tipfel, mit dem Vorsatz, das Innere dieses Zimmers vorher zu übersehen, um dort vielleicht Jemand

Siebentes Kapitel.

zu finden, der ihm behülflich sein könnte, seinen Brief an die richtige Adresse zu bringen.

Es war wirklich die Küche, aus welcher der Lichtschein kam, und Tipfel blickte durch die Fenster aufmerksam in dies Gemach, und labte seine Augen an einem mächtigen Feuer, das auf dem Herde brannte, auf welchem mehrere Töpfe und Pfannen standen, aus denen mit einem süßen, heimlichen Gemurmel allerlei Dämpfe in die Höhe stiegen. Der Bombardier versenkte sich bei diesem Anblick in Betrachtungen und erschöpfte sich in glühenden Phantasieen, was wohl in jedem dieser Kessel sein könne. Hinten aus dem großen Topfe glaubte er durch die Fensterscheiben den süßen Geruch von aufgeplatzten mehligen Kartoffeln zu genießen; daneben in der kleinen Pfanne konnten prasselnde Bratwürste liegen, oder war es vielleicht irgend ein Geflügel. Doch nein, Tipfel entschied sich für Bratwürste, es war sein Lieblingsgericht. Auf dem Anrichttisch stand Salat, Essig und Oel daneben, sowie geschnittenes Brod, zierlichgeformte Butter und ein appetitliches Stück Schweizerkäse. Doch fehlte die Herrscherin dieses Zaubergartens. Tipfel spähte vergeblich umher nach der Fee mit weißer Schürze und Kochlöffel. Es war keine lebende Seele in der Küche zu sehen. Was war zu thun? Der Bombardier hielt es für's Beste, auf die Straße zurückzukehren, und nachdem er noch einen schwärmerischen Blick auf die Töpfe und Kessel geworfen, trat er unter den Thorweg, um hier noch einige Augenblicke zu warten, bis sich in der Küche Jemand zeigen würde.

Er hatte noch nicht lange hier gestanden, als er bemerkte, daß ein Mann, in einen Mantel gewickelt, auf der Straße dicht vor dem Hause Nr. 10 auf- und abging. Jetzt kam er auch bis an den Thorweg, betrachtete den Bombardier von der Seite, ging aber immer bei ihm vorbei, nachdem er jedesmal einige Augenblicke unschlüssig zu sein schien, ob er ihn anreden solle. Dem Bombardier war diese Erscheinung gerade nicht angenehm, denn er fürchtete einen Aufpasser, der ihm Ungelegenheiten machen könne, weßhalb er

Bombardier Tipfel als Bedienter. 291

beschloß, sich so sorglos als möglich zu stellen, um jenen zu täuschen, daher lehnte er sich an den Thorpfosten und pfiff leise eine Melodie vor sich hin. Wirklich schien er auch den im Mantel hierdurch auf den Glauben zu bringen, als sei er berechtigt, hier zu stehen. Denn dieser kam auf ihn zu und fragte ihn ganz leise: „Liebster Freund, Sie gehören wahrscheinlich in dies Haus?"

„Das nicht," entgegnete Tipfel mit vieler Ruhe, „aber ich habe hier in der Küche gute Bekannte." Damit spielte er auf Kartoffeln und Bratwürste an.

„Sagen Sie, mein Bester," sprach der Andere, „würde es Ihnen vielleicht darauf ankommen, einen Thaler zu verdienen und mir einen großen Dienst zu erweisen?"

„O, warum das nicht? Ich würde wohl," sagte Tipfel.

„Nun denn, sehen Sie, lieber Freund," entgegnete der im Mantel, „es ist mir von äußerster Wichtigkeit, Jemand aus diesem Hause zu sprechen. Ich gestehe es Ihnen, eine Dame; doch darf ich es Umstände halber nicht wagen, ohne die größte Vorsicht in's Haus zu treten."

„Sehr schön," antwortete Tipfel, dem plötzlich ein Gedanke kam, „aber sagen Sie nur, soll ich aus der Küche Jemand herbeirufen?"

„Ja, ja, mein Bester," sagte der im Mantel, „thun Sie so. Gehen Sie nur ohne Furcht in die Küche, schlagen Sie die Thüre zu oder machen sonst ein Geräusch, und wenn die Köchin hereinkommt, mein Lieber, sagen Sie ihr nur, der Herr S., verstehen Sie wohl, Herr S., warte draußen."

Tipfel rieb sich die Hände vor Vergnügen, denn er bedachte wohl, er könne es jetzt getrost wagen, in die Küche zu gehen, und beschloß, im Nothfall sich für den Bedienten des Herrn S. auszugeben. Er bat diesen, nur leise unter den Thorweg zu treten, und ging darauf wieder an das Küchenfenster. Es war Niemand da. Tipfel wagte sich einige Schritte weiter und fand eine Thür, die auf eine kleine Treppe führte, über welche er in die Küche selbst gelangte. Hier ermangelte er nicht, ein kleines Geräusch zu machen, indem er die Thüre hinter sich zuwarf, mit den Füßen scharrte und einigemal bedeutungsvoll hustete. Auch that dies Manöver alsbald die gewünschte Wirkung, denn er stand noch keine Minute da, so hörte er von der andern Seite eine Thür öffnen, es näherten sich Schritte, und ein hübschgekleidetes Dienstmädchen trat in die Küche und blieb beim Anblick des Bombardiers überrascht stehen. Tipfel schwenkte seinen Hut, machte einen zierlichen Kratzfuß und berichtete, daß Herr S. draußen warte, worauf das Dienstmädchen sogleich freundlich wurde, ihn bat, sich niederzusetzen, und augenblicklich wieder verschwand.

Tipfel hatte jetzt Muße, sich Töpfe und Pfannen anzusehen, und freute sich innerlich, als ihm sein Geruchssinn sagte, daß er sich früher in Betreff der Kartoffeln und des Gebratenen nur in so fern geirrt, als Letzteres keine Bratwürste, sondern irgend ein feines Geflügel war.

Jetzt kam auch das Dienstmädchen wieder, schlüpfte durch die Küche in den Thorweg und kehrte in wenig Augenblicken mit dem Herrn im Mantel zurück, worauf sie ebenso schnell mit ihm durch die andere Thüre wieder verschwand. So viel der Bombardier von seinem unbekannten Herrn in diesem Augenblicke sehen konnte, fand er, daß dessen Gesicht, sowie die ganze Figur ihm nicht sehr behagte. Sie war in den Augen des feisten Bombardiers von einer unwürdigen Magerkeit, und ebenso ärgerte sich auch Tipfel über die unordonnanzmäßige Beschaffenheit des Kopfes. Ein röthlicher Backenbart zog sich um das spitze magere Kinn, und lange braune Haare bedeckten, sorgfältig geringelt und gekämmt, beinahe die unförmlich großen geistlosen Augen. Beim Vorbeischreiten hatte der Fremde im Mantel seinerseits den Bombardier etwas näher in's Auge gefaßt, und ein spöttischer Blick schien die ärmliche Toilette des Bombardiers zu bedauern.

Tipfel stand allein in der Küche, und wußte jetzt fast ebenso wenig, seinen Brief an die Behörde zu bringen, wie früher. Sollte er das geräuschvolle Manöver von vorhin noch einmal probiren? Doch er hatte es nicht nöthig, denn nach wenig Augenblicken kam das Dienstmädchen allein zurück und begann sich eifrig mit ihren Töpfen und Kesseln zu beschäftigen, wobei sie mit dem Bombardier ein herablassendes Gespräch anknüpfte.

„Ist Er schon lange bei dem Herrn S.?" fragte sie schnippisch, und hob den Deckel von der Bratpfanne, so daß Tipfel, der dabei stand, in einem Meer von Duft und Wonne schwamm und kaum die Worte hervorbringen konnte: „Passirt so, noch nicht gar lange."

Darnach beschäftigte sie sich mit ihren Tellern, Messern und Gabeln, so daß ein unerhörtes Geklapper entstand, während sie obendrein die letzte Arie aus der Nachtwandlerin sang, und dabei die Worte:

Ei so komm doch 2c. 2c.

einige Dutzend Mal mehr als nöthig wiederholte.

Der Bombardier sah bei diesem Lärmen nicht ein, wie es ihm möglich sei, sich auf eine feine Art seiner Privatbotschaft zu entledigen. Er hatte seinen Brief aus der Tasche gezogen, den Patrouillenzettel sorgfältig davon abgewickelt und wollte eben die Adresse betrachten, als sich mit einem Male die Thüre öffnete und ein Mädchen hereinhüpfte, so schön und freundlich anzusehen, daß Tipfel mit offenem Munde dastand und sich in allerlei seltsame Phantasieen vertiefte. Doch jetzt sah er mit einem Male, daß um das runde frische Gesichtchen die schönsten hellblonden Locken niederfielen. Er hörte, wie das Küchenmädchen, nachdem sie noch einmal: Ei, so komm doch! gesungen, sich mit der Frage an die Dame wandte: „Was befehlen Fräulein Pauline?" und er wußte jetzt, wen er vor sich habe.

„Wo ist denn die Tante?" fragte die junge Dame, und die diplomatische Köchin verzog ihr Gesicht zu einem sonderbaren Lachen und präsentirte den Bombardier mit einem vielsagenden Blick als

Siebentes Kapitel.

den Bedienten des Herrn S. Jetzt war der entscheidende Augenblick gekommen. Die Köchin hatte in der Nebenkammer etwas zu thun, und Fräulein Pauline wandte sich zum Fortgehen. Da trat der Bombardier festen Fußes vor sie hin, machte eine der zierlichsten Verbeugungen, die je ausgeführt wurden, und sagte dem überraschten Mädchen ungefähr Folgendes:

„Mein Fräulein, Sie entschuldigen, ein Mißverständniß, ich bin nicht der Bediente des Herrn S., vielmehr bin ich der Diener des Herrn, der vor einigen Abenden das Glück hatte, seltsamer Weise mit Ihnen zu fahren. Er ist untröstlich, Sie nicht wieder zu sehen, und hat es deßhalb gewagt, Ihnen einige Zeilen zu schreiben, die Sie vielleicht die Güte und Gnade haben, anzunehmen. Gewiß, mein armer Herr ist untröstlich, Sie bis jetzt nicht wieder gesehen zu haben."

Tipfel hatte in seinem Leben keine so lange Rede gehalten, und schwieg ganz erschöpft still, um seine Lungen durch einen tiefen Athemzug zu restauriren; ein Athemzug, der einem schmerzlichen tiefen Seufzer glich, wofür ihn auch die junge Dame halten mochte, denn sie betrachtete den treuen Diener keineswegs mit einem bösen Blick. Als nun Tipfel noch hinzufügte, daß sein armer junger Herr in Verzweiflung sei, und er beständig in Furcht lebe, seine Kühnheit von neulich Abends habe Fräulein Pauline erzürnt, verwandelte sich ihr ernstes Gesicht in ein halb freundliches, und sie nahm wirklich den ihr dargebotenen Brief. Doch sind wir fest überzeugt, sie that es nur in der reinen Absicht, um den armen treuen Diener nicht zu kränken, und wird den Brief wahrscheinlich, als sie jetzt die Küche verließ, ungelesen verbrannt haben.

Achtes Kapitel.

Die handelnden Personen mehren sich und spielen theils angenehm, theils — unangenehm mit. Von der verwerflichen Eitelkeit der Dienstboten. Schreckliche Verwechselungen und wie selbst der Unschuldigste in Verdacht kommen kann.

Nachdem Tipfel auf so glänzende Art seinen Auftrag vollführt, wandte er sich gegen das Küchenmädchen, das unterdessen wieder eingetreten war, und manövrirte, mit demselben sprechend, gegen die Thüre, um einen schicklichen Moment zu erwischen, wo er das Haus verlassen könne, ohne seinen Gebieter, den Herrn S., wieder zu sehen. Doch das Schicksal beschloß es diesmal anders. Kaum war nämlich Fräulein Pauline fort, so trat von der andern Seite ein Mann ein, der den Bombardier Tipfel mit einem forschenden Blick betrachtete, sich darauf gegen das Küchenmädchen wandte, und während er seinen Mantel abwarf, diese in sehr ernstem Tone fragte: „Wer ist der Mensch da, und was will er?"

Tipfel machte bei dieser Bezeichnung seiner Person vermittelst eines sehr allgemeinen Ausdrucks ein sonderbares Gesicht, und konnte es nicht unterlassen, den Frager etwas näher anzusehen. Dieser war ein ältlicher Herr von sehr solidem und gesetztem Aeußern; er trug einen braunen Ueberrock bis unter das Kinn zugeknöpft, hatte an den Füßen Pelzüberschuhe und um seinen Hals ein dickes schwarzseidenes Tuch geschlungen, in welches er von Zeit zu Zeit seinen Kopf bis zur Nase vergrub. Trotz der barschen Frage, die er gethan, war doch sein Gesicht nichts weniger als unfreundlich zu nennen, und jetzt, als ihm beide Theile die Antwort schuldig blieben, sah er das Küchenmädchen mit einem halb spöttischen Lächeln an, und wiederholte seine Frage von vorhin, während er sich die Pelzschuhe ausziehen ließ, mit dem Zusatze: „Wahrscheinlich dein Schatz, Marie, he?"

Hätte nur in diesem Augenblicke Tipfel ein stattlicheres Ansehen gehabt, so hätte die ungeheure Eitelkeit des Mädchens ihre Gebieterin in keine Ungelegenheiten gebracht. Aber wer des Bombardiers Anzug, inclusive Hut und beschmutzte Stiefel sah, der konnte der Köchin so arg nicht darüber zürnen, daß sie den Kopf erhob, den Bombardier etwas geringschätzig von der Seite anblickte, und mit spöttischem Ausdruck sagte:

„Na, hören Sie, Herr Regierungsrath, so ein Schatz, das sollte mir noch abgehen;" — eine Geringschätzung seiner Person, die selbst den gleichmüthigen Bombardier etwas aus der Fassung brachte und ihn für den Augenblick vergessen ließ, daß der eingetretene Herr vielleicht gerade eben der sei, vor dessen Auge zu erscheinen der Herr im Mantel nicht für gut befunden hatte. Er zupfte deßhalb im Gefühl des gekränkten Stolzes an seiner strickartigen schwarzen Halsbinde und sagte:

„Mein Herr, Sie irren sich sehr; ich stelle hier nicht den Schatz dieser Person vor, sondern" —

Doch jetzt sah Marie ein, daß der Bediente des Herrn S. im guten Zuge sei, ihre Gebieterin, und somit auch sie zu verrathen, weßhalb sie ihm rasch einen Wink gab und zu dem Herrn sagte: „O, Herr Regierungsrath, es ist nur ein armer Mensch, der zuweilen etwas zu essen hier bekommt!"

Die Unbesonnene! So etwas konnte doch unmöglich ein königlicher Bombardier auf sich sitzen lassen. Tipfel streckte sich auch alsbald in die Höhe, fühlte einen gelinden Zorn, sagte aber noch mit vieler Mäßigung:

„Herr Regierungsrath, diese Küchenperson da hat sich unterstanden, Sie zu belügen. Nachdem ich die Ehre hatte, Ihnen zu vermelden, daß ich nicht ihr Schatz bin, füge ich hinzu, daß ich noch viel weniger ein armer Mensch bin, der hier zu essen bekommt, sondern ich fungire vielmehr hier als ein Bedienter eines Herrn S., der, der" —

Kaum hatte der Bombardier eines Herrn S. erwähnt, als der

Verwerfliche Eitelkeit der Dienstboten. 297

alte Herr plötzlich in die Höhe fuhr, wobei man deutlich sehen konnte, daß der freundliche Ausdruck seines Gesichts gänzlich verschwunden war. Er zog seine Augenbrauen so sichtbar zusammen, daß es schien, es bringe absichtlich sein Gesicht in den Ausdruck des Zorns, um das Dienstmädchen zu erschrecken; dann fragte er mit sehr ernstem Tone: „der Herr S., wer ist der Herr S.? Ich will doch nicht hoffen"

Jetzt verlor die diplomatische Köchin plötzlich ihre ganze politische Haltung; sie fuhr mit dem Zipfel ihrer Schürze nach den Augen und stotterte: „Ach, Herr Regierungsrath — ich weiß doch nicht — ich kann doch nicht — was soll ich sagen?" worauf der alte Herr seinen Hut auf dem Kopfe festdrückte und mit der andern Hand über das Kinn fuhr, als wolle er über etwas nachdenken. Sodann ging er stillschweigend durch die Thüre und man hörte ihn die Treppe hinaufsteigen.

Tipfel hatte dieser kleinen Scene mit nicht geringem Schrecken zugehört, und er begann sich selbst Vorwürfe zu machen, daß er nicht lieber das Maul gehalten und seinen Zorn niedergekämpft habe, als wie den Verräther zu machen. Doch kamen diese guten Vorsätze jetzt zu spät, und das Räthlichste, was er thun konnte, schien ihm, sich langsam nach der Thüre zurückzuziehen, die unter den Thorweg führte. Aber die Köchin hatte nicht sobald seine Absicht bemerkt, als sie ihm in den Weg sprang und ihm, freilich mit etwas anders gestellten Worten, sagte: daß nur über ihre Leiche der Weg in's Freie gehe. Darauf schluchzte sie sehr vernehmlich und Tipfel hörte deutlich die Worte: „So ein lumpiger Bedienter verräth seinen Herrn! O Gott! o Gott! was sollen die Fräuleins von mir denken? Was wird der alte Herr sagen und der Herr S.?"

Ueber dies Letztere verschaffte ihr die nächste Minute gehörige Auskunft, denn man hörte Schritte die Treppe herabkommen, der alte Herr öffnete die Thüre, und da er seinen Hut tief in den Kopf gedrückt, seine Augenbrauen wieder so finster wie möglich zusam-

298 Achtes Kapitel.

mengezogen, auch den untern Theil seines Gesichts tief in die Halsbinde vergraben hatte, so glich er einem Vermummten der heiligen Vehme, der ein armes Schlachtopfer zum Richtplatz führt. Dies arme Schlachtopfer war der Herr S., der mit einer Armensündermiene hinter dem alten Herrn drein kam. Er hielt seinen Hut in der Hand und seine wasserblauen großen Augen schienen sich in die Steine des Fußbodens verliebt zu haben.

Der Regierungsrath gab dem Küchenmädchen mit kurzen Worten zu verstehen, daß ihre Gegenwart hier unnöthig sei, und als diese das Gemach verlassen, wandte er sich gegen den Herrn S. und sagte ihm in sehr ernstem Tone: „Herr Auditeur, es thut mir leid, Ihnen hier in Gegenwart Ihres Bedienten wiederholen zu müssen, was ich Ihnen schon früher unter vier Augen sagte. Ich kann ein Verhältniß mit meiner Schwester, die beinahe Ihre Mutter sein könnte, weder billigen, noch viel weniger erlauben, zu Ihrem eigenen Besten, Herr Auditeur, und muß Sie also nochmals dringend bitten, Ihre Besuche meines Hauses in dieser Absicht nicht weiter fortsetzen zu wollen." Hier schöpfte der alte Herr tief Athem, und es war, als habe er sein Gesicht unten und oben nur verhüllt um diese Worte mit gehörigem Ernst und halbem Zorn sprechen zu können; denn er schien sich vor seiner eigenen Gutmüthigkeit zu fürchten. Sobald er nun also seinen Willen kund gethan, nahm er seinen Hut ab, reckte Kinn und Mund aus dem umschlingenden Halstuche, und setzte mit freundlichem Gesichte hinzu: „Wie gesagt, Herr Schmidt, es thut mir sehr leid. Ich bin kein harter Mann, aber — nun ja, Sie wissen's schon. Wenn ich Ihnen sonstwo dienen kann, bin ich gern bereit."

Herr Schmidt hatte noch nicht aufgehört, mit den Steinen des Fußbodens zu liebäugeln; nur ein einziges Mal, als seines Bedienten erwähnt wurde, hob er den Kopf und warf dem Bombardier einen forschenden Blick zu. Als aber der alte Herr geendigt hatte, machte der Auditeur zum Zeichen des Einverständnisses eine

Verwerfliche Eitelkeit der Dienstboten.

tiefe, stumme Verbeugung, wobei er seine Hand auf das Herz legte, den Kopf auf die Brust herabsinken ließ, — eine Verbeugung, welche, im Verein mit seiner Jammermiene, ungefähr ausdrücken wollte: Mein Herz ist gebrochen, ich senke mein Haupt in Betrübniß. Darauf machte er eine lange Pause, strich sich dann mit der dünnen weißen Hand die Haare aus dem Gesicht, und sagte mit süßer Stimme:

„Bester, geehrtester Herr Regierungsrath, Sie sprachen vorhin von meinem Bedienten, und sahen mich erstaunt darüber. Dort, jene Person?"

„Nun ja," entgegnete der alte Herr, „ist das nicht Ihr Diener? Höre, du" — wandte er sich an Tipfel, „bist du denn nicht der Diener des Herrn Auditeur da?" wogegen der Diener statt aller Antwort mit dem Kopfe schüttelte und die Achseln zuckte, eine Pantomime, die der Regierungsrath auch gegen den Herrn Schmidt ausübte. Doch dieser, der Herr Auditeur, der nun zu seiner großen Zufriedenheit Jemand fand, an dem er seinen Zorn auslassen konnte, warf den Kopf zurück und fragte genau in demselben Tone, als sei er bei seinem Militärgericht beschäftigt, einen armen Soldaten über einen Subordinationsfehler auszuforschen: „Wer ist der Dummkopf?"

Tipfel würde ihm wahrscheinlich eine passende Antwort ertheilt haben, wenn nicht schon vor dieser Frage der ferne dumpfe Ton eines Kanonenschusses an sein geübtes Ohr geschlagen wäre. Aufmerksam lauschte er, die Worte des Auditeurs gänzlich überhörend —

Bumm! richtig es fiel ein zweiter Schuß, jetzt ein dritter. Auch der Regierungsrath hörte die Schüsse und wandte sich fragend an den Auditeur, worauf dieser gleichgültig antwortete: „wahrscheinlich ein Kettengefangener entsprungen. Das wird wieder auf allen Wachen Allarm geben, und ist alsdann des Patrouillirens auf den Straßen kein Ende."

Tipfel war bei jedem der Schüsse bleicher geworden; denn ihm

Achtes Kapitel.

fiel deutlich ein, daß sich jetzt von allen Thoren größere und kleinere Patrouillen draußen nach den Forts begeben, um diese genau zu untersuchen, da es schon mehrmals vorgekommen, daß sich die entsprungenen Gefangenen in den Kasematten und verdeckten Gräben tagelang aufgehalten. Ihm fiel ferner ein, daß die Thüren geschlossen würden und Niemand hinaus dürfe. Alles das bestürmte sein Herz dermaßen, daß er den Respekt gegen einen königlichen Regierungsrath und Auditeur gänzlich bei Seite setzte.

„O Himmel tausend Sakerment! Meine Wache!" fluchte er, riß die Küchenthüre auf, stürzte in den Thorweg und von da in's Freie. Hastig sprang er gegen die Ecke des Platzes, wo er den Kanonier Schulten gelassen. Doch dieser war verschwunden, und Alles wüst und leer. Vom Boden glänzte ihm etwas entgegen, es war eine der Weinflaschen, aber Schulten hatte sie ausgetrunken; die andere war gar nicht zu finden. Auch zeigten dem Bombardier hie und da auf dem Schnee zerstreute Stücke grauen Papiers deutlich an, daß Schulten seinem Landsmann, dem Westphälinger, ebenfalls den Garaus gemacht. Auch den Kanonier mußten die drei Schüsse fortgetrieben haben, denn er hatte in der Eile auf dem Stein einen kleinen Zettel liegen lassen, wahrscheinlich die Anweisung auf den Rüdesheimer und den Schinken, den köstlichen Zettel, dessen Resultate hier vergeudet worden waren, ohne daß der unglückliche Bombardier mit gemächlicher Ruhe davon genossen hätte. Mechanisch riß er das Papier auseinander, hielt es gedankenlos gegen den Mond und las:

„Mein Fräulein!

Werden Sie einem Unbesonnenen zürnen, der, nachdem ihn neulich Zeit und Umstände getrieben, eine der glücklichsten Stunden seines Lebens in Ihrer Nähe zu verbringen —"

Das las Tipfel und griff an seine Stirn, um zu erfahren, ob er wache oder träume; er griff an seine Stirn, ja, die brannte fieberhaft ob all dem Schrecklichen, was ihm heute Abend paſſirt und noch paſſiren würde; er griff in ſeine Bruſt, und hier fror es ihn erbärmlich durch den dünnen Frack; er faßte an ſeinen Magen, der war hungrig und leer. Dann warf er noch einen Blick in das Papier, in den Brief ſeines Freundes, den er unglücklicher Weiſe verwechſelt und an deſſen Stelle er dem hübſchen blonden Mädchen die Anweiſung auf Rüdesheimer und weſtphäliſchen Schinken eingehändigt hatte. Dann ſchlug er ſich abermals vor die Stirn und trabte ſchwerfällig nach der Gaſſe, wo ſein Freund, der Schreiber wohnte, um da auf's Geſchwindeſte ſeine Uniform wieder anzuziehen.

Er ſtürzte vor das Haus und ſah nach dem fünften Stock empor, aber es war da oben kein Licht zu ſehen. Was ſollte der Aermſte machen? Seine Uniform mußte er doch wieder haben. So raſch als möglich kletterte er die Treppe hinauf und klopfte erſt leiſe, dann immer lauter an die Thüre der Dachkammer. Doch es öffnete Niemand. Tipfel trommelte in ſeiner Angſt mit Händen und Füßen gegen die Bretter, fluchte dabei ganz entſetzlich und rief ſeinen Freund beim Namen. Kurz, er vollführte einen ſolchen Spektakel, daß ſich bald die Bewohner der untern Stockwerke darüber empörten. Im vierten Stock öffnete ſich eine Thüre, und ein altes Weib in einem ächten Hexennegligée leuchtete die Treppe hinauf und erkundigte ſich mit einer kreiſchenden Stimme, was für ein Hallunke, Spitzbube oder Mörder da oben ſein Weſen triebe? Aus dem dritten Stock herauf fluchte eine tiefe Baßſtimme: wenn der Lärm da oben nicht aufhöre, werde man ſogleich auf die Polizei gehen. Dazwiſchen ließen ſich mehrere Kinderſtimmen im höchſten Diskant vernehmen, ein paar Hunde bellten, und durch all' den Lärm hörte Tipfel von unten ein paar ſchleppende Pantoffeln die Treppe heraufklappern, die ohne Zweifel der Hauswirthin gehörten, einer alten ſtämmigen Dame, die im Erdgeſchoß einen Spezereiladen dirigirte.

Der Bombardier hatte beim Erſteigen der Treppen ſeinen Frack ausgezogen, um mit dem Umkleiden ſchneller fertig zu werden, doch

Achtes Kapitel.

hatte sich ja Alles gegen ihn verschworen. Da stand er vor der Thüre rathlos und thatlos. Sollte er sich mit dem Rücken gegen die morschen Bretter fallen lassen und so das Zimmer erstürmen; er hätte es wahrhaftig gethan, wenn nicht das Haus in allen seinen Stockwerken schon durch sein Hämmern an der Thür in den größten Aufruhr gekommen wäre. Die klappernden Pantoffeln hatten schon die Belletage erreicht und die Baßstimme erwähnte immer häufiger der Polizei, worauf dann der arme geängstigte Bombardier für das Gerathenste hielt, sich so schnell als möglich zum Rückzug anzuschicken. Er polterte die vierte Treppe hinab, gegen das alte Weib, welches beim Anblick des Menschen in Hemdärmeln laut kreischend die Flucht ergriff und in Einem fort schrie: „Ein Dieb! haltet den Dieb!" Die Baßstimme unten vereinigte sich mit dem Ruf, und der Eigenthümer derselben ergriff, als Tipfel bei ihm vorbeirennen wollte, einen Aermel des unglücklichen schwarzen Fracks. Doch Tipfel, in seiner Todesangst, ließ nicht los, und da er schon auf der dritten Treppe war, so hätte er also unfehlbar durch die Schwere seines Körpers seinen Frack mit der daran hängenden Baßstimme hinuntergerissen, wenn der Mann im dritten Stockwerk nicht klüglicher Weise mit dem einen Arm das Treppengeländer erfaßt hätte. So aber wurde der Lauf des dicken Bombardiers für den Augenblick durch den schwarzen Frack gehemmt und der Aermste schwebte, im wahren Sinne des Wortes, über einem Abgrund, in dessen Tiefe die dicke Hauswirthin, mit Licht und Feuergabel bewaffnet lauerte. Wer weiß, zu welchem Ende dies geführt hätte, wenn nicht der Frack auf einmal mit einem lauten Krachen auseinander gerissen wäre, worauf Tipfel in möglichster Geschwindigkeit die Treppe hinabrollte. Doch kam dies glücklicher Weise so unerwartet für die Untenstehenden, daß Alles, was im Begriffe war, den Dieb festzuhalten, die dicke Hauswirthin an der Spitze, auf die Seite sprang, und dem armen Tipfel gestattete, schleunigst das Haus zu verlassen.

Neuntes Kapitel.

Von den schrecklichen Folgen, die das Entspringen eines Kettengefangenen haben kann. Der Bombardier Tipfel geräth in Verzweiflung, will zum Selbstmörder werden und begeht in der Todesangst den ersten gescheidten Streich seines Lebens, in dessen Folge er arretirt wird.

Auf der Straße angekommen, wandte sich Tipfel rasch um die nächste Ecke und lief um so schneller, als er aus dem Hause stürzend, auf einen Menschen gestoßen war, der ihn aufzuhalten suchte und der ihm jetzt nachzurennen schien.

„Halt doch, halt doch!" rief es hinter ihm. „Zum Teufel, ich bin's ja! Halt doch, Tipfel!"

Vergebens. Der Dämon, der heute Abend alle Schritte des armen Bombardiers begleitet hatte, ließ ihn die Stimme seines Freundes, des Schreibers, verkennen, und je mehr dieser schrie, um so schneller rannte Tipfel, und da er dabei in alle Nebengäßchen hineinsprang, überhaupt so oft um eine Ecke segelte, wie nur möglich, so hörte er bald nichts mehr und blieb einen Augenblick stehen, um Athem zu schöpfen und seinen Frack wieder anzuziehen, den er bis jetzt wie eine Husarenjacke auf dem Rücken getragen hatte. Ach, es war nur noch der Theil eines Frackes, ein Aermel war ganz ausgerissen und die Hälfte des Kragens, sowie das linke Vordertheil fehlten ebenfalls.

Aber trotzdem mußte sich Tipfel entschließen, das Gewand so gut wie möglich anzuziehen, denn da es seither noch kälter geworden war, fror es ihn ganz erbärmlich. Jetzt schlug es auf den Kirchen neun Uhr, und das letzte schreckliche Unglück, daß man ihn für einen Dieb gehalten, hatte ihn gar nicht mehr daran denken lassen, daß er Wachthabender sei und noch dazu auf einem Fort, das wenigstens eine gute halbe Stunde von dem Platz entfernt lag, wo er sich gerade befand. Aber die Nothwendigkeit schärfte seinen Verstand und er entwarf schnell einen Operationsplan, um ungefährdet auf sein Fort zu entkommen, wo er dann seinen Freund in die Stadt schicken konnte, um seine Uniform zu holen.

Da die Thore der Stadt jetzt verschlossen waren, so ließ er seine Gedanken auf den Wällen umherspazieren, um einen Ort zu finden, wo er über Wälle und Gräben das Freie gewinnen konnte. Glücklicher Weise fiel ihm ein, daß nach der Richtung, wo sein Fort lag, sich die Bastion befand, wo das Geniecorps der Garnison zur Uebung eine Descente in den Hauptgraben gelegt hatte, und wo er also die zwanzig Fuß hohe Mauer nicht hinabzuspringen brauchte. Er wandte sich eilig dorthin und schlüpfte dicht an den Häusern vorbei, um den Patrouillen oder der Polizei, die heute Nacht wegen dem entsprungenen Gefangenen überall umherstreifte, nicht in die Hände zu fallen. Hierin begünstigte ihn auch das Glück und er hatte bald die belebtern Straßen hinter sich und bog in die ärmlicheren Stadtwinkel ein, wo Milchverkäufer, Gemüsehändler und dergleichen Leute in kleinen Häusern wohnten, die meistens in Gärten standen, welche an den ersten Wallgang stießen. Da Tipfel schon sehr oft in diesem Theile der Festung den Dienst eines Wallaufsehers verrichtet hatte, so kannte er glücklicher Weise alle Eingänge, Gräben und Wälle auf's Genaueste. In kurzer Zeit stand er vor einem hohen Gitterthor, über welches er nicht ohne große Anstreng hinwegkletterte. Dann stieg er eine schmale steinerne Treppe hinauf und befand sich auf dem ersten Walle. Da er sehr wohl wußte, daß die Wachen an den Pulverthürmen von allen Seiten diese Werke genau übersehen konnten, und besonders heute Nacht, wo der weiße Schnee alle dunkeln Gegenstände scharf hervortreten ließ, so drückte er sich dicht an die Brustwehren und schlüpfte, wo er konnte, von einer Schießscharte zur andern.

So gelangte er auf die sogenannte Exercirbastion, wo die schweren und leichten Festungsgeschütze stehen, an denen in schönen Vormittagsstunden die Artillerie zu ihrem Nutzen und Vergnügen

Tipfel begeht den ersten gescheidten Streich.

sich einige Stunden mit der praktischen Erlernung des Ladens, Richtens und Abfeuerns beschäftigen darf. Erschöpft lehnte sich Tipfel hier an einen colossalen Vierundzwanzigpfünder, der durch seine gemauerte Schießscharte gleich einem eisernen Zeigefinger spottend nach der Gegend wies, wo das Fort des Bombardiers lag, jene heimliche, trauliche Wachtstube, die er einem Freunde zu Liebe verlassen habe, um sich in tausenderlei Gefahren zu stürzen, die noch nicht beendigt waren.

So überaus unangenehm auch die Exercirstunden waren, die Tipfel hier schon verbracht, besonders wenn der Wind recht kalt und scharf über die Brustwehr der Bastion blies, so daß er oft vor Zähneklapper das Commando nicht geben konnte, so wünschte er sich doch sehnlichst einen jener Augenblicke zurück, ja sogar den, wo er wegen eines Fehlers vierundzwanzig Stunden Arrest erhalten hatte. Ach, damals wußte er doch, was ihm bevorstand, damals konnte er doch die Bastion auf einem schönen geebneten Wege verlassen, aber heute, wenn er auch wirklich glücklich durch die Descente in den Hauptgraben kam, so hatte er doch noch eine Lunette zu erklettern, noch ein paar Reihen Pallisaden zu überspringen, und konnte, was das Allerschlimmste war, noch an allen diesen Orten von irgend einer Patrouille aufgegriffen werden. Obendrein schimmerte im Hintergrunde noch die schreckliche Ungewißheit, ob nicht vielleicht seine Wache untersucht worden sei, seine Abwesenheit entdeckt, und nicht schon an die Commandantur ein Meldezettel abgegangen mit den Worten, daß der Wachtcommandant vom Fort IV. heimlicher Weise seinen Posten verlassen und sich der Desertion sehr verdächtig gemacht habe. Dabei schwebte ihm so etwas von Degradation vor, ein graues Gemisch von sechs Wochen Arrest, vom Verlust der Nationalkokarde, so daß der arme geängstigte Mensch, besonders da er wohl wußte, daß weder Pulver noch Blei auf der Bastion war, einen Augenblick bei sich überlegte, ob er sich nicht lieber mit dem Vierundzwanzigpfünder erschießen solle, um so seinen Leiden auf einmal ein Ende zu machen.

Doch seine bessere Natur siegte, er suchte und fand bald den Eingang der Descente und rutschte durch den finstern, steil abwärts ziehenden Gang rasch in den Hauptgraben. Hier wand er sich an der Festungsmauer links, um dort, wo sich der vorspringende Winkel der Lunette am meisten dem Hauptgraben nähert, in die Höhe zu klettern. In der hohen Mauer des Hauptwalles befinden sich mehrere Eingänge, welche in Kasematten und Minenwege führen, und wo zur Friedenszeit allerlei Vorräthe der Artillerie aufbewahrt werden. Diese Eingänge sind mit starken eisernen Thoren und vermittelst eines eisernen Querbalkens verschlossen.

Als sich der Bombardier hier von hohen Festungsmauern umgeben sah in so später Stunde der Nacht, wo Alles weit umher ruhig und still war, auf dem Grunde des tiefen Grabens, wohin weder der Lärm der Landstraße, noch das geräuschvolle Treiben der Stadt dringen konnte, trat ihm plötzlich der Gedanke an jenen entsprungenen Kettengefangenen wie ein Gespenst vor die Seele. Wie, wenn auch dieser, da er vielleicht nicht über die Werke hinauskonnte, hier in den Gräben umherirrte, wenn er ihm zufällig begegnete, und wenn der Verbrecher vielleicht über ihn herfiele und ihn todtschlug! denn von einem solchen Kerl, der in der Verzweiflung war, ließ sich Alles erwarten. Daß es ein schwerer Verbrecher, wahrscheinlich ein Mörder war, hatte Ipfel an dem Signal gehört, das durch drei Kanonenschüsse gegeben wurde, indem für entsprungene Militärsträflinge nur ein Schuß gethan wird, für geringere Verbrecher zwei.

Auch gesellte sich zu diesen Phantasien noch ein anderer schrecklicherer Gedanke, daß man ihn, den armen unschuldigen Bombardier, im Fall er ergriffen würde, am Ende gar für den entlaufenen Mörder halten könne.

So schlich er an der Festungsmauer dahin, scharf umherspähend,

Tipfel begeht den ersten gescheidten Streich. 307

und blieb plötzlich wie angefesselt stehen. Vor ihm, keine hundert
Schritte, sah er in der Hauptmauer einen jener Eingänge, von
dem wir eben sprachen, und wenn ihn das Dunkel der Nacht nicht
getäuscht, erblickte er eine Gestalt, die von der andern Seite der
Mauer herschlich, um in jenen Eingang hineinzuschlüpfen. Das ist
der entsprungene Mörder! ertönte es plötzlich durch seinen ganzen
Körper, und er fühlte, wie eine Gänsehaut ihn bedeckte. Er war
ohne Waffen, ja sogar ohne Stock; was sollte er thun? Sollte
er umkehren? denn wenn er vorwärts ging, mußte er bei jenem
Eingange vorbei, der Verbrecher sah ihn, stürzte wie ein wildes
Thier aus seiner Höhle auf ihn los und — die Blüthe deutscher
Bombardierschaft war nicht mehr.

Es ist vielleicht jedem von unsern Lesern schon vorgekommen,
daß sich in solchen Augenblicken, wie der eben beschriebene, der
vorhandene Muth krampfhaft zu einer unbegreiflichen Höhe steigert.
Wir nehmen an, es fürchte sich Jemand vor Gespenstern, er geht
schon in Gedanken einem solchen Wesen hundert Stunden aus dem
Wege. Da sieht er in einer schönen Nacht etwas Unbegreifliches
neben sich auf der Straße wandeln; es ist vielleicht eine schatten=
hafte Gestalt, die über den Boden dahin gleitet, statt solide mit
den Füßen aufzutreten. Hätte er vorher gewußt, daß ihm auf
jenem Wege etwas der Art begegnen würde, so würden ihn vielleicht
die Schätze Indiens nicht vermocht haben, dahin zu gehen. Aber
jetzt übermannt ihn die Furcht, es zuckt durch seinen Körper eine
unbeschreibliche Wuth, sich an jenem Wesen zu rächen, das ihn in
Furcht versetzt, und auf einmal stürzt er willenlos auf das Gespenst
zu, mit dem festen Vorsatz, ihm den Hals umzudrehen. Da es
keine Gespenster gibt, wird er wahrscheinlich an eine weiße Thüre
oder an einen harmlosen Menschen rennen, und jetzt ist auch sein
Muth schon wieder verraucht, und er begibt sich nach einer kurzen
Entschuldigung eilig nach Hause, nicht ohne sich einige hundert Mal
ängstlich umzusehen.

Neuntes Kapitel.

Genau so erging es dem Bombardier Tipfel. Nachdem eine plötzliche Furcht in seinem Körper alle Ideen von Muth wie ein rasendes Feuer aufgezehrt, fühlte er plötzlich ein krampfhaftes Zucken in seinen Händen und den festen Vorsatz in seiner Seele, sich von jenem Verbrecher nicht den Schädel einschlagen zu lassen, sondern ihm vielmehr im Fall der Noth ein Aehnliches zu thun. Auf den Zehenspitzen schlich er dem Eingange zu, Schritt vor Schritt stehen bleibend und horchend. Jetzt hatte er ihn erreicht, und sein Ohr an die Mauer legend, hörte er leise tappende Schritte, die von der gemauerten Wendung des Ganges widerhallend, sich nach innen zu verlieren schienen. Wie ein gereiztes Thier sprang jetzt Tipfel vor die Oeffnung, warf die Thorflügel zu und schob den Querbalken davor. Doch, wie schon gesagt, nach dieser That war sein Muth und seine Kraft plötzlich dahin, und er mußte sich einen Augenblick an dem Gitter halten, um nicht umzufallen. Jetzt kamen die Schritte aus dem Innern des Ganges eilig näher, Tipfel konnte die Gestalt eines Menschen unterscheiden und sprang zu seinem guten Glück zurück, denn der entflohene Mörder — er war es wirklich — warf ein Stück Eisen mit solcher Gewalt gegen ihn, daß es ihm unfehlbar würde den Kopf zerschmettert haben. Doch so fuhr es klirrend durch das Gitter bis in die Mitte des Grabens.

Obgleich der Bombardier von dem Eingesperrten nichts mehr zu fürchten hatte, indem das Thor so stark und gut verschlossen war, daß dieser es unmöglich aufbrechen konnte, so überwältigte Tipfel doch die Furcht, und er kletterte mit größter Anstrengung an dem Walle der Lunette empor. Jetzt war er fast oben, warf schaudernd einen Blick zurück in den dunkeln Graben und konnte noch deutlich die Oeffnung jenes Gewölbes entdecken, die von hier wie ein schwarzer Flecken in der Mauer aussah. Es graute ihm, wenn er an den Menschen dort unten dachte, den er gleich einem wilden Thiere eingesperrt, der nun wahrscheinlich in stummer Verzweiflung an den Eisenstäben rüttelte und ihm gewiß tausende von Flüchen

Tipfel begeht den ersten gescheidten Streich. 309

nachsandte. Es war ihm auch, als hörte er von unten die dumpfe Stimme des Mörders und rasch schlüpfte er an eine Schleßscharte, der Lunette, um von dort an einen der Außengräben zu gelangen, als er plötzlich durch ein lautes: „Halt! wer da?" das aus dem Munde eines Postens kam, der bei den Kugelhaufen auf der Lunette stand, aufgehalten wurde. „Halt! wer da!" wiederholte der Soldat, als Tipfel keine Antwort gab, und schlug das Gewehr an.

„Gut Freund," entgegnete der Bombardier, und trat näher, indem er sich nicht wenig freute, einen Kameraden gefunden zu haben, mit dem er über sein eben bestandenes Abenteuer plaudern konnte. Doch der Posten, ein einfacher Infanterist, nahm die Sache anders. „Stehe!" schrie er, „oder Gott verdamm mich, ich schieß' dich über den Haufen."

Jetzt fiel es aber auch dem armen Tipfel plötzlich wieder ein, daß er nicht in der unschuldigen Bombardier-Uniform dastand, sondern in seinem zerrissenen schwarzen Frack, der bei dem Durchschlüpfen zwischen den Schanzen und über Pallisaden noch mehr zersetzt worden war. Den Hut mit der schmalen Krämpe hatte er bei dem eiligen Laufe ganz verloren.

Nachdem sich der Bombardier stillschweigend von oben bis unten selbst betrachtet, blieb er nicht lange in Zweifel, für was ihn der Posten auf der Lunette eigentlich halte, und er erkannte mit Schrecken, daß es jetzt heiße: bis hieher und nicht weiter. Der Infanterist ließ ihn gewiß nicht wieder laufen, und wenn er ihm auch seine unglückliche Geschichte noch so klar auseinandersetze. Es war also nichts Besseres zu thun, als sich ruhig auf einen Kugelhaufen zu setzen und sich alsdann, dem gewöhnlichen Lauf der Dinge nach, mit der nächsten Ablösung auf die Hauptwache bringen zu lassen. Vor sich erblickte er die schneebedeckte Landschaft, in welcher sich wie ein dunkler Fleck das Fort Nro. IV. mit seinen Außen-

werken und den es umgebenden Bäumen zeigte. So nahe dem
rettenden Lande mußte er Schiffbruch leiden.

Jetzt begannen die Uhren der Stadt die zehnte Stunde zu
schlagen und bald darauf wurde auf dem Wallgange der einförmige
Schritt der Ablösung hörbar. Jetzt öffnete der Gefreite das kleine
Gitterthor, das auf die Lunette führte und trat in das Werk.

„Halt! Wer da?"
„Ablösung!"
„Ablösung vor! Auf dem Posten ist Alles in Ordnung; nur
habe ich eben einen Menschen arretirt, der auf höchst verdächtige
Art aus dem Hauptgraben auf die Lunette geklettert ist. Mir
scheint," setzte die Schildwache leiser hinzu, „es ist der entsprungene
Kettengefangene;" worauf sich der Gefreite sehr in die Brust warf,
und wahrscheinlich schon in dem Gedanken schwelgte, daß ihm nächstens das allgemeine Ehrenzeichen nicht entgehen könne. Tipfel
betrachtete sich den Gefreiten etwas genauer, und als er sah, daß
es ein alter Soldat sei, mit gewaltigem Schnurbart und mit einem
strengen, Ehrfurcht gebietenden Unteroffiziersgesichte, machte er gar
keinen Versuch, den wahren Stand der Dinge zu erzählen, indem
er doch wohl wußte, daß ihm dies hier gar nichts helfen würde,
sondern ließ sich vielmehr in stiller Ergebung auf die Hauptwache
bringen, wo er sogleich in das Zimmer des wachthabenden Offiziers
geführt wurde.

Zehntes Kapitel.

Worin der Leser den Unterschied einer Unteroffizier-Wachtstube von der im ersten Kapitel beschriebenen kennen lernt.

Die Offizierstube der Hauptwache war Abends beim Kerzenschein ein heimliches und sehr angenehmes Gemach; daß sich nur ein Fenster in demselben befand, welches noch obendrein stark vergittert war, hatte alsdann nichts zu sagen. Die vier weißgetünchten Wände waren bis auf eine kleine Stelle leer, eine Stelle, welche von Weitem wie ein dunkler Oelfleck aussah. Doch fand sich bei näherem Betrachten, daß dieser Fleck kein Fleck, sondern vielmehr eine Lithographie war, die einen Infanteristen in Paradeuniform darstellte, welcher von seinem Herrn Lieutenant zum Präsentiren abgerichtet wurde. Dies Bild war von einem Portepée-Fähnrich gestiftet worden, der das Gelübde gethan hatte, die Wachtstube mit einem nützlichen Möbel zu schmücken, sobald ihm die Seligkeit der Epauletten zu Theil würde. Anfänglich hatte er an die Stiftung eines Armsessels gedacht, doch war er aus verschiedenen Umständen so heruntergekommen, daß er am Ende nichts Wenigeres zu schenken wußte, als das Bild eines Lieutenants.

An den übrigen Wänden des Zimmers befanden sich verschiedene Nägel und Haken, an welchen allerlei luxuriöse und nützliche Gegenstände hingen, als: ein alter Wachtmantel, ein länglicher Eßkorb, eine Guitarre mit einem verschossenen himmelblauen Bande, eine Reitpeitsche, eine beschmutzte Wachtinstruktion, ein stark gebrauchtes Handtuch, an welchem unten ein zersprungener Spiegel festgemacht war. Auf einem Ecktischchen befand sich ein großes blechernes Dintenfaß, das aber aussah, wie eine alte verschüttete Stadt, denn es war so mit Tabaksasche bedeckt, daß nur hie und da noch ein kleiner Rand des Bleches hervorsah. Unter ihm lag eine einzige halbe Oblate, die letzte eines zahlreichen Geschlechts, die schon seit Jahren wie ein Heiligthum unantastbar war. Hier thronte auch auf einem unordentlich umherliegenden Spiel Karten eine bestaubte Bibel — ein Geschenk der Elberfelder Missions- und Bibel-Gesellschaft. Diesem Ecktischchen gegenüber stand links vom Eingang ein mit Leder überzogener Sopha, dessen Naturfarbe sehr in's Dunkle übergegangen war, und welches mit der Zufriedenheit und Glückseligkeit des Alters glänzte. Vor diesem Sopha stand ein viereckiger Tisch, um welchen theils auf alten defekten Stühlen, theils auf dem eben beschriebenen Wachtdivan selbst fünf bis sechs junge Helden saßen, die bei Bier und Tabak die Zeit mit geistreichen Gesprächen verbrachten.

Der wachthabende Lieutenant, eine kleine runde, sehr gesund aussehende Figur, mit dünnen blonden Haaren und einem kaum bemerkbaren, weißblonden Barte, saß als der Wirth auf einem der Stühle und machte die Honneurs, d. h. er schenkte die Biergläser voll und brannte die Flibusse an, wo es verlangt wurde. Neben ihm lag in der Ecke des Sophas ein unendlich dürrer Mensch; es war ein Fähnrich mit so langen Beinen, daß sie auf der andern Seite des Tisches noch hervorsahen. Er hatte den Kopf melancholisch in die Hand gelegt und sah nachsinnend zur Decke empor. Neben ihm in der andern Ecke saß ein Kavallerieoffizier mit schwärzlichem Haar und Bart, der sich vergebens bemühte, eine Arie aus den Hugenotten, von welcher er unaufhörlich versicherte, daß sie ganz gottvoll sei, wieder in's Gedächtniß zu bekommen.

Ihm gegenüber waren zwei andere Lieutenants in einen sehr interessanten Streit verwickelt. Sie hatten einen Bierkrug zwischen sich und waren beschäftigt, den eingebrannten Stempel „Selters" zu lesen, von dem der Eine behauptete: dies Wort würde Selter, das t wie t ausgesprochen und ohne s gelesen, worauf der Andere versicherte: es heiße Selzers, das t wie z und mit s ausgesprochen. Da sie sich hierüber nicht vereinigen konnten, so wandte sich Einer an den langen jungen Fähnrich und trug ihm den Streit vor, worauf dieser, ohne die Augen zu senken, oder seine Stelle etwas zu verändern, mit vieler Würde dahin entschied: Jeder könne lesen, wie es ihm am besten gefiele, ein Ausspruch, der von allen Anwesenden mit einem lauten Gelächter verehrt wurde.

„Ausgezeichnet!" sagte der Wirth. „Ganz witzig!" meinte der mit dem schwarzen Bart, und einer der Mineralwasserkruguntersucher versetzte laut lachend: „Ein unvergleichlicher Kerl, der Eduard!"

In diesem Zustande der Heiterkeit befand sich die Offizierstube, der Hauptwache, als man draußen Gewehre aufstoßen hörte, und der Gefreite der Ablösung mit der Meldung hereintrat: er habe auf der Lunette Nro. XXIV. so eben einen höchst verdächtigen Menschen aufgegriffen, und wenn er es wagen dürfe, vor seinem Vorgesetzten eine Meinung auszusprechen, so vermuthe er fast, es sei der entsprungene Kettengefangene.

Diese Meldung wirkte sehr überraschend auf die versammelten Offiziere. Zuerst sahen sich Alle mit dem Ausdruck des höchsten Erstaunens an; dann baten sie den wachthabenden Offizier, den Delinquenten doch gleich hereinkommen zu lassen, und der lange Eduard meinte, man solle ein förmliches Verhör mit ihm anstellen, sie würden das ebenso gut können, wie der Herr Auditeur. Worauf man den Gefreiten beauftragte, den Verhafteten eintreten zu lassen.

Aller Augen waren nach der Thüre gerichtet. Man stellte sich unter dem Gefangenen einen hagern, wild aussehenden Kerl vor, mit eingefallenem, bleichem Gesicht, borstigen Haaren und zerrissenen Ketten an Füßen und Armen, und war daher nicht wenig überrascht, als der dicke Bombardier eintrat, sich so gut wie möglich verneigte und Alle mit seinem gutmüthigen Gesicht der Reihe nach ziemlich verlegen anstarrte.

Die Erscheinung des armen Tipfel hatte etwas höchst Lächerliches. Der zersetzte Anzug, der ihm überall zu klein war, der zerrissene Frack, dem der linke Aermel fehlte und statt dessen ein

Zehntes Kapitel.

ziemlich schmutziges Hemd hervorsah, — wir wollen übrigens damit nicht andeuten, daß die Wäsche des Bombardiers in keinem guten Zustande gewesen sei, sondern Alles auf den sonderbaren Weg schieben, den er heute Abend gemacht, — kurz, dem ganzen verdächtigen Aeußern wurde aber durch das gar zu gutmüthige Gesicht alles Pikante weggenommen.

Nachdem der Wachthabende seinen Tschako, den er der Bequemlichkeit halber abgelegt, wieder aufgesetzt hatte, und sich seine Freunde um ihn gruppirt, begann das Verhör, indem man dem Bombardier die Frage stellte: wer er sei? worauf Tipfel alle seine Abenteuer von heute Abend, seit er das Fort verlassen, mit größter Genauigkeit erzählte, wobei er aber, wie es sich von selbst versteht, als ein verschwiegener Mensch, keinen Namen von Straßen oder Personen nannte.

Schon gleich zu Anfang seiner Erzählung sahen sich die Offiziere enttäuscht und es mochte ihnen gar nicht gefallen, daß des Bombardiers einziges Verbrechen darin bestand, seine Wache verlassen zu haben. Als er aber von dem Hauptgraben erzählte, von dem Kerl, den er dort eingesperrt, geriethen die Krieger in das sichtlichste Erstaunen und konnten sich nicht enthalten, als der Bombardier geendigt hatte, in einen lauten Ausruf des Beifalls auszubrechen. Der Wachthabende ging mit großen Schritten auf und ab, zuckte mehrere Male die Achseln und meinte, es thue ihm sehr leid, daß er über den Dienstfehler des Bombardiers nicht ganz die Augen zudrücken könne. Doch wolle er in seinem Bericht an die Commandantur die Sache in's möglichst beste Licht für ihn stellen.

Der lange Eduard, der bei der Erzählung sichtlich nachdenkender als zuvor geworden war, öffnete jetzt den Mund und erkundigte sich nach dem Namen des Freundes, für den Tipfel alle diese Leiden ausgestanden, worauf der Bombardier auf ihn aufmerksam wurde und sich erinnerte, ihn schon öfter gesehen zu haben. Plötzlich fiel ihm die Stallgeschichte ein, die ihm sein Freund erzählt hatte, und

Unterschied einer Offizier-Wachtstube ꝛc.

wo ein langer Vetter Eduard behülflich gewesen war, dem Rappen die Beine roth zu färben. Er nannte ihm deßhalb den Namen seines Freundes, der auf jeden Fall den Wachtdienst an seiner Stelle in der größten Angst versah, und bat den Vetter Eduard, auf das Fort Nro. IV. zu gehen, um dorthin durch Erzählung der Abenteuer der heutigen Nacht einigen Trost zu bringen.

In Betreff des Verbrechers that der wachthabende Offizier alle Schritte, die ihm in einem solchen Falle vorgeschrieben waren. Er behielt den Bombardier in seiner eigenen Stube und ließ den Eingang zu der Kasematte des Hauptgrabens, worin der Entsprungene eingesperrt war, mit einem doppelten Posten versehen. Dann schickte er einen Gefreiten hinaus auf das Fort Nro. IV. und ließ den Bombardier von der reitenden Artillerie, der dort commandirte, ablösen und freundschaftlich zu sich einladen, welch' letztere Maßregel es denn unnöthig machte, daß sich der lange Eduard durch die kalte Nacht auf das entlegene Fort bemühte. Dafür aber trabte dieser Treffliche eigensüßig in die Stadt und holte alle Bestandtheile zu einem guten Punsch, der denn auch alsbald mit Beihülfe der drei andern Offiziere unter seiner unmittelbaren Aufsicht gebrant wurde. Der wachthabende Lieutenant aber setzte sich an den Tisch, nahm einen großen Bogen vor sich und machte der Commandantur eine wichtige Meldung über das Vorgefallene.

Daß ihn dieser Bericht viel Kopfzerbrechens kostete, sah man an der Anstrengung, ja, wir möchten sagen, Wuth, mit der er das obere Ende seiner Feder zerkaute. Vielleicht wäre er auch nicht so bald damit zu Stande gekommen, oder wäre er nicht so trefflich ausgefallen, wenn ihm nicht sämmtliche Gäste der Offizierwachtstube, mit Ausnahme des langen Eduards, geholfen hätten. Selbst der Bombardier Ilpfel half an seinem eigenen Todesurtheil und endlich lag es gerundet auf dem Tisch.

Der Leser wird uns verzeihen, wenn wir ihn mit diesem merkwürdigen Aktenstück verschonen.

Bald kam der lange Eduard zurück in Begleitung eines Laufbuben, der mehrere Flaschen Rum, Zucker und Citronen trug. Auch die Ablösung vom Fort Nro. IV. stellte sich ein und brachte den Bombardier von der reitenden Artillerie mit, für den Tipfel zum Opfer geworden war, und in diesem Betracht ereignete sich eine wirklich rührende und herzbrechende Scene. Bombardier Robert verlangte ausdrücklich, mit in das Protokoll aufgenommen zu werden, wogegen Tipfel feierlichst protestirte. Da Keiner nachgeben wollte, so entschied sich der Wachthabende dahin, daß der Bombardier Robert nicht in's Protokoll verzeichnet würde, indem der Stadtcommandant, Oberst von Lunte, schon von selbst die Lunte riechen und die Bekanntschaft dieses guten Freundes zu machen suchen würde.

Eilftes Kapitel.

Handelt von verschiedenen angenehmen und geistreichen Gesprächen, wie solche in einer Offizier-Wachtstube geführt werden, sowie von sinnreichen Militärstrafen.

Nachdem auf diese Weise die Dienstgeschäfte vor der Hand besorgt waren, gruppirte sich Alles um den Tisch, auf welchem der Punsch dampfte; der Wachthabende von der Infanterie war artig genug, auf eine gute Laune des Oberst von Lunte anzustoßen.

Die Hauptwache einer großen Stadt so zu versehen, daß der Ablösende am nächsten Morgen dem Abgelösten nicht bei Uebergabe der Parole zuflüstert: „Lieber Bruder, es thut mir verdammt leid, aber die alte Lunte hat auf Stubenarrest für dich angetragen," ist keine Kleinigkeit. Die gewöhnlich vorkommenden Sachen, wie Visitir- und Haupt-Runden, Patrouillen ꝛc. sind so ziemlich ein gewiesener Weg. Da aber die Hauptwache bei nächtlichen Aufläufen, bei Wirthshaus-Skandalen und dergleichen, Mannschaft zum Ein-

Gespräch in einer Offizier-Wachtstube ꝛc.

schreiten abzugeben hat, so muß der Wachthabende genau wissen, wie weit er gehen darf, um nicht aus dem Takt zu fallen. Sogar bei den Runden kommt es viel auf die betreffenden Offiziere an, ob der Wachthabende sehr aufpassen muß oder nicht. Um dieses Thema drehte sich auch das Gespräch der Punschgesellschaft, und der lange Eduard meinte, ihm sei als Rundenführer Niemand widerwärtiger als die Artillerieoffiziere, indem keine dienstelfriger und genauer seien, sowie strenger im Anzeigen der ebenfalls vorgefallenen Fehler; ein Vorwurf, gegen den sich Robert feierlich verwahrte, wobei er versicherte, bei einer Wache, die er mit seinen Artilleristen habe, wo er wisse, daß Infanterie visitire, mache er sich jedesmal auf drei Tage Arrest gefaßt.

Der Wachthabende dagegen meinte, man könne dies nicht so sehr der Infanterie beimessen, als der Leidenschaft der Artillerieoffiziere für das Arrestgeben; eine Behauptung, der Tipfel mit einem vielsagenden Blick gegen den Himmel beipflichtete.

„Ich hab's," rief plötzlich der Kavallerieoffizier mit dem schwarzen Bart, „die famose, ganz gottvolle Stelle aus den Hugenotten, so geht's, so geht's!

    Dum, dum, dum, dum,
    Dem Edlen von Saint Bris
    Bring' den Brief alsogleich,
    Also sprach mein R—i—i—i—i—ter!

Wirklich famos!"

„Ja," meinte der lange Eduard, „'s ist nicht ganz schlecht. Doch der Chor im vierten Akt, ja, darüber geht gar nichts. Wißt ihr — — um Mitternacht! — Das hört grandios auf —"

„Apropos, Eduard," sagte ein Anderer, „hast du deinen großen Hund noch? Das ist ein Kapitalkerl, und auf den Mann dressirt, famos!"

„Da will ich euch eine Geschichte erzählen von einem Rattenfänger," sprach der Wachthabende, „von einem Rattenfänger, der einem Freunde von mir gehört, und der gar keinen Namen hat."

„Wie, der Freund?"

„Nein, der Rattenfänger. Mein Freund ist bei der Eisenbahn angestellt und so heißt der Rattenfänger blos der Eisenbahnhund oder der Tunellhund, wie man will. Ich versichere euch, der Hund ist auf die Katzen, auf die Katzen sage ich, nun wie jeder Hund. Neulich gehen wir spazieren, mein Freund, ich und der Eisenbahnhund. Wenn der letztere nur eine Idee von einer Katze wittert, stöbert er ihr halbe Stunden nach. Endlich kommt ihm eine in Wurf. Anfänglich stellt sie sich, der Tunellhund wüthend über sie her, sie retirirt in ein Haus, der Hund ihr nach und Beide gerathen in eine Stube, wo eine Familie am Mittagessen sitzt. Ihr könnt euch denken, daß es da heißt: Thüre zugemacht und auf den Hund losgeschlagen. Es entstand ein erbärmliches Geheul; wir stehen unten und rufen dem Eisenbahnhund, endlich prdauz! kling, kling! und was denkt ihr? Der Hund springt euch durch die Scheiben auf die Straße. Mein Seel, das ist doch viel!"

„Ja, außerordentlich!" meinte ein Anderer, der sich durch eine auffallende Stumpfnase auszeichnete, unter welcher der Schnurrbart zu zwei kleinen Punkten zusammengeschoren war, die von Weitem wie englisch Pflaster aussahen. „Aber kennt ihr die Geschichte mit dem Hund, dem Thaler und den Hosen des Handwerksburschen?"

„Ich bitte dich," entgegnete der lange Eduard. „Das steht schon im Meidinger."

Unterdessen hatte sich der Bombardier Robert etwas in die Ecke der Wachtstube zurückgezogen, wohin ihm Tipfel gefolgt war und ihm die fehlgeschlagene Expedition ziemlich aufrichtig meldete. Nur verschwieg er die Verwechslung der Billets, als zu prosaisch und wohl wissend, daß durch Eingestehen einer solchen Blamage der große Dienst, den er seinem Freunde geleistet, in dessen Augen allen Werth verlieren würde.

„Es ist eine ganz verfluchte, verfluchte Geschichte," meinte Robert, „daß du, unglückseliger Kerl, da von der Wache erwischt werden mußtest. Wenn es nur einen Ausweg gäbe!"

„Ja," sagte Tipfel, „einen Ausweg weiß ich nicht; aber eine Einkehr in Nr. 7½ auf circa sechs Wochen! 's ist schrecklich."

Beide schwiegen betrübt still und ließen die Köpfe hängen. Doch schien dem Bombardier Robert ein großer Gedanke gekommen zu sein.

„Tipfel," sprach er, „alter Junge, du hast dich für mich geopfert; ich will etwas für dich thun, was dir freilich nicht groß erscheinen mag, aber es zerreißt den ganzen Fortgang meines Abenteuers, von dem ich mir viel Schönes versprochen."

„Ich bitte dich," sagte Tipfel, der zum ersten Mal in seinem Leben in einen gelinden Zorn zu gerathen schien; „bleib' du mir mit deinen ungeschickten Abenteuern vom Leibe."

„Morgen," fuhr der Andere entschlossen fort, „gehe ich in das Haus an dem Petriplatz Nro. 10 und lasse mich bei dem alten Herrn melden, von dem du gesagt hast, man habe ihn Regierungsrath genannt. Ich erzähle ihm offenherzig die ganze Geschichte und es müßte mit dem Teufel zugehen, wenn er nicht gerührt würde und ein gut Wort einlegte."

„Was hilft mir das Gerührtsein, und bei wem soll er ein gutes Wort einlegen?" meinte Tipfel.

„So Herren," entgegnete Robert, „haben allerlei Bekanntschaften, Abends im Wirthshause oder in der Gesellschaft kommt er vielleicht mit dem Kapitän oder mit dem Major oder gar mit Schippenbauer zusammen."

„Ja," seufzte Tipfel, „gerade Schippenbauer macht mir Angst, oh, wenn der Alte noch da wäre!"

„Ja freilich," antwortete Robert, „der Alte würde sagen: Ordnung muß sind, aber dumme Streiche kann ich verzeihen. Doch Schippenbauer wird dich auch nicht fressen. Wer weiß, der Regierungsrath spricht vielleicht mit ihm und die Sache kann noch gut gehen."

„He, ihr Herren dahinten!" rief der Wachthabende, „warum sondert ihr euch so ab. Eduard, schenkt Eurem Vetter einmal ein. Die Artillerie soll leben!"

Diese ausgezeichnete Behandlung Seitens des regierenden Infanterielieutenants gegen den unglücklichen Artilleristen versetzte Letzteren in eine ganz gerührte Stimmung und brachte ihn dem lustigen Kreise immer näher.

„Meine Herren von der Artillerie," fing der Kavallerieoffizier wieder an, „sagen Sie mir doch, was eigentlich aus dem famosen Obersten von T. geworden ist. Man sagt, er habe eigentlich seinen Abschied bekommen, statt ihn zu nehmen."

„Hierüber, Herr Lieutenant," entgegnete der Bombardier Robert, „kann Ihnen mein Freund Tipfel die beste Auskunft ertheilen, der gerade damals als Schreiber auf dem Brigadebureau beschäftigt war."

Tipfel rückte sich etwas in die Höhe und meinte, in die Geheimnisse des Geschäfts habe er nicht dringen können; doch sei er auch überzeugt, daß der Oberst von T. seinen Abschied nicht freiwillig genommen. „Sehen Sie, meine Herren, der Alte — Sie verzeihen den Ausdruck — war für uns Soldaten einer der besten Offiziere, die es geben konnte; aber, ohne etwas Respektwidriges sagen zu wollen, mit den Herren Offizieren konnte er nicht auskommen, namentlich war das gelindeste, allergeringste Widersprechen genug, um ihn in Harnisch zu versetzen, und wenn Sie erlauben, werde ich Ihnen einen kleinen Beleg geben, daß er seine Offiziere, namentlich wenn er ein kleines Vorurtheil gegen sie hatte, wie es bei einem Lieutenant, Namens Werthen, schon der Fall war, nicht immer schonend, ja ich möchte sagen, gerecht behandelte."

„Lieber Bombardier," unterbrach der lange Eduard den Sprecher, „nur keine Geschichte aus dem Meidinger."

„Schweig still," unterbrach ihn der Wachthabende; „der Bombardier versteht deinen Meidinger Witz nicht."

„Eduard theilt nämlich," erläuterte der Bombardier Robert, „alle Anekdoten, die man erzählt, in zwei Klassen ein, ihm bekannte oder unbekannte, und die erstere, deren Zahl Legion ist, nennt er aus Meidinger Grammatik entsprossen, was so viel sagen will, als sie sei alt und verbraucht, eigentlich ein sehr schlechter Witz."

„Zugegeben," sprach gähnend der lange Eduard; „nur kann ich nicht umhin, dir zu bemerken, daß deine Erklärung ungeheuer Meidinger ist."

„Silentium!" rief der Wachthabende. „Laßt den Bombardier erzählen. Also der Lieutenant Werthen . . ?"

„Ja," fuhr Tipfel fort, „der Lieutenant Werthen hatte die seidige Gewohnheit, weder vor seinem Kapitän, noch vor dem Major, ja nicht einmal vor dem Alten stillschweigen zu können. Nun hatten wir einmal auf der Halde ein Schießen mit Kugeln; es wurde nach einer Scheibe auf sechszehnhundert Schritte ricochetirt, und da auf die große Entfernung die Kugeln sehr weit gingen, so waren die Distanciers über die Scheibe hinaus aufgestellt."

„Was sind Distanciers?" fragte der Kavallerieoffizier.

„Distanciers," fuhr Tipfel fort, „sind die zu beiden Seiten der Scheibe rückwärts aufgestellten Leute, welche verhindern sollen, daß Jemand in die Schußlinie läuft. An diesem Morgen aber war der Alte ungeheuer schlecht gelaunt. Er ritt auf der ganzen Halde brummend und fluchend umher, und bei jeder Batterie, die er untersuchte, gab's Nasen die Hülle und Fülle. Dabei war er von einer schrecklichen Geschwindigkeit und sein weißer Federhut wackelte jetzt hinter uns, jetzt weit vor uns. Endlich fällt es ihm ein, nachzusehen, ob die Distanciers auch recht wachsam auf ihren Posten seien, und wie wir ihn da hinausreiten sahen, bedauerten wir schon die Unglücklichen, an welchen er etwas auszusetzen hätte und deren Zahl nicht gering sein würde. Bald hörten wir ihn auch schon auf

Elftes Kapitel.

circa tausend Schritt schreien und lärmen: „Hoho! Er Millionen= hund! Weeß Er nich, daß Er uf Posten is und den Tschako nicht abnehmen darf?" und dann dumpfer und undeutlicher: „Wer hat Ihm gelehrt, sich uf die Erde setzen, wenn Er ufpassen soll!" und so hörten wir ihn weiter und ferner, bis er unsern Blicken ent= schwand, einem dahinziehenden Ungewitter vergleichbar. Endlich, am Ende der Distancierslinie, ja fast am Ende der Haide . . ."

„Wo die letzten Häuser stehen," schaltete Eduard ein.

„Lag, wie wir später hörten, ein Kanonier hinter einem Hügel und war, ermüdet von dem weiten Marsch und dem heißen Wetter, eingeschlafen. Der Unglückliche hört den Obersten nicht heranreiten und wird von einem gelinden Hieb erweckt, den ihm der Alte mit der flachen Klinge irgend wohin applicirt. Natürlich, aufspringen und in den größten Schrecken gerathen, war das Werk eines Au= genblicks. „Ei, sieh doch, sieh doch!" brüllte der Alte, „von wel= cher Batterie, mein Sohn? Oh? Er nixnutziger Millionenhund!" und bei diesen Worten gab er ihm einen Schlag von oben auf den Tschako, daß ihm derselbe über Augen und Ohren herunter fuhr. — „Von der zwölfpfündigen Batterie Nro. 4, Herr Oberst." — „Und wat für ein Lieutenant commandirt den Zug, der die Ehre hat, Ihn zu besitzen? — „Der Herr Lieutenant Werthen, zu Befehl des Herrn Oberst." — „Oho," lachte der Alte grimmig, „nit zu meinem Befehl, sonst wär' es anderst; aber komm Er mit, mein Sohn, ik will Ihn eigenhändig zu der Batterie bringen; und da ik Eile habe," setzte er laut lachend hinzu, „und er von wegen Seinem Tschako nicht viel zu sehen scheint, so will ik mir die Mühe machen und Ihn mitnehmen. Komm Er her, mein Sohn!" Dabei faßte er den Aermsten mit der Hand in der Halsbinde, setzte sein Pferd in Trab und ließ ihn nebenherspringen, wobei der Kanonier, da das Pferd ziemlich groß und die Figur des Alten bekannter= maßen colossal war, kaum mit den Fußspitzen die Erde berührte. Auf diese Art näherten sie sich in Kurzem der Batterie, in welcher

Gespräche in einer Offizier-Wachtstube.

wir standen und mit Schrecken die Scene erwarteten, die jetzt kommen würde. Der Lieutenant Werthen, der den Mann seines Zuges schon von Weitem erkannte, ärgerte sich nicht schlecht über den Anblick, faltete die Arme über einander und stampfte mit dem Fuße. Jetzt war der Alte so nahe, daß er die Batterie übersehen und den Lieutenant Werthen erkennen konnte, der stillschweigend zusah, wie die Sache sich entwickeln würde. „Oho! oho!" schrie der Alte, und sein ohnedies rothes Gesicht wurde vor Zorn noch röther: „da ist ja die liebenswürdige Batterie, die solche Kanoniere ufzieht — — Herr Lieutenant Werthen, halten Sie dat Maul, if kann dat Widersprechen uft leiden!"

„Das ist stark," meinten die Offiziere; „und der Lieutenant Werthen hatte nichts gesagt?"

„Nicht eine Sylbe," entgegnete Tipfel, „aber Sie können sich denken, daß er die Sachen nicht so hingehen ließ. Wie der Oberst in der Batterie abgesessen war, verlangte der Lieutenant Werthen zum Inspecteur gehen zu dürfen, um ihm den Vorfall zu melden, worauf ihm der Alte entgegnete: „Mein lieber Herr Lieutenant Werthen, dat will if Ihnen von Herzen gern erloben: nur so viel sage if Ihnen, da oben kennen sie den alten von T. schonst und fangen keinen Streit wegen so einer Lapalie mit ihm an."

„Im Ganzen eine famose Geschichte," meinte der Kavallerieoffizier; „aber ich wäre doch nicht bei dem Regiment geblieben."

„Und warum nicht?" fragte der Wachthabende. „Cujonnirt wird man doch so viel wie möglich; und bei dem alten von T. hatte man doch den Vortheil, daß er gerade und ehrlich zu Werk ging, und man nicht zu fürchten hatte, er werfe Einem bei den obersten Behörden Steine in den Weg von wegen dem Avancement."

„Nein, das that er nicht," entgegnete Tipfel, „und der Lieutenant von Werthen, von dem ich eben erzählte, wurde bald nachher Abtheilungsadjutant und erhielt eine gute Zulage, die er brauchen konnte."

Elftes Kapitel.

„Du, Eduard," lachte der Wachthabende, „möchtest du nicht auch Abtheilungsadjutant werden?"

„Von wegen der Zulage," ergänzte Robert.

„Meidinger," entgegnete der lange Eduard verächtlich.

Und Tipfel fuhr fort:

„Doch haben seine ewigen Neckereien mit dem Offizierscorps seinen Abschied zuwege gebracht. Er hatte nämlich die vielleicht, wenn es erlaubt ist, zu sagen, nicht ganz unrichtige Idee, daß die Haupt- und liebste Beschäftigung der Herren Lieutenants sei, ihre Untergebenen zu mälträtiren, und kleine Aergernisse, als langweiliges Avancement, oder kurzweilige Nasen von oben herab, an ihnen auszulassen."

„Ei, ei, Herr Bombardier," meinte der Wachthabende, „das sind gefährliche Ansichten. Wenn man auch zuweilen bei schlechter Laune etwas schärfer exercirt, als sonst, so ist doch das Malträtiren, Dank den neuesten Bestimmungen, gänzlich aus der Mode gekommen."

„Den Bestimmungen nach wohl," bemerkte der Bombardier Robert. „Doch sieht der unparteiische Beobachter auf dem Exercierplatz hie und da Scenen, welche sehr an's Mittelalter streifen. So ist das Zurückbiegen der Schulterblätter, indem man dem betreffenden Rekruten mit dem Säbelgefäß, freilich ganz sanft, auf den Rücken klopft, nicht zu verachten, und wenn man Mittags zwischen zwei und drei im Sommer ein Glied gegen die Sonne schwenken läßt und fünf Minuten lang still stehen, na, da muß ich danken."

„Freilich," sprach der Kavallerieoffizier, „es giebt so kleine Kunstgriffe, auch in der Reitbahn, wo man mit der Peitsche, statt das Pferd zu treffen, aus Versehen anderswohin schlägt, oder beim Aufsitzen die Kerls in der dritten Stellung verharren läßt, bis sie schwarz werden."

„Ich habe einen Unteroffizier gekannt," sagte der lange Eduard, „das war ein infamer Kerl, der hatte seiner Korporalschaft das Tabackkauen auf das Strengste untersagt, und wenn er beim Exerciren

Gespräche in einer Offizier-Wachtstube.

einen Kerl traf, der sich dies unschuldige Vergnügen machte, wie glaubt ihr wohl, daß er ihn bestrafte?"

„Nu," meinte der Kavallerieoffizier, „sie mußten die Geschichte ausspucken."

„Weit gefehlt," entgegnete der lange Eduard, selbstgefällig lächelnd, „er zwang sie, die ganze Geschichte hinunterzuschlucken."

„Brr!" sagte der Wachthabende, und selbst der gleichmüthige Bombardier Tipfel schüttelte sich.

„Die wirklich immense, mit Respect zu sagen, Grobheit unsers alten T." sagte Bombardier Tipfel, „hatte bei Nasen, die von oben herunterkamen, in der Brigade den Vortheil, daß die Bestrafungen gelinder wurden, je mehr sie in den untern Regionen anlangten."

„Was anderwärts umgekehrt ist," schaltete der lange Eduard ein.

„Ja wohl," fuhr Tipfel fort, „der alte von T. konnte für einen fehlenden Knopf sechs Wochen Arrest diktiren. Der Major zeigte dies bei der Parole mit den Worten an: daß sich vielleicht bei der bekannten Gnade des Herrn Obersten die Strafe auf acht Tage mildern könnte, und der Kapitän meinte alsdann: obgleich der Betreffende ein ungeheurer Himmelsakermenter sei, so würde er vielleicht, wenn's gut ginge, diesmal mit drei Tagen davonkommen, worauf der Zugführer dem Manne vor Auseinandergehen sagte: wenn dir auch der Herr Oberst den Arrest ganz schenkt, wie zu erwarten steht, so kannst du dich doch von mir auf eine Strafwache gefaßt machen. — Und so geschah es auch in den meisten Fällen."

„Ja," lachte der Offizier mit der Stumpfnase, „da will ich euch eine ganz außerordentliche Geschichte erzählen, von der vielleicht der lange Eduard behaupten wird, daß sie Meidinger sei; aber das thut nichts."

„Es ist eigentlich keine Geschichte, die du erzählen willst," meinte der Fähndrich; „ich kenne sie ganz wohl; man kann es einen allgemeinen Vorgang nennen; doch wenn du es gut erzählst, so ist es nicht schlecht."

Zwölftes Kapitel.

Die Erzählung des stumpfnasigen Offiziers handelt von Nasen in aufsteigender Potenz. Ein Kapitel, welches wegen seiner außerordentlichen Wichtigkeit dem Leser hiermit illustrirt vorgeführt wird.

„Denkt euch also," erzählte der Lieutenant mit der Stumpfnase, „es ist eine große Parade, die der commandirende General über einige Regimenter Infanterie und Kavallerie, über Artillerie und Ingenieurs abhält. Das Frontreiten lief glücklich ab. Es hat Niemand mit dem Kopf gewackelt und es sind nur wenige ohnmächtig geworden. Parademarsch! mit Zügen rechts schwenkt, marsch! Drumm, drumm, drumm, drumm! Es geht ganz famos. Die Züge kommen ganz gut vorbei. Jetzt wird Compagnienweise aufmarschirt; da ist auch nichts zu erinnern; aber jetzt kommt die neue heillose Paradeerfindung, der Bataillonsvorbeimarsch. Ich sage euch, da muß man ungeheuer aufpassen. Wenn ihr da nicht auf dem Flügel einen Kerl habt, den zehn Pferd nicht aus dem Geleis bringen, so ist's unmöglich. Und in die Mitte hinein gehört auch ein Unteroffizier, der nicht von Stroh ist. So einer, wie der Tabacksschlucker, von dem Eduard erzählte, einer, vor dem die Kerls zittern, wenn er sie nur schief ansieht. Nun geht's los. Ihr habt eine ganz ausgezeichnete Richtung. Aber zwanzig Schritt von dem General liegt vielleicht ein Maulwurfshaufen, einer tritt mit dem Fuß hinein — und das ganze Bataillon kommt in einem stumpfen Winkel vorbei. Jetzt ist die Parade zu Ende. Die Leute gehen auseinander und der Commandirende, der mit der Haltung der Truppen ganz zufrieden ist, sagt den betreffenden Brigade-, Divisions- und anderen Generalen einige schmeichelhafte Worte. „Meine Herren, ich bin mit den Leistungen der Truppen vollkommen zufrieden!" Ungefähr so. „Ich habe an den Anzügen nichts auszusetzen gehabt; die Haltung war sicher, die Griffe wurden mit Schnelligkeit und Präcision ausgeführt, und das Schwenken sowie der

Erzählung von Nasen in aufsteigender Potenz.

Zwölftes Kapitel.

Vorbeimarsch ließ nichts zu wünschen übrig. Nur Herr Oberst vom 16.," so wendet er sich an einen derselben. „Ihr Füsilierbataillon hat beim großen Vorbeimarsch einen kleinen Winkel gemacht. Aber die Leute haben sich Mühe gegeben und man muß dem Terrain die Schuld beimessen. Ich bitte zum Beweise meiner Zufriedenheit den Leuten einige Tage Ruhe zu gönnen und sie nicht zu beschäftigen. Nochmals, meine Herren, ich bin ganz zufrieden und werde im Rapport an Seine Majestät den König den wirklich guten Zustand des Armeecorps zu rühmen wissen." So reitet er davon und der Divisionsgeneral, unter dem das 16. Regiment steht, wiederholt die schmeichelhaften Aeußerungen des Commandirenden und setzt am Schluß hinzu: „Es thut mir nur leid, daß gerade Ihr Füsilier-Bataillon, Herr Oberst, den kleinen Fehler gemacht. Ich versichere Sie, gerade bei Ihrem Regiment, das sich sonst durch musterhafte Haltung auszeichnet. Aber das Terrain war sehr ungünstig. Guten Appetit, meine Herren." Der Brigadier, der das 16. und 17. Regiment commandirt, erklärt sich ebenfalls mit der Parade im Allgemeinen zufrieden, nur meint er, der Fehler mit dem Füsilier-Bataillon hätte nicht passiren sollen, und es sei ihm sehr ärgerlich, daß solches gerade bei seiner Brigade vorgekommen. „Ohne Ihnen einen Vorwurf machen zu wollen," sagt er am Schluß, „so muß ich Sie recht sehr bitten, den Vorbeimarsch im Bataillon recht fleißig zu üben. Wenn auch der Commandirende gütig genug war, die ganze Schuld auf's Terrain zu schieben, so bemerkte ich doch schon von Anfang an ein Schwanken in der Linie, die mich ahnen ließ, daß wir krumm vorbeikämen. Nochmals gesagt, Herr Oberst, es ist mir wirklich sehr ärgerlich, daß gerade Ihr Füsilierbataillon das einzige war, was nicht genau Achtung gab. Adieu, meine Herren!" Der Oberst vom 16. reitet nachdenkend in die Kaserne zu den drei Bataillons-Commandanten, die sich eben über die gehabte Parade unterhalten und den Chef umringen, um das Gesammturtheil des Commandirenden zu erfahren. Doch will ihnen

das ernste Aussehen des Obersten nicht gefallen. „Meine Herren," begann dieser ziemlich gereizt, „ich bin überzeugt, daß Sie nicht erwarten, der Commandirende würde aus Artigkeit gegen uns grobe

Mängel und Fehler nicht entdeckt haben; aber daß es gerade eines meiner Bataillons sein muß, das sich durch schlechte Haltung und noch schlechteren Vorbeimarsch auszeichnet, thut mir wirklich in der Seele leid. Ja wohl, Herr Oberstwachtmeister R., ich muß es Ihnen leider bekennen, Ihr Füselierbataillon hat das ganze Armeecorps um den Ruhm einer vollkommen guten Parade gebracht. Aber haben Sie denn um Gotteswillen nicht bemerkt, wie ich Ihnen beständig gewinkt, denn ich sah ganz gut, daß Ihr Bataillon schon beim Antreten seine Haltung verlor und in eine complette Schlangenlinie aufgelöst war. Sie, meine Herren, hören nichts von den Artigkeiten, die ich mir vom Commandirenden, vom Divisions- und Brigadegeneral muß sagen lassen. In acht Tagen ist Seine Majestät der König von der schlechten Haltung meines Regiments unterrichtet und das kann meinem Avancement gerade nicht zuträglich sein. Morgen früh um acht Uhr tritt das Füselierbataillon zum Parademarsch an, nachdem dasselbe vorher in Compagnien geübt wurde." — Der Commandant des Füselierbataillons nimmt seine Kapitäns bei Seite. Er steckt die rechte Hand unter die Uniform und man sieht ihm an, daß er einen großen Grimm mühsam verbeißt. „Sie werden mir das Zeugniß geben, meine Herren," fängt er endlich an, und klopft dabei mit dem linken Absatz heftig auf den Boden, „daß ich mir beständig Mühe gab, das Bataillon im besten Stand zu erhalten. Was aber kann der Major machen, wenn er von seinen Offizieren nicht unterstützt wird! Was ich so oft sagte, wiederhole ich. Sie waren zu bequem, meine Herren, und haben den Parademarsch viel zu wenig geübt. Aber glauben Sie nicht, daß ich ein ewiger Krittler bin, der ohne Noth schilt und immer etwas auszusetzen findet. Haben Sie denn meine Bewegungen mit dem Säbel nicht verstanden? Haben Sie nicht gesehen, wie heftig ich Ihrem rechten und Ihrem linken Flügel winkte, indem schon beim Anmarsch die Compagnien sich in vollkommener Auflösung befanden? Aber da hilft nichts mehr. Die Herren ge-

Erzählung von Nasen in aufsteigender Potenz.

ben sich keine Mühe und das weiß der Soldat und marschirt vorbei, daß es eine Schande ist. Was glauben Sie, daß der Commandirende gesagt hat? Er war durch Ihren Fehler mit der ganzen Parade unzufrieden und will es sich noch überlegen, ob er nicht die schlechte Haltung des 16. Regiments Seiner Majestät dem König anzeigen soll. Sie, Herr Hauptmann," wendete er sich an einen, den er nicht leiden kann, „tragen mit Ihrer Compagnie die größte Schuld. Ich habe beständig mit Ihnen zu kämpfen, denn Ihre Mannschaft zeichnet sich immer durch Malpropretś und Nachläßigteilt aus. Merken Sie sich das und nehmen Sie ihre Leute besser zusammen. Morgen früh um sechs Uhr tritt das Bataillon zum Paradernarsch an, nachdem es sich vorher in Compagnien und Zügen fleißig geübt hat." Damit dreht er sich um und geht ab. Die drei Kapitäns gehen wüthend auf ihre Compagnien los und namentlich der, der die letzte Nase empfing. Er legt die Hände auf dem Rücken zusammen, beißt die Lippen auf einander und spaziert zwischen der Compagnie und den Unteroffizieren eine Zeit lang stillschweigend auf und ab. Alsdann tritt er bei Seite und ruft die Herren Offiziere. „Meine Herren, ich habe es mir immer zum Gesetz gemacht, Ihre Unaufmerksamkeiten und Fehler nicht vor den Leuten zu rügen, damit Ihr Ansehen nicht leidet. Aber, meine Herren, nach dem, was heute vorgefallen," — dabei ringt er verzweiflungsvoll die Hände — „könnte man es mir nicht übel nehmen, wenn ich Offiziere und Mannschaft über einen Kamm scheere: denn Sie allein tragen die Hauptschuld, meine Herren. Ei freilich, es ist viel leichter, die Kaffeehäuser zu besuchen und sich durch Vergnügungen zu wälzen, als den Dienst in der Compagnie zu versehen. Wissen Sie denn das Endresultat unserer heutigen Parade? Ja, meine Herren, und durch Ihre Schuld, denn was kann der Kapitän thun, wenn ihn die Offiziere nicht unterstützen? O Gott im Himmel, es ist meine Compagnie gewesen, die höchst malpropre aussah, die keinen Tritt hatte, die das Gewehr zum Erbarmen trug, kurz die die ganze Parade verdarb. Daß der Commandirende im höchsten Zorne fortgeritten ist, können Sie sich denken. So ein Schaudmarsch sei ihm in seinem Leben nicht vorgekommen, obendrein da das Terrain das günstigste von der Welt gewesen sei. Er will Untersuchung anordnen und ich muß das Ganze büßen, meine Herren. Aber die Compagnie soll ein Donnerwetter regieren! Kommen Sie, meine Herren! Und Sie, mein Herr Lieutenant," wendete er sich an einen, den er ebenfalls nicht ausstehen kann, „daß Ihr Zug der schmählichste war, hat mich gar nicht gewundert. Rechts und links

Erzählung von Nasen in aufsteigender Potenz. 333

schwenkt, formirt den Kreis! Feldwebel, lesen Sie mir die Leute vor, deren Anzug heute Morgen vor dem Ausrücken Veranlassung zur Klage gab. Ich will euch schnuriegeln, daß es eine Freude ist." Nun liest der Feldwebel eine Reihe von Namen vor, Unglückliche, die gegen das allerhöchste Gesetz der Kleinlichkeit gefrevelt haben, sei es durch einen abgerissenen Knopf, oder durch eine schlecht

umgebundene Halsbinde, oder durch einen lose aufgeschraubten
Flintenstein, oder durch einen Roſtflecken am Bajonett und die
wenn die Parade gut ablief, mit einem Verweis davon gekommen
wären. Jetzt aber wirft der Kapitän mit Arreſt um ſich, daß es
eine Freude iſt. Jener bekommt 24 Stunden, dieſer 3 Tage, ſogar
ein unglücklicher Unteroffizier, den der Kapitän beſonders auf dem
Strich hat, wird, weil er einen eigenen blendend weißen Kochge-
ſchirr-Ueberzug hat, weil er nur von etwas feinerer Leinwand iſt,
als die andern, zu acht Tagen verdammt. „Morgen früh um vier
Uhr ſteht die Compagnie da im Paradezug, vollkommen bepackt und
die Herren Lieutenants werden die Gnade haben, ihren betreffenden
Zügen heute Nachmittag noch etwas Parademarſch beizubringen.“
Damit dreht der Chef ſeiner Mannſchaft den Rücken und jeder
Offizier nimmt ſeinen Zug freundſchaftlich bei Seite; der, welcher
vom Kapitän ausnahmsweiſe einen Verweis erhielt, ein junger Ty-
rann, ſtellt ſich mit ausgeſpreizten Beinen vor ſeine vier Unteroffiziere und betrachtet ſie kopfſchüttelnd. „Na, das muß ich ſagen,“
eifert er, „ich hab' eine ſchöne Bande beiſammen. Unteroffizier
Adam, Ihre Luderei iſt, Gott ſei Dank, ſtadtkundig; aber, Herr,
ich will Sie ſchuhriegeln, daß Sie den Verſtand verlieren ſollen.
Und Sie, Unteroffizier Schnabel, der mit ſeinem Maul immer voran
iſt, thun Sie lieber Ihre Pflicht, als daß Sie ſich immer mit
ſchlechtem Weibsvolk herumtreiben. Mich ſoll der Teufel holen,
wenn ich Ihnen nur noch das Geringſte durch die Finger ſehe.
Und was Sie betrifft, Sergeant Kuhbach,“ ſagt der junge Herr zu
einem alten Manne, der die goldene Schnalle für zwanzigjährige
Dienſtzeit trägt, „daß ein alter Eſel, wie Sie, ſeine Korporalſchaft
nicht beſſer im Zaume hält, das muß mich nur wundern. Aber
wiſſen Sie was, Herr Unteroffizier Kuhbach, kümmern Sie ſich
nicht ſo viel um das Marketendergeſchäft Ihrer Frau, die, nebenbei
geſagt, der Teufel mit ihrer ganzen Wirthſchaft holen ſoll.“ Hiebei
muß ich bemerken, daß der junge Lieutenant der Frau des Unter-

Erzählung von Nasen in aufsteigender Potenz. 335

offiziers Kuhbach viel Geld schuldig ist und daß der Gemahl die Rechnungen und allenfallsige Mahnbriefe schreibt. „Wißt ihr," fuhr der Erboste fort, „daß Seine Excellenz, der commandirende General, schon während der Parade in die höchste Wuth gerathen

Zwölftes Kapitel.

ist. Alles ging unter dem Affen, unter dem Luder, namentlich bei unserer Division, und der Commandirende sagte beim Wegreiten, daß ihm ein solches Schandregiment wie das unsrige noch nicht vorgekommen und daß er es zu einem Strafregiment machen wolle, wenn es möglich sei. Es ist jetzt zwei Uhr. Um viere steht der Zug vollkommen bepackt da, Paradeanzug. Euch soll die Schwernoth in den Magen fahren. Abmarschirt!" Der Commandant der vierten Korporalschaft, Sergeant Kuhbach, geht nachdenkend die Treppen hinauf in die Stube seiner Mannschaft. Er erinnert sich, daß er dreiundzwanzig Jahre dient, und daß er in diesen dreiundzwanzig Jahren nur ein einziges Mal bestraft wurde, und das war gerade an seinem Hochzeitstage, als er die Neuvermählte prügelte, nachdem sie ihm unter Thränen gestanden, daß von einer früheren Liebe ein zarter Sprößling vorhanden sei. Damals wüthete und tobte der Sergeant Kuhbach ganz entsetzlich, wofür ihm der Offizier du jour eine Strafwache gab. — Aber daß er ein alter Esel sei, hatte bis jetzt noch Niemand gewagt ihm zu sagen. „Muß ich denn," murmelte er zwischen den Zähnen, „mit einer solchen Schweinekorporalschaft gestraft sein, mit Kerls, die Haupturheber sind, daß ein ganzes achtbares Armeecorps Seiner Majestät dem König als eine regellose Bande geschildert wird!" — Sergeant Kuhbach dachte an Selbstmord, und wer weiß, was geschehen wäre, wenn er nicht zufälliger Weise auf der Treppe einen seiner Leute erwischt hätte, der ihm als der größte Schmierfinke bekannt war. Der Aermste kam gerade von seinem verspäteten Mittagessen aus der Küche und war recht sinnig damit beschäftigt, den gebrauchten schmutzigen Löffel an dem Unterfutter seiner Dienstmütze zu reinigen. Laßt uns schweigen über den Ausbruch des sergeantlichen Zorns, der nun erfolgt. Aber Kuhbach verschaffte so seinem Grimm einigermaßen Luft und konnte ziemlich gesammelt und ruhig in dem Zimmer seiner Korporalschaft erscheinen. Hinter ihm fliegt die Thüre krachend in's Schloß und dies Getöse, ver-

Erzählung von Nasen in aufsteigender Potenz. 337

bunden mit dem Anblick des Vorgesetzten, schnellt die Soldaten aus ihren Betten empor. "So, so, ihr Himmelsakermenter!" ruft der Sergeant, "liegt ihr wieder auf euren faulen Bäuchen, wenn ringsherum der Teufel los ist? Hat sich denn der Herr Kapitän umsonst die Lunge ausgeschrieen, um euch Viehvolk die saubere Geschichte von heute Morgen klar zu machen. Nein, es ist unbegreiflich und unglaublich, warum wird nicht geputzt und lakirt, oder glaubt ihr Himmelhunde, mit einer so verhunzten Parade sei es abgemacht! oh, wartet! oh, wartet! Angezogen, aufgepackt! und wessen Lederzeug einen Flecken hat oder bei wem nicht auf's Sauberste lakirt ist in Zeit von einer halben Stunde, den melde ich dem Herrn Kapitän als einen Vagabunden und er soll drei Tage brummen oder ich will Sergeant Schweinepelz heißen. So was ist zu arg!"

Die Soldaten nun, die von Morgens vier bis Mittags zwei im Dienst der Parade waren, fangen natürlich an zu putzen und zu wichsen, und nicht blos die vierte Korporalschaft des Sergeanten Kuhbach, nicht blos die Compagnie, in welcher er dient, nicht blos das 16. Regiment, ja nicht blos die Brigade, zu welcher das 16. Regiment gehört, nein, das 16. Armeecorps ist in der emsigsten Bewegung. Sämmtliche Divisionen, sowie die Commandeurs der Artillerie und des Geniecorps haben ihren Truppen zu verstehen gegeben, daß die Parade sehr schlecht gegangen sei. Leider kann der commandirende General den Obersten vom 16. nicht leiden, und hat die ganze Schaale des Zorns auf dessen Haupt ausgegossen. Aber alle Divisions- und Brigadegeneräle, alle Obersten, alle Majors, alle Kapitäns, alle Lieutenants und alle Sergeanten Kuhbach's sind auf's Festeste überzeugt, daß der Soldat durchaus seine Pflicht nicht gethan hat und daß der commandirende General aus übergroßer Gnade nur das 16. Regiment als das fehlerhafte dargestellt habe." — —

„Ja ja, Gott verdamm' mich!" lachte der Kavallerieoffizier, „so geht's;" und die Andern pflichteten bei.

„Die drei bis vier Tage Ruhe, die der Commandirende dem Armeecorps gegeben hat, werden dazu benutzt, um den Parademarsch fleißig zu üben, und es ist eine Bewegung in allen Garni-

Erzählung von Nasen in aufsteigender Potenz. 339

sonen, als wenn der Feind vor dem Thor stünde. Am Abend dieses denkwürdigen Tages erzählen sich die Soldaten auf der Wache von der verunglückten Parade."

„Siehst du," sagte Einer zum Andern, „in unserer Compagnie ging es so ziemlich her; aber die vierte vor uns und die sechste nach uns, da soll's schauderhaft gewesen sein. Das ganze Füselierbataillon hatte keinen Tritt."

„Und erst bei den Dragonern und Uhlanen," sagt ein Anderer; „es weiß kein Mensch, was es heute Morgen mit der Parade gewesen ist; aber es soll Alles schrecklich gegangen sein."

„Ihr könnt euch denken," meint ein Dritter, „daß der Commandirende nicht schlecht getobt hat. Herr Gott's Donnerwetter! ist der auf seinem Pferd umhergefahren."

„Wißt Ihr auch?" sagt ein Vierter, „daß der Brigadegeneral und der Oberst vom 16. Regiment Stubenarrest haben?"

„Ja," setzt der Erste hinzu, „ebenso wie vier Hauptleute und sechs Lieutenants."

„So," fragt ein Anderer, „die hat er alle in Arrest geschickt?"

„Ei freilich," entgegnete Jener, „und Einige sollen Standrecht haben; es ist eine verfluchte Geschichte!"

So erzählte der Lieutenant mit der Stumpfnase in der Offizierswachtstube und erregte allgemeine Heiterkeit. Sogar der lange Eduard nickte beifällig und meinte, wenn er auch schon bessere Geschichten gehört habe, so sei darum doch die eben erzählte nicht ganz schlecht.

Dabei wurde den Punschgläsern fleißig zugesprochen, und die Gesellschaft befand sich in einem Zustand angehender Erheiterung, als diese plötzlich durch einen lauten Ruf von außen unterbrochen wurde.

„Heraus — — s!"

Dreizehntes Kapitel.

Wachtstuben-Abenteuer unangenehmer Art.

Draußen vor der Hauptwache hatte sich während der friedlichen Unterhaltung im Innern unterdessen allerlei begeben.

Wir wollen nicht von ganz gewöhnlichen Dingen sprechen, als abgehende und ankommende Patrouillen, mit denen der Posten unter dem Gewehr schon fertig werden kann, sondern es war kurz nach eilf Uhr, als ein Weib mit aufgelöstem Haare heulend auf den wachthabenden Posten zustürzt und den Offizier der Wache zu sprechen verlangt. Der Soldat will sie nicht heran lassen; aber sie schreit immer ungestümer, und läßt sich nicht abweisen. Was soll er am Ende machen? das Weib läßt ihn nicht los, und so ruft er das schreckliche Wort: heraus! das, wie die Posaune des letzten Tages an die Ohren der Wache schlagend, einen ungemeinen Knäul von Patrontaschen, Beinen und Tschakos hervorbringt, aus dem sich die Wache vor dem Posten langsam formirt.

„Stille gestanden! Gewehr auf! Richt euch!" commandirt der wachthabende Offizier, und fragte darauf leise den Unteroffizier neben sich. „Aber zum Teufel, wo ist denn die Runde? oder weßhalb hat der Esel denn herausgerufen?

„Herr Lieutenant," meldete nun der Posten unter dem Gewehr, — es ist ein Rekrut — wobei er krampfhaft links schielt, „diese Weibsperson will den Herrn Commandirenden sprechen, und da habe ich mir nicht anders zu helfen gewußt, als die Wache unter's Gewehr zu rufen."

„Ihn soll das Donnerwetter regieren!" erklärt ihm der wachthabende Offizier, „wenn Er wegen einer solchen Dummheit einen Standal aufschlägt. Wo ist das M—, die Person!"

„O Jesus, Herr Lieutenant," entgegnete die Frau, „hier bin

Wachtstuben-Abenteuer unangenehmer Art.

ich ja, und will ja gar nichts als Schutz und Hülfe, was ich als ehrliche Bürgersfrau von jeder königlichen Wache ansprechen kann."

„Und was will sie denn?"

„Ach, sehen Sie, Herr Lieutenant, da ist mein Kerl zu Haus — mein Mann wollte ich sagen — der besauft sich jeden Abend, den Gott werden läßt, und statt nun nach Haus zu kommen und sich ruhig zu Bett zu legen, was thut der Unmensch? da prügelt er mich und die armen Würmer, die obendrein hungrig zu Bett gegangen sind."

„Ja, das ist freilich sehr schlimm," meint der Wachthabende; „aber was kann ich dazu thun?"

„O, Herr Lieutenant," jammerte die Frau, „Du, mein Jesus! was Sie dazu thun können? mir eine Wache mit in's Haus geben. Das deponirt den besoffenen Kerl und er kriegt einmal Respekt."

Der Wachthabende wollte aber von diesem Vorschlage nichts wissen, und suchte dem Weibe auseinanderzusetzen, daß es gerade nicht das Geschäft der Wache sei, sich in dergleichen häusliche Zwiste zu mischen; wogegen die Frau jammerte und klagte, und hoch und theuer schwor, daß, wenn sie jetzt nach Haus käme, der Kerl sie todtschlagen würde.

Da nun der Offizier bei seiner Weigerung blieb, eine Wache mitzugeben, so bat sie um die Vergünstigung, die Nacht auf der Wachtstube zubringen zu dürfen, wogegen aber der Commandirende, wie sich von selbst verstand, wieder ebenso viele Schwierigkeiten machte, und ihr mit allen möglichen Vernunftgründen auseinander zu setzen versuchte, daß er sie unmöglich auf die Wache nehmen könnte, wenn sie nicht in Folge eines Vergehens arretirt worden sei.

„So! so!" schrie nun ihrerseits das Weib, „also wenn ich gestohlen hätte, oder mich sonst wo herumgetrieben, dann thäte mir der Herr Lieutenant erlauben, auf der Wache zu bleiben, aber wenn der Herr Lieutenant auch weiß, daß ich als ehrliche Bürgersfrau, ja als brave rechtschaffene Frau von meinem Kerl zu Haus

tobtgeschlagen werde, darum bekümmert sich die königliche Wache
nig. O Gott, o Gott! Herr Lieutenant, aber ich bitt' Sie, lassen
Sie mich nur eine Stunde in der Wachtstube bleiben, bis der Kerl
zu Haus eingeschlafen ist."

So viel Bitten und Flehen vermochte am Ende die weiche
Seele des Infanterieoffiziers nicht zu widerstehen.

„In's Teufels Namen denn!" sagte er. „Nehmet sie auf Eure
Wachtstube, Unteroffizier Kümmerlich; aber paßt auf, es geschieht
mir ein Streich damit, ich kenn' solche Geschichten, — Gewehr ab!
auseinandertreten!"

So war denn die Ruhe wieder hergestellt und die Gemeinen,
sowie der Offizier, zogen sich in ihre Wachtstuben zurück, um die
verschiedenen unterbrochenen Unterhaltungen fortzusetzen. Der lange
Eduard hatte den Moment benutzt, etwas neuen Punsch zu brauen,
auch einige Pfeifen gestopft und der wachthabende Offizier wollte
eben die Geschichte zum Besten geben, die draußen passirt, als ein
neuer Lärm die Unterhaltung störte.

Es war eine Mannsstimme, die vor der Wachtstube laut wurde
und wie es schien, einen Streit mit dem Posten unter dem Gewehr hatte.

„Werden's mir doch wohl erlauben, Herr Soldat;" schrie er,
„den Herrn wachthabenden Commandeur zu sprechen, und das kann
ich als königlicher Unterthan, der seine Steuer bezahlt, verlangen."

„Du!" rief der lange Eduard, indem Alle aufsprangen, „die
Geschichte müssen wir mit anhören. Kommt hinaus!"

Und Alle eilten vor die Thüre.

Vor dem Posten stand ein kleiner schwächlicher Mann. Trotz
des kalten Wetters hatte er Nankinghosen an und der halbzuge-
knöpfte langschößige schwarze Frack ließ deutlich sehen, daß er keine
Weste trug. Einen alten Filzhut trug er auf dem Hinterkopf
hängend, und während er mit der rechten Hand in der Luft herum-

Wachtstuben-Abenteuer unangenehmer Art.

focht, hielt er sich mit der linken am Schilderhäuschen fest, um nicht umzufallen, denn er war außerordentlich betrunken.

„Herrn Lieutenant von der Wacht," sagte er mit lallender Zunge, „mir ist meine Gemahlin davongelaufen — und ein undeutliches Gerücht — hat mir g'sagt, sie sei hier in der königlichen Wachtstube. — Ich bin ein ehrsamer — und solider Schneidermeister, und komme zu fragen — ob meine Gemahlin hier auf der Wachtstube ist. Sollte dies undeutliche Gerücht wahrsprechen, so möchte ich wissen, was sie begangen hat, um auf die Wachtstube geschleppt worden zu sein."

„Wenn Ihr," entgegnete lachend der Wachthabende, „von einem Weibe sprecht, die vor einer halben Stunde hierhergelaufen kam, weil sie ihren besoffenen Mann fürchtet, der sie beständig prügelt, so seid Ihr recht, und ich rathe Euch, ruhig nach Hause zu gehen."

„So, Herr Lieutenant von der Wacht," schluchzte der Schneidermeister, „also meine Frau Gemahlin — ist auf die Wachtstub perschwabirt worden. O Gott, o Gott! was muß ich erleben, Weib, du hast mir betrogen!"

Und bei diesen Worten faßte er mit beiden Händen das Schilderhaus, und begann daran wie wüthend zu rütteln. Doch bald faßte er sich wieder, rückte den Hut etwas auf die Seite, und näherte sich mit schwankendem Schritt dem Wachthabenden.

„Herr Lieutenant," sagte er, „ich verlange das Weib zurück, das Sie mit Gewalt in der Wachtstube festhalten. — Ich bin eine ehrsame Frau, und eine ehrsame Frau soll nicht mit Gewalt von den Soldaten auf der Wachtstube festgehalten werden. O Gott! o Gott! Aber es ist noch Gerechtigkeit im Land."

„Hör' Er," sagte der Wachthabende jetzt ärgerlich, „mach' Er, daß Er mit seinem Geschwätz jetzt fortkommt, und nehm' Er Sein Weib mit nach Haus; verdammt, wer sich mit solchem Packe einläßt."

Dreizehntes Kapitel.

„So, so, Herr Lieutenant," lachte der Schneider höhnisch, „jetzt soll ich die Frau noch mit nach Hause nehmen, nachdem sie eine halbe Stunde bei dem Soldatenvolke auf der Wacht war. O nein! ich lasse mir scheiden!"

Und dabei fing er an bitterlich zu weinen und schluchzte laut auf.

„Meinen Sie ja nicht, Herr Lieutenant, daß ich die Sache so hingehen lasse. O nein, es gibt noch Gerechtigkeit im Land. O Gott! einer ehrsamen Frau Gewalt anthun. O Loise, Loise, warum hast du mir das gethan! — aber es muß geschieden sein!"

Der Wachthabende stand bei dieser Scene wie auf Kohlen, denn bei dem Geschrei war die halbe Wache aus der Thüre geschlichen und umstand neugierig den betrübten Schneider.

„Das hat man davon," sagte der Wachthabende leise, „wenn man gutmüthig ist. Jagt mir das Weib aus der Wachtstube, und dann packt euch eurer Wege."

Auf diesen Befehl wurde Louise herausgeführt und dem Gemahl übergeben, der aber nichts von ihr wissen wollte und anfänglich auf seinem Vorsatze beharrte, sich scheiden und der Gerechtigkeit ihren Lauf zu lassen. Doch wäre wahrscheinlich die Sache noch gütlich beigelegt worden, wenn nicht plötzlich in der Straße vor der Wache eine Gestalt sichtbar geworden wäre, die mit festem Schritt näher kam.

„Halt, wer da?" rief der Posten.

„Ronde!" antwortete es.

„Was für Ronde?"

„Hauptronde."

„Heraus!"

Alles stürzte an die Gewehrpfosten, während der Schneider noch wüthender als vorher lärmte.

„Richt euch! Gewehr auf! Präsentirt's Gewehr! Ein Gefreiter und zwei Mann vom linken Flügel vor zum Examiniren der Ronde. — Marsch!"

„Halt, wer da?" sagte der Gefreite, der mit zwei Mann vorgetreten ist.

„Hauptronde."

„Wer hat die Hauptronde?"

„Major von Z."

„Parole?"

„Stockholm."

„Herr Lieutenant, die Ronde ist richtig," ruft der Gefreite, und der Wachthabende erwidert:

„Avancir, Ronde!"

- Der Major von Z. war als Ronde nicht sehr beliebt. Er war von einer entsetzlichen Pünktlichkeit und hatte leicht was auszusetzen. Gegen das Heraustreten der Wache war diesmal nichts zu erinnern. Sie war, Dank sei es dem Schneider-Intermezzo! zeitig genug da gewesen und auch der Gefreite, der die Ronde examinirte, hatte seine Schuldigkeit gethan. Und somit wäre der Major von Z. befriedigt abgezogen, wenn nicht der unglückselige Schneidermeister lauter als je nach Gerechtigkeit geschrieen hätte.

„Ja, was ist denn da los?" fragte Major von Z.

„Oh, Herr Oberstwachtmeister," entgegnete der Lieutenant der Wache, „eine unangenehme lächerliche Geschichte mit einem Schneider, der seine Frau prügelt, und welche deßhalb Schutz bei der Wache suchte."

Der Schneider, welcher auf das Gespräch aufmerksam geworden war, taumelte näher und sagte schluchzend: er suche nur Gerechtigkeit, aber von Prügeln und Schutzsuchen sei gar keine Rede. Man habe seine Frau in die Wachtstube verschwadirt und er müßte sich schelden lassen.

„Ah, Herr Lieutenant," sagte leise der Major zu dem Wachthabenden, „was sind das für Sachen?"

Dreizehntes Kapitel.

„Ich verfichere Sie, Herr Oberstwachtmeister," entgegnete jener, „es ist kein wahres Wort daran: das Weib kam unter dem Vorwande, ihr Mann prügle sie zu Haus, mich bittend, ich möge ihr erlauben, ein paar Stunden auf der Wachtstube zu bleiben."

„Was Sie doch natürlicher Weise nicht erlaubten?" sagte der Offizier von der Ronde.

„Allerdings," antwortete der Lieutenant, „hätte ich mich nicht sollen erweichen lassen; aber das Weib jammerte so arg, daß ich am Ende zugab ...."

„Was Sie durchaus nicht hätten thun sollen, Herr Lieutenant," sagte der Major.

Und der Schneider jammerte dazwischen: „Gerechtigkeit! nur Gerechtigkeit! aber es muß geschieden sein."

„Wie heißt Er?" fragte der Major, „und wo wohnt Er?"

„Dem Herrn Oberstwachtmeister zu dienen, heiße ich Kaspar Müller und bin wohlbestallter Schneidermeister in hiesiger Stadt, Sanct-Annenstraße Nr. 40, vier Treppen hoch, hinten, zu dienen?"

„Seinem Ansehen nach," antwortete der Offizier der Ronde, „scheint Er eher wohlbestallt im Wirthshaus als auf Seiner Schneiderbank zu sein, und ich merke Ihm an, daß Er einen ungeheuren Rausch hat."

„Kummer, Kummer, Herr Major," seufzte der Schneider. „O Loise! Aber es muß geschieden sein."

„Scheer' Er sich jetzt ruhig nach Hause und leg' Er sich zu Bett," erwiderte der Offizier; „nehm' Er sein Weib mit und hüt' Er sich künftig, bei den Wachtposten Scandal zu treiben, sonst wird Er eingesteckt. Verstanden?"

Der Schneider wollte noch einige Einwendungen machen und sprach noch Verschiedenes von Gerechtigkeit und sich scheiden lassen, doch mochte ihm die strenge Art des Majors verdächtig vorkommen, und er schlich sich am Ende mit seiner Frau von dannen.

„Mir thut es sehr leid," sagte der Major zu dem wachthaben-

Wachtstuben-Abenteuer unangenehmer Art.

den Offizier, daß ich diese Sache der Commandantur melden muß; aber solche Unordnungen sollen auf den Wachen nicht geduldet werden. Ich will dabei erwähnen, daß Ihre Wache sehr gut in Ordnung war; aber meine Schuldigkeit muß ich thun. Gute Nacht, Herr Lieutenant!"

Dieser unangenehme Auftritt hatte sowohl auf die Stimmung des Offiziers der Wache, als auch auf die der Gäste einen schlimmen Einfluß. Keinem wollte der Punsch mehr recht schmecken. Der lange Eduard zog seine Uhr hervor und meinte, es sei Ein Uhr und also Zeit zum Nachhausegehen, und der Kavallerieoffizier, der einen Witz machen wollte, fügte hinzu: „Ja es muß geschieden sein!

So trennten sich alle und gingen eilfertig durch die naßkalte Novembernacht ihrer Wohnung zu. Der lange Eduard meinte unterwegs, es sei ein schlechter Witz gewesen mit dem Schneider, und einen der andern Offiziere hörte man noch durch mehrere Straßen singen:

>   Dem edeln Commandant
>   Bringt den Rapport alsogleich
>   Der Hauptmann von der Ro—o—o—o—nde.
>   Bum! Bum!

Mag es sein, daß die Laune des commandirenden Lieutenants sich durch den Vorfall etwas getrübt hatte, oder war es wirklich die Strenge des Dienstes, die er zum Vorwand nahm, indem er dem Bombardier Robert bedeutete, daß er sich ebenfalls gefälligst nach Haus verfügen möge und dem Bombardier Tipfel versicherte: es thue ihm wirklich sehr leid, aber er könne nicht anders und müsse ihn bitten, sich in der allgemeinen Wachtstube drüben ein Nachtlager aufzusuchen; was denn auch Tipfel alsbald, für das genossene Gute dankend, that.

Gott, aber welchen Unterschied fand er dort im Vergleich mit seiner stillen heimlichen Wachtstube auf dem Fort Nro. IV. hier auf der Hauptwache, wo sich circa vierzig Mann von allen möglichen

Waffengattungen befanden; Infanterie und Dragoner, Husaren und Pionniere, Alles durcheinander, das Bouquet der verschiedenartigsten schlechten Tabake, die hier geraucht wurden, dazwischen Geschnarch und Gestöhn, und der Boden ganz naß von dem feuchten Schnee, der an den Schuhen hereingetragen worden, alle Pritschen besetzt, sogar nicht einmal ein Stuhl frei, auf dem der unglückliche Bombardier die Nacht hätte zubringen können!

In der Ecke spielten ein paar Husaren Karten und schlugen mit den Fäusten auf den Tisch, daß es dröhnte. Der commandirende Unteroffizier von der Infanterie saß in stiller Majestät am Ofen, in den vier Haimonskindern lesend und bekümmerte sich nichts um den unglücklichen Kollegen. So war der arme Tipfel ganz einsam und hätte sich nicht einmal niedersetzen können, wenn nicht der Soldat von der Lunette Nro. 24, der ihn arretirt hatte, ihm ein Lager auf einer Pritsche verschaffte, wo sich Tipfel hinstreckte, eingekeilt zwischen einem Infanteristen und einem Dragoner — — — eine Rose zwischen Dornen.

Vierzehntes Kapitel.

Ein sehr kurzes Kapitel, aber mit sehr langen und sehr traurigen Folgen.

„Parole! Lissabon.
Commandanturbefehl.

Gestern Abend hat sich der Fall ereignet, daß der Wachthabende des Forts Nr. IV., Bombardier Tipfel von der sechspfündigen Fußbatterie Nr. 21., auf wirklich sehr unverantwortliche und nicht zu entschuldigende Weise sein Fort und seine Wache verließ, und später auf der Lunette Nro. 24 arretirt wurde, als er eben im

Begriffe stand, sich in Civilkleidern aus der Stadt zu schleichen: weßhalb sich der betreffende Bombardier eines Desertionsversuchs sehr verdächtig gemacht hat.

Als Mitschuldiger höchst verdächtig ist der Bombardier Robert von der reitenden Batterie Nr. 2, der allem Anscheine nach dem genannten Bombardier Zipfel zu der vorgehabten Desertion behülflich hat sein wollen. Beide sind deßhalb ihrer Brigade anzuzeigen, respektive zu übergeben, welche die kriegsrechtlichen Untersuchungen einzuleiten hat.

Auf die Anzeige des Major v. Z. als Hauptronde wird dem wachthabenden Lieutenant bei der Hauptwache ein Stubenarrest von acht Tagen erkannt, weil er unbefugter Weise Leute auf seine Wache genommen, die durchaus nicht dahin gehören.

Gezeichnet:
Oberst v. Luete."

Brigadebefehl.

„Laut Anzeige der hochlöblichen Commandantur ist der Bombardier Zipfel von der sechspfündigen Fußbatterie Nr. 21 von der Hauptwache zu übernehmen und nebst dem Bombardier Robert von der reitenden Batterie Nr. 2 in Gewahrsam zu bringen.

An die zweite Abtheilung.

Gezeichnet:
Der Brigadier."

Abtheilungsbefehl.

„Der Bombardier Zipfel von der Fußbatterie Nr. 21 und der Bombardier Robert von der reitenden Batterie Nr. 2 sind laut Commandantur- und Brigadebefehl sogleich in Gewahrsam zu bringen. Auch sind die Nationale's und Führungslisten dieser Leute dießseitigem Commando sogleich abzugeben, welches den betreffenden Batterien anheimstellt, gemäß der bisherigen Aufführung, diese beiden Bombardiere entweder in Stuben- oder Kasernenarrest zu behalten, oder sie in das allgemeine Arrestlokal abzuliefern.

Vierzehntes Kapitel.

An die sechspfündige Fußbatterie Nr. 21 und die reitende Batterie Nr. 2.

Gezeichnet:
Dampfschiff,
Major und Abtheilungs-Commandeur."

Batteriebefehl.

„Der Bombardier Tipfel hat seine guten Kleider auf die Kammer zu liefern und ist im schlechtesten Anzug augenblicklich in's Arrestlokal abzuführen. Nationale und Führungsliste sind sogleich an's Abtheilungs-Commando abzugeben.

Gezeichnet:"

Geheimer Befehl.

„Den Bombardier Tipfel soll der Teufel regieren, und da er ein Mann ist, den ich nie habe ausstehen können, der sich untersteht, in einer feinen Uniform herumzufegen, wie sie sein Kapitän trägt, und der sich sogar in anständigen Kaffeehäusern blicken läßt, so soll ihm die Führungsliste möglichst geschärft werden. Auf diese Art werden wir den Mann vielleicht los.

Nicht gezeichnet, aber mündlich."

Am Abende dieses Tages, wo vorstehende Befehle erlassen wurden, saßen der Bombardier Tipfel und der Bombardier Robert einträchtiglich bei einander in Nr. 7½ im Untersuchungsarrest, unter den Befehlen des Rattenkönigs Majestät, welcher ihnen bei ihrem Einzug eröffnete, daß morgen früh um acht Uhr ein vorläufiges Verhör mit ihnen angestellt werden würde.

Fünfzehntes Kapitel.

Außerhalb der Wachtstube: ein unmilitärisches Kapitel, das zu den vorangehenden gar nicht paßt, in welchem aber der Leser alte Bekanntschaften erneuert.

Der Tag, der auf die denkwürdige Nacht folgte, war eben so verschieden von derselben, wie das Lokal, in welches wir den Leser jetzt einzuführen gedenken. Als wollte die Natur über das Unglück der beiden Bombardiere weinen und klagen, so hatte sich das Wetter nach Mitternacht geändert. Auf den Schnee hatte es geregnet, und ein heftiger kalter Wind fegte durch die Straßen, heulte an den Häusern umher und fuhr pfeifend durch die Schornsteine hinab und hinauf, auf den Herden die ausgebrannten Kohlen durchnässend und aufwirbelnd. Es war, wie die Schildwachen, die zwischen zwölf und ein Uhr den Dienst hatten, versicherten, ein Hundewetter gewesen.

Nach ein Uhr aber legte sich der Sturm; der graubedeckte Himmel wurde hie und da heller, bald drang ein einzelner Stern hervor, dann mehrere, die Luft wurde reiner und kälter, und als bei der frühesten Morgendämmerung die Dienstmädchen an den Brunnen gingen, waren Straßen und Bäume mit weißem Reif bedeckt und die Erde knitterte und knatterte unter ihren Fußtritten.

Dazwischen begannen von allen Thürmen die Glocken zu läuten, denn es war Sonntag und ihm zu Liebe hatte sich die gestrige schmutzige Erde wahrscheinlich so reinlich und freundlich aufgeputzt; — wirklich, so ein Wintermorgen, kalt und strahlend, hat etwas sehr Angenehmes und Freundliches, besonders wenn man ihn aus dem geheizten Zimmer auf Straßen, Feld und Wald so streng und gewaltig herrschen sieht.

Die Leute auf der Straße trippeln eilig vorüber, die Hände in den Taschen oder unter die Tücher gesteckt, Nase und Wangen sanft geröthet und den Hauch des Mundes wie eine dicke Wolke von sich blasend.

Die großen Kirchenglocken brummen ernst dazwischen und die kleinen accompagniren sie, lustig, leichtsinnig und wohlgemuth. Dazu ein freundliches Zimmer; an den großen Spiegelscheiben rollen langsam die Wassertropfen herab, im weißen Marmorkamin knistert lustig ein Feuer; auf dem Tisch steht das Kaffeeservice, in den Tassen dampft der braune Trank, heiß und süß, angenehm im Gegensatz zu der bitteren Kälte draußen.

In einem solchen Zimmer befinden wir uns, der Boden ist mit weichen Teppichen belegt, an den Wänden hängen Gemälde in schweren goldenen Rahmen, und das Licht, das von dem weißen Reif draußen gar zu heftig abprallen und den Augen wehthun würde, wird gemildert durch schwere Vorhänge, die, von dunkelm Seidenstoff in hellen weiß gestickten Mousselin übergehend, gerade so viel Licht hereinlassen, als eben nöthig ist.

Der heimlichste Platz in dem Gemach hier ist die Kaminecke, und vor derselben steht ein großer roth sammtener Fauteuil, der den Rücken in's Innere des Zimmers kehrt und von dem wir im Augenblick nicht wüßten, ob Jemand darauf Platz genommen hätte, wenn wir nicht zwei kleine Damenfüße sähen, die auf der messingenen Stange, die das Kamin umgibt, im Takt auf und nieder treten, begleitet von einem unterdrückten Lachen, das zuweilen hörbar wird.

An dem Kaffeetisch sitzt eine Dame, in ein sehr jugendliches weißes Morgenkleid gehüllt, von welchem das etwas ältliche Gesicht nicht sehr günstig absticht, eben so wenig wie von dem Kopfputz, der aus einem bunten ostindischen Tuch besteht, turbanartig um den Kopf geschlungen ist, und das einzige Gute hat, daß er den wahrscheinlich nicht zu üppigen Haarwuchs der jungen alten Dame gründlich versteckt.

„Aber ich bitte dich, Pauline, wie kann man nur so unaufhörlich über dergleichen Kindereien lachen! Ich versichere dich, deine Lustigkeit thut mir ordentlich weh."

Ein neues unterdrücktes Lachen aus dem Fauteuil war die Antwort.

„Es ist eigentlich ganz traurig," fuhr die andere Dame fort, „daß wir so unglücklich waren, statt in lieber Gesellschaft" — hier seufzte sie tief auf — „durch einen sonderbaren Zufall mit so einem gemeinen Menschen fahren zu müssen."

„Oh, Tante Sophie," sprach jetzt die Stimme aus dem Lehnstuhl, „man kann doch eigentlich so genau nicht wissen, ob der Soldat ein gemeiner Mensch war. Wer weiß, er kann von ganz ordentlicher Familie sein! Meine beiden Brüder haben ja auch gedient, und sogar der Herr Auditeur, liebe Tante, war eine Zeit lang Soldat."

„Alles mit Unterschied," meinte die Tante. „Aber wie der Mensch schon in den Wagen hineinstieg, hat mich sogleich etwas Unheimliches angeweht."

„Ach," entgegnete Pauline spöttisch, „Sie haben doch eine Zeit lang recht zärtlich mit dem lieben Robert gesprochen, eh' ich Licht machte."

„Das wohl," sagte die Tante; „aber wie gesagt, es war mir von Anfang an unheimlich, und, guter Gott im Himmel! erst den Schrecken, als ich das fremde ordinäre Gesicht sah."

Bei diesen Worten drehte Pauline ihren Fauteuil etwas rasch zur Hälfte herum.

„Nun, das muß ich sagen, liebe Tante, von einem ordinären Gesicht hab' ich doch nun gewiß nichts gesehen. Daß es mich auch ein wenig erschreckt hat, einem fremden Menschen vis-à-vis zu sitzen, ist wohl wahr; aber nachdem ich erfuhr, daß es nur eine Verwechslung war, war mir das vis-à-vis des ordinären Gesichts ebenso lieb, wie manches andere."

„Behüt' mich Gott," entgegnete die Tante, „was du für

Grundsätze hast. Einen ganz gewöhnlichen unbekannten Soldaten einem Freunde deiner Tante, ja unseres Hauses gleich zu stellen."

„Was die Freundschaft unseres Hauses anbelangt," lachte Pauline, „so ist der Herr Auditeur Schmidt noch weit davon entfernt. Papa, das wissen Sie wohl, kann ihn nicht leiden, weil —" hier stockte sie.

„Nun, weil, weil . . . ."

„Nun ja, weil er Ihnen den Hof macht," lachte die Nichte. „Sie wissen, er hat es hundertmal selbst gesagt. Ich will Ihnen gegenüber dabei nichts Böses denken, liebe Tante; aber es ist so, weil er Ihnen den Hof macht."

„Nun, es ist ein Verbrechen, mir den Hof zu machen?" entgegnete die Tante, etwas pikirt.

„Das will ich wieder nicht gesagt haben," lachte die Kleine im Fauteuil; „aber, — nun erlassen sie mir das, Tante."

„Nein," antwortete diese heftiger, „ich erlasse dir nichts. O Gott, ich will doch sehen, wie das Kind meines eigenen Bruders gegen mich, ihre leibliche Tante, denkt!"

Dabei zog sie ein weißes Taschentuch aus ihrem Morgenkleid und avancirte damit gegen die Augen.

Pauline hatte ihren Fauteuil wieder an's Kamin gedreht und stampfte auf der messingenen Kaminstange eifriger als früher.

„Bekomme ich keine Antwort, Pauline?"

„Nein, Tante, denn ich will Ihnen nichts Unangenehmes sagen."

„Aber ich will wissen, weßhalb es ein Verbrechen ist, mir den Hof zu machen."

Dies Letzte sagte sie mit schluchzender Stimme.

„Nun denn," entgegnete die Kleine gereizt; „aber ich will keine Scene haben, weil der Herr Auditeur Schmidt ein paar Jahre älter ist als ich, und Sie die ältere Schwester meines Vaters sind."

„Also endlich hab' ich es heraus," schluchzte die Tante laut auf. „Auch du verschwörst dich gegen mich und fällst von mir ab."

„Nein, ich verschwöre mich gar nicht gegen Sie, Tante Sophie; und falle auch gar nicht von Ihnen ab; aber Sie haben mich ja forcirt, Ihnen etwas Unangenehmes zu sagen."

„O Gott, o Gott!" jammerte die Tante; „jetzt begreife ich, warum der Bruder den Herrn Schmidt gesehen hat. Ja, ich bin hier im Haus verrathen und verkauft."

Nach dieser Anklage flog der Fauteuil wieder herum, aber noch viel hastiger als das erste Mal und die Kleine fragte sehr scharf:

„Was wollen Sie damit sagen, Tante?"

„Schändlich, schändlich!" jammerte diese.

„Was ist schändlich? Ich bitte recht sehr, Tante, erklären Sie sich darüber. Ich habe Ihnen nichts gethan, was schändlich ist."

Bei diesen Worten machte die Kleine Miene, aus ihrem Fauteuil aufzustehen, und die Tante, die wohl einsah, daß sie zu weit gegangen und welche die Bundesgenossin nicht verlieren wollte, lenkte ein, indem sie statt aller Antwort noch lauter zu schluchzen anfing. Ueber das Gesicht der Kleinen fuhr ein leichtes Lachen; sie drehte ihren Fauteuil wieder langsam gegen das Kamin und strich mit der Schaufel die glühenden Kohlen zusammen.

Es trat eine lange Pause ein, welche draußen von den Kirchenglocken, die in allen Tönen klangen, ausgefüllt wurde.

Endlich trocknete die Tante die Augen und rief mit leiser Stimme: „Pauline!"

„Was befehlen Sie, Tante?"

„Ja, ich sehe ein," fuhr diese fort, „daß ich dir Unrecht gethan habe; du bist nicht im Stande, mich zu verrathen."

„Nun," sagte die Andere, „das käme darauf an, liebe Tante; aber bis jetzt habe ich es gewiß nicht gethan."

„Und wirst es auch nicht thun."

„Ich glaube nicht, Tante."

„Nun ja, siehst du, mein Kind, es ist eigentlich Unrecht, daß wir Beide uns entzweien, und das wegen einem so ganz ordinären Menschen."

Die Kleine wandte etwas heftig den Kopf herum: „Liebe Tante, ich habe Ihnen das schon einmal gesagt, ich mag das nicht leiden. Der junge Mensch hat sich recht artig benommen, und gar nicht ordinär."

„Ei, ei, Pauline," sagte die Tante mit einem Gesicht, das schelmisch aussehen sollte: „Du nimmst dich ja des Soldaten so eifrig an, daß ich gar nicht weiß, was ich davon denken soll."

„Liebe Tante," entgegnete die Kleine lachend, „denken Sie darüber, was Ihnen beliebt; aber der junge Mann hat mir nun einmal nicht schlecht gefallen."

Bei diesen letzten Worten schaute sie links über den Fauteuil, um das Gesicht der Tante zu beobachten, welche in der That ziemlich verwundert aussah.

„Ich möchte auch einmal ein Abenteuer haben, liebe Tante, und werden Sie mir da auch beistehen?"

„Gott soll mich bewahren," entgegnete diese erschrocken, „du hast wirklich leichte Ideen, Pauline. Auch Abenteuer haben! Wer hat denn sonst noch Abenteuer?"

„Nun Sie, liebe Tante," lachte die Andere. „Ich habe mich nun einmal darauf capricirt, den kleinen Soldaten charmant zu finden. Und da ich Sie so oft begleitet habe, so werden Sie mir einen ähnlichen Dienst nicht abschlagen."

Bei diesen letzten Worten preßte die Kleine ihr Sacktuch an den Mund, um nicht laut aufzulachen; denn man sah von dem bestürzten Gesicht der Tante, daß sie die Neckerei für Ernst nahm.

„Aber so sage mir doch um Christi willen, was soll es denn mit dem Soldaten? hast du ihn früher schon gesehen? und bist du näher mit ihm bekannt?"

„Sie wissen ja, liebe Tante, daß gestern Abend sein Kammerdiener da war."

„Ein sauberer Kammerdiener!" grollte diese. „Und was weiter?"

„Nun er hat mir ein Billet-doux von seinem Herrn überbracht."

„Ein Billet-doux, Pauline, ich kenne dich ja gar nicht mehr."

„Hier ist es, liebe Tante."

Bei diesen Worten stand sie auf und legte ein kleines Papier auf den Tisch.

„Nun, das muß ich sagen," entgegnete die Tante, indem sie es in die Hand nahm, „der Liebesbrief sieht ziemlich schmutzig aus."

„Nun ja, von so gemeinen Menschen," lachte Pauline, „aber lesen Sie nur."

Die Tante hatte das Papier mit den Fingerspitzen angefaßt und versuchte es behutsam zu entfalten, um sich nicht schmutzig zu machen. Sie hatte aber auch nicht Unrecht daran, denn der Kanonier Schulten war gerade nicht ganz säuberlich damit verfahren. Mit großem Erstaunen las sie:

„Da ich Ihre Rechnung vom 1. v. M. unglücklicher Weise verlegt habe, so muß ich um eine neue bitten, ehe ich die kleine Summe bezahlen kann."

„Mir steht der Verstand still," unterbrach sich die Tante.

„Mir auch," entgegnete Pauline, „aber lesen Sie nur weiter."

„Zugleich bitte ich, dem Ueberbringer zwei Flaschen Rüdesheimer und drei Pfund westphälischen Schinken mitzugeben; er wird Ihnen den Betrag dafür einhändigen.

Bombardier Robert."

Die Tante sah ihre Nichte fragend an und schüttelte den Kopf.

„Und das ist von ihm an dich?"

„Ja, liebe Tante, das ist von ihm an mich. Es kommt, wie Sie sehen, noch ein Notabene."

Die Tante las weiter:

„Da es mir schon einige Mal passirt ist, daß die Kanoniere von dem Geld, das man ihnen mitgab, verloren, so bitte ich, mir morgen früh die Rechnung zu schicken, wo ich alsdann nicht ermangeln werde . . . ."

„Ach, geh' doch," lachte die Tante, „das muß ein Mißverständniß sein. Der Brief ist auf keinen Fall an dich gerichtet."

„Aber der Herr Kammerdiener hat ihn mir übergeben und hat hinzugesetzt: er sei von seinem Herrn an mich und er wolle mich darin um Verzeihung bitten für die unangenehme Stunde, die er mir verursacht."

„Oh, das ist, wie gesagt, ein Mißverständniß," entgegnete die Tante; „aber die Verwechslung ist drollig." Und dabei lachte sie laut auf.

Pauline stimmte lustig mit ein, und Beide bemerkten im ersten Augenblick in ihrer Fröhlichkeit nicht, daß ein Bedienter eingetreten war, der den Herrn Auditeur Schmidt anmeldete, welcher die Damen in einer geheimen und dringenden Angelegenheit zu sprechen wünschte.

Sechszehntes Kapitel.

Der Leser wohnt einem halbmilitärischen Verhör bei und ersieht, wie ein verspäteter
Empfehlungsbrief manchmal doch noch zur rechten Zeit wirken kann.

Man kann sich bei dieser Meldung das Erstaunen der Tante und ihrer Nichte leicht denken; denn der Herr Auditeur Schmidt hatte, wie wir aus den vorhergehenden Kapiteln erfuhren, es noch nie gewagt, sich öffentlich im Hause des Regierungsrathes zu zeigen. Pauline, die den Liebesbrief des Bombardier Robert eiligst versteckt hatte, meinte nach einem augenblicklichen Nachdenken: der Herr Auditeur werde zum Papa wollen, um sich über sein gestriges unangenehmes Rencontre mit demselben zu entschuldigen. Der Tante aber fuhr es wie ein Blitz durch die Glieder, sie seufzte tief in sich

Ein halbmilitärisches Verhör. 359

hinein und dachte: „O Gott, der stürmische junge Mann! Er wird es wagen, und — o Seligkeit! förmlich bei dem Bruder um meine Hand anhalten!"

Wir werden aber bald sehen, daß sich die beiden Damen geirrt hatten.

Der Herr Auditeur Schmidt war unterdessen schüchtern eingetreten und hatte sich befleißigt, den Damen in der feinsten Toilette aufzuwarten. Zur Hauptfarbe seines Anzugs hatte er schwarz gewählt, wahrscheinlich um die Trauer seines Herzens zu bezeichnen. Sein fahles blondes Haar war platt um den Kopf gelegt und seine großen wasserblauen Augen bedeckte er hie und da mit den Augenlidern, dadurch, wie er glaubte, ein gewisses Schmachten ausdrückend.

„Meine Damen," lispelte er, „indem ich Sie um Verzeihung bitte, die Ruhe Ihres schönen Morgens gestört zu haben, setze ich zu meiner Entschuldigung hinzu, daß nur ein wichtiges und dringendes Geschäft mich veranlaßte, einem harten Befehl —" hier seufzte er tief auf — „der mich fern von diesem Hause bannt, ungehorsam worden zu sein."

Die Tante erröthete bei diesen Worten sichtlich und blickte verwirrt zu Boden, wogegen die Nichte recht laut und unbefangen fragte:

„Ein Geschäft mit uns, Herr Auditeur? Ihre Geschäfte erstrecken sich ja just nur auf das Militär."

„Es kommt auch Militär darin vor, mein Fräulein."

„So," sagte die Tante, schmerzlich enttäuscht.

Und an ihrer Stelle wurde die Nichte befangener, und bemerkte sogar etwas kleinlaut:

„Sonderbar, in einem Geschäfte mit uns Militär! Ei! dürfte ich bitten, Platz zu nehmen?"

Der Auditeur ließ sich nieder und nickte mit dem Kopf, wobei er sich wie entschuldigend verbeugte und eine Sekunde lang seinen Hut vor das Gesicht hielt.

Sechzehntes Kapitel.

„Sie verzeihen, meine Damen," sagte er, „daß ich so weit ausholen muß, wie nöthig ist. Sie haben vielleicht zufällig gehört, daß es gestern einem Kettengefangenen — das heißt, es war eigentlich nur ein Militärsträfling — gelungen, wenn auch nur für wenige Stunden, aus seinem Gefängniß zu entfliehen. Als zu gleicher Zeit, durch die Allarmschüsse aufmerksam gemacht, die Wachen auf den Außenwerken sorgfältiger als gewöhnlich ihre Posten übersahen, wurde bei einem derselben ein Mensch entdeckt und in dem Augenblick angehalten, als er verdächtiger Weise durch eine Schießscharte in's Freie schlüpfen wollte. Es ergab sich, daß dieser Mensch der Wachthabende einer der kleinen Festungen war, die um die Stadt herum liegen; er war in Civil und hat sich der Desertion sehr verdächtig gemacht, ist auch von seinem Kapitän als ein Mann prädicirt, der eines schlechten Streiches wohl fähig ist."

„Aber, Herr Auditeur," unterbrach ihn Pauline, „was können wir mit einem Deserteur zu schaffen haben?"

„Darf ich ganz unterthänigst bitten," entgegnete jener, „mich in meinem Berichte fortfahren zu lassen. Also dieser Mensch wurde arretirt, auf die Hauptwache gebracht, und als man ihn befragt, weßhalb er seine Wache verlassen und statt in Uniform sich in einem sehr fatalen Civilanzuge auf den Wällen der Stadt habe betreffen lassen, gab er leichthin zu Protokoll: er habe in der Stadt ein dringendes Geschäft gehabt. Mir wurde heute Morgen das unangenehme Geschäft, den Verhafteten, nebst einem andern Bombardier, der sehr verdächtig ist, bei dem Desertionsversuch mitgewirkt zu haben, in's Verhör zu nehmen, und ich inquirirte namentlich auf den angeblichen Beweggrund oder vielmehr das wichtige Geschäft, das den Mann veranlaßte, seine Wache schnöder Weise zu verlassen. Denken Sie sich aber, meine Damen, daß es mir beim ersten Anblick des einen Verhafteten vorkam, als habe ich ihn gestern Abend hier in Ihrem Hause gesehen. Auf meine Anfrage darüber betheuerte er hoch und heilig, ich müsse mich irren, er kenne Ihr Haus gar nicht, was ich denn am Ende" — setzte er mit einem vielsagenden Blick hinzu — „vielleicht glauben könnte." Die Tante und die Nichte sahen sich bei diesen Worten eine Sekunde lang verlegen an. „Im Verlaufe des Verhörs nun," fuhr der Auditeur fort, „wurde es natürlicher Weise nicht schwer, aus den Angaben zu ersehen, daß dieselben falsch seien. Und wenn wir wirklich zu Gunsten des Verhafteten eingestehen müssen, daß der Sache mehr ein unüberlegter Streich, als Desertionsversuch zu Grund liegt, so mußten wir doch, um die Akten zu arrondiren, und —" setzte er mit einem lauernden Blick hinzu, „den armen Soldaten zu helfen, der Sache auf den Grund sehen. Die Angabe des Einen aber, wo er gewesen, war, wie gesagt, so unhaltbar und unglaubwürdig, daß sie, einem hohen Kriegsgerichte gegenüber, den Verdacht der Desertion schärfen müssen. Ich rieth ihm mehrmals, offen und ehrlich zu gestehen und Zeugen herbeizubringen, aber vergebens."

Die kleine Pauline, die unterdessen in der größten Spannung da saß, athmete tief auf und sagte:

„Nun ja, und was weiter?"

„Ich schloß mein Verhör," fuhr der Auditeur fort, „und nahm dagegen die Kanoniere bei Seite, und einer derselben, nachdem ich ihm versichert, daß seine Aussagen den Bombardier von der Festungsstrafe retten würden, erzählte mir eine ganz sonderbare Geschichte."

„Eine sonderbare Geschichte?" fragte die Tante.

„Ja, meine Gnädige, in der That sonderbar. Der Kanonier will den Bombardier in die Stadt begleitet haben. Dort habe derselbe seine Uniform mit Civilkleidern vertauscht, indem er von seinem Freund, dem andern Bombardier, der unterdessen das Fort hütete, ein Billet-doux zu besorgen gehabt, ein zartes Geschäft, meine Damen, das, wie Sie einsehen werden, sich in der groben Uniform nicht gut abmachen läßt."

Sechszehntes Kapitel.

Diese letzten Worte hatte der hellblonde junge Mann außerordentlich langsam und betonend gesprochen.

„Das ist in der That merkwürdig," meinte die Tante, „einen Liebesbrief."

Und dabei wollte sie lachen; aber ein Blick auf ihre Nichte, die in diesem Augenblick purpurroth geworden war, warf ihr Gesicht wieder in sehr ernste und nachdenkende Falten. Auch der Auditeur hatte das Erglühen des schönen jungen Mädchens bemerkt, und spielte den Verwirrten und Verlegenen, wobei er sich aber geberdete wie ein Fisch, der auf trockenen Sand gelegt ist; denn er schloß sekundenlang die Augen und schmatzte dabei mit den Lippen, als schnappe er nach Luft.

Die Scene war etwas peinlich und wurde durch die inquisitorische Feierlichkeit des Auditeurs noch unangenehmer. Ein Anderer an seiner Stelle würde die Sache lachend vorgetragen haben, und man hätte ihm wahrscheinlich lachend das ganze Abenteuer eingestanden.

„Ja, meine Damen, ein Liebesbrief," fuhr er leise fort, „und dieser Liebesbrief sei von dem Verhafteten — — hier in Ihrem Hause abgegeben worden."

„Mein Gott!" schrie die Tante auf, und affectirte einen großen Schrecken. „Ein gemeiner Soldat mit einem Liebesbrief in unserm Hause. O Gott, Pauline!"

„Nun ja, liebe Tante," sagte diese, welche sich wieder gefaßt hatte, „was denn weiter? Sie wissen ja darum."

Der Auditeur sah bei diesen Worten die Tante mit einem langen schmerzlichen Blicke an, so daß sie auffuhr und die arme Pauline mit einer Fluth von Vorwürfen überhäufte, wobei sie ihr nochmals auf's Heftigste auseinandersetzte, von welch' schlimmen Folgen die Begegnung mit jenem gemeinen Soldaten für sie werden könnte, und daß sie im Begriff sei, sich vor der ganzen Welt zu compromittiren.

Der Auditeur, aufmerksam geworden, warf hie und da eine Frage ein und hatte bald die ganze fatale Wagengeschichte heraus, welche wir dem verehrten Leser im vierten Kapitel so schön und ausführlich erzählten.

Nachdem sich der gewaltige Sturm der Gefühle wieder etwas gelegt, fragte die Tante kleinlaut, was nun in dieser bösen und fatalen Sache zu thun sei? worauf der Auditeur sein Haupt nachdenklich sinken ließ und dann versicherte, die Sache sei schon sehr weit gediehen und daher auf's Unangenehmste verwickelt.

„Ja, sehen Sie, meine Damen, ich muß meine Akten schließen, und sie dem Kriegsgericht vorlegen — eine fatale, fatale Geschichte, — doch wissen Sie was," fuhr er nach einigem Besinnen fort, „so wird es gehen. Ich beseitige das Verhör des Kanoniers, der Bombardier wird der Desertion angeklagt und was schadet das so einem Kerl, wenn er auch ein paar Jahre unter die Sträflinge kommt. Der Andere erhält vielleicht sechs Wochen Arrest und wird sich," setzte er mit einem süßen Blick auf die Tante hinzu, „künftig in Acht nehmen, sich achtbaren Personen auf eine so leichtsinnige Art zu nahen."

Die Tante sah verwirrt in ihre Kaffeetasse. Doch Pauline war heftig aufgestanden und sah den Mann des Gesetzes mit einem ziemlich verächtlichen Blick an.

„Und wenn der Bombardier sich ausweisen kann, wo er gewesen, und ein hohes Kriegsgericht einsieht, daß die jungen Leute nur einen leichtsinnigen Streich gemacht haben? wie ist dann ihre Strafe?"

„Alsdann," meinte der Gefragte, „kommen sie ziemlich leicht davon. Der Wachthabende erhält vielleicht einen drei- bis vierwöchentlichen leichten Arrest und der Andere, dem man eigentlich nichts anhaben kann, wird von seinem Kapitän mit ein paar Tagen Einsperrens gestraft."

„Ich danke Ihnen recht sehr, Herr Auditeur," entgegnete das

junge Mädchen, und wollte mit einer leichten Verbeugung das Zimmer verlassen.

„Wo willst du hin, Pauline?" rief die Tante.

Und der Herr Schmidt, der rasch aufstand, fragte:

„Ei, Fräulein Pauline, was soll das bedeuten?"

„Nicht viel," entgegnete das Mädchen, „nicht viel, liebe Tante. Ich will nur dem Papa die ganze Geschichte erzählen, ganz aufrichtig erzählen und ihn recht herzlich und dringend bitten, sich für die jungen Leute zu verwenden."

„Oh!" sagte der Auditeur.

Und die Tante fuhr von ihrem Stuhl in die Höhe.

„Um Gotteswillen!" sagte sie, „du willst mich dem Papa verrathen?"

„Gewiß nicht," entgegnete Pauline. „Ich werde Sie ganz aus dem Spiele lassen und Alles auf mich nehmen. Ich kann dem jungen Bombardier auch wohl sonst wo begegnet sein. Daß er es gewagt hat, an mich zu schreiben, ist nicht meine Schuld. Und sollte auch der Papa ernstlich böse auf mich werden, so wäre mir das doch weit lieber, als das Unglück zweier Menschen auf dem Gewissen zu haben."

„Aber, Herr Auditeur," jammerte die Tante, „das geht durchaus nicht, das dürfen wir nicht zugeben. Ich kenne meinen Bruder. Er wird am Ende mit den Leuten selbst sprechen, und so gemeine Menschen machen sich zuletzt gar nichts daraus, mich Unglückliche zu verrathen."

„Hören Sie, liebe Tante," sagte Pauline. „Wenn Papa wirklich zu den gemeinen Menschen hinginge und sie ihm die Geschichte erzählten, wie sie wäre, um sich von der entsetzlichen Strafe zu befreien, so könnte man es doch keinen Verrath nennen; aber meinetwegen will ich schweigen, doch der Herr Auditeur soll ein anderes Mittel ersinnen, denn ich will nicht, daß sie für einen solchen Spaß hart bestraft werden."

Ein halbmilitärisches Verhör.

"Mein Fräulein," entgegnete Herr Schmidt sehr ernst, "es thut mir wirklich leid, wenn Sie ein solches Vergehen einen Spaß nennen können. Das Verlassen der Wache ist beim Militär eines der furchtbarsten Vergehen."

"Nun ja, in Kriegszeiten," meinte das junge Mädchen; "aber besinnen Sie sich, Herr Schmidt, oder ich gehe zu Papa."

Dies Besinnen schien dem Auditeur schwer zu werden; denn als Gerichtsperson in dermaligen mageren Zeiten mochte er einen so fetten Bissen, wie Wache verlassen, mit einem gelinden Anflug von Desertion nicht gern fahren lassen; ebensowenig wie er Ursache zu haben glaubte, den Andern zu schonen, der sich, ein ganz gewöhnlicher Bombardier, erkühnt hatte, der holden Angebeteten zu nahen. Doch sollte ihn diesmal eine neue Verlegenheit der ganzen Mühe des Besinnens überheben; denn auf dem Gang draußen wurde eine Stimme laut, bei deren Klang die drei Anwesenden einstimmig ausriefen:

"Um Gotteswillen, der Bruder! der Papa! der Herr Regierungsrath!"

"Was ist zu thun?" sagte der Auditeur.

"Ja," meinte die Tante verschämt, "was ist zu thun? was sagen wir dem Bruder?"

"Sagen Sie ihm, Herr Auditeur," sprach das junge Mädchen ernst und nachdrücklich, "sagen Sie ihm, Sie hätten seine Ermahnung zu Herzen genommen, indem Sie einsähen, daß er ihr Bestes damit bezwecke, und Sie seien hieher gekommen, um der Tante diese Erklärung zu machen."

Indem trat der Regierungsrath ein, und sein Gesicht, das, wie es bei ihm gewöhnlich der Fall war, einen sehr freundlichen und lachenden Ausdruck hatte, umzog sich wieder ernst und finster, so bald er des Auditeurs Schmidt ansichtig wurde. Doch ließ ihm Pauline nicht Zeit, diese verdrießliche Miene in Worten zu übersetzen, sondern sie nahm den Papa rasch bei Seite. Hinter dem

Sechszehntes Kapitel.

Regierungsrath war in der geöffneten Thüre eine Sekunde lang eine andere Person sichtbar geworden, die aber, wie sie den Auditeur Schmidt bemerkte, auf's Schleunigste wieder verschwand.

„Ja, wenn es so ist," sagte der Regierungsrath leise, „à la bonheur! das lasse ich mir gefallen. Herr Auditeur, ich wünsche Ihnen guten Morgen. Aber," — er sah sich nach der Thüre um — „wo ist denn mein junger Verbrecher geblieben?"

„Ein Verbrecher, Papa," lachte Pauline.

„Und was für ein Verbrecher?" meinte der Regierungsrath, „der noch obendrein seinem Gefängniß entsprungen ist! Denkt euch nur, vor einer halben Stunde wird mir ein junger Mann gemeldet, der mich dringend zu sprechen wünschte. Es kommt ein Militär herein, ich versichere euch, ein recht hübscher Bursche, und ich weiß nicht, er hat mir ein Gesicht, das mir ganz bekannt vorkam. Er überreicht mir einen alten, ganz gelb gewordenen Brief, und wie ich ihn aufmache, denke ich, mich soll der Schlag treffen, ist er von dem alten Hauptmann Robert, der vor zwei Jahren gestorben ist, und der mir seinen Neffen empfiehlt, welcher zum Militär gehen will. Ich sehe das Datum an, und, parbleu, der Brief ist über zwei Jahre alt. Ich lasse mir die Sache erklären, und da kommt eine ganz tolle Geschichte zum Vorschein. „Aber," unterbrach er sich, „wo ist denn der junge Mann hingekommen, ich habe ihn euch vorstellen wollen. — Ja so, ja so!" lachte er, daß ihm die Thränen in die Augen traten. „Er hat den Herrn Auditeur Schmidt durch die Thürritze bemerkt, und ist davon gelaufen. Nun, Sie werden ein Auge zudrücken und ihn nicht gesehen haben. So kommen Sie nur herein!" rief er zur Thüre hinaus. „Sie sind unter meinem Schutz, und der Herr Auditeur Schmidt wird Sie gar nicht bemerken."

Dieser Letztere hatte bei der lustigen Erzählung des Regierungsraths die beiden Damen überrascht angeschaut, und die kleine Pauline war sichtlich verlegen geworden.

Wir wollen den Leser nicht lang im Zweifel lassen, sondern ehrlich gestehen, daß es der Bombardier Robert war, der nun eintrat und sich ziemlich verlegen nach allen Seiten verbeugte. Auf welche Art er seinem Arreste entkommen, versprechen wir in den nächsten Kapiteln zu erklären.

Der Bombardier sah gar nicht übel aus. Er hatte das schon beschriebene feine Kollet an, und ein ungemein blank geputzter Säbel hing an einer weiß lakirten Kuppel, die, recht fest um den Leib geschnallt, eine zierliche Taille erkennen ließ.

Der Auditeur Schmidt versuchte gnädigst zu lächeln, was ihm aber gar nicht gelingen wollte, um so weniger, als er zu seinem Aerger bemerken mußte, daß schon nach einigen Minuten der gewandte junge Mann Gnade vor den Augen der Tante gefunden zu haben schien.

Pauline war eben so einsylbig wie der Auditeur, nur aus andern Gründen, und der Regierungsrath lachte in Einem fort über die tolle, tolle Jugend.

„Aber hören Sie, lieber Herr Auditeur Schmidt," wandte er sich an diesen, „helfen wir den Aermsten ein Bischen aus ihrem Arreste. Sie können viel dazu thun. Aber Sacre Dieu, ich habe euch den jungen Menschen nur eine Sekunde lang vorstellen wollen, denn sein Onkel, der alte Hauptmann, war einer meiner allerbesten Freunde. Doch jetzt ist es genug. Ich will einmal den militärischen Tyrannen spielen," wandte er sich an den Bombardier, „und befehle Ihnen hiermit, sich bis auf Weiteres augenblicklich in Arrest zu verfügen." —

Siebenzehntes Kapitel.

Kameradschaftliche Begegnungen und feine Bestechungsversuche, die zum gewünschten Ziele zu führen scheinen.

Wir sehen uns in die traurige Nothwendigkeit versetzt, den geneigten Leser nicht nur aus dem freundlichen Lokal, das wir soeben zu bewohnen das Vergnügen hatten, in ein minder angenehmes zu versetzen, sondern müssen uns sogar erlauben, einen Tag rückwärts zu schreiten, sowie vom warmen, mit Teppich belegten Zimmerboden auf eine rauhe schneebedeckte Straße und dort drei Gestalten zu folgen, die im Dämmerlichte vor uns herwandeln.

Die eine dieser drei ist in voller Uniform, den Tschako auf dem Kopfe, den Säbel an der Seite und an den Stiefeln klirrende Sporen. Die beiden andern stecken in abgetragenen, verschossenen Jacken, eben solchen Beinkleidern, und haben statt des Tschako's eine leichte Dienstmütze auf dem Kopfe.

Obgleich der eine von sehr dickem, sogar etwas feistem Aeußern, in Folge dieser Leibesbeschaffenheit, sehr langsam fortwandelt, so scheint doch der andere absichtlich zu zögern, und es ist, als wollten sie sich dem Ziele, dem sie unfehlbar entgegengehen, so langsam wie möglich nahen.

Dieses Ziel war aber auch unangenehm genug; denn es war das ehemalige Nonnenkloster zur heiligen Agatha, ein Asyl unglücklicher Schwestern, jetzt zu einem stillen, heimlichen Militärarrest umgewandelt; ein Asyl für unglückliche Jünglinge.

Von Außen sah das Gebäude recht düster und unheimlich aus. Es hatte, Dank seiner früheren Bestimmung! nur sehr wenige uud sehr enge Fenster, und diese waren obendrein noch mit hölzernen Kasten versehen, welche von Weitem fast wie colossale Schwalbennester aussahen.

Eine Thüre öffnet sich knarrend vor den drei Ankömmlingen

Begegnungen und Bestechungsversuche.

und schließt sich ebenso hinter denselben wieder zu. Sie befinden sich in einem dunklen Gang, in welchem links eine halb geöffnete Thüre ist, aus der Waffengeklirr und menschliche Stimmen hervortönen. Der Gang, sowie die beiden Thüren, haben so etwas unheimlich Solides; Alles ist aus gehauenem Stein und die Thüren aus schwerem Eichenholz, mit Eisen beschlagen. Obendrein herrscht eine dicke Luft in dem Gebäude, und an den Wänden des Ganges trieft die Feuchtigkeit herunter.

Die halb geöffnete Thüre führt in die Wachtstube des Arrestlokals und der regierende Unteroffizier derselben — er ist von der Infanterie — läßt augenblicklich Licht anzünden, um die Arrestzettel zu untersuchen, die ihm der Begleiter der Bombardiere einhändigt.

Der Infanterist ist einer von den Leuten, die man mit dem gewöhnlichen militärischen Ausdruck: „Commisunteroffiziere" benennt, die nie einen Faden Leinwand oder Baumwolle auf dem Leibe getragen haben, der nicht von der Kammer geliefert wurde, und deren ganzes Leben nach der Dienstvorschrift für Unteroffiziere eingerichtet ist.

Er entfaltete den ersten Zettel und las:

„Bombardier Schlipfel von der —"

„Tipfel, muß ich bitten," wandte dieser ein, wofür ihm der Unteroffizier von der Infanterie einen bösen Blick zuwarf.

„Auf Befehl der Commandantur," las er weiter, „wegen eines Desertionsversuches von seiner Batterie in Untersuchungsarrest geschickt. — Also Deserteur!"

„Hören Sie," entgegnete Tipfel, äußerst gleichmüthig, „wenn mir nur das Geringste daran gelegen wäre, was ein Unteroffizier von der Infanterie über mich denkt, so würde ich mich wegen des Deserteurs gelegentlich zu revangiren wissen; aber so . . . ."

„Der Arrestant wird gebeten, das Maul zu halten," sagte der Wachthabende. „Hat hier durchaus nicht zu schwadroniren."

Dann öffnete er den zweiten Zettel.

„Bombardier Robert, verdächtig bei dem Desertionsversuch mitgewirkt zu haben; ebenfalls in Untersuchungsarrest." — „Müller,"
wandte er sich an einen der Infanteristen, „ruft den Inspector; er
soll die Arrestanten einschließen."

Darauf, ohne die Beiden eines ferneren Blicks zu würdigen,
oder ohne sie zum Sitzen einzuladen, wie es wohl kameradschaftlich
gewesen wäre, setzte er sich an seinen Tisch und schrieb Namen und
Charge der Arrestanten in's Wachtbuch. Tipfel, der ihm nahe stand,
schaute in's Buch und bemerkte nach einer Weile in seiner trockenen
Manier:

„Ich glaube, man schreibt Bombardier, nicht Pompardier,"
worüber der Bombardier Robert in ein unmäßiges Gelächter ausbrach und an den Tisch lief, um die Orthographie des Infanteristen
zu bewundern.

Aber man hätte diesen sehen sollen, wie er, von der unerhörten Frechheit gereizt, aufsprang und die Bombardiere zur Rede
stellte, welche ihm indessen kein Wort schuldig blieben; und wer
weiß, welchen Ausgang die Sache noch genommen hätte, wenn nicht
in diesem Augenblicke auf den Steinplatten des Ganges schlürfende
Tritte zu vernehmen gewesen wären, sowie ein leichtes, trockenes
Hüsteln, welches des Rattenkönigs Majestät anzeigte.

„Hehe!" lachte er hämisch, nachdem er eingetreten war, „ein
paar Grünschnäbel von der Artillerie! freue mich sehr, Dero werthe
Bekanntschaft zu machen. Werden's bei mir gut haben; hehe!
besonders wenn sie gleich den Unteroffizier von der Wache angefangen
zu zanken. Sollen unter das Dach, unter das Dach! Hehe! wo
man die Engel pfeifen hört!"

„Haben Untersuchungsarrest," murmelte der Infanterist, „Desertion!"

„Ei, sieh' da, sieh' da, Desertion!" lachte der Alte, und sein
Gesicht verzog sich unter der weißen Nachtmütze zu einem scheuß-

Begegnungen und Bestechungsversuche.

lichen Lachen. „Untersuchungsarrest! freut mich, freut mich! finden da sehr gute Gesellschaft! He! he!"

Damit machte er einen großen Bund Schlüssel los und schritt auf eine schwere Thüre im Hintergrund der Wachtstube zu, die er langsam und mit Mühe aufschloß.

Ehe er aber die beiden Riegel, welche dieselben verschlossen, unten und oben zurückschob, wandte er sich grinsend zu den beiden Arrestanten.

„Hätte ja bald vergessen," lachte er, „die Herren zu untersuchen, ob sie auch verbotene Sachen bei sich führen. Eßwaaren, Trinkwaaren, Bücher. Wollen gleich nachsehen. Hehe!"

Dabei fuhr er dem dicken Bombardier mit seinen dürren Fingern am Leibe herum und suchte emsig nach den verbotenen Gegenständen.

„Herr Unteroffizier von der Infanterie," sagte er dann, „wollen bei dem andern Arrestanten ein Bischen nachsehen. Hehe!"

Dieser trat auf den Bombardier Robert zu, um der Aufforderung Genüge zu leisten. Doch dieser sagte ihm so ruhig wie möglich, aber mit sehr zorniger Stimme:

„Herr, bleiben Sie mir drei Schritte vom Leib; wenn ich einmal untersucht werden muß, so soll es dort jener würdige Mann thun! aber Ihre Finger sollen mir nicht an den Leib kommen."

„Was soll's?" meinte der Rattenkönig, als der Unteroffizier ein gelindes: „Himmelsakerment!" zur Antwort gab.

„Nun ja," entgegnete der schlaue Bombardier, „ich mein' nur, man kann sich das Untersuchen, was sicher eine sehr unangenehme Sache ist, allerdings von einem würdigen gedienten Sergeanten gefallen lassen, von einem Manne, der das Kreuz hat und diverse Orden; aber die Finger eines solchen — — sollen mich nicht anrühren."

„Freilich, hehe!" lachte der Rattenkönig, „ein alter gedienter Sergeant, Sie, Grünschnabel, war in Rußland und bei Waterloo."

Siebenzehntes Kapitel.

„Vor Ihnen haben wir alle sehr großen Respect," entgegnete der Bombardier Robert, „das muß man sagen; von Ihnen läßt man sich schon was gefallen."

Jetzt kam die Reihe des Gefallenlassens an den Sprecher, und der Inspector untersuchte ihn etwas genauer, denn er war nicht so dumm, daß er die Elogen des Bombardiers für baare Münze genommen hätte. Er untersuchte sein Collet, ließ die Hände langsam an den Beinen heruntergleiten, und als er unten an die Stiefel kam, hustete er laut und zornig auf.

„Hehe!" schrie er, „hab' mir's gedacht! hab' mir's gedacht! hat der Grünf'nabel eine Flasche mit S'naps. Was sagt das Reglement? He!"

Der Bombardier Robert griff wie verwundert an seinen Stiefel und rief:

„Hol' mich der Teufel! das hab' ich gar nicht gewußt. Das muß noch vom gestrigen Exerciren in der Tasche gesteckt und durchgerutscht sein!"

„So, so," meinte der Rattenkönig giftig, „muß durchgerutscht sein? Wollen's zu uns nehmen."

„Wenn ich Ihnen ein Vergnügen damit machen kann," entgegnete der Bombardier.

„Mir ein Vergnügen machen? Hehe!" lachte der Inspector. „Wollen's deponiren! Und jetzt marsch in die Klause. Haben die Herren Brod bei sich? oder wie werden's zu Nacht speisen?"

„Der Herr Inspector," entgegnete der Bombardier Robert, „wird wohl so gut sein, uns etwas Essen zukommen zu lassen, wie's das Reglement vorschreibt."

„Ganz natürlich," meinte dieser und etwas freundlicher, „wie es das Reglement vorschreibt, hehe! Essen, aber keine geistigen Getränke. Jetzt kommen Sie hinein!"

Die Beiden folgten dem Rattenkönig, der sie aus der Wachtstube durch die eben geöffnete Thüre in einen andern Gang führte,

Begegnungen und Bestechungsversuche. 373

welcher von einem trüben Licht erhellt war, und an dessen Ende sich das Untersuchungsarrestlokal befand.

„Soll ich Ihnen einen Mann aus der Wachtstube mitgeben?" rief der Infanterie-Unteroffizier dem Inspector nach; doch dieser entgegnete:

„Hehe! fürchte mich nicht, ein alter, gedienter Sergeant, hehe!"

Kaum waren die drei in dem Gang allein, so wandte sich der Bombardier Robert an den Rattenkönig und sagte so ehrerbietig wie möglich, indem er ihm ein kleines zusammengewickeltes Papier in die Hand gab:

„Sie werden mir erlauben, Herr Inspector, Ihnen auf das Nachtessen, Frühstück ꝛc. einen Vorschuß zu thun; auch," setzte er hinzu, „möchten wir um Alles in der Welt nicht in Ihren Augen, in den Augen eines gedienten Sergeanten, als Deserteurs dastehen. Wir sind ganz harmlose Menschen, haben uns einen kleinen Spaß erlaubt. Nun, das Verhör morgen früh wird's ausweisen. Sie sind ein gebildeter Mann, der einen lustigen Streich schon versteht."

Der Rattenkönig fühlte sich durch diese Anrede und das Papier in seiner Hand ungemein geschmeichelt. Er hustete viel gelinder und meinte, indem er die Beiden in das Untersuchungsarrest-Lokal eintreten ließ: „Wollen schon sehen, wollen sehen, was zu machen ist."

Nachdem er die Thüre hinter ihnen verschlossen, wickelte er das Papierchen auseinander und war freudig überrascht, als ihm ein Goldstück entgegen funkelte.

„Ei, ei!" murmelte er, „fünf Thaler zwanzig Silbergroschen, der Grünschnabel muß von guter Familie sein, von einer guten Familie."

So gestimmt, trat er in die Wachtstube, und dem Unteroffizier von der Infanterie, der ihm, noch immer sehr gereizt, sagte: — „Hören Sie, Herr Inspector, das sind ein paar Himmelsakermenter. Die beiden Kerls sollte man krumm schließen dürfen," entgegnete er: „Mein lieber Herr Unteroffizier, man muß es, wie ich, verstehen, die Leute nach ihrer Bildung zu behandeln. Grob sein hilft nicht immer! Hehe! Merken Sie sich das, Herr Unteroffizier. Die Kommandantur will nicht, daß man die Arrestanten grob behandelt. Hehe! und ich auch nicht, der Inspector."

Damit schlug er die Thüre der Wachtstube hinter sich in's Schloß, daß sie klirrte, und der Unteroffizier von der Infanterie schaute ihm überrascht und erstaunt nach.

Achtzehntes Kapitel.

In welchem der Leser das Innere eines Untersuchungs-Arrestlokals kennen lernt und in Kurzem die Schicksale der dort Eingesperrten erfährt. — Später wird soupirt.

Wenn wir in einem Buche, welches „Wachtstubenabenteuer" betitelt ist, den geneigten Leser bitten, in ein Untersuchungsarrestlokal zu treten, so können wir dagegen versichern, daß es mit einer Wachtstube viel Aehnlichkeit hat, oder daß es vielmehr die richtige Mitte zwischen beiden Lokalen angibt. Von dem Arrestlokal hat es den Namen und das freilich sehr Unangenehme, daß die Bewohner ihrer Freiheit beraubt sind, und Mancher durch eine mit Verhören reich besetzte Zukunft das Gefängniß in schlimmer und schlimmster Zeit vor sich sieht. Dagegen aber findet man im Untersuchungsarrestlokal nichts von jenem traurigen Absperrungssystem, wie im mittleren oder strengen Arrest. Die Leute haben eine gute Pritsche, wie auf der Wachtstube, und können vom Inspector des Locals, versteht sich für ihr gutes Geld, alle möglichen militärischen Leckerbissen haben, als da sind: Kartoffeln mit Zwiebelsauce, Sauerbraten, Schinken und geräucherte Würste.

Daß weder bei diesen Speisen auf sorgfältige Zubereitung noch übergroße Reinlichkeit, sowie in dem Lokale selbst der geringste Comfort zu suchen ist, kann man sich leicht denken. Das Gefängniß für heiligen Agatha war ein mittelgroßes Gewölbe, und die Alterthumsforscher, die hier zuweilen eingesperrt waren — denn es gibt auch deren beim Militär — behaupteten, es sei ehedem eine kleine an die Kirche anstoßende Kapelle gewesen. Ein dicker Pfeiler in der Mitte trug die massive, vom Lampenlicht und allen möglichen Ausdünstungen geschwärzte Decke. An zwei Wänden waren lange hölzerne Pritschen, auf welchen die Insassen des Lokales, in Gruppen bei einander liegend, der Unterhaltung pflogen. Ungefähr sechs Fuß vom Boden, so daß man nicht daran reichen konnte, hingen zwei Lampen, von denen man befürchten mußte, daß sie jeden Augenblick erlöschten.

Ausgänge hatte dieses Gemach zwei, den, durch welchen unsere Bombardiere eingetreten waren, und welcher mit der Wachtstube in Verbindung stand, sowie eine kleine eiserne Thüre, die sich auf der andern Seite befand, und welche, wie wir später sehen werden, von dem Inspector benützt wurde.

Als die beiden Bombardiere in das Gewölbe traten, wurde die ziemlich lebhaft geführte Unterhaltung einen Augenblick unterbrochen und es dauerte eine Zeit lang, bis die Ankömmlinge und die älteren Gäste sich gegenseitig vorgestellt waren. Dieses Geschäft übernahm ein alter Unteroffizier von der Artillerie, der sich hier seit vier Wochen wegen Verdachts der thätlichen Vergreifung an einem Vorgesetzten befand.

Man kann sich leicht denken, daß den Bombardieren Tipfel und Robert ein guter Platz eingeräumt wurde, denn die Geschichte des Ersteren, von dem entlaufenen Sträflinge bis zu seiner eigenen Arrestation auf der Lunette, war auch in diese finsteren Gewölbe gedrungen.

„Donnerwetter!" meinte der alte Unteroffizier von der Artillerie, „ich hätte den Kerl sehen mögen, wie ihm das Gitter vor der Nase zufuhr! Tipfel, Sie haben verdammt viel Geistesgegenwart."

„Ich rühme mich dessen," meinte der also Belobte. Nachdem er seinen dicken Körper bei dem Zwielicht, das in dem Gewölbe herrschte, so gut wie möglich auf der harten Pritsche zurecht gelegt hatte, erzählte er auf allgemeines Verlangen seine gestrige Geschichte von A bis Z; aber als discreter Mensch, wie sich von selbst versteht, mit Hinweglassung aller Personen- und Straßen-Namen.

Die anwesende Gesellschaft bestand, außer dem alten Unteroffizier, aus einem Feldwebel der Infanterie, dem man nachsagte, er sei mit den Lazarethgeldern in gar zu vertrauliche Bekanntschaft gerathen, aus einem Tambour, einem sehr liederlichen Subjekte, der gegen zwei Silbergroschen täglich einem Kameelführer seiner Bekanntschaft die Trommel ausgeliehen, dann noch aus zwei Infanteristen, einem Dragoner und einem Pionnier — Leuten, die sich wegen unbedeutender Kleinigkeiten hier befanden.

„Wenn ich mir die Sache recht überdenke," meinte der Feldwebel, „so kommt Alles darauf an, wie Ihr Wachtmeister das Rationale eingerichtet hat. Ich kenne das. Will der Ihnen einen Stein in den Weg werfen, und bekommen Sie einen Auditeur, der den Teufel im Leib hat, so stecken Sie in vier Wochen in der rothen und grauen Jacke."

„Oder," sprach der Tambour mit einer äußerst versoffenen und heiseren Stimme, „Sie bekommen sechs Wochen strengen Arrest, was am Ende noch schlimmer wäre."

„Hol' dich der Teufel, Trommler," rief der alte Unteroffizier „will doch lieber sechs Wochen Latten haben, als das verfluchte graue Kamisol."

„Erlauben Sie, lieber Herr Unteroffizier, haben Sie schon Latten gehabt?" fragte der Tambour, und als jener die Frage verneinte, fuhr er fort: „Sehen Sie, da kann ich mit sprechen. Ich habe einmal acht Tage Latten gehabt, und obgleich ich nach dem Reglement alle drei Tage mein Bett bekam, war ich doch so blau, so hin, daß der Doktor zu einem Kameraden von mir gesagt haben soll: Passen Sie auf, das arme Luder wird drauf gehen!"

„Nun," antwortete der Unteroffizier, „dann in's Teufels Namen lieber hin sein; aber nur nicht das verfluchte Kamisol."

„Wenn man Ihnen die Ohrfeige beweisen kann," meinte der Feldwebel hämisch, „so könnt's Ihnen auch passiren, daß Sie Ihre Tressen los würden."

„Ich weiß von keiner Ohrfeige," entgegnete der Andere, „die Geschichte beruht auf einem ungeheuren Mißverständniß."

„Wie ist denn die Geschichte, lieber Herr Unteroffizier? fragte Tipfel.

„Ganz verflucht einfach," entgegnete dieser; „sehen Sie, da kriege ich wegen so einer Lumperei acht Tage Arrest. Und wie das vorbei ist, gehe ich zum Kapitän, um mich zurückzumelden. Er ist zu Haus; aber die Ordonnanz und der Bediente sind nicht da. Ich trete in sein Zimmer, mach' die Thüre hinter mir zu, und weiß der Teufel, bleib' mit einem Knopf des Kollets an dem Riegel hängen, so daß er sich von selbst zuschiebt. Darauf fährt der Kapitän wie das böse Gewissen in die Höhe und schreit mir entgegen: Herr, warum schließen Sie die Thür ab? Bei diesem Aufspringen wirft er ein Buch herunter, ich springe herzu, um es aufzuheben. In dem Augenblick schreit er wüthend auf und da muß der Teufel seinen Bedienten durch eine andere Thüre hereinführen. Und nun sitz' ich hier, daß sich Gott erbarme."

Alle lachten bei dieser Erzählung laut auf, und der kleine Tambour, der noch immer in Erinnerung an die acht Tage Latten zu schwelgen schien, begann das stufenweise Erstarren des Körpers auszumalen, wenn man einmal zwei Stunden lang auf den spitzen Brettern gelegen hat, und am ganzen Körper keine Stelle mehr ist, die nicht entsetzlich wehe thut.

„Weiß einer von den Herren," sprach der Vater Feldwebel

nach einer kurzen Pause, „auf welche Art der Sträfling gestern entkommen ist? Es soll ein ganz gewandter Kerl sein."

„Das ist er auch, meinte der Dragoner, der heute gekommen war. „Er hat sich während der Arbeit so leise und geschickt von dem Wall hinabgelassen, daß kein Mensch etwas gemerkt."

„Als ich noch Unteroffizier war," sagte der Feldwebel, „lagen wir in der kleinen Festung F. und bekamen einen neuen Commandanten, auf den man das Sprichwort mit den neuen Besen, die scharf kehren, famos anwenden konnte. Da war des Wachethuns und Patrouillirens kein Ende, und da es bei dem früheren Commandanten, einem alten Herrn, manchmal vorgekommen war, daß Kettengefangene und Sträflinge entwichen, so setzte der neue seinen Kopf darauf, daß dergleichen nicht mehr geschehe. Da wurde die ganze Nacht visitirt und wo wir sonst zwanzig Mann Wache zu einer Festungsarbeit gaben, da mußten wir von da an vierzig stellen. Wir hatten aber auch Kerls unter den Kettengefangenen, da konnte einem von dem bloßen Ansehen Angst werden. Drei Viertel von ihnen hatten große eiserne Hörner an den Kopf geschmiedet, worin Glocken hingen. Nun war eine große Parade vor dem Inspecteur, und da der Commandant den Kettengefangenen keinen Tag Ruhe gönnen und auch die zu den Arbeiten nöthige Mannschaft nicht zu Hause lassen wollte, so befahl er, daß sie auf einer kleinen Schanze Ziegelhaufen aufsetzen sollten, indem dieselbe so mit hohen Mauern und Wassergräben umgeben war, daß man an ein Entweichen daselbst gar nicht denken konnte. Morgens in aller Frühe wurden vierzig Gefangene hin transportirt, in die Schanze eingeschlossen und von ungefähr zwölf Mann bewacht, die sich um das Festungswerk herum vertheilten. Oben wurde unter der Aufsicht eines Plonnierunteroffiziers ein Ziegelhaufen abgebrochen, die Ziegel abgeputzt und daneben wieder aufgesetzt. Nachmittags, als die Parade vorbei war, schickt der Commandant noch zwanzig Mann hinaus, um die Gefangenen heimzubringen; und was glaubt ihr, als sie einzeln die schmale Treppe hinunter kommen und abgezählt werden, sind es statt vierzig nur neununddreißig, und es fehlte der schlimmste der ganzen Bande. Ehe man die Sache meldet, wird die ganze Schanze untersucht, daß keine Maus unentdeckt bleiben konnte, was ganz leicht war, da das Ding nichts wie viereckigte nackte Mauern hatte und oben einen ebenen Platz, auf welchem der noch dampfende neu aufgesetzte Ziegelhaufen stand. Man findet nichts. Jetzt macht man die Meldung und der Commandant kommt wüthend herangeritten. Er läßt ein Bataillon ausrücken und unnöthiger Weise die ganze Umgegend untersuchen, auf der meilenweit kein Baum und Strauch zu sehen ist. Man findet nichts. Die Gensd'armerie streift wochenlang im Land herum, der Kerl wird nicht gefunden."

„Das ist merkwürdig," meinte Lipfel, „und hat man nie mehr eine Spur von ihm entdeckt?"

„Ei freilich," lachte der Feldwebel. „Als man einige Tage später auf die Schanze hinauf kam, fand man in dem neu aufgesetzten Ziegelhaufen ein Loch, zu welchem ein Mensch hinausgekrochen sein konnte, und kam so der Sache auf den Grund."

„Nun," sagte der alte Unteroffizier, „das ist wirklich nicht schlecht."

„Ei, das denk' ich," entgegnete der Feldwebel. „Denkt euch, daß sich der Kerl während der Arbeit einmauern läßt, und es zwischen den heißen glühenden Steinen eine Nacht und vielleicht einen ganzen Tag lang aushält. In seinem Leben hat man ihn nicht wieder gesehen."

Ein Geräusch an der kleinen eisernen Thüre unterbrach die Unterhaltung, und der Inspector erschien mit einer sehr robusten Magd, um sich nach den Wünschen der Gefangenen zu erkundigen. Der Feldwebel bestellte sich einen Kartoffelsalat mit Schinken und wurde dafür am Höflichsten behandelt. Der alte Unteroffizier bat um eine geräucherte Wurst, welche ihm die robuste Magd mit einer

Hand einhändigte, während sie die andere zum Empfang des Geldes hinreichte. Der kleine Tambour wünschte für drei Pfennige Butter, bekam aber den Bescheid: er solle sein Brod trocken genießen; „denn," setzte der Rattenkönig höhnisch lachend hinzu: „es schläft sich auf Butter gar schlecht, hehe! mein lieber Tambour. Ueberhaupt sollen Sie sich das gute Essen etwas abgewöhnen. Es ist mir nur leid um die schöne heisere Stimme."

Mit desto größerer Artigkeit wurden aber unsere beiden Bombardiere behandelt, welche die Bestandtheile ihres Abendbrodes ganz dem Inspector anheim stellten, und sich alsdann in den Hintergrund des Zimmers zurückzogen und ein eifriges Zwiegespräch mit einander hielten.

„Wo hast du denn deinen Empfehlungsbrief?" fragte Tipfel seinen Collegen. „Wir müssen wahrhaftig für die Nacht eine andere Lagerstätte bekommen, denn hier in dem verfluchten Loch bin ich bis morgen ein Kind des Todes. Bedenk' doch, lieb Männeken," setzte er zärtlich hinzu, „ich habe die ganze vorige Nacht nicht geschlafen. Na nu, sorg ein Bisken."

„Wenn mich der lange Eduard nicht angeführt hat," entgegnete Robert, indem er aus seiner Tasche ein kleines Briefchen herauszog, „so kann es nicht fehlen. An Fräulein Nanette M. las er. „Aber wenn der verfluchte Rattenkönig die Magd nur einen Augenblick allein hereinkommen ließ."

„Weißt du was, Robert," entgegnete der dicke Bombardier, „ich stelle mich an die Thüre und schick dir dein Essen dort hinten in den Winkel hinein, und dann applicirst du der Magd das Billet auf deine gewohnte feine Manier."

Gesagt, gethan. Tipfel trat dem Rattenkönig entgegen, nahm seinen Teller rasch in die Hand, und befahl der Magd, den andern seinem Freunde dort hinten zu bringen. Gleich darauf kam sie wieder zurück und hatte die linke Hand unter der Schürze versteckt. Tipfel setzte sich neben seinen Freund, der ihm zuflüsterte: „es ist

Alles in Ordnung," und Beide fielen heißhungrig über einen ganz erschrecklichen Häringssalat her, den ihnen der Rattenkönig mit einem großen Stück Schinken aufgetischt hatte. Dazu accompagnirte draußen eine rasselnde Trommel, denn es war neun Uhr, und der Zapfenstreich wurde an allen Enden der Stadt verkündet.

Neunzehntes Kapitel.

In welchem als eigentliches Schlußkapitel des ersten Theiles alles Mögliche geschieht, um die Geschichte zu einem vernünftigen Hauptabschnitte zu bringen.

Nachdem auf die eben beschriebene Art das Souper in dem Untersuchungsarrestlokal beendigt war, wurden verschiedene Toiletten gemacht, um die lange Nacht auf der harten Pritsche so gut als möglich hinzubringen. Die meisten zogen ihre Jacken oder Uniformen aus und applicirten sie unter den Theil des Körpers, der bei jedem seiner Individualität nach durch das harte Holzlager am meisten litt. Der wohlgenährte Feldwebel machte ein Kopfkissen daraus; der alte Unteroffizier, der sehr dünne Lenden hatte, legte sie diesem Theile seines Körpers unter, und der arme heisere Tambour, den es beständig fror, kauerte wie ein Igel unter dem kurzen und sehr schmalen Kleidungsstück zusammen, nachdem er vorher seine Stiefel ausgezogen hatte und die halb herabgestreiften Beinkleider unten um die Füße herumgeschlagen, um sie auf diese Art besser zu erwärmen.

Unsere beiden Bombardiere hielten noch ein kleines Zwiegespräch über das Gelingen des Empfehlungsbriefes an Nannette, welches die wirklich gar nicht üble Tochter des Rattenkönigs war, und die der lange Eduard etwas näher zu kennen schien. Seine Empfehlung sollte dahin wirken, durch sie den Papa zu bewegen, den beiden Bombardieren für diese Nacht ein besseres Lager zu verschaffen.

„Weißt du was, Tipfel," flüsterte Robert, „nimm den Schemel da und steig' an die Lampe hinauf und thu', als wolltest du sie ein Bischen putzen; lösch sie aber als wie ungeschickter Weise aus, das wird dir nicht schwer fallen, damit kein Licht mehr auf die kleine Thüre fällt. Dann leg' dich auf die Pritsche und thu', als ob du einschliefest."

Der dicke Bombardier that, wie ihm geheißen, stocherte mit einem alten Nagel, den er aus der Pritsche herausgerissen, in der Lampe und löschte sie glücklich aus.

Die andern Gefangenen merkten es kaum, außer dem kleinen Tambour, der zähneklappernd unter seiner Montirung hervorjammerte: „O Gott, so im Halbdunkel ist das schwarze Gewölbe noch schauerlicher als sonst." Und der alte Unteroffizier brummte halb im Schlaf: „jetzt könnten wir verflucht schöne Gespenstergeschichten erzählen: worauf der durch das Zwiegespräch erweckte Feldwebel meinte: „er sei gar kein Freund davon und wolle schlafen."

Der dicke Bombardier kletterte auf die Pritsche hinauf, kroch so gut wie möglich in sich zusammen und that, wie ihm befohlen, als wenn er schliefe. Doch leistete er dieser Weisung so pünktlich Gehorsam, daß ihm das schwarze Gewölbe bald nur noch in dunkeln Umrissen vorschwebte. Das leise Stöhnen des Tambours schlug ferne wie aus einer andern Welt an sein Ohr und selbst als er meinte, er höre ein Geräusch, wie wenn sich die kleine Thüre öffne, war er nicht im Stande, die schweren Augenlider aufzuriegeln. Aber er hatte auf dem entsetzlich harten Lager, halb schlafend, halb wachend, die furchtbarsten Träume. Bald hatte ihn der Kettengefangene hinten an seinem schwarzen Frackschooß erwischt, und zog ihn langsam hinter dem Gitter, in welchem er ihn eingesperrt, durch, wobei der unglückliche Tipfel lang und breit und platt wurde, wie gewalztes Eisen. Jetzt befand er sich auf der Lunette und er fühlte, wie es ihn fror. Von der Ebene herüber, in welcher sein Fort lag, wehte ihn ein kalter Wind an. Der Infanterie-

Schlußkapitel des ersten Theiles.

posten rief: halt! wer da? Umsonst versuchte der Unglückliche zu sprechen, er brachte die Lippen nicht von einander! er versuchte zu entfliehen, sein Fuß wurzelte im Boden. Halt! wer da? hört er den Posten auf's Neue rufen, und er fühlte, wie man ihm das Bayonnet auf die Brust setzte. Und dabei wußte er ganz genau, daß wenn er beim dritten: halt! wer da? keine Antwort gab, er von der verfluchten Spitze aufgespießt ward, wie ein Schmetterling.

In dieser Verzweiflung nahm er all seine Kraft zusammen und that einen gellenden Angstschrei, worauf er erwachte und die Stimme seines Freundes neben sich hörte, der ihm zornig zuflüsterte: „So schweig' doch, Kameel, mit deinem verfluchten Geschrei. Alles ist in der schönsten Ordnung, das Mädchen wartet draußen. Jetzt brüllt der Kerl, als wenn er am Spieße steckte, und weckt die andern alle auf."

Wirklich regten sich die Gefangenen auf der Pritsche neben Tipfel und stöhnten und jammerten im Schlaf auf die herzbrechendste Weise.

„Um so einer elenden Trommel willen," schluchzte der Tambour, „muß ich hier krumm liegen."

Der Feldwebel seufzte und meinte: „O Gott, wenn der Mensch manchmal eine Woche seines Lebens noch einmal verleben könnte!"

Und der Dragoner winselte: „Wenn meine Mutter wüßte, wie's mir hier ergeht! „O Gott und die Annaliese!" Dabei seufzte er tief auf.

Und der Husar neben ihm seufzte ebenfalls, und es war ein Geseufze und Gestöhne in dem Arrestlokal, als bräche der jüngste Tag heran.

Unterdessen war die andere Lampe auch erloschen und es ward stockfinster in dem Gewölbe. Nach und nach beruhigten sich indessen die Gemüther wieder, und Tipfel, der mühsam aufgestanden war, wollte seinen Freund eben versichern, daß er wie gerädert und an allen Gliedern zerschlagen sei, als ihm dieser befahl, gefälligst das

Maul zu halten, und ihn langsam mit sich fortzog. Die kleine eiserne Thüre stand offen und wurde, als die beiden hindurchgegangen wären, wieder leise hinter ihnen zugemacht.

Tipfel athmete frische Luft und folgte tappend seinem Freunde, der vor ihm herging und den er bei der Jacke festhielt. Jetzt stiegen sie eine Treppe hinauf, und oben öffnete sich ein kleines Zimmer, bei dessen Anblick dem dicken Bombardier das Herz vor innerster Wonne selig erbebte. Es war freilich nur ein kleines Gemach mit weißen Kalkwänden; aber in der Mitte stand ein gedeckter Tisch mit Flaschen und Gläsern, und rechts und links von der Thüre befanden sich zwei sehr gute Militärbetten, Strohsäcke mit Matrazen, weißen Leintüchern und wollenen Decken. Dazu die behaglichste Wärme in dem kleinen Gemach. Ach, das Ganze war so rührend und selig für den dicken Bombardier, daß man es wohl begreiflich finden konnte, wie er mit über den Bauch gefalteten Händen strahlend an das kleine Tischchen trat, die Augen weit aufgerissen und in Entzücken schwimmend, wie ein Kind bei der ersten Weihnachtsbescheerung.

Es dauerte auch eine Zeit lang, bis er zu sich selber kam und eine ziemlich gelungene Verbeugung machen konnte, als ihm Robert ein sehr gesund aussehendes, rundes Mädchen, als Fräulein Nannette M. und als den Schutzengel vorstellte, der sie aus der Hölle drunten in den Himmel versetzt.

Bei diesen letzten Worten lachte die kleine Person schalkhaft und der Bombardier Robert räusperte sich gelinde. Das Mädchen war gar nicht übel und Tipfel gestand sich gerührt, er habe nie geglaubt, daß der lange Eduard so honnette, solide Bekanntschaften habe. Auch dankte er in den bestgesetzten, zierlichsten Worten für den Antheil, den das Fräulein an ihren beiderseitigen Schicksalen nehme, worauf sie erwiederte: daß es ihr ein großes Vergnügen mache, einem so artigen Herrn, wie dem Bombardier Robert, einen Gefallen erzeigen zu können.

Schlußkapitel des ersten Theils.

Nach diesen Worten empfahl sich das Mädchen, Robert begleitete sie zur Thüre hinaus, und Tipfel meinte bei seiner Zurückkunft, er habe eigentlich viel länger draußen verweilt, als gerade nöthig gewesen, worauf der Andere lachend entgegnete:

„Lieber Tipfel, wenn du wüßtest, welche ungeheure Opfer ich dir und meinem Herzen bringe, du würdest zerknirscht zu meinen Füßen hinstürzen. Ach, Eduard und Pauline mögen mir verzeihen," setzte er seufzend hinzu.

Tipfel genoß einige Gläser Wein, sowie ein' paar Schnitten kalten Braten, und meinte dann, es sei Zeit, zu Bett zu gehen, womit auch Robert einverstanden war.

Wer je in einem Arrestlokale schmachtete, und sich in einer kalten Novembernacht auf der Pritsche krümmte, dabei jede Viertelstunde schlagen hört, und sich bei jedem Schlage anders wendet, weil ihm die Seite, auf welcher er eben ruhte, ganz erstarrt und steif geworden ist, wer das Frösteln kennt, das langsam den Rücken hinabschleicht, bis in die Füße und Fingerspitzen, das den befällt, der mit hungrigem Magen auf dem nackten Holz ohne Mantel oder Decke liegt, und wer so eine ganze lange Winternacht vor sich sieht, der kann das selige Gefühl ermessen, mit dem sich der Bombardier Tipfel auf der weichen Matratze ausdehnte, und sich in die dicken Teppiche einwickelte. Er vergrub sich bis an die Nase hinein, und man sah nur noch seine wenigen Haare und seine vor Vergnügen funkelnden Aeuglein.

Auch der Bombardier Robert hatte sich niedergelegt, doch mit viel weniger Behagen und lange nicht mit der stillen Seligkeit Tipfel's. Fürchtet er in der Nacht von dem Rattenkönig oder dem Unteroffizier der Wachtstube aufgestört zu werden? Genug, er legte sich nicht, was man so nennt, recht fest in's Bett, sondern vielmehr wie Jemand, der auf seiner Hut ist, und im Nothfall augenblicklich herausspringen kann.

Es dauerte nicht lange, so entschlief Tipfel und träumte wiecer, aber viel seliger als vorhin auf der Pritsche. Doch als er am andern Morgen aufwachte, versicherte er seinem Freunde: er wisse nicht, was es gewesen sei, aber es sei ihm, als habe sich die Thüre geöffnet und als habe er neben sich einige Male lachen und flüstern gehört. — —

Wir wissen nun aus einem der letzten Kapitel, daß die beiden Arrestanten vor dem Auditeur Schmidt ein Verhör zu bestehen hatten. Nach Beendigung desselben verschaffte die Tochter des Inspectors, welche eine innige Theilnahme an dem Bombardier Robert zu nehmen schien, diesem seine eigene gute Uniform durch einen dienstbaren Geist aus der Kaserne; denn der leichtsinnige junge Mensch, der seine Empfehlungsbriefe, als er vor zwei Jahren zur Brigade kam, nicht abgegeben hatte, erinnerte sich glücklicher Weise dessen an den Regierungsrath, wodurch er hoffte, einen guten Fürsprecher zu erlangen, was ihm denn auch, wie wir bereits erfahren, eigentlich unverdienter Weise gelang.

Diese Fürsprache wurde so kräftig angewandt, daß noch an demselben Sonntage ein Brigadebefehl an den Arrestinspector kam, worin er angewiesen wurde, den beiden Bombardieren ein Untersuchungsarrestlokal anzuweisen, wie das war, in welchem sie sich durch die Milde und Gefälligkeit der Inspectorstochter schon befanden, Lokale, welche für allenfallsige Verbrecher mit Epauletten bestimmt sind.

Der Auditeur Schmidt ließ sich durch das Zureden der Tante, und wir wollen es gestehen, auch durch die Fürbitte Paulinen's bewegen, die beiden jungen Leute gnädig zu behandeln. Hatte der Bombardier Robert den Inspector schon durch die fünf Thaler zwanzig Silbergroschen für sich eingenommen, sowie die Tochter durch den Empfehlungsbrief des langen Eduards und durch eigene Liebenswürdigkeit, so stieg er doch noch unendlich mehr in der Achtung des Rattenkönigs, als ihm an einem der nächsten Tage der sehr bekannte und verehrte Regierungsrath in eigener Person

Schlußkapitel des ersten Theils.

einen Besuch machte, bei welcher Gelegenheit die unschuldige Ursache alles Unheils, Tipfel, vorgestellt wurde. Der Regierungsrath lachte herzlich über die drollige Figur des dicken Bombardiers und ließ sich von demselben mit vieler Weitschweifigkeit seine militärische Carriere erzählen.

Tipfel war so klug, dem vielvermögenden Manne gegenüber durchblicken zu lassen, daß es ihn doch sehr gereue, die ehrsame Laufbahn eines Avokatenschreibers verlassen zu haben, und der Regierungsrath war dagegen gütig genug, dem dicken Bombardier zu versichern, daß sich vielleicht dieser übereilte Schritt wieder gut machen ließe.

„Parbleu!" sagte er, „ihr jungen Leute träumt da von Heldenthaten, baut euch ungeheure Luftschlösser, und meint, wenn ihr das zweierlei Tuch auf dem Leibe habt, da braucht ihr nur in die Welt hineinzurennen, alle Würden bleiben an euch hängen und alle Herzen öffnen sich vor euch. Aber dem ist nicht so, Sacre Dieu, dem ist nicht so. Und auch Sie, mein junger Robert, haben, scheint mir, Ihre Carriere bis jetzt verfehlt. Müssen was anders anfangen. Ich werd' mir's überlegen. Nun aber adieu."

Damit eilte er zum Zimmer hinaus und sagte auf der Treppe noch zu dem Bombardier Robert, der ihn begleitete: „Apropos, bald hätt' ich's vergessen. Meine Damen laden Sie auf heute über acht Tag zu Tisch ein. Punkt zwei Uhr wird bei mir gespeist. Sie werden bis dahin längst wieder frei sein. Adieu."

Der Bombardier Tipfel fiel dem eintretenden Kameraden um den Hals und sagte sehr gerührt:

„Ja, Robert, ich werde in meinem Leben kein guter Soldat. O, wenn mir doch wieder geholfen würde, daß ich Aktenstücke kopiren könnte. Ich versichere dich, ich habe das faule Leben satt, und möchte wieder arbeiten, recht arbeiten."

Auf welche Art dieser fromme Wunsch des Bombardiers Tipfel

in Erfüllung gegangen ist, wird der geneigte Leser im zweiten Theil dieser Geschichte alsbald erfahren.

Zwanzigstes Kapitel.

<small>Ein äußerst kurzes Kapitel, aber ein sehr angenehmes für die Helden dieser Geschichte, mit welchem auch der erste Theil derselben schließt, indem man dem Leser beweist, daß es noch Gerechtigkeit auf Erden gibt.</small>

Commandanturbefehl.

„Nachdem ich aus den Verhören eines wohllöblichen Kriegsgerichtes gegen die Bombardiere Tipfel und Robert ersehen, daß die Entfernung des Ersteren aus seiner Wachtstube vom Fort Nro. IV. in der Nacht vom 10. auf den 11. ds. nur in leichtsinniger Weise geschah und ein Desertionsversuch dabei durchaus nicht stattfand, übergebe ich das Urtheil des wohllöblichen Kriegsgerichts vom 16. mit Gegenwärtigem einer königlichen Artilleriebrigade zur gefälligen Vollstreckung.

Gezeichnet: der Commandant."

Brigadebefehl.

„Die Bombardiere Tipfel und Robert sind sogleich aus dem Untersuchungsarrest abzuholen und hat der Erstere außer der schon bestandenen Strafzeit noch einen achttägigen Arrest abzusitzen, für welchen aber derselbe während dieser Zeit zu Kasernendiensten verwendet werden kann. Auch ist Bombardier Tipfel vom heutigen Tage an von der sechspfündigen Fußbatterie Nro. 21 zu der zwölfpfündigen Batterie Nro. 10 versetzt, und ist dem Commando der Batterie Nr. 21 durch den resp. Abtheilungscommandeur einzuschärfen, bei künftig abzugebenden Nationalen sich der größten Gewissenhaftigkeit zu befleißigen. Bombardier Robert aber ist augenblicklich gänzlich auf freien Fuß zu setzen.

www.ingramcontent.com/pod-product-compliance
Lightning Source LLC
Chambersburg PA
CBHW030347230426
43664CB00007BB/566